The Social Psychology of
Exercise and Sport

スポーツ社会心理学
エクササイズとスポーツへの社会心理学的アプローチ

マーティン・ハガー M.Hagger
ニコス・ハヅィザランティス N.Chatzisarantis 著

湯川進太郎・泊 真児・大石千歳 監訳

北大路書房

THE SOCIAL PSYCHOLOGY OF EXERCISE AND SPORT
1st edition

by
Martin Hagger and Nikos Chatzisarantis

THE SOCIAL PSYCHOLOGY OF EXERCISE AND SPORT, 1st edition
by Martin Hagger and Nikos Chatzisarantis
Original edition copyright © 2005 Open University Press UK Limited.
All rights reserved.
(Japanese language of The Social Psychology of Exercise and Sport
by Hagger and Chatzisarantis)
1st edition copyright © 2007 Kitaohji Shobo.
All rights reserved.

This edition is published by arrangement with Open University Press
through The English Agency (Japan) Ltd.

目次

序文　1

第1部　エクササイズの社会心理学

第1章　社会心理学，エクササイズ，健康　7
1　身体活動とは何か？　7
2　身体活動が健康に及ぼす効果に関するエビデンス　8
3　社会心理学の役割　13

第2章　エクササイズ行動の社会的認知理論　17
1　意図とエクササイズ行動の社会的認知モデル　17
2　計画的行動理論の充足　29
3　社会的行動に関する他の主要な理論　39

第3章　エクササイズする意図とエクササイズ行動　47
1　社会的認知理論の限界と意図の過程について　48
2　自己決定理論　54
3　自己決定理論にもとづいた実際的なすすめ　66

第4章　エクササイズと身体的自己　75
1　自尊心の定義　76
2　自尊心のモデル　78
3　エクササイズの文脈における自尊心の研究　86
4　エクササイズとスポーツにおける摂食障害の問題とエクササイズ依存　91

第2部　スポーツの社会心理学

第5章　社会心理学とスポーツにおける動機づけ　105
1　動機づけの定義と動機づけ理論　106
2　帰属理論　107
3　社会的認知理論と自己効力感　111
4　達成目標理論　121
5　自己決定理論　126

第6章　アスリートも感情的　139
1　どうして情動や不安への社会心理学的なアプローチなのか？　140
2　感情・情動・不安・覚醒・気分の定義　141
3　スポーツにおける不安に対する社会心理学研究の応用　144
4　不安とスポーツパフォーマンスの予測　146
5　スポーツにおける不安の先行因：理論的アプローチ　152
6　スポーツにおける不安に関する最近の理論　156
7　スポーツにおける情動に関するその他の理論的説明　165

第7章　スポーツにおける集団過程　173
　1　集団の定義と概念的な枠組み　173
　2　チームメンバーの能力　176
　3　集団規範　178
　4　集合的効力感　179
　5　集団凝集性　181
　6　役割の曖昧さ，役割効力感とチームパフォーマンス　188
　7　社会的影響　191
　8　ホームアドバンテージ　198

第8章　攻撃と群衆の暴力　211
　1　スポーツにおける攻撃　211
　2　攻撃の理論　215
　3　攻撃に影響する要因　218
　4　群衆の暴力，集合的攻撃，フーリガニズム　222
　5　群衆の攻撃における影響要因　231

第9章　結　論　237
　1　研究テーマ　237
　2　方法論　241
　3　理論　244
　4　相違点　246
　5　介入と実践　248

用語解説　251
文献　257
索引　285
監訳者あとがき　289
著者・訳者紹介　293

序　文

　ここ数年来，社会の中でエクササイズやスポーツが日常的に目につくようになってきた。定期的な身体活動と心身の健康との間の結びつきはますます強くなり，娯楽やレクリエーションとしての競技スポーツの役割は高まるばかりである。カリフォルニア州の造船所作業員において，職業上の身体活動が死亡率の低下に貢献していることに関するラルフ・パッフェンバーガーのゼミ報告書以来，疫学的な研究は一貫して，死亡率と運動不足との間の関連を明確に示してきた。今日，産業国家での健康増進を目指した政府キャンペーンで，身体活動は優先的な健康行動リストの上位に位置している。一方，スポーツは常に，国家がアイデンティティを示すための道具として用いられてきた。しかし，過去20年の娯楽としての価値の向上は，大衆参加が目に見えて増えたことばかりでなく，エリートスポーツ選手やチームの収益能力と生み出される収入に見て取れる。エクササイズやスポーツは社会的な文脈の中で行なわれる行動なので，社会心理学は，健康に向けたレクリエーションとしてのエクササイズや競技としてのスポーツに関わる人々の動機づけや行動を理解するのに重要な役割を果たすことになる。社会心理学は社会的な文脈における人間行動についての学問なので，エクササイズ行動やスポーツ行動に影響を与える諸要因や，そうした要因間の関連性についての研究の多くは，社会心理学の理論的アプローチを応用して行なわれてきた。
　本書は，社会心理学の観点から，スポーツとエクササイズにおける行動を考えるものである。そこで主として本書は，健康理由のためのエクササイズ行動と，競技スポーツ参加者およびエリートスポーツ観戦者の行動といった2つの領域の枠内で，重要な社会心理学的問題に焦点を絞ることとする。エクササイズとスポーツの様々な領域を広く浅く概観するというよりもむしろ，本書の焦点は範囲を狭めてトピックを絞り，社会心理学を枠組みとして包括的，徹底的，分析的に研究を紹介する。したがって本書の目的は，社会心理学的な研究や**介入**が，エクササイズ行動やスポーツ行動における主要なトピックを理解するのにどのくらい貢

献してきたかを，余すところなく検討することにある。

　心理学の他の領域と同じく，社会心理学にも，多くの部門や下位分野がある。社会心理学者が明らかにしようとする疑問や社会問題の多様性だとか，社会心理学者がそうした問題を検討するために採用する研究方法の多様性を考えれば，これは驚くべきことではない。社会心理学は，他の応用系の心理学よりも多様だとさえ思われる。というのも，他の社会・行動科学の研究なども含まれるからだ (Bagozzi et al., 2002)。英国や合衆国では，社会心理学はずっと科学として扱われてきて，理論と仮説の両方によって進められる実証主義的アプローチを採る傾向にある。その目的は，非確証と反証の原理に基づいた量的経験的方法を用いて，研究上の疑問に答えを提示することである。このアプローチは，社会心理学研究の中心を占めている。これは得てして，主要な審査論文雑誌の多くが北米のものであり，それらがこのアプローチを支持する傾向にあるからだ。このアプローチは，**心理学的社会心理学**と名付けられてきた。心理学の他の下位分野や領域で用いられている厳密な科学的アプローチを採用しているからである。この心理学的な社会心理学の流れは，より広い社会的文脈が社会的行為に及ぼす影響に注目するアプローチと対比される。社会心理学に対するこうした社会学的なアプローチは，個人的な経験・意味・言語・文化・イデオロギーや物質的物理的環境が，社会的な文脈，特に他者との関係における個人の「生の経験」に及ぼす影響を検討する。このアプローチの主要な分析単位は，表象・ステレオタイプ・文化的イメージであったり，広い社会的影響の下で自分自身や他人に帰属させる意味の構築や解釈をどのように語るかであったりする。この**社会学的社会心理学**はヨーロッパで優勢であり，真理や意味に対して絶対的な見方をするのではなく，相対主義を採っている。

　本書で紹介する研究は，基本的に，心理学的社会心理学の流れ，つまり量的な仮説検証型の方法論的枠組みに沿っている。これは何よりもまず，エクササイズとスポーツの心理学に関する応用研究の伝統として優勢だからである。ただ，この領域の研究で用いられている様々なアプローチや方法を公平に扱うつもりなので，理論検証型のアプローチよりもむしろ基礎的な理論構築型のアプローチを採り，研究上の疑問を調べるために質的な方法を用いる社会学的社会心理学の流れの研究も含めることにした。ただし，運動学習・運動制御・運動発達といった観点を含むスキル獲得についての研究は除外した。というのも，こうした領域の研究の大半は，人間の動きに与える社会的影響とは別に，運動の知覚的神経学的説明に焦点を当ててきたからである。その他では，より社会学的にエクササイズ行動とスポーツ行動を説明するアプローチも除外した。本書では，心理学的社会心理学アプローチの傾向と同じく，分析の単位として個人に注目している。年齢・

社会経済的地位・文化・民族的背景のような社会的要因の影響が大きいことは分かっているが，そうした要因は，パーソナリティ・**ビリーフ**・情動・期待・判断といった個人変数がエクササイズ行動やスポーツ行動に及ぼす影響にとって，それほどには重要でないと考えている。

　本書は，エクササイズの社会心理学（第1部）とスポーツの社会心理学（第2部）という2つの部分に大きく分かれている。第1部は4つの章からなり，社会心理学の理論を応用してエクササイズや身体活動への参加について説明することに焦点を当てる。第1部で扱う主な問題は，エクササイズと身体的心理的健康の関係（第1章），エクササイズ行動を説明しようと試みられてきた社会的認知理論（第2章），エクササイズの意図や動機がエクササイズ行動へ転換するのを説明する諸理論（第3章），エクササイズ行動や自己知覚に関わる心理的障害における身体的自己の役割（第4章）である。エクササイズに関する社会心理学的な理論や研究，そして，それらがいかにして一般大衆のエクササイズ行動を促進しうるかを理解するのに，段階的にアプローチすることとした。すなわち，はじめに，主な理論的アプローチと，社会心理学領域からそれらの理論を支持する実証的な研究を紹介し，この研究に基づいて，一般大衆のエクササイズ行動を変容させるためにどのような介入が考えられるかについて，包括的に概観する。

　第2部は4つの章からなり，スポーツ関連の行動における主要な問題を扱うつもりだ。扱う主な領域は，スポーツにおける動機づけへの社会心理学的アプローチ（第5章），スポーツにおける情動と不安の社会心理学（第6章），スポーツパフォーマンスに現れる集団過程と社会的影響（第7章），スポーツの場における攻撃行動と群衆の暴力（第8章）である。ここでも，スポーツ，特にスポーツパフォーマンスに表れる主要な社会心理学的行動を説明するのに社会心理学者が用いる相応の理論を，読者に紹介することにする。ところどころで，鍵となる一連の変数を提示して，スポーツ心理学者やコーチがアスリートやスポーツ参加者のパフォーマンスを高めるのに使える方略に，スポットを当てるつもりである。各章の終わりには，いくつかの専門的な文献紹介とともに，その章の要点を大きくまとめたものを載せる。

　エクササイズとスポーツの分野両方の心理学的研究を網羅する多くの著書が抱える限界としてよくあるものに，両分野の共通点についての結論を引き出し損ねる，というのがある。これは次のような考えを強めてしまう。両分野へのアプローチは全く異なるものであり，エクササイズ心理学とスポーツ心理学は2つの全く異なる領域として厳密に区分すべきである，という考えだ。第9章はこうした伝統的な考えを打ち破り，エクササイズ行動とスポーツ行動への社会心理学的アプローチにおける共通点と相違点を引き出すこととする。第9章の目的は，応用

序　文

社会心理学的な観点からエクササイズとスポーツにアプローチするものの多くは，対照的なところも多いけど類似したところも多い，ということを読者に示すことにある。この章では，テーマ・方法・理論の点から類似点を紹介する。テーマについていえば，行動，感情的な表出，社会的影響に関する予測は，両領域で共通している。そうした予測を検討するために採用する共通の方法として，横断研究，交差パネル研究，実験研究，質的研究がある。意図と動機に関する理論は，両領域の社会心理学的研究に共通である。最後に，エクササイズとスポーツへの社会心理学的アプローチにみられる相違点のいくつかを例示するために，競争のためのスポーツと健康目的のためのスポーツとの間に潜む葛藤について概観する。

巻末にはキーワードとキーフレーズの用語解説を載せてある。用語解説にある各語は，本文での初出時に太字で示しているので参照していただきたい。

第 1 部
エクササイズの社会心理学

The social psychology of exercise

第1章
社会心理学, エクササイズ, 健康

Social psychology, exercise, and health

　この章では，身体活動と健康に関わるいくつかのキー概念について紹介し，応用社会心理学者たちがこの（身体活動と健康の）研究分野で直面している問題の概略を示す。その目的は，工業国家で座位中心の生活を送っている人々が示す健康問題，社会問題，経済問題について，十分な背景知識を提供することにある。さらに，それは工業国における運動不足や肥満の流行の程度を評価する方法としての，記述疫学的な研究技法にも洞察を与えるだろう。それに続いて，座位中心の生活を送る人々の身体活動行為レベルを増進させるための介入法を周知し，推進するための応用社会心理学の重要性に焦点を当てていく。それに加え，身体活動行為に関する社会心理学の様々な理論的アプローチを紹介する。

1　身体活動とは何か？

　人々は**スポーツ**や**エクササイズ**，そして**身体活動**について，しばしば折衷主義的で，体系的でないやり方で語る。そして時には，そうした専門用語を同義語的に用いる。日常生活においては，これらの身体的努力の形態の差異に関する知識は，大抵はっきりしないように思われる。それゆえに，これらの専門用語は，健康に対する身体活動の重要性や社会心理学がそれらの行動を理解するのにどのくらい役立つかについて議論する前に，明確に定義されることが不可欠である。身体活動という用語は，運動の種類や運動場所，運動形態，運動強度に関係なく，エネルギーを消費するあらゆる種類の運動について言及する際に典型的に用いられる。正式には，ペイトら（Pate et al., 1995）が身体活動を「骨格筋の収縮によって生じ，エネルギー消費をもたらすあらゆる肉体的運動」のことと定義している。それゆえに，「身体活動」は，他のより特殊な形態の身体活動の分野に分か

れる包括的な用語と考えられる。よって，エクササイズとスポーツは身体活動の下位分類に当たる。エクササイズとは一般的に，体重を落とす等の健康上の利益を受ける目的でなされる体系的な身体活動のことを言う際に用いられる。これらの活動の例としては，ジョギング，サイクリング，スイミング，ボートこぎ，ウォーキング等がある。スポーツは身体活動のもう1つの形態であるが，エクササイズよりもはるかに体系化されており，特別な一連のルールを有している。そして大抵，他の人々との競争を伴う。一方，エクササイズはある職業と結びつくほど体系的ではないが，移動手段として徒歩で職場へ向かうよりは体系的であるに違いない。重要なことは，エクササイズが健康上の利益の程度を規定する多数の特性をもっており，それがすなわち，運動の種類，運動強度，運動頻度，運動持続期間を規定しうるのである。エクササイズはある一定の長い時間，主要な運動筋肉群（「グロス」として知られている運動タスク）の負荷を伴うものであり，それが精力的な運動強度をもつ場合は，エクササイズ考案者に支持される傾向がある。なぜなら，この種のエクササイズは心臓血管系に高強度の負荷を与えると同時に，個人の日常的なエネルギー消費を高める可能性を有するからである。もし，そのような活動を頻回に行なったならば，心臓血管病のリスクを改善する手助けになりうるであろうし，骨格形成や心理的健康の促進に役立つであろう。さらに，癌やⅡ型糖尿病のような他の疾患のリスクを減らしたり，肥満のように健康を危険にさらすかもしれない他の状態を予防することにも役立つかもしれない。エクササイズへの参加を理解するための社会心理学的なアプローチは，本書第1部の主題となるだろう。

2 身体活動が健康に及ぼす効果に関するエビデンス

身体活動と成人の生活習慣病

　工業国家で座位中心の生活を送っている人々の定期的な身体活動レベルの低さは，多くの生活習慣病と関連づけられてきた。これらの生活習慣病には，様々な形態の心臓血管病，肥満，Ⅱ型糖尿病，ある種の癌，そして高血圧症が含まれている。特に，心臓血管病は重大な健康問題の1つである。最近の統計は，心臓血管病が多くの工業国家において主要な単一死亡原因であることを示している。例えば，アメリカ合衆国（CDC/NCHS,2001）では1年間におよそ931,000人が，またイギリス（Petersen et al., 2004）では1年間に238,000人にのぼる人々が，心臓血管病が原因で死亡していると説明されている。それに加え，こうした疾患の

治療は公衆衛生部門に相当な負担を負わせている。例えば，心臓血管病で最もよくみられるタイプの疾患である冠状動脈病の治療には，イギリス国民健康保険機関が年間10億7千500万ポンド支出している（Liu et al., 2002）。心臓血管病と並んで，肥満，医学用語で過剰脂肪または脂肪組織の肥大化とよばれる疾患の発生率が増大している。肥満もまた健康上のリスクを示し，心臓血管病や糖尿病，結腸直腸癌，そして高血圧のような多くの健康問題との関連が示されている。肥満は，人の身長と体重の関係を説明する測定法を用いて定義されるが，これはボディ・マス・インデックス（BMI）として知られている。この方法は身長を2乗した値に占めるその人の体質量の割合（体重／身長の2乗）を指し，BMIが $30kg/m^2$ 以上であると肥満とみなされる。アメリカ合衆国では，男性の27.5％，女性の33.4％が肥満とみなされており（Centers for Desease Control and Prevention, 2002），一方のイギリスでは男性の22％，女性の23％が肥満に分類されている（National Health Service Health Development Agency, 1996）。このエビデンスは心臓血管病と肥満が工業国家の公衆衛生にとってかなりの問題であることを示している。

多種多様なリスク要因が，個人の心臓血管病に罹る可能性を高める鍵となることには共通見解がある。すなわち，年齢，ジェンダー，家族歴またはストレスの遺伝形質，喫煙，血中コレステロールの上昇（高コレステロール血症），あるいはより限定的には，血清脂質成分が低比重リポタンパク質の異常な高濃度を示したり，高血圧症や高心拍，肥満，II型糖尿病，ストレス，そして運動不足である（American Heart Association, 1999）。年齢，ジェンダー，そして遺伝形質といったデモグラフィック変数は，明らかに変更不能である。しかしながら，他のリスク要因の大半は行動変容によって影響を与えられうるものである。諸研究は，適切な種類，運動強度，運動継続時間，および運動頻度をもつ定期的な身体活動が，それらのリスク要因のレベルをかなり変化させうること，そしてそれにより，心臓血管病のリスクを低減できることを示している（Wannamethee & Shaper, 2001）。

運動不足は心臓血管病のリスク因子から切り離させられてきた（Wannamethee & Shaper, 2001）。疫学的研究は，身体活動とフィットネスレベルの低さが一般の人々の共通死亡原因に関連していることを示してきた（例えば，Paffenbarger & Hale, 1975）が，身体的健康は身体活動への参加と間接的に関連するのみであるため，身体的健康が心臓血管病や他の疾病リスクに関連するということについては異論があるだろう。さらにその後の疫学的研究は，これらのリンクの背後にあるメカニズムが存在することを明らかにしてきた。研究は，定期的な精力的身体活動が血中コレステロール値を低下させ，より望ましい血清脂質

成分を作り出し，高血圧症を減らすこと，そしてⅡ型糖尿病の重症度を減らしてコントロールすることに役立つことを示してきた（Wannamethee & Shaper, 2001）。食事の規定量を操作することに加えて，身体活動もまた肉体的な健康状態を健全なレベルに維持することに役立ち，肥満度を減らすのに有効であることが示されてきた（Wannamethee & Shaper, 2001）。このエビデンスは，定期的な身体活動が心臓血管系の健康に強い効果をもつこと，および心臓血管病と結びつくリスク要因を減らしうることを示している。

　心臓血管のリスク要因に及ぼす身体活動の改善効果に加えて，身体活動がある種の癌の発生を減らせることを示唆する研究もみられる。最近のエビデンスは，定期的な精力的身体活動が，卵巣癌，乳癌，結腸直腸癌のリスクを減らしうることを示唆している（Courneya & Friedenreich, 1997）。研究者たちは身体活動が癌のリスクを減らす作用をもたらす精密なメカニズムについて確証をもてずにいるが，身体活動が健康的な体重を維持することに有効であろうと考えており，また，運動をする人々は酸化防止剤を豊富に含む食品を食べるというような，より健康的な行動を採用する傾向があると考えている。

　定期的な身体活動は，特に女性において骨格の健康維持に繋がることが示されてきた（Branca, 1999）。十分なカルシウム補助食品を含むダイエットを組み合わせると，ウェイトの負荷をかけた定期的な身体活動は，骨粗鬆症—骨からミネラル分の減少を引き起こし，骨折しやすさを増大させる生活習慣病—に対する予防策として作用する。最後に，定期的な身体活動がもつ重要な効果としては，心理的及び精神的健康に及ぼす効果がある。定期的な身体活動はメンタルヘルスの治療において有効であることが見い出されてきており，一般の人々のウェルビーイングや自尊心を高めることが示唆されてきている（Fox, 1999）。

身体活動と若者

　疫学的および臨床的研究は，心臓血管病やその他の病気のような疾病の発生は成人の身体活動レベルの低さと結びつけられ，そしてそれは単に小児期に由来する行動パターンが顕在化したものに過ぎないということを示してきた。心臓血管病が小児期に由来するという初期のエビデンスは，ベトナム戦争の戦闘行為で殺されたアメリカ人歩兵の検死体から徐々に集められたが，それは彼らの動脈にアテローム性動脈硬化症（ある形態の心臓血管病の前兆）の初期症状がみられたことであった（McNamara et al., 1971）。成人の心臓血管病と関連づけられるリスク要因は，子どもや青年にもみられることが示されてきたが，それらのリスク要因は成人期にも形跡を残す傾向があることが研究で示されてきた（Webber et al., 1983）。さらに，幼年期や少年期の肥満の割合は調査時点と共に増加しており，

アメリカ合衆国では20％の発生率を示し（Flegal, 1999），イギリスでは9.2％の発生率を示している（Bundred et al., 2001）。そしてそれはここ数年間の実質増を示す数字である。成人にとって高血圧症，血液脂質や低比重リポタンパク質濃度の上昇，および糖尿病リスクの上昇が，健康に有害な効果をもつように，青年においては肥満が同様な有害効果をもつ。実に，肥満児に関する研究は，彼らの内の97％が3つかそれ以上心臓血管病のリスク因子を有していることを明らかにしている（Parker & Bar-Or, 1991）。さらに重要なことには，肥満児や肥満青年は肥満成人になりがちであるように見えることであり，このことがダイエットとエクササイズを通じて肥満をコントロールすることの必要性を強調することにつながっている。

　実に，過去20年間の研究が子どもの心臓血管の健康に及ぼす身体活動の重要性を立証してきた（Sallis & Patrick, 1994）。身体活動は若者の高血圧症や血清脂質成分と関連しているという限定的なエビデンスがあるだけとはいえ，高度の身体活動やフィットネスレベルを示す子どもは，心臓血管系のリスクがあまり高くないことを示唆するエビデンスがある（Raitakari et al., 1994）。心臓血管病リスク因子の改善のほかに，子どもの身体活動の増加は他の健康上の利益にも関連づけられる。かなり定期的な身体活動は少年の肥満レベルの低下と関連づけられている（Parker & Bar-Or, 1991）。身体活動が，骨格の健康や心肺機能を促進することや，抑うつ，不安，ストレス，敵意，怒り，および知的機能といった心理的健康に関連する変数にもポジティブな効果をもつこと，さらには自尊心や全般的ウェルビーイングも高めうることが示されてきた（Sallis & Patrick, 1994）。こうした知見が，行動科学の研究者に子どもの身体活動行為の先行条件をさらに研究するようし向けたのである。

身体活動のガイドライン

　これらの研究から集められたエビデンスは，身体活動が健康に及ぼす重要性を強調するものであり，エクササイズの科学者に身体活動と栄養摂取に関するガイドラインを提案することを余儀なくさせた。国立組織や諮問グループは，適切なレベルの身体活動に関する声明やガイドラインの立場を確立してきたが，そうした声明やガイドラインは身体活動レベルの低さと関連づけられる疾病のリスクを減らし，望ましい健康やウェルビーイングを維持するためのものであった。成人においては，非常に多くのガイドラインがよい健康状態の保持に不可欠な身体活動の頻度，運動強度，種類，および持続時間の適切さについての見解を公表してきた。そしてそれらは身体活動を奨励するための様々なキャンペーンに焦点を当ててきた。これらのガイドラインの内容は，国家や研究団体の枠を超えて相対的

に統一化されている。これらのガイドラインや勧告から導かれた合意は，アメリカ合衆国（例えば，Byers et al., 2002）やイギリス（例えば，Department of Health, 1996）に由来するものであり，それは個人に，少なくとも1週間の内の大半は中程度の強度で30分間連続的な身体活動に従事すべきであるとしている。そして，なるべく1週間の内の数日は高強度の精力的な身体活動を一定時間行なうべきと述べている。さらに，同様なガイドラインが高齢者（American College of Sports Medicine, 1998）や青年，児童（Sallis & Patrick, 1994）といった特定の母集団に向けて公表されている。

運動不足の蔓延

定期的かつ精力的な身体活動と心臓血管系や骨格系，および精神面の健康との関連を支持する多数のエビデンスがあると仮定すると，研究の関心は工業国家の人々の運動不足に関する記述疫学的研究にも向けられる。そのような研究の目的は，よい健康状態と結びつけられるような推奨されるレベルの身体活動を，人々が達成できる程度の概略を描くことにある。そのような研究からの知見は，工業国家の人々には運動不足の蔓延が存在することを一貫して指摘している。アメリカ合衆国（Centers for Disease Control and Prevention, 2003）やイギリス（National Centre for Social Research, 1999）で行なわれた国民健康調査からのエビデンスは，およそ30％の人々がいかなる身体活動にも参加していないことを示している。英国では，男性の37％および女性の25％のみが，身体活動の推奨されたガイドラインを満たしているにすぎない（Joint Surveys Unit, 1999）。欧州連合14加盟国からの15,339名の消費者（各加盟国につきおよそ1,000名の成人）を対象とした調査によると，身体活動を全くしない人々の割合は国民によって大きな変動がみられ，1％から47.6％までの範囲にわたる（Institute of European Food Studies, 1999）ことが見い出されている。一方，定期的な身体活動に従事する人々の割合はフィンランドの92％からギリシャの60％までの範囲にわたっている。さらに，アメリカ合衆国（Centers for Disease Control and Prevention, 2003）およびイギリス（Cale & Almond, 1992）の児童の大多数が，健康上の利益をもたらすような種類，強度，持続時間，および頻度の十分な身体活動を，全く行なっていないことを示唆するエビデンスもある。

多くの工業国家の人々の定期的な身体活動レベルの低さを示すこれらの統計と並んで，人々の大多数が身体活動は健康に重要であると信じている（UK Health Education Authority and Sports Council, 1992）が，彼らが今以上に身体活動を行なう必要があることへの賛成度は調査対象者のおよそ50％にしか過ぎなかったことを示唆する調査（Institute of European Food Studies, 1999）もみられる。

大きな関心を集めているのは，過去20年間にわたって運動不足の人々の割合がほとんど変化していないことである。人口統計学的研究は，運動不足レベルがほとんど変化しないまま維持されているのは1986年から2002年の間であることを示してきた（Centers for Disease Control and Prevention, 2003）。つまり，工業国家の成人の大多数は，研究によって示唆されるような健康上の利益を得るための十分な身体活動を全く行なっておらず，運動不足レベルがかなりコンスタントに維持されている。その一方で，逆説的ではあるが，人々の大多数は自分が十分な身体活動を行なっていると信じているのである。

このエビデンスを考えると，研究者たちは身体活動行為に影響する要因を検討すべきであろう。これらの要因を同定することの重要性は，最も変化を強いるような要因が効果的であり，かつ理論ベースの介入に基づいていると伝えるのと同じくらい優先される。そしてそれは身体活動行為に最大の影響力をもつであろう（Brawley, 1993）。確かに，この種の社会問題は応用社会心理学理論の研究から恩恵を受けるだろう。なぜならこれらの研究アプローチはその問題を説明することを目的としており，顕著な影響力の同定だけでなく，それらの影響力がどのくらい行動に影響を及ぼしうるかの説明も提示するからである。次節では，社会心理学の研究が顕著な要因を同定することにどのくらい役立つか，そしてまた座位中心の生活を送る人々のエクササイズを増進するための介入法の周知に，どのくらい役立つかについて要点を述べる。

3 社会心理学の役割

エクササイズ参加を増進するための1つの方法は，社会的行動を動機付ける基礎となる顕著な先行変数やメカニズムを同定する社会的行動の理論を参考にすることである。そうして，それらの理論を身体活動の分野で検証することである（Brawley, 1993）。理論は，身体活動行為の先行条件が行動にどのくらい影響を及ぼすかに関する説明体系を与えるであろう。それとともに，身体活動行為がどのくらい増進されうるのかに関しても一般的な指針を与えるだろう。例えば，もし理論が行動の重要な規定因である**態度**を同定するとすれば，身体活動行為は態度変容によって増進されうるということが示唆されるに違いない。

一方で，社会心理学の理論が身体活動への参加を促す手引きとなることを認識するのは重要であるが，それは社会心理学理論が身体活動への参加を満足に説明できる場合に限られる（Brawley, 1993）。あいにく，経験的なエビデンスは，社会心理学の理論が身体活動行為の分散の50％以上を説明できないということを

示唆している（Hagger et al., 2002b）。社会心理学モデルによって得られたそうした予測レベルは，純粋科学のモデルによって得られた予測レベルをずっと下回っている。そしてそれは，心理学的な介入が身体活動への参加を促すことにおいて非常に効果的であると予測することが素朴な見方であることを示唆している。それゆえに，社会心理学の観点から身体活動への参加を促すことは，身体活動への参加の先行条件を同定する研究（**形成要因の研究**）と，身体活動行為を促す介入法の効用を評価する**応用研究**から成り立つ継続的なプロセスとみなされるべきである。

　形成要因に関する研究は，エクササイズへの参加を明白にする最も重要な心理学的変数の同定を目指している（Ajzen, 1991）。社会心理学者は，横断的研究，縦断的研究，パネル研究，実験研究といった多種多様な研究デザインを通じて，形成要因に関する研究の発展に多大な貢献を果たすであろう。そのような研究法は，エビデンス収束の原理を通して，エクササイズへの参加を予測する既存の社会心理学的モデル（Hagger et al., 2002b）の拡張版，修正版，改訂版を量的に評価することを目指している。しかしながら，そうした諸変数と心理学的モデルがエクササイズ参加を予測するだけなのか，それともエクササイズ参加を予測・説明することができるのかを区別することは重要である（Ajzen & Fishbein, 1980）。身体活動への参加を予測する諸変数や諸理論は，エクササイズを行なう人と行わない人を同定することにおいてのみ役に立つ。そうした情報はリスク因子を抱えている下位母集団を同定するのに重要である一方で，なぜある人々はエクササイズを行ない，残りの人々は行なわないのかを説明するのに役立たないかもしれない。エクササイズ参加の説明原理が満たされる場合とは，実験的に操作可能な変数によってエクササイズへの参加が予測される時のみである。例えば，態度は変容可能であり（Eagly & Chaiken, 1993），それゆえ態度によって得られた予測は行動変容に関する情報を提供するということが広く受容されている。したがって，エクササイズ参加に関するモデルの開発は，エクササイズ参加を予測し，かつ説明する変数の同定に焦点を当てるべきである。形成要因に関する研究に加えて，エクササイズ参加の促進に関する知見は，結局は応用社会心理学的研究から得られるであろう。それらは活動的なライフスタイルを促進させる介入法について評価するような研究である（Brawley, 1993; Hardeman et al., 2002）。介入研究は，社会心理学的変数の操作が実際にエクササイズ習慣を変容しうるかどうかを評価できる可能性をもっている。

　この本の第1部では，エクササイズのような意図的行動の説明に適用できるいくつかの主要な社会心理学理論をレビューする。そしてまた，これらの諸理論の限界や，これらの限界に取り組むために向けられた方策についても焦点を当てる。

このことは次の点で重要である。すなわち，これらの限界を解決するような潜在的な解決方法は，既存理論の修正版を生み出し，それがエクササイズ参加の説明理論および促進理論の有効性を強めることになるからである。

推薦文献

Brawley,L.R.（1993）The practicality of using psychological theories for exercise and Health research and intervention. *Journal of Applied Sport Psychology*, **5**. 99-115. エクササイズ行動を変容させるための社会的認知アプローチの有効性についての入門的な見解を提供。

Cale,L. and Almond,L.（1992）Physical activity levels of school-aged children: a review. *Health Educational Journal*, **51**, 192-7. 若者の間の運動不足の広まりを示唆する研究を詳細に紹介。

Pate,R.R.（1995）Recent statements and initiatives on physical activity and health. *American Academy of Kinesiology and Physical Education*, **47**, 304-10. 健康のためのエクササイズや身体活動を促進するための健康キャンペーンによって提供されたガイドラインの概要。

まとめ

- 身体活動とは，エネルギーを消費するようなあらゆる身体運動のことを指している。エクササイズは健康上の理由で明らかにエネルギーを消費するような定期的身体活動のことを指しており，スポーツとは，しばしば何らかの種類の身体活動を伴うが，競技やコンピテンスの実演といった若干異なる理由が関与するものである。
- 運動不足とは，心臓血管病のリスク因子であり，成人や若者にとって非常に多くの心理的および保健衛生的利益をもつものである。エクササイズ科学者が人々に推奨しているのは，中程度レベルの身体活動を少なくとも1日30分間行なうこと，それと共に，ある一定時間の精力的な身体活動を伴わせることである。
- 社会心理学における身体活動の形成要因に関する研究は，身体活動の先行条件の背後にあるメカニズムに有益な洞察を与えるのに役立つであろう。そしてまた，身体活動行為に適用される介入法を周知することにも役立つであろ

う。

第2章
エクササイズ行動の社会的認知理論

Social cognitive thories of exercise behaviour

　エクササイズへの定期的な関与について理解するためには，エクササイズ行動を予測し，説明する，心理的構成概念の理解を必要とする（Ajzen & Fishbein, 1980）。この章では，**社会的認知**とエクササイズ行動の理論に関する社会心理学の形成的で応用的な研究を紹介し，レビューすることを目的とする。これらの理論に共通していることは，態度のようなビリーフに基づいた構成概念や，過去の経験から学習された意図のような動機づけの構成概念を含んでいることである。これらのモデルの別の特徴は，動機づけの形成や意図を導くプロセスに焦点を当てていることである。これらのモデルは，意図を生じさせるような，より自動的なプロセスを扱っておらず，また，意図が行動に変えられるメカニズムを説明することを目指していない。こうしたことは第3章で扱われる。最後に，この章では，これらのモデルを用いた研究から生じるいくつかの実践的なガイドラインを概観する。

1　意図とエクササイズ行動の社会的認知モデル

　人間の動機づけに関する重要な社会心理学的な理論の多くは，**意図**の構成概念を含んでいる。これらの理論は，人は行動に伴うメリットとデメリットに関する利用可能な情報を処理することによって目標行動を実行することを決める，合理的な意思決定者であると提唱している。意図的な行動に関する理論も，人間の動機づけは単一次元のもので（Deci & Ryan, 1985），意図の構成概念は動機づけを示しており，人間の行動の最も直接的な決定因である（Ajzen, 1991）という見解を共有している。重要なことに，これらの理論は意図の形成に焦点が当てられており，過去に形成された意図の実行を実証するプロセスについての説明を示し

ていない (Ajzen, 2002b)。次の章でレビューされる**意思理論**は，意図が行動に変換されるプロセスを詳しく論じている (Gollwitzer, 1999)。次の節では，意図的な行動の理論が紹介され，将来の研究やエクササイズ領域における実践のための示唆が論じられる。

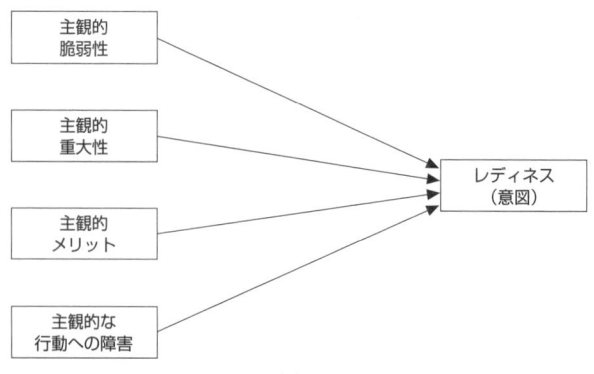

健康信念モデル

健康信念モデルは，個人の健康行動を遂行するレディネス（意図）は，健康状態に対する主観的脆弱性とその状態の想定される重大性の関数であると提唱している (Rosenstock, 1974)。このモデルは，行動することへのレディネスは，エクササイズのような特定の行動によって得られる恩恵についてのビリーフによって決定され，その行動をすることへの主観的障害によって影響が加えられると仮定している。最終的に，このモデルは，何らかの誘発的な出来事が行動プロセスの口火とならない限り，レディネスは明白な行動とならないと予測している。ローゼンストック (Rosenstock, 1974) は，このような誘発的な出来事を行動の手がかりと名づけた。全体として，健康信念モデルは，もしある人が病気に侵されやすいと感じ，その病気が重大なものであると知覚し，特定の健康行動がその病気に関係する健康への脅威を低減させると信じているならば，その健康行動を行なうレディネスを高い程度でもつだろうと予測する。例えば，不健康な食事をしていて，医者から高血圧であると告げられたら，その人は心臓血管系の病気に侵されやすいと感じるだろう。その人はまた，定期的なエクササイズが心臓血管系の病気の脅威を低減させると信じているとする。このモデルによると，これらの知覚は，その人にエクササイズ行動を行なうように動機づけるだろう。健康信念モデルは図2.1に要約されている。

図2.1　健康信念モデル

形成的研究は，主観的重大性と健康行動のメリットについてのビリーフは，その行動を引き起こすレディネスに対して強く影響する一方で，主観的重大性や障害はレディネスに対して小さな影響力しかもたないことを示してきた（Quine et al., 1998; Abraham et al., 1999）。それに加え，研究知見では，脆弱性，重大性，感受性，メリット，障害などの主観的知覚が健康行動に与える直接的影響は小さく，レディネスに媒介されることが示されている（Abraham et al., 1999）。健康信念モデルは社会行動の全ての構成概念を十分に捉えておらず，このモデルは意図や行動に対する**自己効力感**のような他の構成概念を考慮することで恩恵を得られると示唆する研究知見もある。

　健康信念モデルの限界の1つとして，このモデルは主観的脆弱性のような心理的構成概念の明確な操作的定義を示しておらず，意図や行動に影響を与えることに関して，それぞれの変数がどのように結びつくかを特定していない点が挙げられる（Quine et al., 1998）。例えば，病気に対する主観的脆弱性によって，どの特定の行動が促進されるのかは明らかではない。心臓血管系の病気に対する主観的脆弱性の場合，エクササイズとダイエット行動の両方が心臓血管系の病気のリスクを改善するのに影響があると仮定すると，主観的脆弱性はどちらの行動を促進させるのかを明確には述べていない。その結果，それぞれの研究で心理的構成概念に対して異なった操作的定義が用いられてきたために，健康信念モデルに関連した実証的知見が研究間で大きく変わってしまう（Harrison et al., 1992）。

予防動機づけ理論

　予防動機づけ理論（Rogers, 1983）は，健康信念モデルと類似しており，健康行動の遂行は2つの異なった評価の関数によるものであると主張するものである。その評価とは，健康への脅威を引き起こす病気に対する脅威評価とコーピング評価である（図2.2参照）。健康信念モデルと同様に，脅威評価は主観的脆弱性と主観的重大性の2つのビリーフによって得られる。主観的脆弱性は，自分が健康への脅威にさらされやすいというビリーフであり，主観的重大性は，発病が重大な結果になるというビリーフである。コーピング評価は，ある反応が健康への脅威を低減させるのに有効であるという反応効力感として知られているビリーフ，この健康行動を行なうために必要な能力をもっているという自己効力感のビリーフとして知られているビリーフ，その健康行動を遂行することに関連する主観的コストに関するビリーフから成り立っている（Rogers, 1983）。全体として，予防動機づけ理論は，ある人が，①病気が重大なもので発症しそうだと信じ，②健康行動は健康への脅威を低減させるのに有効であると考え，実行するのが可能だと感じ，健康行動がそれほどコストが大きくないならば，その健康行動を行なおう

とするだろうと予測するものである。

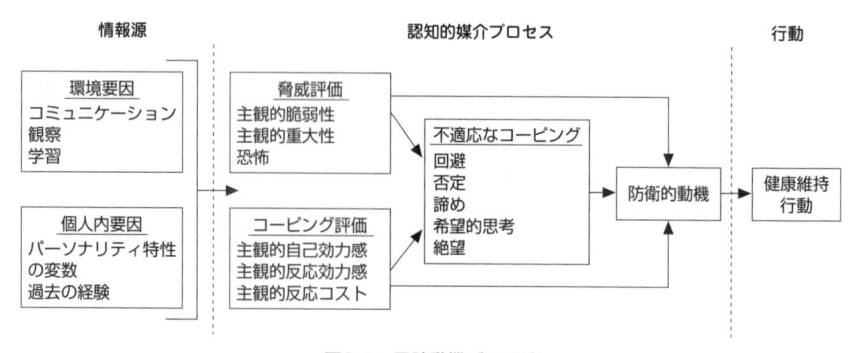

図2.2　予防動機づけ理論

情報源／認知的媒介プロセス／行動

- 環境要因：コミュニケーション、観察、学習
- 個人内要因：パーソナリティ特性の変数、過去の経験
- 脅威評価：主観的脆弱性、主観的重大性、恐怖
- コーピング評価：主観的自己効力感、主観的反応効力感、主観的反応コスト
- 不適応なコーピング：回避、否定、諦め、希望的思考、絶望
- 防衛的動機
- 健康維持行動

　形成的研究では，健康に関連する意図や行動を予測する点で，自己効力感のような脅威評価やコーピング評価の有効性が論じられてきた（Hodgkins & Orbell, 1998; Milne et al., 2000）。それに加え，脅威評価は不適応的なコーピング反応を促進しうるという見解を裏づける研究知見もある（Hodgkins & Orbell, 1998）。エクササイズの領域では，形成的研究も，エクササイズ意図に影響する点で，自己効力感，反応効力感，主観的脆弱性の有効性を示してきた（Milne et al., 2002）。より重要なことに，介入研究は，意図に対するコーピング評価と脅威評価の影響を示してきた（Milne et al., 2002）。しかしながら，意図と行動に対するコーピング評価と脅威評価の影響はあまり大きくないことを注意することが重要である（Milne et al., 2000）。

健康信念モデルと予防動機づけ理論に基づいた介入の計画

　前述のように，形成的研究の重要な役割は，介入内容についての情報を与えることである。一般的にいえば，意図を予測する点で，ある要因の相対的重要性が大きくなればなるほど，その要因の変化が意図に影響を与えやすくなり，最終的には行動に影響を与えやすくなる。健康信念モデルと予防動機づけ理論を採用した研究は，主観的脆弱性や主観的重大性のような健康への脅威に関連する評価や，自己効力感や反応効力感のようなコーピング方略に関連する評価は，エクササイズする意図に影響しうることを示してきた。このことを考慮すると，エクササイズ行動を変化させる試みとしては，脅威評価とコーピング評価を操作しようとすることが勧められる（Milne et al., 2000）。それゆえに，重要な問題は，健康評価とコーピング評価がどのように影響を受けるのかということになる。

　脅威評価は，恐怖喚起コミュニケーションを通して操作される。恐怖喚起コミ

ュニケーションとは，①病気による痛みと衰弱の影響，すなわち主観的重大性と，②定期的にエクササイズしない人は心臓病に侵されやすいこと，すなわち主観的脆弱性を強調した説得的コミュニケーションである。コーピング反応は，病気を予防する点でエクササイズの影響を説明する情報や，反応効力感を変えるための介入法を示す情報を与えることや，相対的に実行が容易で自己効力感を変化させると考えられる種類のエクササイズを選ぶように促すことによって操作される。健康信念モデルと予防動機づけ理論に基づいた介入に対する注意の1つとしては，その介入は意図を高める点では成功するかもしれないが，必ずしもエクササイズ行動の実質的な変化をもたらすものではないことが挙げられる（Milne et al., 2000）。それゆえに，これらの理論を適用することがエクササイズ行動に強い影響をもたらすと機械的に期待されるべきではない。その代わりに，エクササイズ行動を変化させる点での予防動機づけ理論の有効性は，人々が意図を行動に変えるのを手助けできる，意思的なテクニックの実行を通して高められるかもしれない。健康信念モデルと予防動機づけ理論の別の限界は，脅威メッセージが時には意図を高める代わりに低めてしまう可能性があることである（Hodgkins & Orbell, 1998）。それゆえに，恐怖喚起コミュニケーションは注意深く計画され，適用されなければならない。

合理的行為理論

合理的行為理論（Ajzen & Fishbein, 1980）は，意図的な行動に関する最も重要とされ，しばしば引用されるモデルの1つである（Sheppard et al., 1988）。この理論によると，エクササイズのような意思行動の遂行は，その行動を行なうためにその個人が表明した意図によって最もよく予測できるとされる。アイゼンとフィッシュバイン（Ajzen & Fishbein, 1980）は，意図は，ある人が将来の行動を行なおうとする計画の程度を示し，その行動をどの程度強く意図しようとしているのか，行動を遂行するためにどの程度の努力を予期しているのかを表すものであると仮定した。それゆえに，彼らが想定した意図は，伝統的に意図として概念化されたものと同様，本質的にも機能的にも動機づけの構成概念である（Meiland, 1970）。意図は行動の直接的な，あるいは中核の先行要因として仮定される（Ajzen & Fishbein, 1980）。同様に，意図は，行動の遂行，態度，主観的規範のそれぞれについての，個人的，規範的知覚の一連の関数である。態度は，目標行動に対する全般的なポジティブ，あるいはネガティブな評価を示す。主観的規範は，重要な他者が行動の実行に対して及ぼすと想定される主観的影響を示す。一般的にいえば，合理的行為理論は，態度や**主観的規範**が望ましいものであるほど，その行動を遂行する意図が強くなると予測する。最後に，意図は行動の

遂行を直接的に引き起こすと仮定され，行動に対する態度と主観的規範の影響を媒介すると想定される。このことは，意図は態度と行動，主観的規範と行動の関係を説明することを意味する。それゆえに，意図は態度や主観的規範を行動に変えるために重要である。

この理論は，態度と主観的規範の先行要因も扱っている。具体的には，この理論は，行動がある結果を生み出すだろうという**行動ビリーフ**とされている行為者のビリーフと，**結果の評価**とされているそれらの行動の結果への評価の組み合わせによって態度が生じると想定している (Ajzen & Fishbein, 1980)。同様に，主観的規範の起源は，**規範のビリーフ**と**追従への動機づけ**を含んだ対応するビリーフに基づいた判断にさかのぼることができる。規範のビリーフは，重要な準拠対象や準拠集団が行動を是認する，あるいは否認するだろうという行動的期待を表す (Ajzen & Fishbein, 1980)。そして追従への動機づけは，顕現化している対象の希望に従おうとする行為者の一般的な傾向を表す。行動的ビリーフ，規範ビリーフと，それぞれの評価の関係は，期待×価値モデルによって確立され，態度と主観的期待のビリーフに基づいた尺度は，直接的に測定された態度と主観的な規範の構成概念の先行要因として考えられている。合理的行為理論は図2.3に示されている。

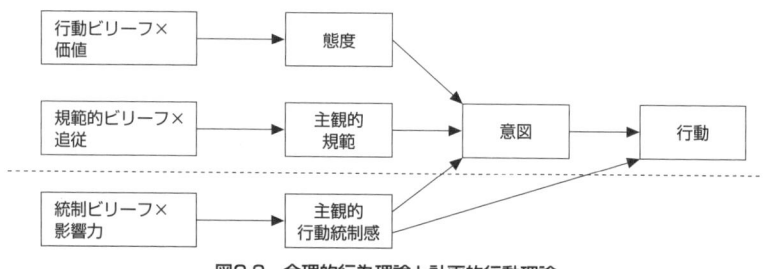

図2.3 合理的行為理論と計画的行動理論

注：破線の上の構成概念と関係は合理的行為理論を表す。破線の上下の構成概念は計画的行動理論を表す。

合理的行為理論の主な仮説は，エクササイズ（例えば，Hausenblas et al., 1997; Hagger et al., 2002b）やスポーツトレーニング（Theodorakis et al., 1991b）を含む，さまざまな行動に関する数々の研究の中で支持されてきた (Sheppard et al., 1988)。エクササイズ領域では，合理的行為理論の検証によって，意図の全体的な予測的価値に対して強力な証拠を与え，主観的規範は意図に対して弱い影響力しかないが，態度は意図に対して広範な影響があることが明らかにされてきた（Hausenblas et al., 1997; Hagger et al., 2002b）。エクササイズ

領域に合理的行為理論を適用した形成的研究は，態度や主観的規範の測定にビリーフに基づいた尺度，もしくは直接的な尺度が用いられるかは，一般的に意図に対して態度の影響力が大きく主観的規範の影響力が小さいという結果に影響を与えないことを示してきた（Theodorakis et al., 1991a）。さらに，パネル研究は，意図に対する態度の強い影響は時間が経過しても安定してみられることを示してきた（Chatzisarantis et al., in press a; Hagger et al., 2001）。

エクササイズに関連する多くの顕現化する行動と規範のビリーフを明らかにするという合理的行為理論の応用は，同様に重要であるとされてきた。そのビリーフは，合理的行為理論のビリーフに基づいた構成概念を測定するための標準的な質問項目の開発の前の，予備サンプルとして行なわれた自由記述式の調査から主に引き出される（Ajzen & Fishbein, 1980）。この調査で明らかにされた行動ビリーフは以下のものが挙げられる。すなわち，「よい仲間付き合い」「体重コントロール」「全般的な健康への利益」「多くの時間を使う」「楽しみ」「体型が引き締まる」「体型を保つ」「スキルを向上させる」「ケガをする」「体が火照り汗ばむ」である（Hagger et al., 2001）。規範ビリーフと追従への動機づけの尺度の重要な準拠対象は，友人や学校の先生とともに，両親，祖父母，兄弟といった家族のメンバーになる傾向がある（Hagger et al., 2001）。しかしながら，直接的に測定された態度と主観的規範の構成概念の中でこれらのビリーフが確実に独自の分散を占めることが示されていないので，ビリーフの他の部分集合が存在している可能性もある（Hagger et al., 2001）。

合理的行為理論の境界条件

研究では一貫して合理的行為理論の妥当性が支持されているが（Sheppard et al., 1988），アイゼンとフィッシュバイン（1980）によって概説された3つの条件が，行動を予測，説明する点で合理的行為理論の実用性を制限している。それらは**対応性**，安定性，意思的統制の条件である。対応性の境界条件とは，意図のような合理的行為理論の変数の予測的有効性は意図と行動の尺度が4つの鍵となる様式で表現されている時に高められるというものである。すなわち，その様式は，行動（例：エクササイズ），行動が向けられる目標（例：週に4回），行動が遂行される期間（例：3ヶ月間），行動が遂行される状況（例：余暇の時間）である。意図のような構成概念の尺度がこれらの要素の1つかそれ以上の点で行動に対応していなければ，対応性の原理に応じて，意図の予測的妥当性は低下するだろう。2つ目の境界条件は，行動が観察される前に意図が変わらなければ意図は行動を予測することを示している。しかしながら，意図と行動の評価の時間的間隔が長い時には，意図はより変化しやすくなるだろう。これは，意図を変化させたり修

正させたりする新しい情報が利用できる可能性が高められることによるものである。合理的行為理論で概観されている3つ目の境界条件は，意図の予測的妥当性にも関係する。この条件は，意図は個人の完全な意思的統制に基づく行動のみを効果的に予測すると仮定している（Ajzen & Fishbein, 1980）。一般的にいえば，行動は思いのままに遂行される時に完全な意思的統制に基づいており，個人的要因（例：能力の低さ）や環境的要因（例：時間の欠如）によって促進されたり抑制されたりすることはない（Ajzen & Fishbein, 1980; Ajzen, 1985）。他の要因が行動の遂行に影響し，個人が行動に対する他の要因の影響を統制できないならば，意図は行動の予測因としての影響が弱くなるかもしれない。

計画的行動理論

　合理的行為理論は身体活動への関与を予測，説明する点において有効であるが，完全な意思的統制の境界条件は非現実的で，この理論の主な限界点としてみなされてきた（例えば，Ajzen, 1985）。この批判に反論するために，アイゼンは，完全な意思的統制に基づいていない行動を説明する**計画的行動理論**を提唱した。元の合理的行為理論と同様に，計画的行動理論は，意図は社会的行動の主な決定因で，行動ビリーフと規範ビリーフのそれぞれに対応した態度と主観的規範の関数であると提唱している。さらに，合理的行為理論と同様に，計画的行動理論は，行動が完全な意思的統制に置かれている時のみ，意図は行動を説明するとしている。しかしながら，計画的行動理論は，行動に対する知覚された統制に問題のある時には，**主観的行動統制感**とよばれる付加的な要因が行動の遂行に影響しうるとも提唱している（Ajzen, 1985）。

　アイゼン（Ajzen, 1991）によると，主観的行動統制感の構成概念は，統制に対する一般的な知覚を表す。彼は，この概念を，バンデューラ（Bandura, 1977）の自己効力感の構成概念と比較した。自己効力感の構成概念は，重要な結果を生み出すために必要とされる意思行動をどのくらいうまく実行できるかについての判断を表している。主観的行動統制感の構成概念は，**統制ビリーフ**とそれらのビリーフの**主観的影響力**によって支えられている（Ajzen & Fishbein, 1980）。統制ビリーフは行動の遂行を促進，あるいは抑制する要因の主観的存在のことであり，主観的影響力は促進要因や抑制要因が行動の遂行に与える主観的インパクトのことである（Ajzen, 1991）。期待×価値モデルが態度と主観的規範の間接的な先行因を作り上げるために用いられるのと同様に，主観的行動統制感の間接的な尺度は，それぞれの統制ビリーフとそれらに対応する主観的影響力の評定値を掛け合わせた合成得点から生成される（Ajzen, 1991）。

　合理的行為理論に主観的行動統制感を含めることは，行動の遂行に影響する個

人的要因と環境的要因を明らかにすることから重要であるといえる（Ajzen, 1985）。主観的行動統制感が意図と行動に影響すると考えるので，どの行動が個人の意思的統制の下に置かれているか，個人的要因と環境的要因によってその行動がどの程度妨害されるかを，研究者は評価することができる。アイゼン（1991）は，行動に対する統制に問題がある時には，主観的行動統制感は計画的行動理論の中で2種類の影響を発揮するだろうと仮定した。第1に，主観的行動統制感は，態度や主観的規範と共に意図に影響を与えると想定された。この付加的な影響は，エクササイズの決定に対する知覚された統制の動機づけの影響を反映する。例えば，エクササイズに対してポジティブな態度と主観的規範をもっているが主観的行動統制感が低いと表明する人は，同じようなポジティブな態度と主観的規範をもっていて高いレベルの主観的行動統制感をもっていると表明する人に比べて，エクササイズをする強い意図を報告しないだろう。第2に，主観的行動統制感は，行動統制の知覚が現実的なものである時に，特に行動を直接予測するだろうと想定された。これは，行動をするための実際の制約や障害の影響を反映するものである。この場合，主観的行動統制感は，行動に対する実際の統制の代わりとなる尺度である（Ajzen, 1991）。この関係は図 2.3 に示されている。

　計画的行動理論は合理的行為理論よりも，意思行動を予測，説明する点で優れていることを，多くの研究が示してきた（Armitage & Conner, 2001）。例えば，メタ分析（Armitage & Conner, 2001）やナラティブレビュー研究（Conner & Armitage, 1998）では，行動意図に対する主観的行動統制感の一貫した影響がみられている。それに加え，意図に対する主観的行動統制感の影響は頑健なもので，質問紙の形式や社会的望ましさによって影響されないことが示されている（Armitage & Conner, 1999a）。さらに，意図に対する主観的行動統制感の影響は，実行することが困難で，意思的プロセスの統制下にない行動や，自分には行動や結果をコントロールする能力があると信じていない人に対して特にみられていることを，形成的研究は示している（例えば，Sheeran, 2002）。最後に，意図に対する主観的行動統制感の影響は長い期間安定してみられることを，多くの研究者が示している（Chatzisarantis et al., in press a; Hagger et al., 2001）。この裏づけのある研究知見にもかかわらず，行動に対する主観的行動統制感の直接的な影響は，意図に対する主観的行動統制感の影響と比較して小さいこと（Armitage & Conner, 2001）や，ビリーフに基づいた行動統制の尺度が用いられたり，統制の知覚が現実的ではなかったりする時には，統計的に有意ではないこと（Notani, 1998）を多くの研究が示している。

　エクササイズ領域では，いくつもの研究がさまざまなエクササイズ状況において計画的行動理論の仮説を支持してきた（Hagger et al., 2002b）。計画的行動理

論は健康信念モデルや予防動機づけ理論よりも強い予測的価値があるという証拠が示されている（Quine et al., 1998）。それに加え，多くの研究が，主観的行動統制感は意図と行動のどちらも予測することを示している（Hagger et al., 2002a）。形成的研究は，主観的行動統制感は態度と意図の関係を調整し，その結果，態度が意図を予測するのは主観的行動統制感が高いと報告する人のみに対してであることを示している（Ajzen, 1991）。

多くの研究は，「悪天候」「年齢」「心臓発作」「コスト」「疲労」「時間のなさ」のような，エクササイズと関連した妨害と促進要因を含んだ統制ビリーフを同定してきた（例えば，Godin et al., 1991）。行動ビリーフと規範ビリーフと同様に，統制ビリーフは異なった対象や行動の間でかなり変わることが研究によって示されてきた。例えば，エクササイズ領域に関する研究は，老人や臨床群に対する統制ビリーフには「年齢」と「心臓発作への恐れ」があることを示したが（Godin et al., 1991），これらのビリーフは若者の統制ビリーフを特徴づけるものではない。

合理的行為理論と計画的行動理論に基づいた介入の計画

合理的行為理論と計画的行動理論を適用した研究に基づいた実証的な研究の知見は，エクササイズ行動を促進させるための介入の開発についての情報を提供してきた（Brawley, 1993; Hardeman et al., 2002）。計画的行動理論は，健康信念モデル，予防動機づけ理論，合理的行為理論のような他の社会認知モデルよりも優れていることが形成的研究で示されてきたことから（Hausenblas et al., 1997; Quine et al., 1998; Hagger et al., 2002b），エクササイズへの介入は，態度と主観的行動統制感を目標とするべきであると主張できる。介入は，健康信念モデルや予防動機づけ理論によって支持された主観的規範や心理的変数を目標とするべきではない。なぜなら，これらの構成概念は，意図や行動に対して影響力が小さいからである。

合理的行為理論や計画的行動理論は，背後にあるビリーフシステムを修正することによって，態度と主観的行動統制感は変わりうると仮定している。アイゼン（Ajzen, 1991）によると，その様相で顕現化しているビリーフが目標とされた時のみ，ビリーフの変化は，態度，主観的規範，そして統制感の明白な変化を生み出しやすいとされている。様相ビリーフは，目標とされる集団から引き出された行動に関して最も頻繁に引用されるビリーフである。その様相で顕現化しているビリーフは，目標行動に対するビリーフを思い出させたりリスト化させたりすることを求めるオープンエンド形式の質問紙法を用いることで同定できる（Ajzen & Fishbein, 1980）。

いったん顕現化しているビリーフが同定された後には，合理的行為理論や計画

的行動理論では，パンフレット，対面での議論，観察的モデリング，あるいは介入を計画する点で有益に用いることのできる他の適用可能な手段の形態による，説得的コミュニケーションを行なうことが提案されている（Ajzen & Fishbein, 1980）。説得的コミュニケーションとは，目標行動のポジティブな側面と結果を支持しながら，同時にネガティブな側面を控えめに扱う議論を含むアピールである。計画的行動理論を採用する研究の主な貢献の1つは，議論はアクセス可能なビリーフに焦点が当てられた時はアクセス不可能なビリーフに焦点が当てられた時よりも，議論がより説得的であるという仮定に関するものである◆1。例えば，エクササイズに対する青少年の態度を変えようと試みる説得的アピールは，エクササイズのメリットを強調してデメリットを控えめに扱った，次の文章のような形態をとるだろう。

　　定期的にエクササイズを行なうことには多くのメリットがあります。普段の健康状態やウェルビーイングのレベルを高めるのと同時に，新しいゲームやスポーツの仕方を学ぶことができるでしょう。エクササイズはとても楽しいものです。あなたが快適と感じる程度でエクササイズをすれば，ケガをしたり不快に暑苦しく感じたりすることはないでしょう。

　この説得的アピールは若者の態度を変えるのには効果的なはずである。なぜなら，形成的研究で同定された，若者の利用可能な行動ビリーフに焦点を当てているからである。あいにく，エクササイズの領域では，身体的活動への関与を促進する点で計画的行動理論の有効性を実証した研究はほとんどなく，多くの研究では重大な限界を伴った一貫性のない結果が得られている。例えば，ロジャースとブローリー（Rogers & Brawley, 1993）は，感情的態度と自己効力感の変化を生み出すための介入を行ない，このことによってエクササイズプログラムへの関与に対して付随する向上がみられることを示した。一方で，スミスとビドル（Smith & Biddle, 1999）は，顕現化しているビリーフを目標とした介入は，態度，主観的な規範，統制感，意図を変化させることに成功しなかったと報告した（Courneya et al., 2002も参照）。このような結果の不一致は，アクセス不可能な行動ビリーフを目標とした介入によるものであるかもしれない。それゆえに，将来の研究のための重要な方向性の1つとしては，エクササイズ行動を促進する点でアクセス可能なビリーフを目標にした介入プログラムと，アクセス不可能なビリーフを目標にした介入プログラムの有効性を比較して検討することが挙げられる。
　しかしながら，態度や主観的な行動統制感のような予測因の平均点がとても高いならば，説得的アピールは意図を変えるのに有効ではないかもしれない（Ajzen,

1991)。例えば，既にとても高いレベルの態度をもつ傾向のある人々の態度を変えることを目標とする介入は，単に変化の余地があまりないために，意図に影響を与えにくいだろう。それゆえに，理想的には，計画行動の研究の適用は，とても高い平均点を示していない重要な予測変数を目標とするべきである。

　合理的行為理論や計画的行動理論は意図や行動をどのように変えるのかについての一般的な指針を提供しているが，最大限の影響が得られるように説得的メッセージがどのように構成されるべきなのかを示していない。専門家は，説得的メッセージの影響を最大化させるために，説得の理論を考慮に入れる必要がある。精緻化見込みモデルは，態度変化の研究で広く用いられてきた有名な説得のモデルである（Petty & Cacioppo, 1986）。精緻化見込みモデルは，態度変化には2つのルートがあると仮定している。第1のルートは，態度が思考に富んだ精緻化プロセスの結果として変化する中心的ルートである。精緻化とは，個人が説得的コミュニケーションを含んだ議論について慎重に考えるように動機づけられている程度を示す。情報処理プロセスで個人が生成した思考プロセスの数を数えることや，説得的コミュニケーションで示された議論の質を評価することによって，精緻化は同定される（Petty & Cacioppo, 1986）。第2のルートとして，態度変化には周辺的ルートがある。それは，推論的，連想的，ヒューリスティック的アプローチといった，十分な思考によらないプロセスの結果として生じる態度変化を示すルートである。精緻化見込みモデルは，中心的ルートから引き起こされる態度変化は周辺的ルートから引き起こされる態度変化に比べ，時間的な持続が強く，説得に対する抵抗が強いと仮定している。

　精緻化見込みモデルは，社会的態度の研究において広く用いられてきたが，(Petty & Cacioppo, 1986) 計画的行動理論との関連で用いられた研究はほとんどない。最近では，クインとルッターとアーノルド（Quine et al., 2001）が，若いサイクリストたちに利用可能なビリーフを精緻化するように動機づけた一連の説得的メッセージは，行動ビリーフと規範ビリーフを変化させるのには成功したが，ヘルメットをかぶることに関連する統制ビリーフを変化させることができなかったことを示した。それゆえに，将来の研究のための重要な方向性は，精緻化見込みモデルの背後にある想定と計画的行動理論の背後にある想定を考慮したエクササイズへの介入を計画することである。精緻化見込みモデルは計画的行動理論を補足する。すなわち，計画的行動理論は，利用可能なビリーフを同定する助けとなる。精緻化見込みモデルは，態度変化に対する最大で持続する効果が得られるためには，利用可能なビリーフに基づいた議論がどのように構成され伝達されるとよいのかを示す。

　合理的行為理論と計画的行動理論に基づいた介入のその他の限界は，既に意図

を形成している人というよりも，行動を遂行することを意図していない人のみを対象にしている点である。例えば，これらの理論に基づいた介入は，行動ビリーフ，規範ビリーフ，そして統制ビリーフを変化させることによって，意図を形成していない人にポジティブな意図を生成させることはできるが，既にもっている強い意図を行動に変えさせる手助けをすることはできない。これは，これらの理論が意図の形成のみしか促進させることができない動機づけ理論だからである。対照的に，意図の意思理論は，行動の意図の実行を促進する点で最も効果的であり，合理的行為理論や計画的行動理論に基づいた並行した介入に有効に応用することができる。これらの理論は第3章で議論されている。

要約すると，計画的行動理論に基づいた介入の開発は，3つの相互に関連する段階を構成する必要があるといえる。第1に，形成的研究は，最も重要な意図の決定因を同定するために行なわれる必要がある。第2に，将来の研究は，これらの決定因を支える顕現化している様相ビリーフを同定することを目指す必要がある。第3に，顕現化しているビリーフを目標とする説得的メッセージが開発され，意図の変化に対する影響が評価される必要がある。

2 計画的行動理論の充足

計画的行動理論は主に意図や行動の直接的な決定因に焦点を当てていたが，より末端の決定因が存在するかもしれない（Ajzen, 1991）。アイゼン（Ajzen, 1985; 1991）は，この理論は意思行動の直接的な決定因を説明でき，行動のより末端な決定因は，行動ビリーフ，規範ビリーフ，統制ビリーフへの影響によって意図や行動に影響する背景要因になると主張している。例えば，この理論は，パーソナリティ特性や特性と類似した構成概念のような包括的な構成概念は，意図や行動に影響を与えうるが，それは，態度，主観的ビリーフ，主観的行動統制感を通して間接的に影響するのみであると仮定している（Ajzen, 1991）。それゆえに，直接的で近接した意図の決定因は，意図に対するより末端な変数の影響の媒介となるだろう。

しかしながら，形成的研究では，これらの近接した構成概念は意図や行動の全ての決定因を説明しておらず，意図や行動に対する変数をさらに説明するために，研究者はこの理論の拡張と修正を提唱してきた（Conner & Armitage, 1998; Armitage & Conner, 2001）。こうした提唱は新しいものではない。アイゼン（Ajzen, 1991）は，付加的な予測因が意図や行動に対する有意な独自の分散の割合を占めるならば，この理論は付加的な予測因を含める余地があることを主張し

た。結果として，多くの構成概念が計画的行動理論の枠組みの中に導入された。これらの付加的な構成概念とこの理論の修正は次に論じられている。

過去の行動と習慣の頻度

　合理的行為理論と計画的行動理論に対する批判の1つとして，これらの理論はもっぱら熟慮的プロセスに焦点を当てていて，行動に対する自動的な心的プロセスの影響を無視しているというものがある（Fazio, 1990）。一般的には，熟慮的プロセスはかなりの心的作業と努力によって特徴づけられる。このプロセスには，利用可能な情報への熟考と，コストとメリットの検討が含まれる。対照的に，自動的プロセスは，個人が簡単な規則や過去の経験や観察を通して作り上げたヒューリスティックに基づく，素早い判断と意図的でない行動を促進するものである（Chaiken, 1980; Bargh, 1994）。意思行動に対して熟慮的でなく自動的な心的プロセスが影響する可能性があることを認識しながら，研究者は，計画的行動理論の熟慮的なパラダイムの中でこれらの影響を統制しようと試みてきた。結果として，これらに関する研究は，そのような影響を統制する方法として，計画的行動理論の中に習慣に関する尺度を含んでいる。なぜなら，習慣的な行動をとることは，主に自動的な心的プロセスによって決定されるからである（Ajzen, 2002b）。

　習慣とは，しばしば行なわれるため，状況的な手がかりの出現が熟慮や情報処理を経ずに行動的反応を自動的に誘発するのに十分になっている，頻繁に遂行される行動である（Bargh, 1994）。過去における行動の遂行の頻度と一貫性は，習慣の発達をもたらす主な構成要素である。結果として，計画的行動理論のいくつかの応用的研究が，習慣の指標として過去の行動の頻度についての自己報告を用いてきた（例えば，Godin et al., 1991; Chatzisarantis et al., 2002; Hagger et al., 2002a; 2002b）。こうした研究の応用によって，理論の中に含まれる最新の変数が考慮に入れられた後でも，過去の行動は意図と行動に対して有意な分散の割合をもつことが示されてきた（レビューとしてHagger et al., 2002bを参照）。それゆえに，この研究知見は，定期的なエクササイズは熟慮的プロセスと自動的プロセスの関数によるもので，計画的行動理論は自動的プロセスを捉える点では不十分であるという観点を補強する。しかしながら，過去の行動は習慣の指標として非常に限られているので，これらの自動的な影響を統制するために過去の行動を使うことについて，疑問を投げかけている研究者もいる（Ajzen, 2002b）。

　全体的に，研究知見は意図に対する過去の行動の頻度が強い影響をもつことを一貫して示しているが，過去の行動の頻度は習慣を十分に表していないので，この関係の実態は理解しにくいままである（Bargh, 1994; Ajzen, 2002b）。過去の行動は，意図に対する他の測定されていない変数の影響を反映したものであるか

もしれないと主張する研究者もいる（Ajzen, 2002b; Hagger et al., 2002b）。意図に対する過去の行動の影響は，現在の行動の遂行にも影響するかもしれない。これは，最近起こったことが前に起こったことに比べて，より利用可能でアクセスできるためである（Ajzen, 2002b）。過去の行動は習慣を正確に測定したものではないかもしれない。なぜなら，行動が状況を超えて遂行される一貫性は習慣の発達に寄与するが，過去の行動の頻度を測定することはそのような状況を超えた一貫性を考慮していないからである（Verplanken & Orbell, 2003）。それゆえに，過去の行動の遂行に対して頻度と一貫性を考慮した習慣の測定は，過去の行動の影響の実態についての正確な結論に至るために早急に必要とされる。しかしながら，計画的行動理論に過去の行動を含めることの重要性を認識することは大切である。なぜなら，過去の行動を含めることで，計画的行動理論が十分であることを確認することになるからである。エクササイズ意図と行動に対する過去の行動の一貫した影響は，計画的行動理論が意思行動に完全な説明を与えていないことを示している（Chatzisarantis & Biddle, 1998）。

パーソナリティ特性

計画的行動理論のその他の鍵となる拡張としては，意図と行動を予測するためにパーソナリティ特性を含めることが挙げられる。一般的には，**パーソナリティ特性**は，思考，感情，行動について安定したパターンを示す傾向の個人差に関する一般化された次元である（McCrae & Costa, 1996）。エクササイズ領域の最近の研究は，マックレーとコスタ（McCrae & Costa, 1996）によって同定されたようなパーソナリティ特性は，エクササイズの意図と行動に影響することを示している（例えば，Conner & Abraham, 2001; Courneya et al., 2002; Rhodes et al., 2002a）。一般的な社会心理学の学問領域ではかなりの研究知見がパーソナリティ特性と社会的行動の結びつきを裏づけているが（例えば，Sherman & Fazio, 1983），パーソナリティ特性が行動に影響する際のプロセスはほとんどわかっていない。

シャーマンとファジオ（Sherman & Fazio, 1983）は，パーソナリティ特性が行動に影響しうる少なくとも2つのプロセスがあることを提唱した。第1のプロセスは，意図的（Fazio, 1990），あるいは系統的（Chaiken, 1980）プロセスである。意図的プロセスについてのモデルは，人々は行動のコストとメリットを分析し，行動が一般的な傾向と一致しているか否かについての意思決定に基づいていると仮定している。例えば，計画的行動理論において，態度と意図を媒介してエクササイズに外向性が間接的に影響することは，パーソナリティ特性は行動が十分で適しているか否かを決定するために人々に多くの行動の結果を比較するよう

に動機づけることを示唆している(Sherman & Fazio, 1983)。特性が行動に影響しうる第2のプロセスは,自動的ルートの活性化を通してのプロセスである(Sherman & Fazio, 1983)。社会心理学の領域での自動性の研究は,特性は特性に関係した行動の手がかりの存在によって自動的に活性化され,パーソナリティ特性と一致した行動を引き起こすと提唱している(Bargh, 1994)。計画的行動理論の中で,パーソナリティ特性は意図的でない行動を促進しうることを示した研究もある。例えば,ローズとその同僚(Courneya et al., 2002)は,外交性の活動の側面が意図の他にエクササイズの関与をどのように予測しているのかを示した。したがって,この研究知見は,積極的な人は,積極的になる機会が生じる予期されない状況に気づきやすいので,予期されない行動をしやすいという視点を支持するものである。この研究知見にもかかわらず,エクササイズ行動に対する意図の影響と比べて,エクササイズ行動に対する特性の直接的な影響は小さいと認識されなければならない(Rhodes et al., 2002a)。しかしながら,特性がどのようにエクササイズ行動に影響するのかはほとんど知られておらず,将来の研究では価値とパーソナリティ特性がエクササイズ行動に影響するプロセスを検討する必要がある。

計画的行動理論の態度に基づいた修正

態度強度

態度強度の影響力は,計画的行動理論に関する最近の研究の主題であった。一般的なアプローチによる研究は,態度の構成概念の予測の有効性は,個人の記憶の中にある態度強度によって限定されることを示している。記憶の中にある態度強度は,過激さ,一貫性,葛藤,頻度,極性,多数の人との一致などの,いくつかの態度の特質によって決定されている(Eagly & Chaiken, 1993)。態度強度モデルに基づいて,いくつかの研究では,態度と行動の関係の強さは,利用可能な行動的情報の量と,態度を抱く対象や行動に対する過去経験の程度に比例して増加することが示されている(Nederhof, 1989)。さらに,態度と行動の関係の強さは,**態度葛藤**が増加するにつれて低減することも示されている(Conner et al., 2003)。ナダホフ(Nederhof, 1989)は,人々が態度を抱く対象や行動を重要だと思っている時には,態度は意図や行動の強い予測因となることを示した。より最近では,エクササイズ領域の研究は計画的行動理論に態度強度の構成概念を含んでいる。態度強度は,意図に対する主観的規範と態度の影響の媒介となることが示されている(例えば, Theodorakis, 1994)。全体として,これらのデータは,態度が強ければ強いほど,意図や行動を効果的に予測するようになることを示している。

感情的態度と認知的態度

　計画的行動理論の中では，**感情的態度**と道具的，あるいは**認知的態度**の重要性が検討されてきた。トラフィモーとシェラン（Trafimow & Sheeran, 1998）は，単一的なモデルは態度に対する態度の道具的，情動的な独自の影響を無視しているという根拠に基づいて，態度を多面的に概念化することに賛同して議論した（Eagly & Chaiken, 1993）。実際には，この区分は態度の下となるビリーフシステムに基づいて構成されることが明らかにされた（Trafimow & Sheeran, 1998）。感情的態度は，エクササイズを含む多くの健康行動に対する意図への独自の影響を示すことが示された（Lowe et al., 2002）。興味深いことに，ロウ（Lowe）らは，意図や過去の行動を統制した後に，感情的要素はエクササイズ行動に直接影響することを示した。この研究知見は，態度の感情的構成要素は自発的で意図したものではない行動を促進するものであることを示しており（Fazio, 1990），計画的行動理論の中で態度の感情的構成要素と道具的構成要素を検証する重要性を強固なものにしている。

　感情的態度と道具的態度の概念的，実証的区別は理にかなっているように思われるが，最近では，計画的行動理論の中での態度の構成概念の概念化，特に構成要素の概念化が再び注目されている。ハガーとハツィザランティス（Hagger & Chatzisarantis, in press）は，主要な問題は感情的態度と道具的態度が必ずしも一致する訳ではないことであると論じている。エクササイズ行動のように感情的態度と道具的態度が非常に一致する時，区別された構成概念としてよりも，包括的な態度の構成要素の指標として一般的に測定されるべきである。対照的に，感情的構成要素と道具的構成要素が一致しない時には，それらは区別され，意図に対する独立した影響が考慮されるべきである。したがって，感情的態度と道具的態度の独立を認めるモデルは統計的，理論的な根拠から拒否されることはないが，エクササイズ領域では，意図に対する態度の影響の厳密な説明を与える点で，別のモデルが望ましいというものが，不可欠な議論であるように思われる。

計画的行動理論の規範に関する拡張

規範的に統制された個人

　計画的行動理論を応用した研究では，主観的規範の構成概念は，態度や主観的行動統制感の構成概念によって説明されている分散と比べると，意図の予測の点で小さな影響力しかもたないものとしてしばしば例証されている（例えば，Conner & Armitage, 1998; Armitage & Conner, 2001）。これは単に，いわゆる規範的に統制された個人といった，規範に基づいて意図を形成する人が少数であるためであるかもしれない（Trafimow & Finlay, 1996）。被験者内計画と被験者

間計画を用いた研究では、主観的規範は健康領域において特に重要であり、規範的に統制された個人は態度に基づいて意図を形成している人に比べて健康行動を遂行しやすいことが示されている（Finlay et al., 2002）。しかしながら、フィンリー（Finlay et al., 2002）らは、規範的に統制された人はエクササイズ領域の中で多くの行動に渡って自分の意図を実行しにくいことも示した。個人が意思決定の際に態度に偏る傾向があるならば、エクササイズ行動はより実行されやすいのかもしれない。

記述的規範

研究結果が態度と意図の関係に対して主観的規範が調整効果をもつことをいつも示す訳ではない理由の1つは、主観的規範は社会的影響を十分に捉えていないという理由によるものかもしれない。目標行動をすることへの重要な他者からの圧力を示す主観的規範、命令的規範と、重要な他者が目標行動をする程度を示す構成概念である**記述的規範**を区別した研究もいくつかみられる（Rivis & Sheeran, 2003）。命令的規範と記述的規範は概念的、実証的に異なった規範であり（Hagger & Chatzisarantis, in press）、記述的規範は従来の主観的規範とされたものとは独立して意図に対する独自の影響をもつ（例えば、Rivis & Sheeran, 2003）ことが、研究によって示されてきた。実際、計画的行動理論の枠組みの中に記述的規範の構成概念を受け入れた研究を対象にしたリビスとシェラン（Rivis & Sheeran, 2003）の**メタ分析**では、記述的規範と意図の間にはサンプルで重み付けられた平均に中程度から強い相関（$rc = 0.44$）が得られている。この分析では、態度、命令的規範、主観的行動統制感を統制した後に、記述的規範が意図を説明する分散が5％上昇したことも示された。意図に対する記述的規範の有意な影響は、エクササイズ領域でも支持されている（Baker et al., 2003）。しかしながら、コナーとシャーロックとオーベル（Conner et al., 1998）は、記述的規範と主観的規範はいくつかの行動に対して弁別的妥当性をもち、記述的規範による意図と行動の関係の調整効果に関する証拠はほとんどみられないことを示した。実際には、記述的規範と主観的規範に弁別的妥当性が疑わしいほどの高い相関があることが研究でしばしば報告されている（Hagger & Chatzisarantis, in press）。それゆえに、これまでの研究では、意図に対する記述的規範の主要な調整効果は一貫しては得られていない。

ソーシャル・サポート

計画的行動理論に記述的規範を組み入れるロジックは、モデリングや他者の行動を観察することは影響の重要な源であると仮定する学習理論に基づいている

(Bandura, 1977 ; 1997)。しかしながら，記述的規範は意図に対して社会的要因が与える全てのタイプの影響を十分に捉えていない可能性があると提唱する研究者もいる。コーネーヤら（Courneya et al., 2000）は，重要な他者が行動の遂行を助けてくれると知覚される程度を示す構成概念であるソーシャル・サポートも，意図に対して独自の影響を与えうると論じている（Rhodes et al., 2002bも参照）。計画的行動理論にソーシャル・サポートの測定を組み入れるロジックは，実行するのが困難な行動をする人にとって，行動が有益であり，その人にはその行動をする能力があり，重要な他者はその人がその行動をすることを望んでいるといったビリーフを超えた意図を形成することに，他者からの支援は付加的な力を与えるというものである（Courneya et al., 2000）。

　ソーシャル・サポートと主観的規範は概念的に異なった構成概念であり（Rhodes et al., 2002b），ソーシャル・サポートは意図を予測するもので（Courneya et al., 2000），特に行動が実行困難であると知覚する人の意図を予測する（Povey et al., 2000）ことがいくつもの研究で示されてきた。さらに，随伴一貫性仮説と一致して，ポヴェイら（Povey et al., 2000）は，ソーシャル・サポートは意図に対する態度の影響を緩和するので，重要な他者が行動の遂行をサポートすると知覚する時のみ，態度は意図を予測することを示した。しかしながら，ソーシャル・サポートと記述的規範に強い相関があることや，態度が意図に与える影響と比べてソーシャル・サポートが意図に与える影響が小さいことが研究で示されてきたことを理解するのは重要である（Courneya et al., 2000）。

計画的行動理論の統制に関係する拡張

自己効力感

　最近の研究は，アイゼン（Ajzen, 1991）の主観的行動統制感の構成概念の要素を2つの下位概念に区別することが可能であることを示している。すなわち，その下位概念は，個人が目標行動への統制を行なう手段にアクセスできる程度（Ajzen, 2002a）として定義される主観的統制可能性感と，行動する能力と個人の容量の見積もり（Terry & O'Leary, 1995）として定義される自己効力感である。主観的統制可能性感の測定は，個人が目標行動に対して行なう主観的統制の程度に関する言及に焦点が当てられ，一方，自己効力感は，目標行動を行なう際の行為者の主観的能力と容量に関する項目を用いることによってしばしば扱われる。研究では主観的統制可能性感と自己効力感の明白な区別がなされ，エクササイズ（Terry & O'Leary, 1995）を含む多くの行動領域で，この区別の概念的，実証的証拠が示されている（Armitage & Conner, 1999b; 2001）。それに加え，態度と主観的行動統制感の区別に関する強固な支持が，これらの構成概念を支え

るビリーフシステムに基づいて実証的に示されている（Trafimow et al., 2002）。この区別を支持する多くの研究知見があるのにもかかわらず，計画的行動理論の中で主観的行動統制感と自己効力感の明白で曖昧でない予測パターンを支持するような決定的な研究知見はほとんどない（Ajzen, 2002a）。

予期された後悔と道徳的規範◆2

　原則的には，計画的行動理論では異なったビリーフのタイプによって全ての起こりうる結果が反映されていると考えられるが，道徳的規範とよばれる，行動が道徳的に正しいか否かについての個人的なビリーフや，ある行動をしたことによる**予期された後悔**は，この理論の中で十分に表現されていないと主張する研究者もいる（Conner & Armitage, 1998）。予期された後悔の概念は，後悔理論（Loomes & Sudgen, 1982）として特徴づけられている。後悔理論は，ある状況における人々の決定は，行動を行なうことによるコストとメリットの合理的な検討よりも，代替の行動を却下することで経験すると予期される感情や情動に基づいていると提唱するものである。後悔理論は次のように述べられる。すなわち，おいしいアイスクリームを食べるといった魅力的な行動の選択肢は，ダイエットをしているためにその行動が選択された後に後悔と罪悪感を経験するとその人が信じているならば，拒絶される可能性が高いだろうというものである。それゆえに，行動後の後悔と罪悪感を体験したことのある人は，後悔感情を避けるように動機づけられているために，後悔を感じさせるような代替の行動を拒絶する可能性が高い。

　予期された後悔の構成概念は道徳的規範と密接に関係しており，こうした理由により，予期された後悔と道徳的規範を，個人的規範として名づけられる一般的構成概念の指標を構成するものとしてみなしている研究もある。道徳的規範と予期された後悔は，後悔と罪悪感は道徳的規則を破ったことによって生じるので，相互に関係している。なぜなら，後悔と罪悪感は道徳的規則を破ることによってしばしば生起するからである。例えば，重要な他者を傷つけたり，高く価値を置かれている社会的規則を破ったりした時には，その人は罪の意識を感じるだろう。それゆえに，予期される情動が内在化された道徳的規則を破ることに付随するために，予期された後悔と道徳的規範は密接に関係している。しかしながら，この概念的区別を考慮しても，道徳的規範と予期された後悔の概念的な違いを支持する包括的な研究知見はみられない。それゆえに，将来の研究のための重要な方向性は，道徳的規範と予期される感情の概念的な違いを検討することである。

　計画的行動理論に道徳的規範と予期された後悔を含むことを支持する研究がいくつかある（例えば，Parker et al., 1995; Bozionelos & Bennett, 1999）。エクサ

サイズ領域では，ボジオネロスとベネット（Bozionelos & Bennett, 1999）は，個人の規範はエクササイズの意図や行動の予測に寄与しないことを示した。これは，エクササイズ行動が道徳的な含意や倫理的含意をもちにくいという理由によるものかもしれない。しかしながら，スポーツのようなある種のエクササイズでは競争的な特質のために，道徳的規範が不正直に振舞うように意図に影響を与える状況を想定するのは難しくない。それゆえに，研究のための重要な方向性は，道徳的規範によって影響されるエクササイズの意図の種類を検討することである。意図と行動の関係を理解する点での予期された後悔の重要性も，研究で示されている。アブラハムとシェラン（Abraham & Sheeran, 2003）は，予期された後悔は意図と行動の関係を調整するので，エクササイズする意図をもち，エクササイズしないと高いレベルの予期された後悔を報告するならば，その人はエクササイズをする可能性が高いことを示した。それに加え，アブラハムとシェラン（2004）は，エクササイズしない決定に伴うネガティブな情動に焦点を当てるように働きかける予期された後悔の操作は，エクササイズする意図を強めることができることも示した。

理論的拡張と実践のための勧めに関する要約

計画的行動理論を拡張，修正した研究から導かれる明確な結論は，多くの他の変数も，この理論の枠組みに組み込みこむことができ，意図や行動に対する独自の分散を説明するというものである。このことは，この理論は意思行動の心理的な決定因を十分に捉えていないが，用途が広く柔軟性のあるものであることを示している。しかしながら，エクササイズの意図や行動の予測に対するこれらの付加的な変数の寄与は相対的に大きくないことを認識するのは重要である（Conner & Armitage, 1998; Hagger et al., 2002b; Hagger & Chatzisarantis, in press）。さらに，これらの修正は，意図や行動の分散の大部分を説明する点で，元の理論の制約と共に評価されなければならない。

計画的行動理論の研究から導かれる他の結論としては，この理論の拡張と修正の実践的な価値である。この理論の拡張版を評価した形成的研究は，介入の内容について有益な情報を提供する。例えば，エクササイズ行動の予測に対してパーソナリティ特性が寄与していることから，エクササイズのプログラムはエクササイズに関与する人のパーソナリティの特徴を考慮すべきであると示唆される。パーソナリティ特性に合わせられたエクササイズのプログラムは，単に意図の最大の予測のみに焦点を当てたプログラムよりも成功する可能性が高い（Courneya et al., 2002）。介入の内容について有益な情報を提供する別の例として，感情的態度と道具的態度になされた区別が挙げられる。なぜならば，この区別は，説得

の感情的手段と認知的手段のどちらが特定の行動領域により有効であるかを同定する手助けとなるからである（Hagger & Chatzisarantis, in press）。しかしながら，**過去の行動**のように，全ての付加的な変数が操作可能である訳ではないことは認識されなければならない。エクササイズ領域での介入は，この研究で同定された全ての付加的な変数を操作しようとしているものではない。それゆえに，エクササイズ行動を促進させるために，拡張された理論の有効性を評価する介入が早急に必要とされる。

　将来の研究で注目に値する問題は，付加的な変数間の概念的な重なりである。確かに，計画的行動理論に組み込まれた心理的変数には，同一な様式ではないにしても，類似した様式で定義されて測定されるものがある。例えば，予期された感情と予期された後悔の構成概念は，どちらの構成概念も行動後の感情反応を表しているのならば，とても似ているといえる（Parker et al., 1995）。理論構成概念の概念的重なりは，ハガーとハヅィザランティス（Hagger & Chatzisarantis, in press）による最近の研究でも明らかになっている。彼らの研究は，高次の構成概念は付加的な変数の共通する内容を十分に表現し，意図に対するそれらの付加的な変数からの影響をうまく示すことができることを明らかにした。計画的行動理論に基づいた心理的構成概念に共通性があるという事実は，重要な実際的問題を提示する。すなわち，それぞれの心理的構成概念の冗長性によって操作がどの程度示されているのかという問題である。付加的な変数間の共通性と差異性を検討する研究が早急に必要とされる。主観的行動統制感についてのトラフィモーら（Trafimow et al., 2002）の研究は，主観的統制可能性感と主観的困難さの概念的相違を指摘している実証的研究の優れた例である。

　最後に，エクササイズ行動を理解するための現実的で実践的な枠組みにたどり着くために，計画的行動理論のようなモデルの中に含まれる，心理的構成概念の概念的共通性と差異性を検討することは重要である。明らかに，人は多くの情報を同時に処理することはできない。したがって，計画的行動理論に新しい変数を加える試みは，意思決定プロセスの非現実的なイメージを与えるかもしれない。なぜなら，そのような拡張されたモデルは，人は同時に異なった多くの情報を処理できることを暗に意味するからである。それに加え，拡張されたモデルは，エクササイズ行動を促進するのに非常に有益なものではないかもしれない。なぜなら，そのようなモデルに基づいた介入は，メッセージの受け手に行動の変化の問題を過度に複雑にする可能性のあるような多くの情報を与えるからである。限界のある処理容量の問題に対処する1つの方法として，心理的構成概念の冗長性に着目することが挙げられる。他の変数と重複した変数は行動変化にほとんど付加的な情報を与えないので，介入プログラムから削除されるべきである。

3 社会的行動に関する他の主要な理論

目標志向行動モデル

　合理的行為理論や計画的行動理論のような社会的認知理論の限界の1つとして，目標の評価の代わりに行動の評価に焦点を当てている点が挙げられる。目標志向行動モデルは，行動が実行される広範な目標をはっきりと考慮することによって，これまでの計画的行動理論を拡張している（Perugini & Conner, 2000; Perugini & Bagozzi, 2001）。それゆえに，このモデルは行動よりも目標の点で，計画的行動理論の基本的な構成要素を検討している。例えば，態度は，目標yを達成するために行動xを行なうことは不利益と比較して有益であると考える程度として定義される。それに加え，目標志向行動モデルは，目標達成に対する予期された情動反応の影響も含めている。また，このモデルは，目標の達成と失敗の点でポジティブやネガティブな予期された情動を定義している。すなわち，行動xを行なうことが興奮させたり幸福感を与えたりする程度を測定する代わりに，このモデルでは目標zの達成によってどのように感じるかを扱っている。例えば，回答者は，目標zを達成するのに成功したらどのように感じるかを尋ねられる。

　目標志向行動モデルでは，**欲望**が意図の最適な決定因と述べられている。欲望はこれまで意図とされていたものによって捉えられていない態度の動機的側面を反映するように試みられている。このモデルでは，欲望の測定は行動よりも目標に焦点が当てられている。さらに，欲望は，意図に対する態度，予期される感情，主観的規範，主観的行動統制感の影響を媒介するものと仮定されている。このモデルの別の主要な特徴は，意図の概念化に関することである。ペルジーニとコナー（Perugini & Conner, 2000）は，計画的行動理論の中の意図の概念化は意図された行動の目標を考慮していると論じた。目標志向行動モデルの意図の概念は，意思の3つの側面を考慮することによってこの問題を解決している。それは，①意図の直接的表明（例「目標zを達成するために行動xを行なうつもりだ」），②目標の達成のために道具的行動を行なおうとする計画の表明（例「目標zを達成するために行動xを行なうことを計画している」），③行動を実行するために必要な意思や努力の表明（例「目標zを達成するために行動xを行なう努力をするつもりだ」）である。最後に，目標志向行動モデルは，行動，意思，欲望に対する過去の行動の影響を特定する。過去の行動の影響は，動機づけや意思的変数に対する自動的な心的プロセスによる影響を表すと考えられている。このモデル

図2.4に示されている。

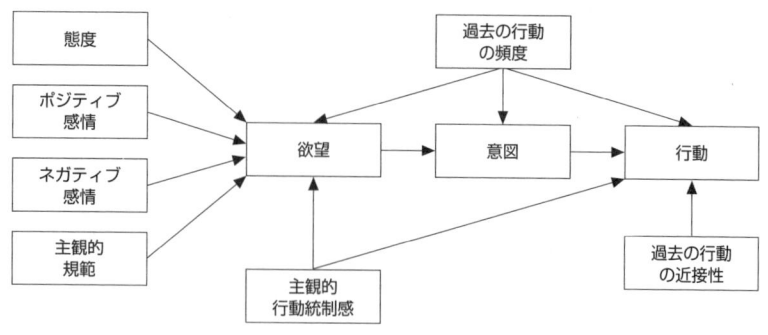

図2.4 目標志向的行動のモデル

エクササイズを含む健康行動の多くの研究は，目標志向行動モデルは計画的行動理論よりも予測的価値が大きいことを示してきた（Perugini & Conner, 2000; Perugini & Bagozzi, 2001）。態度，主観的規範，主観的行動統制感，ポジティブやネガティブな予期された情動が欲望を予測し，欲望が意図を予測することも，実証的な研究によって示されてきた。ペルジーニとバゴッジ（Perugini & Bagozzi, 2001）は，欲望が，意図に対する態度，主観的規範，主観的行動統制感，予期された情動の影響の媒介となることも示した。しかしながら，エクササイズ行動を促進する点で，モデルの有効性を検証した介入研究はみられない。

横断理論モデル

アルコール依存や喫煙行動の文脈の中で，プロチャスカとディクレメンテ（Prochaska & DiClemente, 1982）は，不健康的な行動が変化する際に経験する進行を同定するために，社会認知的な構成概念に加えて行動の変化を組み込んだモデルを開発した。人は行動を変化させる中で段階を経て，それぞれの段階は心理－社会的で行動的な変数の特定のパターンによって特徴づけられるという仮定が，このモデルの中核にある。変化レベルや変化プロセスという用語もあるが，変化段階はこのモデルの最も広く採用されている特徴である。変化段階には以下のものがある。すなわち，無関心期，関心期，準備期，実行期，維持期である。無関心期は，人々は不健康な行動やライフスタイルを変化させる必要性を概念化していない段階で，変化が生じていないのはいうまでもない。しかしながら，関心期にいる人は，変化させることの必要性を認識し，変化させることについて考えているが，変化させる計画や志向性がない。準備期にいる人は，行動を変えたいと考えており，行動の変化に対して必要とされる個人的，社会的な手段やコミ

ットメントをとる。実行期では，人は行動を変化させるために成功，あるいは不成功となる試みをとるが，行動の変化が一貫しておらず，かつての不健康的なライフスタイルと同類の以前の行動パターンが再発する可能性がある。最後に，維持期は，成功して一貫した行動変化の連続によって特徴づけられる。

横断理論モデルでのある段階から他の段階への移行に関係するプロセスについて，プロチャスカとディクレメンテ（Prochaska & DiClemente, 1982）は，自己効力感と決定バランスが段階の変化に影響する重要な個人内の要因であると論じた。この理論の名声を高めたのは，このモデルのダイナミックな本質だけでなく，自己効力感や決定のバランスのような社会認知的な構成概念と行動の構成概念が組み込まれていることである。なぜなら，意図の理論と意図の実行の理論にまたがっていると仮定されるからである。横断理論モデルの文脈の中での自己効力感は，望ましい結果を得るために望ましい行動変化をもたらそうとする能力についての個人のビリーフを表す。横断理論モデルを適用した研究は，自己効力感が維持期の人に最も高く，無関心期の人に最も低いというように，変化段階での自己効力感のレベルに違いがあることを示している（Armitage & Arden, 2002）。

決定のバランスは，行動を行なうことのメリットとデメリット，賛成と反対についての明白なビリーフを反映したものである。すなわち，人がいつ行動変化を始めるのかを決定するのかについては，賛成意見と反対意見のバランスが決定するという仮説に基づいている。それゆえに，行動を行なうことへの賛成が反対を上回り始めた時，人は準備期に入ると仮定されている。決定のバランスは，行動を実行する人と維持する人では賛成が大きく，準備期にいる人では賛成と反対がだいたい同じである（Prochaska et al., 1994）といったように，この仮定はエクササイズを含む多くの行動の状況についての研究で支持されている。要約すると，横断理論モデルの中で段階を変化させる自己効力感と決定のバランスの有効性を検証した研究は，多くの研究を通して理論の仮説を支持しており，最近のメタ分析はエクササイズ領域でこの知見を支持している（Marshall & Biddle, 2001）。

横断理論モデルは，ある段階から他の段階への移行を促進させるプロセスをさらに検討する試みによって，他の社会認知的な枠組みの中でも検討されてきた。実際に，計画的行動理論の中核的な意図の先行要因と，プロチャスカとディクレメンテの横断理論モデルの説明の中の決定のバランスや自己効力感の間にいくつかの類似点を見い出している研究者もいる（Armitage & Arden, 2002; Armitage et al., 2003）。例えば，ビリーフに基づいた態度の測定は，態度的関与に関係する利点と欠点（行動ビリーフ）を反映すると仮定され，それゆえに決定のバランスに類似するとみなすことができる。それに加えて，主観的行動統制感の変数は，自己効力感の構成概念と明白に比較されてきたので，少なくとも部分

的には，主観的行動統制感は自己効力感のレベルを反映していると考えられる。エクササイズ行動（Courneya, 1995）を含むさまざまな健康行動にわたった数多くの研究（例えば，Armitage & Arden, 2002; Armitage et al., 2003）では，変化段階にわたって計画的行動理論の中の構成概念の値が線形的に増加することを示している。

　横断理論モデルは他の社会的認知の意図に関するモデルと共に並存的妥当性と予測的妥当性を示してきたが，批判がない訳ではない。妥当性に疑問を投げかけてきた研究者もいる。その理由は，横断理論モデルはそれぞれの段階の正確な特質に関する明白な見解をもたずに，認知と行動の構成概念の凝集した混合を示しているにすぎないという理由である（Davidson, 1992）。さらに，段階の境界が厳密ではなく，実証的に弁別できないので，このモデルは本当の段階モデルではなく，「擬似段階」モデルにすぎないと主張する研究者もいる（Sutton, 2000; Armitage & Arden, 2002; Armitage et al., 2003）。このことは，横断理論モデルの段階を通して他の理論の社会認知的構成概念の全てに対して線形的な傾向が見られることによって支持される。いくつかの点で，変化段階は意図の尺度と非常に密接に結びついており，この点において，段階自体は行動をしようとすることへの異なったレベルの意図の反映に過ぎない。すなわち，理論上では，どの段階でも低い意図から高い意図までの線形の連続上で同定される（Armitage & Arden, 2002）。

　サットン（Sutton, 2000）は，横断理論モデルにとって本当の不連続な段階モデルの特徴を示すために，主要な社会心理的変数における不連続なパターンが段階を通じて示されなければならないと論じている。いいかえれば，ある段階から別の段階にある人を移行させる影響力をもつと考えられる主要な変数の違いは，非線形的な変化を示さなければならないだろう。非連続パターンの例としては，態度が関心期や準備期を通して上昇するが，その後に続く準備期と実行期や，実行期と維持期の段階を通して上昇が見られないというものであるかもしれないと考えられる。この例では，態度を目標とする介入は，関心期にいる人を準備期まで移行させるには有効であるかもしれないが，既に準備期にいる人を次の段階に移行させないかもしれない。これは図2.5に示されている。しかしながら，このような非連続のパターンを支持する実証的な検討はほとんど行なわれていない。

　最近では，態度葛藤といった他の態度の特徴が，横断理論モデルの段階を変化させるのに重要なプロセス変数としてみなされており，サットン（2000）によって提唱された非連続的なパターンを示してきた。葛藤は，個人が行動に対してポジティブな評価とネガティブな評価を同時にもつことを示し，決定がなされた時には矛盾を生じさせる可能性がある。葛藤は態度と意図の調整要因として示され

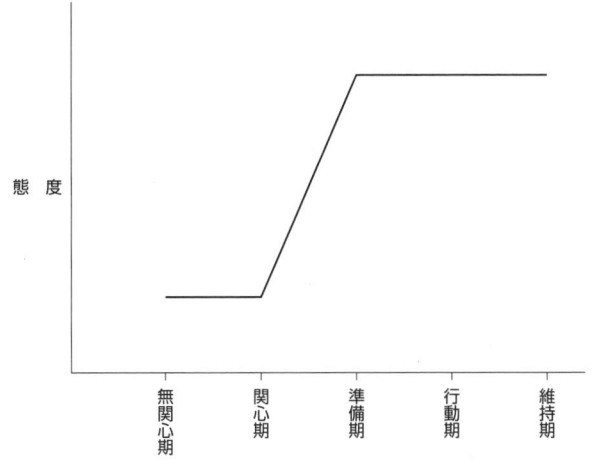

図2.5　横断理論モデルの状況での意図の不連続パターン

ているため，高いレベルの葛藤は態度の動機的な効率性を損なう（Armitage & Conner, 2000）。横断理論モデルの文脈では，アーミテージら（Armitage et al., 2003）は，計画的行動理論の変数は変化段階で線形的な関係を示すが，その関係は態度葛藤とは非線形的な（2次的な）関係であることを示した。このデータでは，関心期，準備期，実行期では態度葛藤のレベルが最も高く，無関心期，維持期では最も低いことが明らかにされた。この著者は，葛藤の変化が，無関心期にいる人を関心期，準備期，実行期に移行させることを促す可能性があると論じた。また，葛藤の解決が維持期にいる人の再発を妨げるかもしれないが，葛藤の変化がそれらの段階を超えて移行を促さない可能性があると論じた。これらの知見はエクササイズ状況での更なる追試が必要であり，横断理論モデルを本当の段階モデルとして特徴づける点で有効であるだろう。

推薦文献

Conner, M. and Armitage, C.J.（1998）Extending the theory of planned behavior: A review and avenues for further research. *Journal of Applied Social Psychology,* **28**, 1429-1464. 計画的行動の理論や，その理論の改良に関わる理論的な問題の多くを網羅。

Conner, M. and Norman, P.（1996）*Predicting Health Behavior: Research Practice with Social Cognition Models.* Buckingham: Open University Press. 健康信念

モデル，予防動機づけ理論，計画的行動理論に関連する理論的問題と実際的問題を議論した，強く推奨されるレビュー。

Hagger, M.S., Chatzisarantis, N. and Biddle, S.J.H. (2002) A meta-analytic review of the theories of reasoned action and planned behavior in physical activity: Predictive validity and the contribution of additional variables. *Journal of Sport and Exercise Psychology*, **24**, 3-32. エクササイズの文脈での主要な社会的認知モデルに関する研究についての，最も新しい広範なレビュー。

Marshall, S.J. and Biddle, S.J.H. (2001) The transtheoretical model of behavior change: A meta-analysis of applications to physical activity and exercise. *Annals of Behavioral Medicine*, **23**, 229-246. エクササイズの領域で横断理論モデルを使った研究の最新のレビュー。

Perugiin, M. and Conner, M. (2000) Predicting and understanding behavioral volitions: The interplay between goals and behaviors. *European Journal of Social Psychology*, **30**, 705-731. 目標志向行動モデルについての見本的な研究。

まとめ

- 社会的認知理論は，エクササイズ行動に対する分散を説明する社会心理学的要因を同定しようと試みている。意図はこれらの理論の多くで主要な動機づけの構成概念となっている。
- 健康信念モデルと予防動機づけ理論は，主観的脅威の認知的評価（例：重大性，脆弱性）とエクササイズのような主観的健康に恩恵をもたらす行動が，意図や行動に与える影響を検討している。メタ分析は，健康行動におけるこれらの変数の関係を支持してきた。これらの理論に基づいた恐怖喚起コミュニケーションを用いた介入は，意図を変える点では部分的に成功しているが，行動を変える点では成功していない。
- 合理的行為理論と計画的行動理論は，意図や行動に対する厳密で有効的な社会認知的モデルであり，エクササイズに関する論文ではかなりの注目を受けてきた。合理的行為理論の態度と主観的規範のビリーフに基づいた構成概念や，計画的行動理論で加えられた主観的行動統制感の構成概念は，エクササイズ意図の強固で一貫した規定因であり，意図はエクササイズ行動に対するこれらの末端の構成概念の媒介となることが示された。
- 計画的行動理論は，エクササイズの意図と行動に対する独自の分散を説明す

る多数の付加的な構成概念を組み込むために統合されてきたため，用途が広く柔軟性のある理論である。過去の行動，パーソナリティ，態度に基づいた構成概念（例：態度強度，感情的態度と認知的態度），規範に基づいた構成概念（例：規範的に統制された個人，記述的規範，ソーシャル・サポート），統制と関連した修正（例：自己効力感），予期された後悔，道徳的規範を含めるために修正が行なわれてきた。

◐ 目標志向行動モデルは，意図的な行動の代替の理論である。この理論は，行動を最もよく予測するものとして欲望の概念を説明することを目指し，行動の実行自体ではなく行動の目標に焦点を当てている。このモデルは健康行動に有益であることが示されている。

◐ 横断理論モデルは行動変化の段階モデルである。この理論は，行動を変化させる時には系統的に，無関心期，関心期，準備期，実行期，維持期の5つの段階を移行することを仮定している。この理論は直感的な魅力があり，決定のバランスや意図と密接に関連づけられてきた。態度のような社会認知的構成概念の点で非連続的パターンが得られることから，最近では支持されるようになった。

注

◆1 アクセシビリティの概念は，ヒギンズら（Higgins et al., 1982）やハドックとザンナ（Haddock & Zanna, 1998）によって初めに紹介された。彼らの研究では，アクセス可能なビリーフを考慮するモデルはアクセシビリティを考慮しないモデルに比べて，態度形成の背後にあるプロセスに対するより現実的な表象を与えることを示した。

◆2 道徳的規範と個人的規範に関して，個人的規範ビリーフと道徳的義務の用語を使う研究者もいる（Sparkes & Shepherd, 1995; Triandis, 1980; Godin et al., 1996）。しかしながら，これらの構成概念を測定するために用いられる項目は全て，実質的には同じである。

第3章
エクササイズする意図とエクササイズ行動

From exercise intention to exercise behaviour and beyond

　第2章で議論されている社会的認知理論は，どのようにして意図が形成され，変化するのか（Gollwitzer, 1999）について示した動機づけ理論である。しかしながら，これらの社会的認知理論は，人がどのようにして以前形成された意図を実行するかについての説明を提供していない。このことは意図が行動を予測するという，計画された行動についての意図の安定性に関する境界条件によって強調されている。例えば，安定した意図は安定していない意図よりも将来の行動に関して予測的であることがいくつかの研究で実証されている（Sheeran et al., 1999；Conner et al., 2000）。その結果，研究者たちは，どのようにして人が以前形成された意図を実行するかを理解するための意志に関する新しい理論を発展させてきた（例えば，Gollwitzer, 1999）。さらに，意図に関する社会的認知理論では，態度や主観的規範のような鍵となる予測変数が特定の信念や評価を通じて形成されると仮定している。しかしながら，これら信念の由来に関する仮定はほとんどみられていない。自己決定理論のような心理的欲求に関する理論は信念形成についての理論的基礎を提供しているかも知れない。本章では，これら社会的認知理論をレビューし，エクササイズ行動を説明するために第2章で扱った動機づけに関する社会的認知理論を，意志理論がどのくらい補足しているかについて検討していく。さらに，自己決定理論について紹介し，意図の諸理論に由来する社会認知的構成概念の起源を説明することに関する自己決定理論の有効性についてレヴューする。エクササイズ行動を説明するこれらの理論から仮設を結びつけた多重理論アプローチも提案する◆[1]。

1 社会的認知理論の限界と意図の過程について

意図の安定性

　アイゼン（Ajzen, 1985）は当初，安定性の問題は大部分が技術的な問題であると論じることで，意図の安定性に関する境界条件の理論的な重要性を重視していなかった。そのため，意図が行動に影響を及ぼしているという仮定に取り組んでいなかった。意図の予測的正確性の低下は，単に研究者が利用できる意図測定尺度の精度の低さを反映しているだけかも知れない（Ajzen, 1985）。このことは，意図のアセスメントと行動の間に大きな時間的遅延がある時に生じうる（Sheeran, 1999b）。遅延が大きくなればなるほど，意図が変化する機会も大きくなる。それゆえに，意図に関する予測の正確性が低減するのである（Ajzen, 1985）。この理由から，アイゼン（Ajzen, 1991）は理論上，意図は行動の出現にできる限り近くなるように測定されるべきであると提案した。短期的意図および安定した意図は長期的意図および安定していない意図よりもエクササイズ行動の強力な予測要因であるということを示す研究によって，アイゼンの仮定は裏付けられた（Sheeran et al., 1999b; Conner et al., 2000）。

　しかしながら，安定性や予測的妥当性の問題は，ただ単に技術的な問題なのではなく，意図的行動を予測し説明することに関する計画的行動理論の効用について，重要な理論的かつ実際的な問題を提起しているということが議論されうる。まず，意図の安定性に関する境界条件という考え方は，非現実的なものである。なぜなら意図という構成概念は状態のようなものであり，終始変化しうるものだからである。それゆえ，変化は意図の性質に不可欠であるので，意図の変化は避けられない（Hagger et al., 2001; Chatzisarantis et al., in press a）。さらに，安定した意図は不安定な意図よりも正確に行動を予測する。意図の諸理論は意図の変化に基づく心理的過程を説明するようにはデザインされていなかったからである。実際，計画的行動理論は，健康行動への固執や再発，参加の遅延を予測しない，という研究知見が示されている（Orbell & Sheeran, 1998）。意図の変化を促進する要因が記述されてきたので，意図的行動理論は，意図が不安定である時でさえも行動を予測するべきである（Ajzen & Fishbein, 1980; Ajzen, 1991）。さらに，ある応用的観点から，意図行動についての社会的認知理論によって得られた行動予測の比較的適度なレベルが実質的にこれらの諸理論の実用性を弱めていることが議論されている。それゆえ，安定性の境界条件は，計画的行動理論やその

他の意図に関する理論について理論的かつ実際的な限界がある。というのは，それらの理論は，意図が作用する道筋に関する現実的な見解を提供していないからである。

尺度の対応関係

　意図が行動を十分に予測していない1つの理由は，意図や行動の測定が行為や標的，文脈，時間と対応していないことである（Ajzen, 1985）。例えば，余暇時間でのエクササイズ行動への参加は，体育教育の授業のような別の文脈でエクササイズに従事する意図の測定からよりも，余暇時間におけるエクササイズ意図の測定からの方がより精密かつ正確に予測される。コーネヤとその共同研究者（Courneya & McAuley, 1994）は，先行研究における意図とエクササイズ行動との関連は適度かつ非常に強い変数であると論じている。というのは，先行研究では，意図や行動の測定に異なるさまざまな尺度を使用しているからである。しかしながら，改良版の尺度や測定の対応関係によって意図と行動との関係性が強くなっているけれども，研究では対応関係の法則が意図と行動との関係性に関する変動を十分に説明していない（Courneya & McAuley, 1994）。エクササイズ領域に関する諸研究では，測定がその対応関係のルールに忠実である時でさえ，エクササイズ行動に関する非常に多くの分散が説明されないままであることを示している（Hagger et al., 2002b）。

意図の形成

　バゴッツィとイ（Bagozzi & Yi, 1989）は，ある個人がある行動について熟考したり，十分に形成された意図を有している時，意図－行動間の関係性が強まるだろうと論じている。彼らは，十分に形成されていない意図は，意図が基礎となっている情報について特異な検索をしたり忘却したりすることによって変化させられやすいことを示唆している。このことは，十分に形成されていない意図はより不安定であり，行動の分散を説明する点でそれほど有効ではないことを示唆している。バゴッツィとイは，意図－行動間の関係性は不十分に形成された意図よりも十分に形成された意図の方がより強いことを実験的に証明している。今後の研究では，エクササイズの文脈での意図の形成に関する問題について検討すべきである。

自己スキーマ

　自己スキーマは，意図－行動の関係性に影響を示すもう1つの変数である。自己スキーマは，過去の経験から抽出された自己に関する認知を一般化した概念で

ある。自己スキーマは,一般的に,ある領域に関連した特性について,参加者が
その記述性と重要性を自己評定することによって測定される(Sheeran &
Orbell, 2000)。例えば,とても自己記述的でかつ自己イメージに重要な領域と関
連のある特性を評定する人は自己スキーマがあるとみなされる。自己スキーマの
ない人は,自分について記述的でないし(自分のことが)重要でもないという
人々である。自己スキーマのない人は,領域関連特性の評定が適度に自己記述的
であるが,重要ではないという人々である。自己スキーマが意図-行動の関係性
を最適化しているという議論の背後にある理論的根拠は,スキーマのある人には
意図や意思を行為化する様々な方略があり,それゆえスキーマがない人よりも意
図と行動との一貫性がみられるということである。この仮説に一致するように,
シーランとオーベルはスキーマのある人はスキーマのない人に比べてエクササイ
ズの意図と行動との関係がより強く示されることを明らかにした。しかしながら,
もう一度言うが自己スキーマは,なぜ意図が必ずしも行動に変化しないのかにつ
いて十分に説明していない。

意思的な意図,強制的な意図

　マイランド(Meiland, 1970)の研究を基礎として,ハヅィザランティスとビ
ドル(Chatzisarantis & Biddle, 1998)は意図の長期予測的な有効性がなぜ相対
的に低いのかという1つの理由は,意図が元来アイゼン(Ajzen, 1985)の想定す
る行動を行なうことの快さを必ずしも反映していないからである,という議論が
なされている。先行研究では意図と行動を弁別しており,行動に関する意思的な
決定と強制的な決定の弁別効果を実証していることを考慮に入れるとアイゼンに
よる想定は擁護できないだろう。特に,認知的不協和理論に関する40以上の実
験的研究によって,意思的にも強制的にも決定できること,意思的な決定は強制
的な意図よりも態度や明白な行動に関する多大な効果を及ぼすことが示されてい
る(Festinger & Carlsmith, 1958)。その後の研究では,意思的な決定は健康に
関連する行動に関する努力や持続性と結びつく一方で,強制的な意図については
必ずしもこの通りではないことが示されている(Deci et al., 1999a)。このエビデ
ンスは,計画的行動理論での意思的-強制的な意図間の識別によって意図がどの
ようにして行動を変えているか,というさらなる説明を後押しするかも知れない
ことを示唆している。

　ハヅィザランティスら(Chatzisarantis et al., 1997)は,意思的-強制的な意
図に関するシンプルな測度を開発している。それは,この2種類の意図がエクサ
サイズ行動の予測に寄与するかどうかを吟味するためのものである。参加者は自
分の意図が自分で行ないたいことである場合,意思的な意図を思い抱くと考えさ

せられる。反対に，参加者は自分の意図がせざるをえないことである場合，強制的な意図を思い抱くと考えさせられる。ハヅィザランティスらはエクササイズ行動に関する意思的−強制的な意図が小さいことを見い出した。結局は，意思的な意図と強制的な意図との識別は意図−行動の関係を十分に説明していないし，エクササイズ行動の説明に関する重大な影響を示していない。

実行意図

　意図的行動に関する理論が意図−行動変化プロセスを十分説明していない1つの理由は，人々が頻繁に意図を実行することを忘れるからである（Orbell et al., 1997; Gollwitzer, 1999; Sheeran & Orbell, 1999）。あるいは，人々が意図を実行することを妨害するからかも知れない。なぜなら別の競合する目標志向行動が既に存在する意図的行動に取って代わるからである（Verplanken & Faes, 1999）。動機づけ理論は，意図の実演に関する理論と結びつくこの難問に取り組んでいない。このような理由で，動機づけ理論では意図的行動の関係性を十分説明していないのかも知れない。

　計画的行動理論において意図的行動の関係性の不十分さを解決する1つのアプローチは，**実行意図**である。実行意図とは特定の計画に関する公式についての自己制御方略である。すなわち，行動パフォーマンスがいつ，どのようにして，どこで起こるかについて明細に述べたものである。実験パラダイムは実行意図を始めるために用いられ，また調査参加者に対していつ，どこで，どのようにして自分の行動に没頭するかを顕在的に明細に述べるのを求めるために用いられている。ゴルウィッツァー（Gollwitzer, 1999）によれば，実行意図は強大な自己制御方略である。というのは，その方略は人々を動機づけ段階から意図的段階への移行を促進し，そしてその人々の意図が行為に変わるのを確実にするからである。この仮説によると，形成中の実行意図は人々が開始時点で目的志向行動を始めるのを忘れてしまう確率を減少させることが調査の結果で示されている（Orbell et al., 1997；Sheeran & Orbell, 1999）。このことが将来の行動をいつ，どこで始めるべきかというプランニングが状況表象と行為表象間の心的な連合を強める理由である。記憶の最中に状況の表象が増加したアクセシビリティによって，行為の機会に気づく確率や行為の開始が生起する確率が増加する調査結果も示され，行為の機会が単に知覚されることで行動的反応を自動的に誘発するといわれるようになった（Bargh, 1994; Orbell et al., 1997; Gollwitzer, 1999; Sheeran & Orbell, 1999; Koestner et al., 2002）。さらに重要なことには，実行意図によって決定後の自動的な機制を通して行動上の取り決めが増加し，動機づけや意図に伴う増加によって行動上の取り決めが増加するのではない（Orbell et al., 1997）。

最近の研究では，社会的行動のパフォーマンスに影響を与える実行意図のような動機づけ技法と意図技法を組み合わせた介入効果を評価している（Koestner et al., 2002; Milne et al., 2002; Prestwich et al., 2003; Sheeran & Silverman, 2003）。この組み合わせアプローチの背景にある理論的根拠は，動機づけ方略が意図レベルの増加に焦点を合わせることだが，意図の実演を促進していない。一方で実行意図のような意図方略は，強大な意図が行為に変換する確率を増加させる。だが，変化している意図を行為に変換する確率を増加させるのではない。エクササイズ行動を増加させるこれらの組み合わせ技法の効用が裏付けられている研究がある。例えば，ミルネら（Milne et al., 2002）は，実行エクササイズが防護動機づけ理論の構成概念に関する説明力を強化することを実証している。同様に，シーランとシルバーマン（Sheeran & Silverman, 2003）はある計画的行動理論を適用して実行意図と組み合わせた介入の方が，計画的行動理論だけに基づいた介入よりも健康コースおよびトレーニングコースの参加者を効率的に促進させたことを見い出している。プレストウィッチら（Prestwich et al., 2003）は，合理的意思決定方略あるいは意思決定バランスシートと実行意図を組み合わせた介入の方が，どちらかの方略だけによるものよりもエクササイズ行動をする上で効率的であることを実証している。ケスナーら（Koestner et al., 2002）も自己調和した目標を増加させる動機づけ方略と目標を達成し持続している実行意図との交互作用を見い出している。上述した結果は動機づけに関する2つの別個な段階が存在することを支持している。
　動機づけ段階あるいは意思決定前段階とは人々が行動を行なうかどうかを決定する段階であり，意思的段階，意思決定後段階または実行的段階は人々が自らの意図をいつ，どこで行動に変えるのかを計画する段階である。さらに，研究成果では動機づけと意図的技法の組み合わせはエクササイズ行動を向上させるのに最も効率的であることが示唆されている。

継続意図

　なぜ意図は時間とともに変化し，しばしば必ずしも行為へと変化しないのかという最後の理由は，人々が行動や結果を達成しようとしている時，それらを過小評価する傾向にあるからである（Chatzisarantis et al., in press c）。例えば，エクササイズ行動と体重との関係について考えてみよう。最初は，人々はエクササイズに参加しようとする動機づけが非常に高いかも知れないが，それは人々が減量することを期待しているので，その結果減量を促すことになるからであろう。しかしながら，人々はいったん減量し始めると，減量の目標への興味が薄らぎ始める。レヴィンによれば，このようになるのは減量と結びついている価値のよう

な結果評価が，自己と実際の体重減のような結果との心理的距離に反比例するからである。つまり，個人の現在の状態と実際の結果との心理的距離が大きくなればなるほど，その個人が体重を減らしたいという信念もより高くなる。意図が結果評価（Ajzen & Fishbein, 1980）と結びつけられると，意図は時間とともに低下し，長期にわたる行動予測効果を弱めるだろうと仮説を立てることができる。

ハヅィザランティスら（Chatzisarantis et al., in press c）は，長期間にわたる意図-行動間の関係性は次のような場合に改善されうると仮定している。それは，計画的行動理論によって結果の域に近づいていることのゴールとして興味が低下することへの説明を修正しうるのである。

この著者らは，長期間にわたる結果の達成が近づく時，意図が生じる変化に対する説明を仮定しており，理論では人々がその結果を達成したあるいは達成しなかった後で，目標となる行動のパフォーマンスを継続するための意図に対する説明を必要としている。ハヅィザランティスら（Chatzisarantis et al., in press c）では2つの構成概念を定義している。1つは成功の**継続意図**，もう1つは失敗の**継続意図**である。成功の継続意図とは，ある行動結果を達成して成功したという仮説的な状況が与えられる時，ある個人がその行動に取り組み続けようとしていることと定義づけられている。失敗の継続意図とは，ある行動の結果，うまくいかなかったという仮説的な状況が与えられる時，行動パフォーマンスを継続しようとする意図をさす。彼らの研究では，これまでずっと計画的行動理論の枠組みで検討されていたこれら2つの継続意図がエクササイズ行動の予測に寄与していることが示されている。

今後の研究および意図方略の実用についてのすすめ

論文で明らかになっているトレンドは，動機づけ技法は必ずしも行動意図に関する確固たる実演を可能にしていないこと（Ajzen, 1991）で，意思技法は意図における変化に影響を及ぼしていないこと（Orbell, 2003）である。これら研究知見の理論的および実用的な示唆とは，動機づけ技法だけを用いるよりも意思技法と組み合わせた介入によってエクササイズ行動を効果的に高めるということである（Koestner et al., 2002；Sheeran & Silverman, 2003）。こうした結果から，人間の動機づけは2段階からなるとする強大な科学的根拠がもたらされる。1つは動機づけ（つまり決定前）段階と意思，実行（つまり決定後）段階である（Gollwitzer, 1999）。動機づけ段階では，人々は行動に関するメリット，デメリットを熟考し，意図の形成時でピークに達する。合理的行為理論や計画的行動理論（Ajzen & Fishbein, 1980; Ajzen, 1985），防護動機づけ理論（Rogers, 1975）は，意図の形成を説明する動機づけ理論の1例である。意思段階では，人々はい

つ，どこで，どのようにして自分の意図を実行するか決定する（Gollwitzer, 1999）。

　1つただし書きしておくと，継続意図や実行意図がエクササイズ行動を高める時の動機的介入の実用性を改善するかどうかについてはまだ分かっていない。例えば実行意図のような，意思的方略を伴った行動計画理論に基づいた動機づけ方略に関する補遺を支持するいくつかの予備的な証拠がある（Koestner et al., 2002; Prestwich et al., 2003）。さらに，さまざまな意思技法がエクササイズ行動を高めるのに効果的であるという観点で組み合わせられておらず，比較されてもいない。実行意図が行為の始まりに関する記憶を増進させることによってエクササイズ行動の始まりを高める一方で，継続意図は逆境を克服するために，動機づけを強化することによってエクササイズ行動の始まりを増進させることが可能である。それゆえ，今後の研究での重要な道筋は，実行意図や継続意図のようなさまざまな意思技法を用いて，エクササイズ行動への参加を促進するさまざまなプロセスを検討することである。

2　自己決定理論

　自己決定理論とは，エクササイズ行動を理解するために広範にわたり適用される人間の動機づけに関する理論である（Deci & Ryan, 1985; 2000）。この理論は3つの下位理論から構成されている。**認知的評価理論**，因果志向理論，そして**有機的統合理論**◆2である。一般的に，自己決定理論では，意図行動の諸理論があまりにも単純かつ機械的すぎて人間の動機づけに関する完成図を提供できていないと論じている（Deci & Ryan, 1985）。例えば，社会的認知理論によって主張された意図行動に関する動機づけの2段階概念化は，意図理論での社会的認知の予測因を引き起こす動機づけ要因を説明していない。自己決定理論では，方向づけ，有能さ，関係性に対する3つの必要不可欠かつ生得的な心理的欲求が動機づけを形成していると仮定している。自己決定とは，自分自身を自らの行為の創始者や調整者として経験したいとする欲求をさしている。有能さとは，行動結果を作り出すことができるための欲求をさす。関係性とは，重要な他者と満足な関係性を経験するための欲求をさす（Deci & Ryan, 2000）。

　これら3つの心理的欲求は，最適な心理的発達やウェルビーイング，および成長のために必要不可欠だと考えられている（Deci & Ryan, 2000）。ちょうど渇きや飢えのような人間の生物学的欲求と同じで，人間もまた自己決定や有能さ，関係性の経験を探究し，獲得しようとする普遍的な欲求がある（Deci & Ryan,

2000; Sheldon et al., 2001)。人間は心理的欲求によって動機づけられるという強化に関連する問題を話すことに加えて,自己決定理論はまた動機づけられた行動に影響を及ぼす社会的文脈に重きを置いている(Deci & Ryan, 2000)。デシとライアンによれば,心理的欲求の満足は必要条件ではあるが,最適な心理的発達やウェルビーイングや成長にとっては十分条件ではない。心理的欲求はまた社会的文脈によって支持されるに違いない。というのは,そうでなければ個人は疎外感を感じ,欲求満足を経験しないからである(Deci & Ryan, 1985)。だからこそ自己決定理論が環境を欲求－満足と動機づけの促進とみなしている弁証法的な理論なのだという科学的根拠となっているのである。

意図行動理論と自己決定理論とのもう1つの重要な違いは,動機づけの形態,すなわち質に関することである。動機づけの強度だけ変化させる意図行動理論とは違い,自己決定理論は環境とさまざまな種類の動機づけを引き起こす個人との相互作用を仮定している(Deci & Ryan, 1985)。自己決定理論では2つの動機づけられた行動を区別している。内発的動機づけとは,実際目に見えるすなわち外的なものよりむしろ実際目にすることのできない満足に対して活性化することをいう。一方,外発的動機づけとは,活動そのものから分離できる外的なものに対して活性化することをいう(Deci & Ryan, 1985; 2000)。さらに,自己決定理論の下位理論である有機的統合理論は,5つの異なる形態(外発的動機づけ,外的調整,取り入れ的調整,同一視的調整,統合的調整,内発的動機づけ)を区別している。

これらさまざまな種類の動機づけについて詳述することによって,意思行動への動機づけに関する質の個人差を研究することが許される。デシとライアン(Deci & Ryan, 2000)は,2人の動機づけ強度,すなわち動機づけレベルが同等だと,数量的に比較可能な行動パフォーマンスになりうるが,動機づけの形態が異なる場合,パフォーマンスの質も異なるだろうと論じている。例えば,自己決定あるいは内発的動機づけによって創造的な課題に対するパフォーマンスはよりよくなるかも知れないが,統制された動機づけあるいは外発的動機づけによって,ありふれた機械的な課題に対するパフォーマンスが促進されるかも知れない。

さらに,ある人は特定の行動に対して内発的にも外発的にも動機づけられるかも知れないが,外部の観察者の視点から見ると,取り組んでいる行動レベルは同じである。しかしながら,その行動に固執するようになると,観察された行動は動機づけの形態や種類によって異なっているかも知れない。動機づけの質がさまざまな状況に関わる行動変数を説明することを示唆している。それゆえ,さまざまな形態の動機づけを認めることは重要である。というのは行動の固執を説明する手段を提供するからである。最後に,行動に関するさまざまな短期的,長期的

結果について考える意図理論とは違って，自己決定理論は動機づけや行動の最終的あるいは普遍的な理由について述べるものである（Sheldon et al., 2001）。こうした理由や動機は，計画的行動理論における態度や意図のように，意図理論での社会的の認知の予測因よりも末端のものである。

しかしながら，自己決定理論が意図理論に関する社会的認知理論との類似性を共有することを実感できるのが重要である。例えば，態度や意図のような内的事象と行動の重要な決定因である社会的環境の両者について考えてみよう。その違いは，近接性や行動に影響を及ぼす構成概念の由来にある。意図理論は行為に関する特定の認知的，感情的決定因を扱うが，自己決定理論は行為に関するより一般的で有機的な条件に焦点を当てている。デシとライアン（Deci & Ryan, 1985）は，そういった理論的に一致する可能性を認識している。「認知的理論は将来望まれる状態の認知的表象について分析を始める。ないものはもちろん，こういった将来の状態を必要とさせる有機体の条件に関する考慮である」。自己決定理論はそれゆえ，なぜそういった社会的認知変数が存在するのかという理由を仮定するのである。次節では，認知的評価理論と有機的統合理論を紹介し，エクササイズ行動に関する説明への適用を議論する。

認知的評価理論

認知的評価理論は自己決定理論の下位理論で，行動に関する内発的動機づけの効果や，どのようにして社会的文脈が内発的動機づけに影響を及ぼすのかを説明するために開発された（Deci & Ryan, 1985）。内発的動機づけは測定可能であり，2とおりの方法で示すことができる。まず，目標課題以外のいくつかの魅力的な選択肢が入手可能な自由選択期間中，目標課題に取り組んだ消費時間によって内発的動機づけに関する行動測定が構成されている。人々が自由に選択し目標課題を続けるほど，研究者はその課題に対する内発的な動機づけの程度について強大な示唆が得られる。それゆえ，課題に費やす時間が長くなるほど，人は課題を楽しんでいると考えることが多くなり，内発的動機づけだと推定するレベルも高くなる。つぎに，人が自由選択期間中の目標課題から引き出す興味の程度に関する自己報告は内発的動機づけの新しい測定である。

認知的評価理論は，内発的動機づけに関する変数を説明することを目的としている。内発的動機づけが生じるのは，行動の始発や調整に関連する外的・内的な事象が自己決定や人間の生得的な心理的欲求を支持する時であると仮定している（Deci & Ryan, 1985）。さらに，社会的認知理論は3つの一般的な過程があり，外的事象（例：目に見える報酬）や内的事象（例：目標）が内発的動機づけに影響している。最初の過程は，因果の所在の知覚を経ることである。因果の所在の

知覚という構成概念は,人々が自分の行動を自分自身から生まれたものだと知覚するかどうかということをさす。それゆえ,因果の所在の知覚は意思的かつ自己決定的,すなわち自分の行動が何らかの外的強制(例:重要な他者)によって調整されるかどうか,なのである。因果の所在の知覚に関してデシとライアンは,内的な因果の所在の知覚を高める行動の始発や調整に関連する事象は内発的動機づけを高め,一方で外的な因果の所在の知覚を高める事象は内発的動機づけを低下させると予測している。

外的事象が内発的動機づけに影響を及ぼす2つめの過程は,有能さの知覚を経由する。個人の有能さを高める事象は内発的動機づけを維持するが,有能さの知覚を低減する事象は内発的動機づけを低下させる。内発的動機づけに影響を及ぼす3つめの過程は,人々が行動の始発や調整に関連する事象をどのように解釈するかということに関連がある。デシとライアンは,外的事象は動機づけに対する情報的側面,制御的側面,あるいは非動機づけの側面があると示唆している。

社会的文脈はこの3側面の1つを支持すると考えられており,このことによって個人の有能さの知覚や内発的動機づけに影響を及ぼしうるであろう。

情報的側面は,選択の文脈の中で有能さに関連する情報を与える。この情報的側面が顕著だと,内発的動機づけを高めることになるであろう。制御的側面は,特有の方法で人々が行動したり,思考したり,感じたりするための重圧によって自己決定感を低下させる。制御的側面が顕著な場合,内発的動機づけは低下する。非動機づけ側面は,行動に関わることによって有能さが動機づけの域に達しないことを意味する。外的事象に関する非動機づけ側面が顕著になると,人々は動機づけられなくなり,行動に取り組まなくなる(Wild & Enzle, 2002)。

認知的評価理論の適用

認知的評価理論は,実用面で重要な脇役である。というのも,明らかに環境的な事象や内的な事象が内発的動機づけに働くインパクトについての予測がなされるからである(Deci & Ryan, 1985, 2000)。例えば,認知的評価理論では,有能さを支援せず,外的な因果の所在の知覚を高めない外的事象(例:報酬やフィードバック)は,内発的動機づけを低下させる一方で,有能さや内的な因果の所在の知覚を支持する事象は内発的動機づけを高める。数多くの実証研究で,外的事象効果(例:目に見える報酬,言語的報酬,内発的動機づけの対人的文脈)が検討されてきた。

認知的評価理論を採用した実証研究のメタ分析では,内発的動機づけに関する目に見える報酬効果が強くみられた(Deci et al., 1999a)。特にこのメタ分析では,目に見える報酬(例:金銭,トロフィー,学位)が結果として内発的動機づけの

低下を生み出すことが示されている。さらに，この分析では，内発的動機づけで期待された報酬の効果は，どのようにして報酬がもち出され，伝達されるのかという関数によって変わることが見い出されている（Deci et al., 1999a）。実験セッション上で呈示されるために報酬が期待され，与えられると（これを課題に伴わない報酬とよぶ），内発的動機づけは低下しないであろう。というのも，これは課題の実施に伴わない期待された報酬が，人々がある特定の方法で行動することの重圧にならないからである。それゆえ，内発的動機づけに影響を及ぼすことは少ないのである。報酬を伴わない課題は，仕事に対する支払いのような実生活の状況になぞらえることができる。

　ある研究において課題に伴う報酬（ある課題を達成したことに対して報酬が与えられること）は内発的動機づけを低下させることが示されている。というのも人々は報酬を得るための課題を伴うことを余儀なくされたと感じるからである。そのような場合，報酬はコントロールされたものとみなされ，結果として内的・外的な因果の所在の知覚への移行が生じる（Deci et al., 1999）。さらに，取り組みに伴う報酬（ある課題に取り組んだことに対して報酬が与えられるが，報酬を得ていないこと）も報酬をコントロールされたものとみなされ，内発的動機づけが低下する。というのも，これは人々が報酬を得るために課題のために働き続けなければならないからである（Deci et al., 1999a, Deci & Ryan, 2000）。さらに，パフォーマンスに伴う報酬（ある優秀な基準に合致することによって，あるいはある基準を超えることによって十分な活動をしたことに対して与えられるもの）は内発的動機づけを低下させる。というのも人々は報酬を受け取るためにある基準と合致しなければならないからである。しかしながら，パフォーマンスに伴う報酬はコンピテンスを支持する情報（例：報酬によって暗示された基準に合致する場合，人々は内発的動機づけのネガティブな効果を低減させるかも知れない）を伝達する。このことは，コンピテンスを支持する情報がパフォーマンスに伴う報酬が内発的動機づけに及ぼすネガティブな統制効果をある程度相殺するからである（Deci & Ryan, 1985, 2000）。

　さらにある研究において，競合随伴性報酬（人々が限られた数量の報酬を他者とともに直接的に競合することで得ること）も内発的動機づけを低下させる（Reeve, 2002）。競合随伴性報酬や対面して競合する状況は非常に統制的である。というのは勝つことが報酬を獲得するのに道具的だからである（Deci & Ryan, 1985; Reeve, 2002）。エクササイズの領域で，内発的動機づけに関する報酬随伴性の効果は徹底的に検討されている訳ではない。しかしながら，数多くの研究でスポーツ競技者の内発的動機づけに関する報酬効果が検討されており，第5章でレビューされている（McAuley & Tammen, 1989; Vansteenkiste & Deci, 2003）。

内発的動機づけに関する目に見える報酬効果の検討に加えて，いくつかの研究で内発的動機づけに関する言語的報酬効果について検討がなされている。ある課題が達成されてからすぐに行なわれる正のフィードバックは，言語的報酬の一例である。言語的報酬は普通，内発的動機づけを高める。というのも言語的報酬は個人的有能感を支持する傾向にあるからである（Deci et al., 1999a）。例えば，ある課題がよくできたという正のフィードバックは，個人的有能感を増大させることによって内発的動機づけを高めるのであろう。このことは，有能感の知覚が自己決定の文脈における内発的動機づけを高めると仮定されている認知的評価理論と一致している（Deci & Ryan, 1985）。それゆえ，内発的動機づけに関する言語的報酬効果が，報酬が伝達される文脈での関数として変化することが実際に起こるということが重要である。もし報酬が統制的な方法で伝達されたり，暗に評価するものである場合，報酬は内発的動機づけを低下させることになるだろう（Deci & Ryan, 1985, 2000）。例えば，もし正のフィードバックが統制的な方法で報告されたら（例えば「あなたはやり終えただけではなくやり終えるのが当然だったのだ」），内発的動機づけは低下するだろう。というのは，「should（するのが当然である）」のような形式上の演算子はコントロールされているという感覚を促進させるからである（Deci et al., 1994）。

　さらに，言語的報酬は自己決定の文脈で伝達される場合，唯一内発的動機づけを高めるであろう（Deci & Ryan, 1985）。このことは，言語を押しつけることを回避してその人のパフォーマンスをただ単に人に知らせることによって，自己管理した情報フィードバックの方法を人に教示することによって，評価を暗示しない方法でのフィードバックを構築することによって達成されうる（Deci & Ryan, 1985, 2000）。エクササイズの領域では，ホワイトヘッドとコービン（Whitehead & Corbin, 1991）の実験研究で正のフィードバックが身体課題の内発的動機づけを高めることを見い出している。さらに，縦断研究では内発的動機づけに関する正のフィードバックの知覚効果が支持されている（Koka & Hein, in press）。

　認知的評価理論と内発的動機づけの概念は多大な科学的興味や議論をひいてきたが（Deci et al., 1999a），認知的評価理論が非常に興味深い行動や課題（例：パズルや難問）にだけ適用することを認識することが重要である。認知的評価理論は変化がなくてつまらない日常的な課題やそもそもやる気の起きない日常的な課題（例：歯みがき，シートベルトの装着）に適用するのではない。結果として，認知的評価理論はどのようにして興味が発達するのか，退屈な課題が面白い課題に変わるのかについて説明していない。認知的評価理論のもう1つの制限は，関係性に対する心理的欲求について説明していないことである。にもかかわらず，関係性の証拠は心理的欲求には必要不可欠で基本的なものである（Sheldon et al., 2001)。事実，デシとライアン（Deci & Ryan, 2000）は関係性の心理的欲求を重要なものとして挙げている。というのも，なぜ人は個人の発達や成長にとって重要だが，そもそもやる気の起きない日常的なありふれた課題を行なうのかということを説明しているからである。

有機的統合理論

　有機的統合理論は，自己決定理論の2番目の下位理論である。デシとライアン（Deci & Ryan, 2000）によって確認された3つの心理的欲求全てを基礎とする内発的でない動機づけ行動に関する動機づけを説明している。有機的統合理論では，人々が内発的に動機づけられそうにない行動に取り組むのは，関係性の欲求があるからであると仮定している。すなわち，人々は他者との満足な関係性を経験するように内発的に動機づけられるので，社会的環境に効率的に機能するために内発的に動機づけられない行動に取り組むのである（Deci & Ryan, 1985; 2000）。有機的統合理論の中心仮説は，人々は外発的な結果（例：褒めること）に至るような内発的に動機づけられない行動に取り組むが，人々は外発的に動機づけられた行動を内在化でき，実際に外発的に動機づけられた行動を自己から生じているものだと受け入れうると認識しているという点である。こうして，この有機的統合理論は外発的に動機づけられた行動が内在化の過程を通して実際に自己決定されたものとなっていると仮定している（Deci et al., 1994; Deci & Ryan, 2000）。

　有機的統合理論の中から内在化や人間の動機づけを記述したモデルを図3.1に示す。モデルの右側にあるのは非動機づけであり，ある個人の意図や因果関係が欠如していることをいう（Ntoumanis et al., in press）。行動が欲求の結果として生じえない有能感やビリーフの欠如によって非動機づけが生まれる。図の中で非動機づけに隣接するのが4種類の外発的動機づけ（外的調整，取り入れ的調整，同一視的調整，統合的調整）である。これらの調整はそれぞれ，その人自身の利益となる行動とは別の外的な結果を達成するための行動を反映している。しかしながら，これらの調整は内在化や自己決定の程度の違いを反映している。ある行動の内在化とは，愛着を感じたり関係性がある重要な他者からの賞賛や正のフィードバックを受け入れることに依存する（Deci & Ryan, 2000）。外発的に強化された行動を外的調整という。取り入れ的調整は外的調整と並行しており，罪悪や恥のような情動の圧力を避けるために行なわれる行動をいう。外的調整と取り入れ的調整はそれゆえ，さほど内在化されるものではないが統制的な行動である。なぜなら，内的あるいは外的な圧力の一種として行なわれる行動だからである。

　さほど統制的でないがより自己決定的な外的調整は同一視的調整である。同一視的調整は個人的に関連したり価値づけられる結果を達成するのに行なわれる行

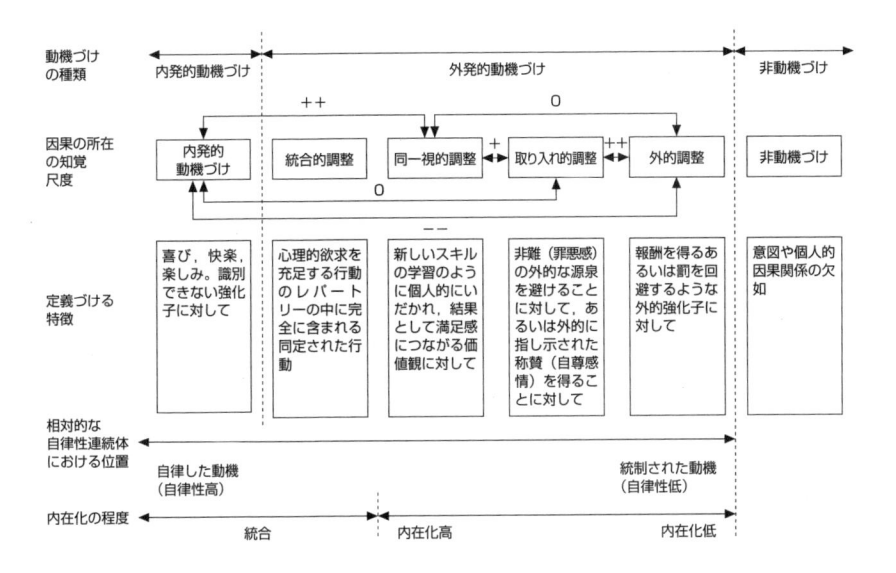

第3章 エクササイズする意図とエクササイズ行動

```
動機づけ    ←内発的動機づけ→ ←──── 外発的動機づけ ────→ ←非動機づけ→
の種類
                      ++                0
因果の所在   ┌─────┐ ┌─────┐ ┌─────┐ + ┌─────┐ ++ ┌─────┐   ┌─────┐
の知覚     │内発的│ │統合的│ │同一視的│   │取り入れ的│   │外的 │   │非動機づけ│
尺度      │動機づけ│ │調整 │ │調整  │   │調整    │   │調整 │   │      │
         └─────┘ └─────┘ └─────┘   └─────┘    └─────┘   └─────┘
                    0         ──

定義づける  喜び，快楽，  心理的欲求を  新しいスキル  非難（罪悪感）  報酬を得るあ  意図や個人的
特徴      楽しみ。識別  充足する行動  の学習のよう  の外的な源泉  るいは罰を回  因果関係の欠
         できない強化  のレパート   に個人的にい  を避けること  避するような  如
         子に対して   リーの中に完  だかれ，結果  に対して，あ  外的強化子に
                   全に含まれる  として満足感  るいは外的に  対して
                   同定された行  につながる価  指し示された
                   動        値観に対して  称賛（自尊感
                                     情）を得るこ
                                     とに対して

相対的な    ←──────────────────────────────────────→
自律性連続体
における位置  自律した動機                    統制された動機
          （自律性高）                      （自律性低）

内在化の程度  ←──────────────────────────────────────→
              統合        内在化高         内在化低
```

注：＋＋＝尺度間に強い正の相関が期待される
　　＋　＝尺度間に弱い正の相関が期待される
　　－－＝尺度間に強い負の相関が期待される
　　－　＝尺度間に弱い負の相関が期待される
　　０　＝尺度間は無相関

図3.1　因果の所在の知覚

動をいう。同一視的調整はそれゆえより内在化され自己決定的なものであると特徴づけられる。最も自律的で統制的でない外的調整行動は統合的調整である。統合的調整は，人生で繰り返し起こる他者の行動や役割と一致する行動をいう。最後に，統合的調整の隣にあるのが内発的動機づけである。内発的動機づけは，活動そのものとは独立した外的な結果のために行なわれるのではなく，自分自身のために行なわれる行動をいう。内発的に動機づけられた行動は，同一視的調整や統合的調整と多くの類似点がある。例えば，内発的動機づけや統合的動機づけ，同一視的動機づけの結果生じる行動は全てハイレベルの喜びとして特徴づけられる。しかしながら，統合的，同一視的な行動は，人々が活動そのものよりむしろ価値づけられた結果を達成することから喜びを引き出していると示唆している。対照的に，取り入れによる動機づけの構成概念は，価値づけられた結果を達成することではなく活動そのものから喜びを引き出していると示唆している。

　有機的統合理論はまた，動機づけの種類による文脈効果を強調している。心理的欲求を満たす文脈によって自己決定度のより高い外発的動機づけ（例：同一視的調整，統合的調整）が高まると仮定しているが，一方で心理的欲求を満たさな

い文脈によって自己決定度のより低い外発的動機づけ（例：外的調整，取り入れ的調整）が高まると仮定している（Deci & Ryan, 2000）。概して，心理的欲求を満たす，あるいは満たさない2種類の対人的文脈を弁別する理論が必要である。重要な他者が選択することや意思決定への参加，行動に対する意味のある説明の提供，対人コミュニケーション中の中立的な言語の使用（例：「may（ありうる）」や「could（かも知れない）」の使用や「should（すべき）」「must（しなければならない）」の不使用），人々の感情や展望の自認を促すのが対人的文脈であり，対人的文脈は自己決定の動機づけを支持する（Deci et al., 1994）。反対に，重要な他者がなぜ行動パフォーマンスが重要なのか説明しない対人的文脈では，対人コミュニケーションの時，圧力のある言語（例：すべき，しなければならない）を用いるし，心理的欲求を満たさない傾向にある行動パフォーマンスと結びつくような困難を自認しない。

有機的統合理論の適用

　有機的統合理論でのさまざまな形態の動機づけを測定するのは，ライアンとコネル（Ryan & Connell, 1989）によって開発された**因果の所在の知覚**（PLOC）尺度である。PLOC尺度は，外的調整，取り入れ的調整，同一視的調整，内発的動機づけを測定する。予備的研究では単純序列構造に一致する尺度間相関が認められた。隣り合う動機づけの測定尺度（例：外的調整と取り入れ的調整）間での相関の方が，さらに離れたところにある動機づけの測定尺度（例：外的調整と同一視的調整）よりも高いことから，単純序列構造は明白である（測定尺度間の位置関係については図3.1を参照）。そういったパターンによってデシとライアン（Deci & Ryan, 2000）が自己決定の発達連続性とよんだ連続性の存在が示されている。しかしながら，デシとライアンはまた連続性の存在を支持するが，先行経験や現在の状況要因に依存してこの連続性に沿った点で個人に新しい行動を内在化する可能性があることを排除するのではないと示唆している。

　さまざまな文脈における研究で，行動を理解する上で自己決定と統制された外発的動機づけの区別の重要性が裏付けられている（例えば，Williams et al., 1998; Williams et al., 2002）。特に，介入，展望，縦断的パネルデザインの研究で外発的動機づけ（例：外的調整，取り入れ的調整）が健康行動や結果に直接的あるいは有能感を経由して間接的な影響を与えることが示されている（Williams et al., 1998; Williams et al., 2002）。さらに，**自律性支援の知覚**が外発的動機づけ（例：同一視的動機づけ，有能感）である自己決定によって媒介した行動に影響を与えることが示されている（Guay et al., 2001; Hagger et al., 2003b; Hagger et al., in press b）。

妥当性や信頼性のある数多くの内発的動機づけや因果の知覚に関する測定尺度はまたエクササイズ領域での開発も行なってきている。これらの中で最も突出した測定尺度は，マークランドとその共同研究者（Markland et al., 2004）によって開発されたエクササイズにおける行動調整質問票（BREQ）である。その他の一般的な測定尺度はゴーダスら（Goudas et al., 1994）やハガーら（Hagger et al., 2003b）によって採用されているのは，体育教育の文脈で用いられているライアンとコネル（Ryan & Connell, 1989）の自己調整質問票の項目を改変したものである。こうした測定尺度は外的調整や取り入れ的調整，同一視的調整，内発的動機づけを測定しているが，統合的調整について測定していない。これらの測定尺度で用いられる項目に大差がないにも関わらず，これらの尺度は有機的統合理論で仮定されたとおり，単純序列構造と一致する（Chatzisarantis et al., 2003）。

あるエクササイズの文脈での研究もまた，エクササイズ行動を予測する自己決定の動機づけに関する効用が検討されている。いくつかの研究では，PLOC尺度に含まれる動機づけの種類がエクササイズ行動に直接影響を及ぼしていること（Ntoumanis, 2001; Chatzisarantis et al., 2002; Chatzisarantis et al., 2003），意図（Hagger et al., 2003b）や態度（Hagger et al., 2002a）を媒介して間接的に影響を及ぼしていることが示されている。しかしながら，意図と行動に関する動機づけの自己決定による直接効果は概して小さい（Chatzisarantis et al., 1997; Chatzisarantis et al., 2002; Chatzisarantis et al., in press d; Hagger et al., 2002a）。

エクササイズや体育教育の文脈では，外発的動機づけと内発的動機づけの自己決定のされ方が，エクササイズ行動のいくつかの主要な動機づけ決定因に及ぼす影響について研究がなされている。ゴーダスら（Goudas et al., 1994）は，有能感が意図に関する外発的動機づけの自己決定効果を媒介していることを見い出している。これらの結果は，自己決定された形式の外発的動機づけが健康上の成果に及ぼす効果を，有能感が部分的に媒介していることを見出した健康心理学の知見と一貫している（Williams et al., 2002）。反対に，外発的動機づけの自己決定がエクササイズ意図や行動に関する有能感との媒介効果を示す研究もいくつかみられている（Ntoumanis, 2001; Sarrazin et al., 2002; Hagger et al., 2003b; Standage et al., 2003）。それゆえ，エクササイズ意図や行動を予測し，説明する上で外発的動機づけの自己決定の役割は複雑であり，意図や行動に関する変数の正確な影響パターンを完璧には網羅していない。

文脈横断モデル

文脈横断モデルは前述した自己決定理論を基礎に置き，ある文脈（例：体育教育）の中での動機づけが他の関連する文脈（例：余暇のエクササイズ行動）での

動機づけや意図，行動をどのように促進するのかについて説明することをめざしている。その発端から，内発的動機づけと自己決定理論によって因果の所在の知覚に関する文脈の重要性が実証されている（Deci & Ryan, 1985）。文脈要因（例：課題の呈示，明確な根拠をもった選択の支持，葛藤の承認，情報フィードバック）によって内発的動機づけが高まることが示されている（Deci et al., 1994）が，一方で報酬や脅威，評価，期限の文脈では内発的動機づけが低下することを明らかにしている（Deci & Ryan, 1985）。この研究知見から，動機づけの質や量が心理的欲求や内的な因果の所在の知覚を満たす環境によって高められる（Deci & Ryan, 2000）。このことに続いて，自然場面でこれらの前提を支持する研究がみられた。その研究では，自律性支援の知覚が動機づけ順に行動へ影響を及ぼすことが例証されている（Chatzisarantis et al., in press b）。動機づけが続くことによって自律性支援の知覚が因果の所在の知覚に影響することを決定づける。文脈横断モデルはこの証拠に基礎を置き，体育教育の教授スタイルによって生徒が体育教育の授業で支持するという動機づけの形成に影響すると仮定している。特に，自律的な支援に基づいた体育教育をしている教師は内発的動機づけあるいは外発的動機づけに関する自己決定を促進すると示唆されている。が，一方で教授スタイルが自律的な支援に基づいていない教師は，統制的な外発的動機づけを促進することになる（図3.2）。

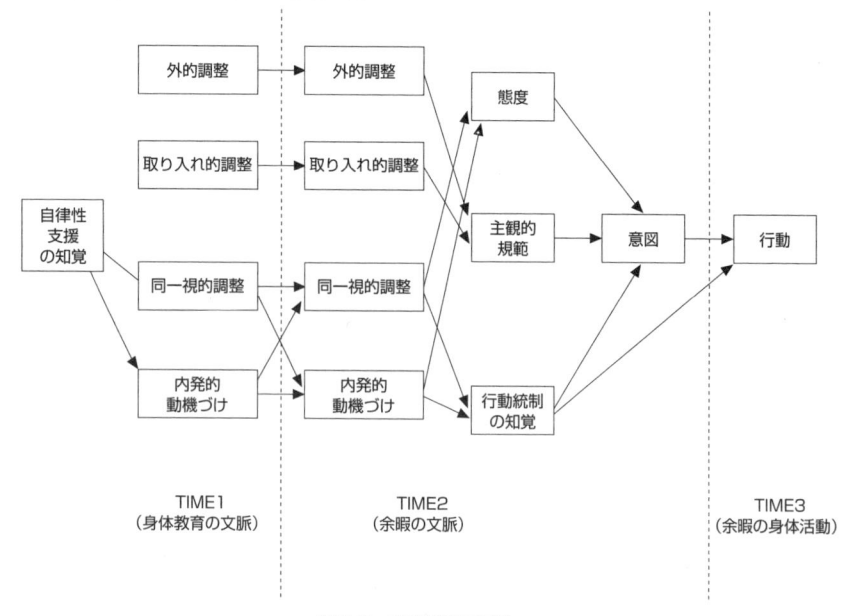

図3.2　文脈横断モデル

文脈横断モデルはまた，ある文脈（例：体育教育）での内発的動機づけが別の内発的動機づけ（例：余暇）を生じうる動機間の交差－文脈的な相互作用を仮定している。交替で，この増加した動機づけが別の文脈（例：余暇のエクササイズ行動）での関連する活動への参加を生じうるのである（Vallerand, 1997）。それゆえ文脈横断モデルでは，内発的動機づけや体育教育のクラスでの自己決定の外発的動機づけが統制的な外発的動機づけよりも余暇のエクササイズ行動に関する内発的動機づけを促進すると仮定している。なぜなら，これは人々が関連する文脈の中で内発的に動機づけられた行動を再び起こすための機会を探索する傾向にあるからである（Chaiken, 1980）。

　近年の意図行動に関する研究ではまた，自己決定理論の構成概念から統合されたものや計画的行動理論によって各理論で期待されていない補足説明がなされている。社会的認知モデルにおいて自己決定理論を含んでいるものによって，研究者は計画的行動理論での関係の質（Chatzisarantis et al., 1997; Chatzisarantis & Biddle, 1998; Sheeran et al., 1999a）や計画的行動理論変数の経歴（Chatzisarantis et al., 2002; Hagger et al., 2002a）を説明することができる。例えば，ハヅィザランティスら（Chatzisarantis et al., 1998; 1997）はエクササイズの文脈での計画的行動理論に関する予測的な効用は，意思的な意図に含まれるものによって増加させることができると証明した。同様に，ハガーら（Hagger et al., 2002a）は内的な因果の所在の知覚がエクササイズ行動に関する態度や行動統制の知覚に関して普遍的なインパクトをもっていることを示している。しかしながら，内発的動機づけとエクササイズ行動への参加意図との強い相関は，完全に態度によって媒介されており，ほんの少しの程度だが，行動統制の知覚によっても媒介されている。これらの結果はハヅィザランティスとその共同研究者（Chatzisarantis et al., 2002）によって再現され，また内的な因果の所在の知覚によって人々はエクササイズ行動に取り組むのにつぎ込んだ努力を決定づけられると例証している。こういった研究によって，意図や態度，主観的規範，行動統制の知覚の基礎を説明するさまざまな種類の動機づけが認められる。また，計画的行動理論に因果の所在の知覚を意図的な行為に変換する基礎を一般的動機に提供する効用がある（Chatzisarantis et al., 2002; Hagger et al., 2002a）。

　計画的行動理論にある意図と行動に関する因果の所在の知覚についてのインパクトを検討した研究知見（Chatzisarantis et al., 1997; Chatzisarantis & Biddle, 1998; Sheeran et al., 1999a; Chatzisarantis et al., 2002; Hagger et al., 2002a）と一致して，余暇の文脈での因果の所在の知覚に関する動機がビリーフに基づく態度や主観的規範，行動統制の知覚のような構成概念によってのみエクササイズの意図やエクササイズ行動に影響するだろうと横断文脈モデルは予測する。こうして，

因果の所在の知覚は態度や主観的規範，行動統制の知覚，そして間接的に意図への情報源として役目を果たすと仮定されている。

ここまででは，体育教育の自律性支援の教授スタイルが内発的動機づけや態度，行動統制の知覚，意図の役割を媒介する余暇でのエクササイズ行動への参加に及ぼす影響について示してきた。そして，過去の行動の効果が考慮に入れられた後でさえ，体育教育での自律性支援を知覚することが余暇でのエクササイズ行動に影響を及ぼす証拠が示された（Hagger et al., 2003b）。さらに，予備的な結果だが横断文脈モデルの効果はヨーロッパやアジアの4つの文化でも再現されている（Hagger et al., in press b）。しかしながら，教授スタイルがエクササイズ行動への動機づけに関係するというインパクトを検討する介入研究や大規模研究がなかったことに気づいたのは重要だった。そして，ピアグループや両親がエクササイズ行動の実行に影響することはほとんど知られていない。それゆえ，今後の研究の1つの方向性は，エクササイズ行動を高める文脈横断モデルに基づいた効率的な介入を評価することである。

3 自己決定理論にもとづいた実際的なすすめ

自律性支援の知覚

実際的に推薦するものとして，リーヴ（Reeve, 2002）は，エクササイズ行動の促進に関与する人々が表す特定の行動を同定している。それはすなわち，個人が自らのエクササイズレベルを上げようとする際にその自律性を支援するような行動である。1つの方法は，外的なインセンティブや統制，その活動を行なうのに唯一随伴するような情報のないフィードバックの使用を避けることである（Deci & Ryan, 1985）。しかしながら，明らかにこれは自律性支援環境対策に関する単なる小さな側面である。行動方略には，動機づけを高めるものが存在する。たとえば，エクササイズの文脈で個人に選択や自己表現の機会を与えること（Chatzisarantis et al., in press a），エゴよりむしろ課題やうん蓄に関わる活動に焦点を当てること（Ames, 1992），そして参加することに対する競争や外的な根拠を回避すること（Ryan et al., 1984）である。

動機づけ面接

人々がエクササイズの動機づけや行動を変化するのに効果が示された1つの技法が**動機づけ面接**である（Rollnick & Miller, 1995; Miller, 1999）。この技法は近

年,動機づけに対する自己決定理論アプローチと結びついている(Markland, 2004)。動機づけ面接は臨床的に開発された介入方法で,「クライエント」がもっている問題の本質を詳しく調べること,そして自己方向づけされた行動変化に際して支援することで問題行動を変化させるのが狙いである。ロルニックとミラー(動機づけ面接の中心的提唱者)は動機づけ面接を以下のように定義している。

> クライエントのアンビバレンスを詳しく尋ね,解消するのを手伝うことで行動変化を引き出す指示的なクライエント中心カウンセリングのスタイルのこと。非指示的カウンセリングと比べて,より焦点を当て,目標志向的である。アンビバレントな感情の検討や解消が中心的な目的で,カウンセラーは目標に向かう時,意図的に直接的である(Rollnick & Miller, 1995; 325)。

本来,アルコール依存患者や飲酒上の問題を抱えている人の文脈で開発されてきたが,動機づけ面接はロルニックとミラーによれば,クライエントあるいは問題を抱えた人に適用する技法と混同させるべきではなく,認知的または行動的変化に関する指示的なクライエント中心のプログラムを追究する臨床家や面接者によって採用される「対人スタイル」なのである。重要なのは,この一式のスタイルは臨床場面で制限されるとは考えられるべきではなく,介入や行動変化が顕著かどうかという文脈に適用されうるということである。

ロルニックとミラーによれば,動機づけ面接は行動変化のために臨床的な介入を行なう伝統的なアプローチとは対照的である。というのも動機づけ面接は,他の臨床的アプローチによくみられる対面式や議論,直接的な説得によって引き起こされる葛藤を取り除いているからである。それどころか,動機づけ面接では面接者によって方向づけられるアプローチを採用しているが,その焦点は主としてクライエントやその個人的な提案に基づいた葛藤の解消や行動変化に向けられている。そういうものとして,個人が経験する行動変化に関する伝統的な直面手段によってしばしば表出する伝統的な抵抗や懐疑的な態度が和らげられ,クライエントは自ら匂わせた自分の問題行動に変化を求める力を与えられる。さらに,臨床家や面接者による直接的な示唆はない。このように,介入や前の章にあった計画的行動理論に基づく方略として直接的な説得「技法」は用いられない。動機づけ面接はそれゆえ個人に変化を求めるのに関わったり,不健康なライフスタイルだと指摘したりするのには関わらない。その代わり,動機づけ面接は臨床家や面接者と患者あるいは変化を経験している人との間の関係性だと考えられるのである。

動機づけ面接の開始点は,問題行動の周辺にあるアンビバレンスを吟味し解消

することである。アンビバレンスは問題行動とその他の問題との間の葛藤によって特徴づけられる。クライエントの動機づけ面接時の課題はそれゆえ，変化のための自分自身の理由を引き出すことにあり，それは面接者によって勧められるものではない。難解な行動を変えるため，個人的に関連のあるベネフィット（良いこと）やコスト（良くないこと）を表出することこそ，クライエントの役割なのだ。例えば，クライエントはこのように発言するかも知れない。「私は実際エクササイズのようなことをしていますが，いいと思ってますし，減量するのにもいいと分かっています。でも，あなたが子どもをもつともっとずっと努力がいるし，私はそれを生活の中に取り入れられるように思えないのです」。面接者の役割はクライエントがよいことよくないこと両面を吟味できるよう促すことであり，動機づけが生じ，行動を変化する行為が持続するよう解消に向けて方向づけることである。それゆえ動機づけ面接アプローチによってアンビバレンスは行動変化に対する最初の障害物であるとみなされ，いったんこのアンビバレンスを克服すると，行動変化が続き，提供された情報やスキルが変化を経験した個人に与えられる。

　さらに，面接者が常に心がけておかなければならない中心的な原則が他に4つある。①共感を表出する，②自己効力感を支持する，③抵抗をかわす，そして④矛盾を広げるということである。クライエントは面接で自分の行動が不健康で変化が必要であると言われることを期待するが，動機づけ面接の原則は，被面接者が問題行動に直面している困難や変化しようとすることを面接者が理解したり共感するのを認めるように強制するのではない。また，行動変化するための方法は1つもないので，面接者はクライエントに自信や彼らが採用した方略に対する自己効力感に関するサポートを提供すべきである。さらに，面接者は議論に伴う，あるいはクライエントの見解をあおることによる抵抗に対峙すべきではない。さらなる抵抗を生み出すだけである。そうではなく，その葛藤を知ること，そして葛藤や解決に可能な手段を吟味する契機を用いることで面接者は抵抗をかわすのである。最後に動機づけ面接をする面接者は，クライエントを現在の行動状況と理想的な状況との間での矛盾を強調するように方向づけることを目的とする。1つになったこれらの原則は動機づけ面接アプローチの基礎となり，他のアプローチと結びつくことが多い再発や抵抗を防ぐのに役立つ。

　動機づけ面接は「方略メニュー」によって行なわれる。このメニューはクライエントがアンビバレンスを吟味するよう方向づけるため面接者が採用するものである。メニューはクライエントが表出したレディネスの状態に応じて変わり，面接に先だって面接者によって確かめられる。重要なのは，アプローチの特性や抵抗が続いた時，クライエントによって表出される防衛機制，すなわち懐疑を面接

者の希望に沿うためのクライエントによる失敗とみなさないことである。しかし，それは被面接者の変化の準備状態が現在の状況よりもっと進んでいると見積もったことによる面接者の失敗である。方略メニューの1例として，一般的なアプローチや各方略のねらいを要約するというのがある。各方略でのクライエントの発言例を表3.1に挙げる。方略メニューはクライエント中心的な変化を追究する核となる原則と並んで採録されている。重要なのは，変化によって実際の行動が変わる必要はないのである。その代わり，多くの場合，成功した変化によってある変容ステージから別のステージへの移動の基礎が確立する。変化のレディネスが増加すると，実際の行動変化よりもむしろ成功した結果とみなされる。これは多くの場合，査定（例：意思決定バランスシート）を用いて反映されうる。変化のレディネスが評価された一連の面接セッションをとおして，こうした変化が向上していることが期待される。動機づけ面接のセッションは複数のセッション（6つまで）で約40分続けるが，その結果として近年の研究では簡易的な動機づけ面接が開発され，1つのセッションを約20分で行なっている（Rollnick & Miller, 1995）。

　動機づけ面接の研究は概して，エクササイズを含む行動領域に関するさまざまな効果を支持している。エクササイズの文脈での研究で，動機づけ面接がプライマリーケアの状況下での行動に適用できることが報告されているが，エクササイズ行動を高めるための介入技法として動機づけ面接を用いた無作為化された統制研究は数少ない。例えば，ハーランドら（Harland et al., 1999）は集中的な動機づけ面接による介入（6つの面接を12週間），簡易的な面接セッション（1つの面接），そして参加者のエクササイズ行動に関する金銭的報酬（クーポン券）の効果を検討するため，無作為化された統制試行を行なっている。この集中的な面接介入グループでは6週間後の統制群よりも55％も多くのエクササイズ行動を示した。しかし，金銭的報酬群や簡易面接群の患者は有意な増加を示さなかった。このことから集中的な動機づけ面接はエクササイズの変化を持続させるのに最も効果的である。

　動機づけ面接が効果的であるように思える一方で，動機づけ面接は効果が限定されたメカニズムに対する，限定された理論的根拠や検討可能な仮説や根拠に基づいているように思える。ミラーは，十分な注意を動機づけ面接の広範な理論的背景に向けないことを認めており，「私の見解では，われわれは，なぜ，どのようにして動機づけ面接が作用するのかについての満足な説明をもっていない（Miller, 1999, 2)」ことに同意している。動機づけ面接は文脈横断モデル（特に変容ステージや自己効力感理論，認知的不協和理論，クライエント中心療法）と緩やかに結びついているだけなのである（Miller, 1999）。近年，マークランド

表3.1 動機づけ面接の方略メニュー

方略	目的	面接からのコメントの典型例
典型的な1日の回顧	ラポールを構築し，特定の問題行動ではなくライフスタイル全体に焦点づける	「これから5分〜10分を使って一日の始まりから終わりまでについて詳しく話してください。どんなことが起きたり，どのように感じていますか？エクササイズにぴったりな時間はありますか？では最初から始めてみてください」
回想	健康問題（例：肥満，活動的でない）を経験する前の生活はどうだったか詳しく尋ねる	「本当に，状勢とは実によく変わります。以前の生活について少し教えて下さいませんか」
良いことや良くなかったこと	問題行動の賛否両論を詳しく尋ねる	「あなたは自分の体重が自己防衛に影響していると言いますが，その自己防衛が起こったときのことについて教えて下さい」
変容ステージについての議論	面接者が変容ステージについて紹介し，クライエントとディスカッションに入る。面接者はクライエントにステージを移動したり，変化する方法を提供するように促す	「変わりたいと思っている人の状態（熟考ステージの人）や変わる準備ができている人の状態（準備ステージの人）から変わる方法について考えてみてください」
アセスメントのフィードバック	面接者はクライエントにその時点までに達成したことについて要約する	「私たちがここまで話したことに基づいてほんの少しのお知らせしてもいいでしょうか？何か間違っていることがあれば訂正してください」
価値観の探索	クライエントが「理想自己」について詳しく述べるよう促し，クライエントの価値観を明らかにするため「理想自己」と「現在の自己」を比較する	「あなたが今行っているエクササイズの量について考えてみてください。あなたにとって理想的なエクササイズ量をこなすためにはどれぐらい変わらなければならないでしょうか」
今後への期待	2通りの将来（①不健康行動に変わること，②不健康行動にならないこと）についてクライエントに尋ねる	「あなたの言うエクササイズを変えるとしたら，将来どんなことが起こりそうだと考えていますか。変わらなかった場合と比べてどんなことが起こるでしょうか」
重要性や自信の探索	クライエントが提案したそれぞれの変化の重要性を詳しく尋ね，その変化を成し遂げるのにどれぐらい自信があるか尋ねる	「あなたが言うエクササイズの習慣の変化について考えてみましょう。その変化についてあなたはどれぐらい自信がありますか」
意思決定バランス	クライエントは行動変容についての賛否両論（良いことと良くないこと）を列挙するように求められる	「将来エクササイズ行動をする上での賛否両論を挙げてください」
計画の変更	クライエントが準備ステージに進んだら，面接者は将来行動変容しうる可能性がある行為を詳しく尋ねる	「現在のエクササイズレベルを上回るためにあなたが来月できることはどんなことですか。思いつく限り挙げてみてください」

（Markland, 2004）が動機づけ面接と自己決定理論によって採用されたプロセス間の類似点を抽出している。マークランドは，動機づけ面接はその理論の鍵概念を変えることによって動機づけや行動を変えているのではないかと示唆している。動機づけ面接は自己決定感を醸成し，行動を変化しようとする個人の自律性を支

援する対人環境を作り出すとも示唆している。このことは，手段（例：有能さに関連するような正のフィードバックを与えること）をとおして自律性を支援することによって，個人に関連する目標や行動－結果間の明白な随伴性の呈示のような同一視的調整をとおして内発的動機づけを高める適切な構造を用意することによって，そして目標や行為の課程，変化の計画を決定する過程での個人の関与によって行なわれている。マークランドはこれらの類似点を図3.3にまとめている。

さらなる類似点は自己決定理論と動機づけ面接の指導原則や方略メニューにある項目との中から抽出される。この類似点は，特に個人の機能や自律性の存在にとって重要な行動レパートリーの中で外的な調整行動の内在化を促進しうるとデシら（Deci et al., 1994）が提出したフィードバックの種類から生まれている。これらの種類のフィードバックは明確な根拠の用意や葛藤の自認，情報フィードバックの用意である。動機づけ面接の核となる原則の中で，矛盾を広げていくことは個人の行動（例：エクササイズすること）と個人に関連する目標（例：減量すること）との関係を自分に方向づけする情報フィードバックを提供することになる。方略のメニューの中で，「良いことと悪いこと」について詳しく述べたり価値のある項目について詳しく述べることで，その行動を行なう自分に向けられた根拠を提供することになる。最後に，個人に関連する目標を設定することによって同一視的調整に向けられた行動の因果の所在を変える価値観に焦点を当てることになる。なぜならば，行動は特定の価値と関連があるからである。さらに，共感を表出することは葛藤の自認と類似している。なぜなら，面接者は被面接者がしたくない行動の側面とアンビバレンスになる葛藤の側面の理解を提供するからである。つまり，動機づけ面接はエクササイズ行動を変えるのに効果的な方略であり，続けて提供すれば，動機づけ面接は持続する行動変化の原因となる自己決定理論の構成概念を変えるかも知れない。

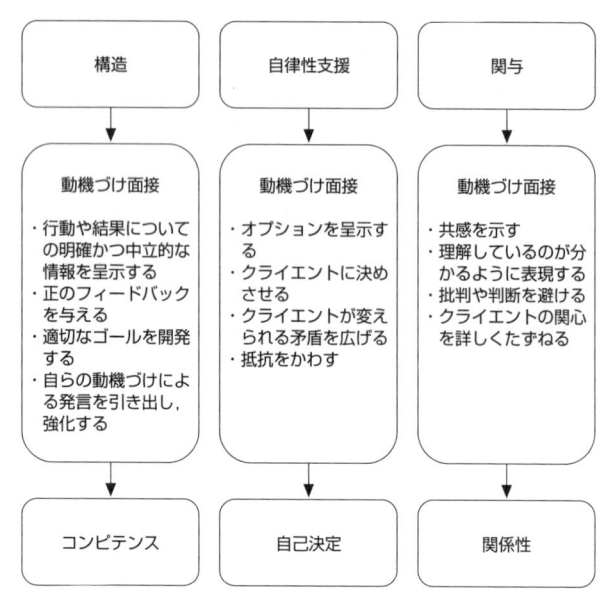

```
┌─────────────┐    ┌─────────────┐    ┌─────────────┐
│   構造      │    │  自律性支援  │    │    関与     │
└──────┬──────┘    └──────┬──────┘    └──────┬──────┘
       │                   │                   │
┌──────┴──────┐    ┌──────┴──────┐    ┌──────┴──────┐
│ 動機づけ面接 │    │ 動機づけ面接 │    │ 動機づけ面接 │
│・行動や結果に│    │・オプションを│    │・共感を示す  │
│ ついての明確 │    │ 呈示する    │    │・理解している│
│ かつ中立的な │    │・クライエント│    │ のが分かるよ │
│ 情報を呈示す │    │ に決めさせる │    │ うに表現する │
│ る          │    │・クライエント│    │・批判や判断を│
│・正のフィード│    │ が変えられる │    │ 避ける      │
│ バックを与え │    │ 矛盾を広げる │    │・クライエント│
│ る          │    │・抵抗をかわす│    │ の関心を詳し │
│・適切なゴール│    │             │    │ くたずねる  │
│ を開発する  │    │             │    │             │
│・自らの動機づ│    │             │    │             │
│ けによる発言 │    │             │    │             │
│ を引き出し, │    │             │    │             │
│ 強化する    │    │             │    │             │
└──────┬──────┘    └──────┬──────┘    └──────┬──────┘
       │                   │                   │
┌──────┴──────┐    ┌──────┴──────┐    ┌──────┴──────┐
│ コンピテンス │    │   自己決定   │    │   関係性    │
└─────────────┘    └─────────────┘    └─────────────┘
```

図3.3 自己決定理論と動機づけ面接の中心的原則から抽出された心理的欲求と動機づけスタイルの関係(Markland, 2004)

推薦文献

Deci, E.L. and Ryan, R.M. (2002) *Handbook of Self-Determination Research*. Rochester, NY: University of Rochester Press. 自己決定理論に関する最も広範な読み物で,この領域で影響力をもった研究者の多くの貢献について書かれている。

Gollwitzer, P.M. (1999) Implementation intentions: Strong effects of simple plans. *American Psychologists*. **54**, 493-503. ゴルウィッツァーの,実行意図に関する研究の分かりやすいレビュー。

Hagger, M.S., Chatzisarantis, N., Culverhouse, T. and Biddle, S.J.H. (2003) The processes by which perceived autonomy support in physical education promotes leisure-time physical activity intentions and behavior: A trans-contextual model. *Journal of Educational Psychology*, **95**, 784-795. 自己決定理論と計画的行動理論に関する私たちの研究に関するレビューと,横断文脈モデルの紹介。

まとめ

- 意図に関する社会的認知理論では、いかにして運動への意図が形成されるかについて説明しているが、いかにして運動意図が行動に変わるのかに関する説明が不適切である。
- 意図に関するいくつかの属性（それらは運動意図と行動との関係性を拡張するであろうものだが）は、意図の安定性、尺度の対応性、意図の形成、自己スキーマと意思的な意図と強制的な意図を含むものと確認されている。
- 実行意図の形成とは、行為者がエクササイズをいつ、どこで、どのように行なおうとしているかについて詳細に述べることであり、意図−行動の関係性を強めるということが示されている。このことはつまり、そういった手がかりに関する発言が意図と行動間の結びつきを拡張するのに役立ち、運動する人がその意図を実行することの忘却しやすさを減少させるのに役立つからである。
- 自己決定理論は、心理的な欲求充足にもとづく動機づけに関する理論である。この理論には2つの影響力のある下位理論がある。認知的評価理論と有機的統合理論である。
- 認知的評価理論は文脈が運動する人による影響を受けた動機づけの質に影響を及ぼすと仮定している。動機づけの質は因果の所在の知覚、つまり内発的なものから外発的なものまでの動機づけに関する異なる形での継続によって特徴づけられているが、情報の文脈は内発的動機づけ（運動が選択、喜び、興味をとおして実行される感覚）を拡張する傾向にある。
- 有機的統合理論はいかにして内発的動機づけが発達し、いかに外発的に動機づけられた行動が内面化し、あるいは統合し、因果の所在をもった自己から動機づけの内発的な形成に近づくまでに広まるとみなされるようになるのか説明している。
- 自律性支援の知覚は、例えば偶然ではない正のフィードバックのような教師やインストラクターの鍵となる自律性支援行動をとおして内発的動機づけを拡張する手段である。
- 動機づけ面接は、エクササイズ行動を変えるクライエント中心のカウンセリングのアプローチをすることであり、共感を表現することや自己効力感を支援すること、抵抗をかわすこと、矛盾を引き出すことなどの原則を採用する、被面接者の変化レディネスを変える方略に関するメニューである。このアプ

ローチと平行する事柄が自己決定理論から引き出されている。それは自律性を支援し、エクササイズ行動における自己決定された変化に関して、適切な構造を与え、そしてクライエントを変化の過程へと関与させるものである。

注

[1] 本章は認知的評価理論と有機的統合理論に焦点を当てているので、これらの理論は身体活動の文脈の中で行動を説明することに最も頻繁に適用されている。

[2] 認知的評価理論では内発的動機づけに関する外的な出来事への影響を説明する、因果の所在の知覚という構成概念を用いている。認知的評価理論によって概念化された因果の所在の知覚と有機的統合理論の違いは、有機的統合理論が因果の所在の知覚が4次元（外的調整、取り入れ的調整、同一視的調整、内発的動機づけ）で構成されると考えていることである。一方、認知的評価理論は因果の所在の知覚を2次元（外的と内的）で構成されると考えている。

第4章
エクササイズと身体的自己

Exercise and the physical self

　自己は社会心理学，教育心理学，パーソナリティ心理学において最も広範に研究され，かつ関心を集めている概念の1つである。オイザーマンによれば，「自己概念および自己アイデンティティは『私は誰か？』『私はどこに所属しているのか？』そして『私はどのくらい適応しているのか？』といった基本的な問いに対する答えを提供する」(Oyserman, 2004)。それゆえに，自己は個人の意思決定，動機付け，および行動に関与する要因として非常に重要であるとみなされている。そしてまた，私たちの行動選択にも内発的に関連している。例えば，私たちが実行すると決めた行動や私たちがある集団の仲間に入ることを選ぶことである (Deci & Ryan, 2000)。結果として，自己は意思作用の不可欠な部分である。このことは，例えば自己効力感理論 (Bandura, 1997) や自己決定理論 (Deci & Ryan, 1985) を例に考えると，人間行動やその動機付けの変動を説明することを目指す多くの理論において，自己が重要な要素であることは驚くに値しない。こうした理論は自己に関連する社会認知的変数が，自己制御的行動にとって不可欠であるということを示唆している。研究者たちは個人的アイデンティティと社会的アイデンティティを同定してきたが，これらは人間行動の，特に私的および公的な領域に強力な影響を及ぼす。確かに，**社会的アイデンティティ理論**のような**グループダイナミックス**や集団間行動の説明を目指す理論では，自己や自尊心を最も重要なものとみなしている。このことは，私たちが自分自身を自分の所属する集団にも結びついているとみなすことの理由となっている。自己カテゴリー化理論は社会的アイデンティティ理論の下位理論であるが，これは人々が内集団一貫性を保持しようと動機づけられていること，および自己が脅かされた時に外集団成員に対する寛容さや好意性が低くなることを示唆している。ここでは，態度のような自己の側面が，社会心理学において不可欠かつ重要な構成概念であると指摘するにとどめておこう。

同様に，自己の概念はエクササイズやスポーツの文脈における動機付けや行動の理論においても不可欠な構成概念である。ダイエットすることに加えて，エクササイズは侵襲的外科手術よりも役に立つ唯一の手段である。特に体脂肪や筋肉の状態から自らの身体的外見を修正したい個人にとってはそうである。身体的外見は自己の重要な側面であり，自己知覚を規定する重要な役割をもつ。結果として，身体的外見と関連づけられる自己の側面は，エクササイズ行動の実行に関連する意思決定プロセスに関与する傾向がみられる。さらに，自尊心はエクササイズ行動の重要な心理学的所産であるかもしれない。私たちは既に，定期的なエクササイズへの参加が多数の心理学的変数の規定因であることを示してきた。それは例えば，ポジティブな感情やウェルビーイングといったものである。自尊心あるいはポジティブな自己尊重もまた，定期的なエクササイズへの参加によって影響を受ける傾向がある。特にその参加が個人的目標やポジティブ感情の獲得といったポジティブな結果の達成を伴う場合がそうである。自尊心は，エクササイズ行動がポジティブな結果を規定するプロセスの一部であるかもしれない。例えば，心理学的ウェルビーイングは，ポジティブな自己尊重の高進をもたらすエクササイズ行動から生み出されるかもしれない。その場合，自尊心はエクササイズ行動が心理学的ウェルビーイングに及ぼす影響を媒介するであろう。本章の目的は，身体的自己がエクササイズ行動に関する社会心理学的な説明に対して行なってきた貢献をレビューし，評価することにある。ここで扱う範囲は，摂食障害やエクササイズ嗜癖のような自己やエクササイズに関連する行動現象だけでなく，身体分野における自尊心の理論的構造や効果にも及ぶであろう。

1　自尊心の定義

自尊心とは何か？

　社会心理学の文献を精読すると，自己関連の専門用語は多種多様なものが無数にあり，時どき一貫性に乏しいということが明らかになるであろう。専門用語の多様性は同一または類似の構成概念について言及していることを伝えるものであると同時に，それらが互換可能なものとして用いられがちであることも伝えている。自尊心，自己価値，自己概念，自己記述，自己尊重，自己知覚，そして自己イメージといった語もその例にもれない。これら全ての専門用語は一斉に用いられることもあるが，自尊心という構成概念について言及する場合にも用いられてきた。初期の研究者たちは自己概念という専門用語を採用し，その構成概念を

「私の髪の毛は茶色です」とか「私はアスリートです」といった自己に関する陳述のことと定義した（Rosenberg, 1979）。しかしながら，最近の理論では，前に挙げたような純粋に記述的な陳述と，自己に関するより評価的な陳述，例えば「私はイタリア料理が好きです」とか「私はテニスが上手です」といった陳述とを区別するようになっている（Harter, 1996）。それゆえに後者の陳述は，単に自己の属性について記述するだけでなく，個人が彼自身や彼女自身をどのように見ているかといった「価値性」に関する評価を伴って修正されるのである。しばしばこうした区別は大切に保護されており，「自己記述」という専門用語を採用する場合は，自己に関する純粋に記述的で評価的でない陳述のことを言及しているとされ，「自尊心」または「自己概念」という専門用語の場合には評価的な情報を含む陳述のことを言及するものとされている。だが，こうした区別は必ずしも常に明瞭である訳ではない。現代の理論家には自尊心についての一般的な合意が存在する。すなわち，自尊心とは個人が自分自身を尊重している程度の知覚から成り，それは記述的な内容と評価的な内容の両方を内包するというものである（Harter, 1996）。しかしながら，これは様々な自己関連の専門用語を無差別に採用したり使用したりする傾向を抑止してはおらず，自尊心の文献にはある程度の曖昧さがあることを示している。ここでは，自己に関する研究のデザイン，調査，議論の中で自尊心という専門用語を使用する場合には，採用した専門用語の意味に慎重を期し，しっかりと注意深く扱うべきであると言うにとどめておこう。よって，私たちが自尊心を操作的に定義するなら，自尊心とは自己に関連する記述的および評価的な陳述のこと，となる。

　社会心理学的な構成概念として，自尊心は魅力的な概念である。なぜなら研究者たちは，学業達成（Marsh, 1989）やエクササイズ行動（Hagger et al., 1998）等の関連する結果について，自尊心を有効な予測因として概念化してきたからである。さらに，自尊心はそれ自体が心理学的なウェルビーイングと密接な関連を有するため，重要な結果変数としても扱われてきた（Marsh, 1989）。そして，自尊心は人々が自己知覚を維持・高揚するためにコンピテンスの分野で探し求めている行動のような，動機付け的傾向を予測するかもしれない。確かに，自尊心に関する研究の中での1つの鍵となる仮定は，自尊心が個人のパーソナリティの高潔で，理想的で，かつ一般的にポジティブな要素を表象しているということである。そして，このことが示す含意によれば，自尊心の高揚は望ましく，適応的な結果であるということになる。それゆえに，自尊心は記述的かつ評価的な構成要素をもつのであり，自尊心は行動の説明を目指す社会心理学的なモデルの中で独立変数・従属変数のいずれに用いるとしても有効な変数である。さらに，自尊心は行動を予測するそうしたモデル内のメカニズムに関連づけられてきた。したが

って,自尊心は従属変数,独立変数,媒介変数,調整変数といった構成概念として様々に概念化されてきたのである (Oyserman, 2004)。

しかしながら,この時点で2つの注意点に留意しなければならない。第1に,私たちが概して,適応的で,ポジティブで,影響力のある構成概念としての自尊心に注目してきたという点である。これは真実であるかもしれないが,その一方で,自尊心レベルの高さが不適応的な結果や行動を伴いうるということを示唆するエビデンスがある (Sedikides & Gregg, 2003)。理論家たちは非随伴的な自尊心が存在することを示唆している。つまり,自己尊重の高さは明確に定義された目標や結果には依存せず,内発的な目標なしに奮闘するような自尊心は社会病理に関連づけられるかもしれないというのである (Crocker & Luhtanen, 2003)。この問題は次節の中でより詳細にみることができるだろう。第2に,今までのところ自尊心は動機付けの基礎となる多くの社会心理学的プロセスに関与していることが提唱されてきた。しかしながら,ある研究者は,自尊心が行動的および心理学的な結果変数に及ぼす効果は疑似的なものかもしれず,その効果は他の動機付けに関連する構成概念が内包する要素でもって消失するかもしれないと論じている (Miller & Downey, 1999)。さらに,もし観察された効果が自尊心と心理学的および行動的結果変数との間に示されたとしても,因果関係の方向性は推測できないので,エクササイズの文脈における自尊心の真の役割を確証するためには,洗練された縦断的研究やパネル研究デザインが不可欠であるかもしれない (Sedikides & Gregg, 2003)。

2 自尊心のモデル

自尊心研究がその初期の時には,自尊心は傾性的で統一された構成概念としてかなり尊重されていた。それはより現代的な自尊心モデルにおいて,包括的自尊心に向けられている見方よりはるかに尊重されていたのである (Rosenberg, 1979)。それゆえに,自尊心は包括的で,全てを取り囲むような構成概念とみなされており,個人によりなされた全ての自己関連陳述を含むものと考えられていた。しかし,この概念化は限定的なものである。なぜなら自尊心が包括的な概念だからであり,自尊心という構成概念はあまりにも全般的すぎ,特定行動の多量の分散を説明する予測因として提案された概念としてはかけ離れたものだからである。しかしながら,これら初期のモデルは自己研究を開拓する象徴となっており,自尊心を定義し,概念化し,定量化するための試みを開拓した象徴でもある。

自尊心という単一次元の概念化に関するもう1つの主要な批判は，自尊心の多次元的側面を説明していないというものである（Marsh & Shavelson, 1985）。それゆえに，自尊心研究者たちは，自尊心に関する包括的なまたは架け橋となるような概念を提唱している。それは個人によってなされた多数の自尊心評価から構成され，様々な行動領域や文脈の中で彼らが経験し強化されたことに基づくものである（Shavelson et al., 1976; Marsh & Shavelson, 1985）。このことは，自尊心がある単一の文脈や領域では相対的に高くなりうるが，別の文脈や領域では低くなったり，落ちたりする可能性を示唆している。これは概念的，経験的，かつ直観的な感覚でなされたものであり，個人は様々な分野においてコンピテンシーやコンピテンスの欠如を示すだろう。そして個々人の自己の感覚はそれらの領域それぞれの行動の経験および取り決めに頼るであろう。自尊心の多次元モデルは，全般的または包括的自尊心が学術的，社会的，身体的，および職業的領域における自尊心から成ることを提唱するものである（Marsh & Shavelson, 1985）。自尊心の多次元モデルの登場は重要な進歩である。というのも，そのモデルは自尊心に関する陳述が包括的または全般的自尊心に及ぼす相対的貢献度の評価を容認しているからである。さらに，そのモデルはお互いの領域に関して，領域ごとの自尊心の陳述それぞれに関する検討も容認している。つまり，領域内部の関係性についての評価である。

　シェイベルソン，ヒューブナーおよびスタントン（Shavelson et al., 1976）は，全般性の問題を説明するために多次元的自尊心モデルを採用している。その自尊心モデルは包括的自尊心を頂点として階層的に構造化されると提唱しており，包括的自尊心は領域レベルの構成概念を支配する階層構造の頂点に立つものとされている。そしてそれが，異なる文脈における自尊心を規定しているというのである。その多次元的自尊心モデルの模式図が図4.1に示されている。いわゆる自尊心の領域は，包括的自尊心から全般性という点を取り除いた第1階層にあり，それゆえにより特殊的で，持続的でなく，不安定で，外的構成概念から変化をより強いられる性質がある。しかしながら，その階層性は領域内部でさらに操作されるということが提唱されたので，領域はより下位の構成概念にさらに細分化されるだろう。そしてそれらは各文脈の中でより特殊な自尊心評価を反映している。例えば，学業的自尊心は数学，英語，科学等の下位領域の分野における自尊心評価で構成されるだろう。さらに，各下位領域の中では，さらなる下位ファセットは，理論的には，特殊性のレベルが状況レベルにおける個人のコンピテンス知覚を突き止めるまで同定される。その場合それは，絶えず変化するよう迫り，比較的に不安定で，非常に文脈依存的なものとなる。それゆえに，自尊心の階層性レベルの相違は，全般性や安定性に基づいて明確な区別をもつ。包括的自尊心は，

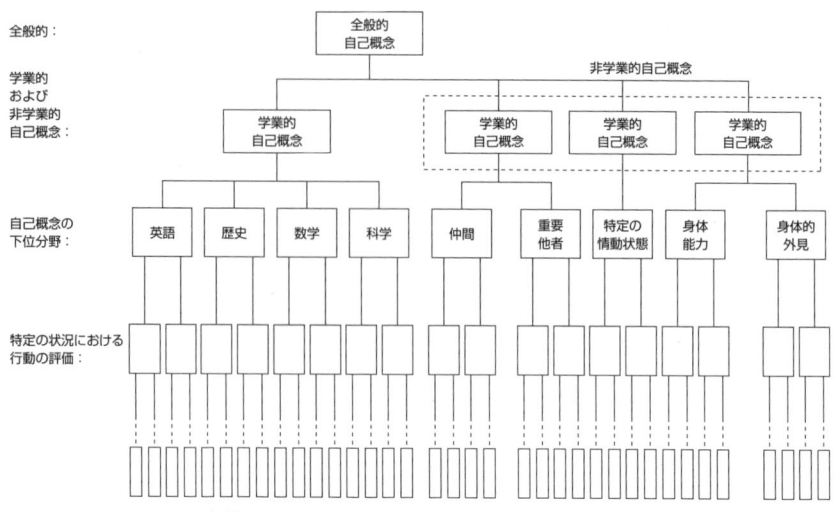

図4.1　自尊心の多次元的階層モデル（Shavelson et al., 1976, 408）

領域レベルや下位領域レベルの自己評価と比べて，比較的に安定的で持続性のあるものとみなされている。下位領域レベルやさらにその下位区分は，自己に関して状況的で，より一時的で，さらに不安定な評価を反映している。

最近20年間の自尺心の構造に関する研究は，シェイベルソンら（Shavelson et al., 1976）によって提唱された多面的かつ階層構造的な自尊心モデルをかなり支持している。このモデルは他の単一次元的アプローチ（Rosenberg, 1979）を超えたかなりの利点を有している。そのため，様々な文脈における複数の発生源や作用から自尊心が生ずると認識されている。多次元的**階層モデル**は先端研究者によって支持され，多くの領域，特に教育場面で支持を集めてきた（Marsh & Shavelson, 1985; Harter, 1988; Marsh, 1989）。マーシュとその共同研究者たちは，多くの領域を内包するような広く明言された自尊心モデルの妥当性について強力なエビデンスを提供してきた（例えば，Marsh & Shavelson, 1985; Marsh, 1989）。この研究では，当該モデルを検証するために厳密に吟味された一連の心理測定尺度の開発を導いた。それらは自己記述質問紙（SDQ）シリーズとして知られている（Marsh & O'Niell, 1984）。その最新版であるSDQ-Ⅲは13の異なる領域の自尊心を測定する。その13領域とは身体能力，身体的外見，異性関係，同性関係，親子関係，誠実性／信頼性，宗教的価値観／宗教，情動的安定性，言語／読解，数学，問題解決，全般的学力，そして全般的自尊心である。SDQシリーズは構成概念妥当性，弁別的妥当性，比較文化的妥当性が確認されている（Marsh & O'Niell, 1984; Marsh, 1990）。多次元的階層モデルは拡散的アプローチによる

研究手法をとる研究者達にも採用されてきた。彼らは学業的パフォーマンス，学業達成，心理学的ウェルビーイング（Marsh, 1990），そして知覚されたコンピテンス（Harter, 1996）といった多数の従属変数に自尊心が及ぼす効果を検討するために利用している。そうした研究は自尊心の多次元的階層モデルの予測的妥当性を強めている。さらに，拡散的研究スタイルを採る研究者たちは，自尊心の高揚が多数の心理学的プロセスの結果となりうることを示してきた。それらは例えば，コンピテンス（Harter, 1996），知覚された能力（Marsh, 1990），あるいは知覚された自律性支援（Reeve, 2002）といったプロセスである。要するに，提案された自尊心モデルは支持されてきたのであり，かつまた，自己記述質問紙の厳密な検証を通じて自尊心測定尺度が妥当かつ信頼できる得点を算出してきたのである。

　シェイベルソンら（Shavelson et al., 1976）のモデルの1つの重要な利点は，単一領域の自尊心を詳細に研究することを認める一方で，包括的自尊心に対する領域の関連性を同時に維持していることである。この目的のためにモデルを採用することは，領域関連の自尊心陳述の体系化や予測的妥当性に関する研究を可能にするが，領域レベルの自己知覚を包括的自尊心からは孤立させないのである。その代わりに，領域が包括的自尊心に及ぼす相対的な貢献度や，階層で示される領域レベルの構成概念による下位領域ファセットの仲介が明示的にモデル化されている。このことは，身体領域における自尊心の構造の検討に関して，自尊心の多次元的階層モデルを多用途で順応性の高いモデルたらしめている。いったん妥当性が保証されれば，このモデルは多数の動機的プロセス変数が，結果変数としての自尊心に及ぼす効果に関する研究を可能にするだろう。さらにまた，独立変数としての自尊心が身体領域における多数の顕著な結果変数に及ぼす効果に関して研究する余地も与えるだろう。次節では，身体領域における自尊心の多次元的階層モデルの適用を概説する。

エクササイズと身体活動における自尊心の多次元的階層モデル

　SDQは身体的自尊心を測定するが，これはマーシュとシェイベルソン（Marsh & Shavelson, 1985）によって提案された自尊心に関する精巧な多次元的階層モデルの一部をなすものである。ただ身体領域固有の下位ファセットについては検討していない。これはSDQ-Ⅲにおける全般的な学校領域または学業領域の一部として，数学や英語といった固有の下位ファセットが内包するものとの対比で同定される（例えば，Marsh & O'Niell, 1984）。結果として，身体領域の自尊心に関心をもつ研究者たちは，身体領域固有の下位ファセットの構造を研究するためにマーシュらのモデルを採用してきた（Fox & Corbin, 1989; Marsh et al.,

1994)。そしてまた，エクササイズ行動（Sonstroem et al., 1994）や健康体操（Marsh & Redmayne, 1994）などの健康関連行動に及ぼす自尊心の効果について研究する際にも用いてきた。フォックスとコービン（Fox & Corbin, 1989）はこの点について精緻化したモデルを提案した最初の研究者であり，身体的自尊心の多次元的階層モデルを紹介している。彼らはシェイベルソンら（Shavelson et al., 1976）やマーシュとシェイベルソン（Marsh & Shavelson, 1985）が提案した構造とハーター（Harter, 1988）のプロフィールアプローチを採用した。後者を採用したのは，モデルに付随する測定尺度である身体的自己知覚プロフィール（PSPP）を開発するためであった。

フォックスとコービン（Fox & Corbin, 1989）は，全般的な身体的自尊心が4つの下位領域因子に対して上位関係にあるというモデルを提唱した。その4つの下位領域因子とは，スポーツコンピテンス，体調管理，肉体的魅力，そして身体的強さのことである。シェイベルソンモデルと調和する形で，全般的な**身体的自尊心**は，下位領域と階層の頂点に位置する包括的自尊心との間の関係を媒介している（図4.2参照）。

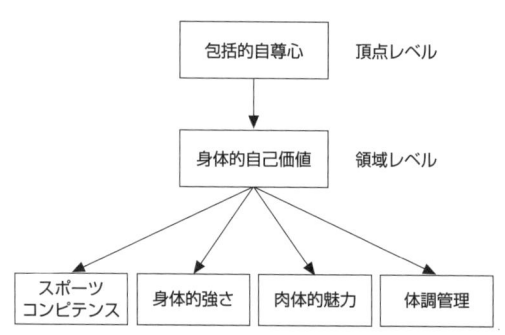

図4.2 身体的自尊心に関する多次元的階層モデル（Fox & Corbin, 1989, 14）

概念的に，包括的自尊心は最も全般的で，持続的で，安定した構成概念であり，ほとんど変化しないものと考えられている。つまり，事実上，生まれつきの特性的な概念と考えられている。下位領域はより変化しやすく，不安定で，持続的でない性質をもち，それゆえにそれら下位領域は，彼らの見解によればより状態的な概念と考えられている。このことは，階層のトップダウン効果やボトムアップ効果を提唱するシェイベルソンら（Shavelson et al., 1976）のオリジナルモデルと適合しているので，異なる下位領域の分野における状況固有のコンピテンス体験がより上位レベルの変化に影響を及ぼすことを示している。一方で，より上位レベルの自尊心は固有のエクササイズ体験を動機的に意思決定するための情報源

として利用される（Sonstroem & Morgan, 1989も参照のこと）。これらの効果に関する模式図は図4.3に示されており，これにはPSPP領域のスポーツコンピテンスや肉体的魅力の例を示している。提案されたモデルの因子構造は，確証的因子分析あるいは探索的因子分析を用いた多数の研究で支持されている（Fox & Corbin, 1989; Marsh et al., 1994; Sonstroem et al., 1994）。そして，比較文化的に不変であることが示されている（Asci et al., 1999）。それに加え，モデルの予測的妥当性が支持されており（Kowalski et al., 2001），さらにまたモデルの構成要素がエクササイズ行動の重要な結果変数であることが示されてきている（Fox, 2000）。

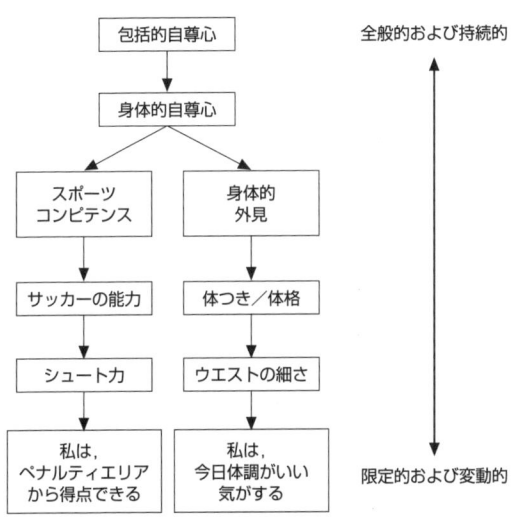

```
            包括的自尊心              全般的および持続的
                ↓                        ↑
            身体的自尊心                  │
           ↙        ↘                   │
    スポーツ        身体的                │
   コンピテンス      外見                 │
       ↓            ↓                   │
   サッカーの能力   体つき／体格          │
       ↓            ↓                   │
    シュート力   ウエストの細さ          │
       ↓            ↓                   │
    私は，        私は，                  │
   ペナルティエリア 今日体調がいい         │
   から得点できる  気がする              ↓
                                      限定的および変動的
```

図4.3　フォックスとコービンの自尊心モデルの中の2つの下位領域に関する固有の下位ファセットの例（Fox, 1990, 4）

マーシュとレドメイン（Marsh & Redmayne, 1994）はフォックスとコービンの初期のモデルを精緻化し，代替的な測定用具を厳密に吟味した上で，同様な多次元的階層アプローチを採用している。身体的自己記述質問紙（PSDQ）（Marsh & Redmayne, 1994; Marsh et al., 1994）は9つの下位尺度から構成され，その内の4つはPSPP下位領域と等質な尺度であることが示されている。PSDQの中の強さ尺度，外見尺度，コンディション／持久力尺度，そしてスポーツ尺度は，PSPPの身体的強さ尺度，肉体的魅力尺度，体調管理尺度，そしてスポーツコンピテンス尺度とそれぞれ等質である。PSDQに追加された下位領域尺度は全般的に，身体的健康状態の側面に言及する内容である。すなわち，柔軟性，健康状態，筋

肉の協働性，活動性，そして体脂肪である（図4.4を参照）。この尺度はいくつかの確証的因子分析に基づいてすぐれた因子的妥当性が示されている（Marsh & Redmayne, 1994; Marsh et al., 1994）。さらに，追加尺度の併存的および予測的妥当性が，子どもの身体的健康状態に関する客観的な測度と一緒に確証されている（Marsh & Redmayne, 1994）。マーシュら（Marsh et al., 1994）は，同様な理論モデルを採用する競合関係の尺度に関連させてPSDQに関するいくつかの併存的妥当性をも示している。その尺度とはPSPPや，，多特性多方法行列分析（MTMM）を用いたリチャーズ（Richards, 1988）による身体的自尊心尺度のことである。

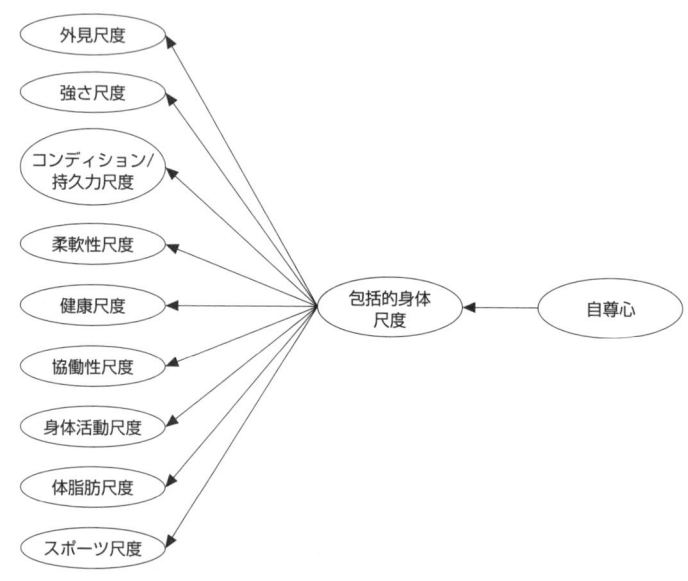

図4.4 身体的自尊心に関する多次元的階層モデル（Mardh & Redmayne, 1994）
注：Mardh et al.（1994）によるその後の改訂モデルで紹介された追加尺度を含む。

フォックスとコービン（Fox & Corbin, 1989）やマーシュとレドメイン（Marsh & Redmayne, 1994）のモデルは，因子の多次元的性質ならびに階層的編成の両方の点で満足すべき妥当性を示しているが，最近の研究ではモデルの階層的な性質に関して疑問が投げかけられている（Marsh & Yeung, 1998; Kowalski et al., 2003）。横断的研究のデータは階層的モデルの存在を支持しているが，退けられた競合関係のモデルでさえ下位領域レベルから包括的自尊心への直接効果が階層性を破壊する（Hagger et al., in press a; Sonstroem et al., 1994）としており，それが縦断的研究によって検討された時には，階層性に関して極め

て弱い支持がみられるのみである。SDQの身体的領域および学業的領域を用いて，マーシュとユン（Marsh & Yeung, 1998）は1年間の交差遅れ効果パネル研究デザインを用いて，トップダウン効果（包括的自尊心が領域レベルおよび下位領域レベルの自尊心を時間が経過しても予測できること）やボトムアップ効果（下位領域レベルの自尊心が領域レベルおよび包括的自尊心を時間が経過しても予測できること）を支持する証拠がわずかであったことを見い出している。このことは多次元性という概念を支持しているが，階層性を支持してはいない。同様な研究デザインを採用することで，コワルスキーら（Kowalski et al., 2003）はトップダウンならびにボトムアップ効果を検討し，PSPPの身体的自尊心概念を用いて1年を超える縦断的な効果を検討した結果，階層的モデルよりもむしろ，水平的モデルを支持する結果を再確認している。今後の研究の課題は，それらの効果が経過期間の変動を超えて，階層的な身体的自尊心概念に影響を及ぼしうるかどうかを検討することである。

身体的自尊心がエクササイズ行動に及ぼす効果

フォックスとコービン（Fox & Corbin 1989）およびマーシュとレドメイン（Marsh & Redmayne 1994）両方の身体的自尊心モデルは，エクササイズ行動を予測するために用いられてきた。理論的に，身体的自尊心はエクササイズ行動の先行条件として作用するであろうと考えられている。なぜならば，所与の領域におけるコンピテンスの知覚，または運動が，彼らの自己の感覚を強めるであろうことをどのくらい確信させるかが，人にそうしたコンピテンスの感覚を永続させることになるだろう。多くの研究がPSPP下位尺度は活動的な人と活動的でない人を適切に弁別できることを示しており，体調管理尺度およびスポーツコンピテンス尺度を用いると大半の分散を説明できることが示されている（Hagger et al., 1998）。PSPP下位領域と将来のエクササイズ行動との間には強力な結びつきがあることが見い出されている。例えば，マーシュとレドメイン（Marsh & Redmayne, 1994）はPSDQ下位領域の活動性尺度と自己報告されたエクササイズ行動との間に有意な相関関係を見い出しているが，自己報告されたエクササイズ行動はまた，持久性尺度，強さ尺度，柔軟性尺度，協働性尺度，スポーツ能力尺度，および全般の身体的自尊心尺度とも有意に関連している。これらの結果が明らかに示唆していることは，多数の身体的自尊心の要素が身体的エクササイズへの参加に関与するということである。しかしながら，その関係性の背後に存在するプロセスは，影響パターンを説明するような動機付けモデルなしには容易に理解できないだろう。そこで，自尊心とエクササイズ行動のプロセスモデルが次節の中で提示される（Sonstroem & Morgan, 1989; Sonstroem et al., 1994）。

3 エクササイズの文脈における自尊心の研究

子どもや若者における身体的自尊心

　最近，若者の身体的自尊心の重要性に大きな関心が寄せられているが，特に若者のエクササイズ行動の増進を推奨するガイドラインを考慮している場合にそうである（Sallis & Patrick, 1994）。フォックスとコービンの身体的自己知覚モデルは，若者においても十分な妥当性をもつことが示されており，エクササイズ行動の予測においてかなりの有用性をもつことが示されている。ホワイトヘッド（Whitehead, 1995）はフォックスとコービンの身体的自己知覚プロフィール児童版（C-PSPP）を紹介し，若者で提案された尺度構造が児童版でも妥当であることがその後の研究で支持されている（Hagger et al., in press a）。そのうえ，身体的自尊心を構成する要素はエクササイズ行動と正の関連を有することが示されている。例えば，ハガーら（Hagger et al., 1998）とラウドセップ，リブニック，そしてハヌス（Raudsepp et al., 2002）は肉体的魅力と身体的強さ，そしてスポーツコンピテンスの3つの下位尺度が子どものエクササイズ行動と正の相関を有することを示している。これらのデータは若者の身体的自尊心に関するフォックスとコービンのモデルの構造を支持するものであり，身体的自己知覚が余暇時間や体育教育の文脈における若者のエクササイズへの参加に重要な影響を及ぼすことを示すものである。身体的自尊心を構成する要素には重要な発達的変化もあるかもしれない。またおそらく，シェイベルソンら（Shavelson et al., 1976）が提唱した身体領域内部での分化や，年齢の上昇および経験の蓄積に伴う自尊心の多様性の拡大にも効果をもつかもしれない。これらの議論は次節でなされるだろう。

身体的自尊心の年齢差およびジェンダー差

　身体的自尊心における年齢およびジェンダーの効果を検討するにあたり，ホワイトヘッドとコービン（Whitehead & Corbin, 1997）はC-PSPP尺度の得点に関して，フォックスとコービン（Fox & Corbin, 1989）のモデルを用いた研究での男子の得点よりも，青年期女子の得点の方が典型的に0.5ポイント低かったことを見い出している。ハガー，ビィドゥル，そしてワン（Hagger, et al., in press a）はそれらの研究のオリジナルデータについてメタ分析を行ない，これらの差異がホワイトヘッド（Whitehead, 1995）（中央値，コーエンの$d = 0.34$）とマーシュら（Marsh et al., 1994）（中央値，コーエンの$d = 0.38$）による研究の下位領

域を越えた中程度の効果サイズに等しいことを見い出している。これらの知見は，青年期男子が青年期女子よりもかなり高い身体的自尊心の評価を示す傾向があるという説を支持している。これらの研究がもつ1つの問題点は，彼らが吟味したサンプルでは自尊心概念の多次元的階層構造を支持していないということである。マーシュとその共同研究者たち（Marsh, 1989）は，自尊心レベルに及ぼす年齢とジェンダーの主効果および交互作用効果を検討する前に，年齢集団およびジェンダー集団を越えた自尊心の構造を支持する証拠を与えている。そしてこの差異は真の差異であって，自尊心の分化度の拡大のような単なる構造的変化のアーティファクトではないことを確証するような必要条件として，この研究は引用されている（Shavelson et al., 1976; Marsh, 1989）。

　身体領域において，12歳～14歳の学齢期の子ども2949名の代表的サンプルを用いた最近の研究では，年齢集団およびジェンダー集団内においてフォックスとコービン（Fox & Corbin, 1989）のモデルの構造が支持されている（Hagger et al., in press a）。構成概念のレベルの差に関する検討は有意なジェンダー差があることを明らかにしている。具体的には，身体的自尊心の全ての下位領域および包括的自尊心において，男子は女子よりも有意に高い得点を示すことである。また，有意な年齢効果があることも示されており，8年生の子どもはC-PSPP尺度の肉体的魅力尺度，身体的強さ尺度，および全般的身体的自尊心尺度において，より高得点を取ることが示されている。要するに，研究の動向が示唆しているのは，男子および若い子どもの身体的自尊心には有意なジェンダー差および学年差が存在するということであり，PSPPの下位領域において彼らはより高得点を示す傾向があるということである。ジェンダー差は，身体領域におけるコンピテンスが生まれつき男性的なものであるとステレオタイプ的に捉えている事実によって説明されるかもしれない。一方で，年齢差は自尊心の分化（Shavelson et al., 1976）を反映しているのかもしれないが，年齢上昇に伴う自尊心へのより現実的な印象を示しているように思える（Marsh, 1990）。

エリート競技者と自尊心

　エリートおよび一流競技者は，スポーツにおける達成目標の追求を目指すという点で特殊な下位母集団の代表といえる。その競技でよい結果を得るような人々は，一般の人々よりも身体能力やスポーツコンピテンスに関して，有意により高い知覚を表わすかもしれない。マーシュら（Marsh et al., 1995）は両方のジェンダーおよび女性のみのジェンダーからなる競技者および非競技者の代表的サンプルにおいて，SDQ-Ⅲの得点を比較した。彼らは競技者がPSDQ下位領域の多くで有意により高い得点を示すという結果を見い出したが，最も顕著だったのは身

体能力に関する尺度についてであった。競技者の方が有意により高い得点を示したその他の下位領域としては、同性関係、異性関係、そして親子関係と包括的自尊心であった (Marsh et al., 1995)。こうした差異があるのだとすると、ある人は高レベルの競技への参加が身体能力得点にポジティブな効果をもたらすだろうと推測するだろう。今後の研究では、このような効果を生じさせるのに必要とされるスポーツへの参加レベルを同定すること、およびその効果が線型関係を有するかどうかを確かめることが求められる。それに加えて、将来の研究ではこうしたデモグラフィックな変数が身体能力の知覚に影響を及ぼすかどうかを検討するために、スポーツの種類を弁別することになるだろう。例えば、ある研究者は知覚された身体能力は全身の筋肉運動を伴うスポーツと、より洗練された運動神経スキルを必要とするスポーツとでは、異なるかもしれないと仮説するだろう。

エクササイズと身体的自尊心モデル

　ソンストロームとモーガン (Sonstroem & Morgan, 1989) はエクササイズ経験が身体的コンピテンスおよび自尊心に影響するプロセスを説明することを目的とした概念モデルを提唱した。ソンストロームはスポーツとエクササイズ場面における状況的なコンピテンス経験の効果は、ボトムアップの方向で包括的自尊心に影響を及ぼすと提唱した。エクササイズと自尊心に関して提案されたモデルは、状況限定的なコンピテンスまたは自己効力感 (Bandura, 1977; 1997) が身体的コンピテンスによって媒介された身体領域の自尊心に影響を及ぼすと仮説している。そのモデルの模式図は図4.5に示されている。このモデルでは、身体的コンピテンスは身体領域における自尊心と密接に関連している。しかし、包括的自尊心は心理学的ウェルビーイングの間接的な指標として作用するので、内包された構造になっている。さらに、このモデルは身体的自己受容も含んでいるが、これは自己コンピテンスとともに身体的自尊心に影響すると提案された変数である (Sonstroem & Morgan, 1989)。身体的受容の概念は、所与の領域における個人の自分自身に対する主観的な尊重を意味し、身体的コンピテンスのレベルとは関係がない。図4.5では、介入前のモデルの状態を示しており、研究で用いる構成概念間の基本的な関連性を反映している。そして、介入後のモデルの状態における方向関係は、身体領域の活動におけるコンピテンス経験後に、研究で用いた変数に及ぼす影響のパターンを反映したものである。モデルはこの点においてダイナミックであり、自尊心が結果変数として継続的に修正される様子を示している。最後に、このモデルに追加された前提は、包括的自尊心がトップダウンの方向でエクササイズ行動に影響を及ぼすというものである。包括的自尊心がエクササイズ行動に及ぼす効果は、コンピテンスと自己効力感のパスによって媒介されるほ

どのインパクトをもっている。

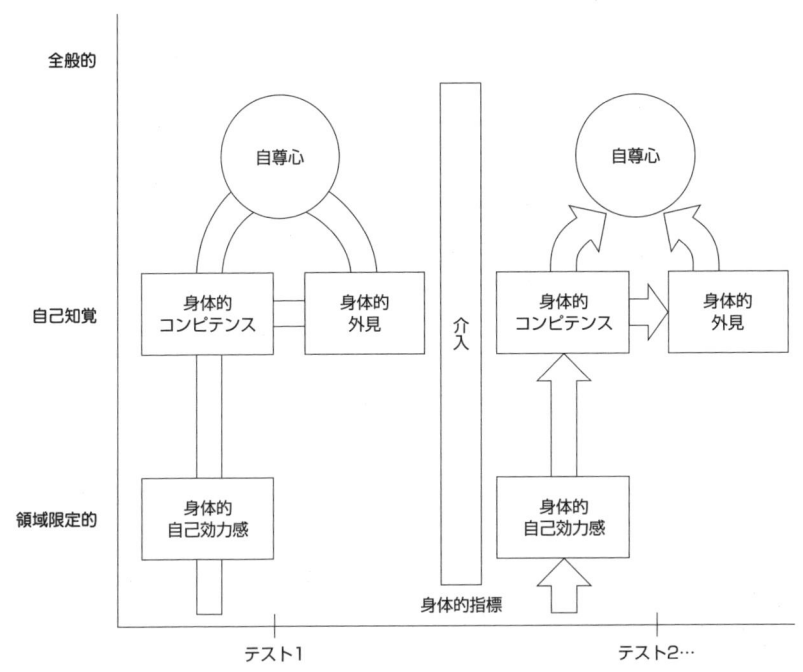

図4.5 エクササイズと自尊心に関するモデル（Sonstroem & Morgan, 1989）

このモデルは多くの研究および結果で検証され，その主要な命題は概して支持されている。ソンストロームら（Sonstroem et al., 1991）は確証的因子分析と構造方程式モデリングを用いて，提唱されたモデルを横断的データで検証することを試みている。因子分析の結果は，モデルに取り入れた指標や因子の構成概念妥当性および因子的妥当性を支持しており，有意な構造的関係が自己効力感と身体的コンピテンスとの間に見い出されている。そしてまた，身体的コンピテンスとローゼンバーグ（Rosenberg, 1979）の自尊心尺度を用いて測定された包括的自尊心の間にも有意な関係が見い出されている。予測されたように，自己効力感が自尊心に及ぼす直接的な効果はみられなかった。さらに，モデルのダイナミックな前提は競泳シーズンを通じて縦断的に検討された（Sonstroem et al., 1993）。その結果はシーズンを通じて，自尊心，知覚されたコンピテンス，およびスキルレベルの上昇を示していた。しかしながら，自己回帰パス解析の結果はスキルレベルの変化が自尊心や知覚されたコンピテンスによって引き起こされたものではないことを示していた。このモデルの追加の検証として，エクササイズ行動の

分散を説明する力があるかどうかを検討することが提唱されている。エクササイズと自尊心に関する拡張モデルは，トップダウンの方向でエクササイズ行動の予測に影響を及ぼすであろうことが期待される（Sonstroem et al., 1994）。研究の結果は，自己効力感がエクササイズ行動に関する最も基底的な予測因子であることを示しており，体調管理と肉体的魅力の下位領域において，身体的自尊心がエクササイズ行動に及ぼす効果を媒介している。

身体的自尊心の比較文化的な発達

　身体的自尊心に関して行なわれた多くの研究は西ヨーロッパの文脈で始められたが，そこは個人主義の程度が高くて集団主義の程度が中程度か低い文化的志向性をもっている。集団主義者の文化的規範が優勢な文化では，個人は自分自身を社会の他の成員と相互依存している存在とみなす傾向があるが，個人主義者の文化的規範が優勢な文化では，個人は他者と独立した存在であると考える傾向がみられる（Triandis, 1995）。このことは特に自尊心研究で問題となることであり，人々の自尊心が自己を私的なものとみるか，それとも集合的なものとみるかの違いによって構造化されるかもしれないということを示唆する知見がある（Trafimow et al., 1991）。さらにまた，自尊心は主に個人主義者の現象であると論じている研究者たちもみられる。つまり，自己について集団主義者的な観念をもつ文化には関連していないかもしれないという訳である（Triandis, 1995を参照のこと）。

　それゆえに，研究者たちは身体的自尊心の概念の比較文化的妥当性を検討し続けてきた。特に集団主義的な文化的規範が概して強く支持されているような国において検討されてきた。いくつかの研究では異なる文化の別個のサンプルで，身体的自己知覚に関する多次元的階層モデルが繰り返し確認されている（例えば，Asci et al., 1999）が，真の比較文化的な評価をするには少なくとも3つの文化間で比較すべきである（Marsh et al., 2002）という。マーシュとその共同研究者たち（Marsh et al., 2002），およびハガー,リンドウォール,アッシ（Hagger et al., 2004）は，身体的自尊心の多次元的階層モデルに関してこの分野の文献で最も普及している2つの測定用具の比較文化的妥当性を検討してきた。その2つの測定用具とはそれぞれ，PSDQとPSPPのことを指している。マーシュら（Marsh et al., 2002）は2つの異なるヨーロッパ文化圏でPSDQの因子構造の妥当性を検討した。それらはオーストラリアとスペイン,そして中東文化圏に属するトルコである。その結果は，文化間で因子構造が不変であるということを示していた。つまり，因子数と因子内容および質問項目の構成が変わらなかったのである。この結果は,これらの文化圏におけるモデルの一般化可能性を支持する証拠といえる。

さらに，ハガーら（Hagger et al., 2004）による最近の研究では，北ヨーロッパ（スウェーデン），中東（トルコ），西ヨーロッパ（英国）という文化の多様な3ヶ国間で，因子構造とPSPPレベルの平均値差を検討している。その結果は，3つ全ての文化において因子構造が再認され，一般化可能性を支持していた。しかし，より重要なことはPSPP尺度は英国サンプルではより高く評定される傾向がみられたということである。比較文化的研究では，フォックスとコービン（Fox & Corbin, 1989）による子どもの身体的自尊心に関するモデルの比較文化的妥当性も検討されており，その結果は成人を対象とした研究知見（Raudsepp et al., 2002; Hagger et al., 2003; Hagger et al., in press a）を裏付けるものであった。さらにまた，個人主義者的な文化の方が集団主義者的な文化よりも身体的自己を肯定するという仮説を支持していた。

4　エクササイズとスポーツにおける摂食障害の問題とエクササイズ依存

　定期的なエクササイズは，特に健康的な体重管理に関してポジティブな健康上の利益をもたらすが，体重をコントロールするために定期的なエクササイズに参加する人は心理学的障害に対して脆弱であるかもしれない。それは強迫的なダイエットとエクササイズパターンとして顕在化する。これらの障害には神経性無食欲症や神経性過食症がある。さらに，過剰で強迫的なエクササイズへの参加に関連する障害はエクササイズ実践者の中にも生じるかもしれない。ダイエットとエクササイズが，個人が自らの体重とボディイメージを修正するために利用できる主要な手段だと仮定すると，ダイエット行動と活動関連障害が生じると論じる人たちがいることは驚くに値しない。エクササイズ実践者においてそれらは時に併発して起こり，同様な病因をもつのである。そのうえ，傷ついたボディイメージや身体的自尊心はそうした状態が生じるリスク因子になるかもしれないことを示唆するエビデンスが存在する。本節ではこうした状態を定義し，その普及の様子を概説する。そしてその原因を同定し，こうした事態を改善する可能性がある介入法を提案する。

摂食障害とエクササイズ

　神経性無食欲症および神経性過食症は，『精神障害の診断と統計のためのマニュアル（DSM-Ⅳ）』（American Psychiatric Association, 1994）によって分類される心理学的障害であり，競技者と非競技者の母集団では比較的少数の人々に起

きると考えられている。摂食障害に罹患している人々の大多数は女性であり、精神障害に罹患している人々の中で男性の占める割合は5〜15％と推計されている（Andersen, 1995）。神経性無食欲症は米国の人口では0.50〜1.50％の比率で発症し（American Psychiatric Association Work Group on Eating Disorders, 2000）、ヨーロッパ諸国では0.00〜0.90％の発症率である（Institute of Psychiatry, 2004）。DSM-Ⅳにおける神経性無食欲症の臨床的定義は、体重の維持を拒絶するあるいは維持できないということに言及している。ここでいう体重とは、ある人の身長に対して期待される体重の85％以内ということを指す（American Psychiatric Association, 1994）。若者の場合、神経性無食欲症は成長期に期待される体重の増加がみられないものと考えられており、特に体操選手のような競技上のリスクを抱えるグループに関連するものと考えられている。また、たとえ明らかに体重不足であるような時でも、体脂肪がつくことや体重が増加することに強い恐怖を抱くこととしても特徴づけられており、知覚されたボディイメージに関する極端な歪曲と身体的自尊心の低さもその特徴をなしている。神経性無食欲症は異常な食習慣を発現させるが、それらは例えば、食事を拒否すること、ごく少量の食事しか摂らないこと、さらにはレストランのような食事が中心となる社会的状況を回避するような事態を現す。神経性無食欲症の人々は自分の体重を繰り返し確認するであろうし、自らの体重やその性質をコントロールするための他の行動に従事するだろう。それらは例えば、高負荷のエクササイズや強迫的なエクササイズ、あるいは食物を吐いたり、下剤や浣腸や利尿剤の乱用という手段を使って体内を浄化しようとする。神経性無食欲症に罹患している少女はしばしば、初潮の開始時期が遅れるということを経験するが、これはしばしば若い体操選手にみられるケースである。

神経性過食症は米国の人口では1.10〜4.20％の比率で発症し（American Psychiatric Association Work Group on Eating Disorders, 2000）、ヨーロッパ諸国の母集団では0.00〜3.90％の発症率である（Institute of Psychiatry, 2004）。DSM-Ⅳにおいて神経性過食症は、個人が過剰な量の食物を短時間の内に、制御不能な感覚を伴いながら消費する状態であり、その後に体重増を防ぐための補償的な行動が続くと定義されている。その補償的な行動とは、体内の浄化（食物を吐くこと）、下剤や利尿剤、浣腸の誤用、過剰なエクササイズ、そして絶食である。この過食－除去のサイクルの頻度は、臨床的診断基準に従えば少なくとも3ヶ月間の内に週2回のペースでみられなければならない。ある神経性過食症の人たちは食物を吐く行為を起こさないが、それ以外の補償行動が取り入れられている。それは食物を吐かないタイプの補償行動として知られている。神経性無食欲症と同様に、ボディイメージが歪曲される傾向があり、体の輪郭と体重に主な関

心が集められている。しばしば神経性無食欲症と神経性過食症は同時に起こる傾向があり，神経性無食欲症の50％近い人たちが神経性過食症の人たちと類似した過食－除去のサイクルを現す傾向がみられる（National Institute of Mental Health, 1993）。診断基準の観点から見ると，神経性過食症は，臨床的に定義される低体重のような神経性無食欲症が示す状態像をもたない。

一般母集団におけるこうした摂食障害の発症は相対的に少ないが，メディアに描かれるそれらの状態像は例外的に高く，このことは肉体の描写，特に雑誌やテレビ，映画，他のメディアにおける広告の中で，女性の肉体に施された描写との結びつきに帰属されている（Kalodner & DeLucia-Waack, 2003）。これに対する1つの理由は，摂食障害の開始年齢の平均が16歳と18歳の間で例外的に若くなっているのかもしれないということである。皮肉なことに，メディアに描かれているそれらの描写が摂食障害の病に倒れる人々が増加する傾向を強めている。それはメディアや広告におけるファッションモデルが，広く普及した浮浪者的イメージを永続させるような行動をとるからである。一方で，これらの摂食障害は複雑な病因をもっており，それらの発現は多数のリスク要因が普及した結果かもしれない。かつまた，スポーツとエクササイズに特有の要因が競技者とエクササイズ実践者における摂食障害の発現をもたらすのかもしれない。

神経性無食欲症および神経性過食症の潜在的な健康リスクは重大な問題であり，大量死を引き起こす可能性を有する。神経性無食欲症においては，健康リスクは重篤な栄養失調と一致している。それらは例えば極端な筋肉損耗であり，骨格筋だけでなく循環器の筋肉や心臓筋肉の損耗を伴う。また女性の無月経，貧血症，骨関節炎の状態を引き起こす骨中ミネラルの損失などもみられる（Becker et al., 1999）。神経性無食欲症の身体的徴候は，過度の体重低下や骨格筋損耗，毛髪の喪失，疲労，および低エネルギーである。心理学的には，摂食障害は抑うつ気分や抑うつを引き起こしうる。神経性無食欲症の人々における大量死と，より少数事例でみられる神経性過食症の人々の大量死は，しばしば心停止または電解質不均衡のような状態を併発することによるものである。競技者においては，骨中ミネラルが欠乏した場合，骨折の危険性が高まるだけでなく，疲労や使いすぎによる傷害によって負傷する危険性が高まる（Yates, 1999; Golden, 2002）。さらに，体脂肪の少ない女性競技者は無月経の期間が一時的に止まる傾向があり，そのことが摂食障害に由来する無月経の検出を難しいものにしている（Golden, 2002）。

生物学的，人口統計学的,文化的,そして社会心理学的といった多数の要因が，摂食障害の発現に寄与するものとして同定されてきた。研究結果は，摂食障害の発現が遺伝的な要素をもつかもしれないことを示唆しており,遺伝的特性と環境的状況の複雑な組み合わせが摂食障害の発現を引き起こすかもしれないとしてい

る（Walters & Kendler, 1995）。以前に紹介したように,そうした環境的要因には,西洋世界のメディアイメージの中で観察される「細いことはよきこと」という文化があるかもしれない。成熟国家におけるメディアアクセスの増大にみられるような世界のグローバル化は，女性が細身を追求し浮浪者のような体つきを求める傾向を，過去1世紀の摂食障害発症者数の増加に帰属させている（Toro et al., 1994）。心理学的要因の観点では，自尊心の低さとボディイメージの悪さ（Ackard et al., 2002），特性不安の高さ（Lehoux et al., 2000），怒りと抑うつの高さ（Breaux & Moreno, 1994），社会不安レベルの高さ（Hinrichsen et al., 2003），そして強迫的／依存的性格類型（Bornstein, 2001）が，摂食障害の発現に寄与しているであろうと考えられている。

　競技者においては，摂食障害の発現を導く追加の要因があるかもしれない。摂食障害を患っている競技者は摂食障害に罹っている一般母集団の人々とは異なっている可能性を示唆するエビデンスが存在する。例えば,マディソンとルーマ（Madison & Ruma, 2003）は，競技者のエクササイズのレベルに比して，摂食障害の過酷さと精神病の間には低い相関しかみられないことを見い出している。これは心理的障害をもつ競技者のプロフィールと活動レベルがあまり関連していないということを示唆している。さらに，マーティンとハウゼンブラス（Martin & Hausenblas, 1998）は，エアロビクスのインストラクターでは摂食障害の徴候のレベルは低く，他の競技者集団よりもずっと低いことを指摘している。これはスポーツの競技的側面が競技者の摂食障害を引き起こしうる可能性を示唆している。それゆえに，エクササイズそれ自体は競技者にとって摂食障害に不可欠な側面ではないかもしれない。おそらく彼らは自らの競技のコンディション作りをするより先に，エクササイズ実践者でもあるためだろう。さらに，競技者の摂食行動の修正に焦点を当てることそれ自体は,外見とは結びつかないかもしれない。その代わり，やせた体つきの強調や，そうした体つきとパフォーマンスとの結びつきが，競技者の摂食行動および体型維持と関連する行動パターンを，時間が経っても病的なものにさせるのかもしれない。例えば,ホーリーとヒル（Halley & Hill, 2001）は，摂食障害に罹っているエリートランナーが有する自尊心と精神的健康が非常に低いこと,さらに摂食障害に罹っていないランナーと比べてやせた体つきをかなり強調することを見い出している。

　さらに，社会的要因は競技者の病的な摂食行動パターンの発現に影響する重要かつ有力な要因であるかもしれない。おそらく意図的ではないのだろうが，コーチやマネージャー,両親といった若い競技者を取り巻くそれらの人々は特に，競技者に対して彼らのパフォーマンスが外見に付随しているという印象を伝えるのかもしれない（Griffin & Harris, 1996）。あるケースでは,こうしたメッセージが

非常にあからさまに伝えられ，コーチが競技者の体重と外見に関して非常に批判的であることが知られている。このことはよくても演技者の自信の基盤となるだけで，悪ければ病的な摂食行動パターンおよびエクササイズの発現に寄与することになるだろう。かつまた，体操，フィギュアスケート，アイスダンス，そして飛び込み競技のようなスポーツは外部の審判基準があり，そのことが，競技者がもつ自身の外見を理想の演技者ステレオタイプに一致させようとする欲求に対して外的プレッシャーとなるかもしれない。さらに，自尊心の低さが競技者の摂食障害の発現におけるリスク要因を示しているのと同様に，摂食障害に罹っている非競技者の母集団では，リスク要因を抱えている集団が摂食障害の競技者と同様の低い自尊心を有する傾向があることが示されている（Yates, 1999）。これら全ての基準は競技者にとっては外的なものであり，それらが強迫的な性格特性と対になることで摂食障害の発現を引き起こすのかもしれない。

　競技者における摂食障害の治療はしばしば特別な複雑さをもっている。というのも，しばしば減量それ自体がダイエット行動を行なう唯一の理由ではないからである。そのうえ，競技者の中から摂食障害をもつ者を見つけ出すことは難しいであろう。それは競技者が摂食障害者がもつのと同様な性格特性を共有しているはずがないという前提があるからである（Thompson & Sherman, 1999）。競技者が抱えている問題についての気づきを高める1つの重要な挑戦は，彼らの練習体制を縮小させたり，あるいは完全にあきらめさせることから生じる2次的な問題を伴う（Yates, 1999）。スポーツと競技は競技者の自尊心の中心を占めているので，彼らの病的な摂食行動の関心の的であるかもしれない。彼らにそれを止めさせたり，彼らの活動が自身の健康を危うくしていると納得させるのは容易なことではない。つまり，競技者の心に矛盾を引き起こすであろう。早期発見を目的とした競技者の定期的なスクリーニングとカウンセリングは，障害の認識を高めたり抑制したりするのに有効であることが示されてきた（Golden, 2002）。いったん障害が発見されたり認識が高められれば，適用される治療法は非競技者のそれとおおよそ同じである。競技者は障害の重症度に応じて，しばしばカウンセリングや臨床医への照会を行なうが，それは特に，減量が重大な問題であるかどうかや生命に脅威を及ぼすものかどうかに関することである。特に重要なことはコーチや家族成員からのサポートがなされることである（Ryan, 1992）。さらに，潜在的な問題に対するコーチの気づきを高めるような教育プログラムがあり，彼らを教育することは競技者を誤解させるかもしれないメッセージを与えないように適切な言葉と行動を身につけさせることにつながる。そうした誤ったメッセージは，摂食障害に罹った人の言葉や行動を彼らの心理学的プロフィールと一致させることにつながるし，またそれが結果としてダイエットによる体型補正への固執

につながるのである (Ryan, 1992)。コーチに対して特に推奨されることは，もし競技者の中に摂食障害のケースが疑われる者がいた場合，専門家の助けを求めることである。そして，体つきや体重に関してコメントすることを控え，専門医を紹介し，栄養やダイエットや摂食障害に関する適切な情報を与えることである。重要なことは，コーチが摂食障害にアプローチすることに関して開かれた態度で助言を受けることであり，競技者に対して自らの体重やダイエットについての興味をこっそり打ち明けるようにし向けることではない。それはたとえ彼らがそうしたいと感じたとしてもである。

エクササイズ嗜癖，エクササイズ依存，および活動障害

　本書の最初の4章では，研究エビデンスの重点は，定期的なエクササイズが非常に大きな生理学的および心理学的効果を伴った健康上の利益をもたらす，という見方を支持していたように思える。このことは極端なエクササイズを行なう人々には明らかに当てはまらない。極端なエクササイズは外傷，不適応的な動機付けプロフィール，そしてネガティブな感情状態を引き起こす可能性がある。この節では，過剰なエクササイズに関連する問題について概説し，過剰なエクササイズへの執着が「嗜癖」とよべるかどうかについての議論を確立する。またそうした障害の臨床的基礎についての概略を述べ，そうした障害の影響や心理学的先行条件に焦点を当てて，この障害に罹った人々を治療するために提案されてきた様々な方略について紹介する。

　「エクササイズ嗜癖」という用語は，個人が問題のあるエクササイズパターンを現すことを指しており，それは極端なレベルのエクササイズでもって特徴づけられる。またこのことは，**活動障害**やエクササイズ依存（Cockerill & Riddington, 1996）といった用語の採用をほとんど捨て去っていることも意味する（Yates, 1991）。エクササイズ依存とは次のように定義される。すなわち「余暇時間に身体活動を渇望することであり，統制不可能な過剰なエクササイズを引き起こし，生理学的および心理学的徴候のいずれか，あるいは両方を現すこと」である（Hausenblas & Symons-Downs, 2002a, 90）。そうした広義の活動障害は臨床的観察や心理学的構成概念に基づくものであり，こうした障害の生物学的基盤を支持するエビデンスも支持されてきた。そしてそれらと連合する他の嗜癖は限られている（Cockerill & Riddington, 1996）。例えば，エクササイズ依存はβ-エンドルフィンのような脳内麻酔薬に対する「嗜癖」に基づいているというエビデンスがあるが，これはエクササイズ依存と決定的に結びつけられている訳ではない（Pierce et al., 1993）。その代わり，この状態はこうした過剰なエクササイズ行動パターンに影響を及ぼすものとして研究されてきたパーソナリティや心理

学的構成概念とより結びついていることが示されてきた（Cockerill & Riddington, 1996）。エクササイズ参加のレベルや程度と活動障害の存在を正確に一致させることは難しい。言い換えれば，エクササイズ依存はエクササイズの程度それ自体よりもむしろ，過剰なエクササイズパターンの経験に関連している。それゆえに，過剰なエクササイズレベルは，エクササイズ依存が生じる際の必要条件ではあるが，十分条件ではない。先に一流競技者について述べた事例がこの点を例証している。ハイレベルで競争している競技者はしばしば，活動障害の指標となるレベルの活動を示すであろう。しかし，それらの障害と結びつけられるような特徴的な心理的混乱のパターンは示さない。それゆえに，個人が経験するエクササイズのやり方と，それが自身のライフスタイルにどのくらいインパクトを与えるかということが，活動障害の指標となるのである。

　食事療法とは独立なエクササイズ依存の1次的形態と，摂食障害を伴って起こるエクササイズ依存の2次的形態とを区別している研究者もみられる（Veale, 1995）。しかしながら，研究知見は実質的にこの区別に疑問符を投げかけている。一方で，イェーツ（Yates, 1991）は摂食障害の発現が，強迫的で病的なエクササイズや身体活動のパターンの発現と，同様な病因を共有していると主張している。イェーツは男性ランナーでこれらの異常なエクササイズ行動パターンを示している一群を同定している。イェーツらは1週間に50マイル以上のトレーニングを行なう多数の男性ランナーにインタビューを行なっている。インタビューを受けたその人達の大半は，高達成者とでもいうべきランニング参加者であった。なぜなら，ランニングは彼らに達成感を与え，彼らの心理学的ウェルビーイングや情緒安定性に寄与すると感じさせるからである。彼らのようなランナーにおいては，こうしたエクササイズパターンが適応的で，全般的な心理学的機能に寄与すると考えられていた。一方で，スポーツが「自らの適応に寄与する」と考える代わりに，ランニングが自らを適応的にさせると考える人たちは，ランナーの中には少数であった。彼らは活動に縛られ，コントロールされているようにみえる。彼らのような男性は「『義務的』ランナー」とよばれる（Yates, 1991, P.26）。義務的ランナーは非常に長距離（1週間に70～80マイル）を走ることによって特徴づけられるが，最も重要なことは，彼らの行動パターンが神経性無食欲症患者や神経性過食症患者の妄想的で強迫的な行動パターンと一貫しているということである。彼らのライフスタイルは走ることを中心に営まれており，それは規律正しく，秩序立てられ，柔軟性に乏しい習慣として特徴づけられる。義務的ランナーは精密で，厳しく統制されたランニングプログラムを維持しており，しばしばダイエット，仕事，社交生活といった生活の他の一面よりもランニングを優先させる。確かに，イェーツが論じているように，ダイエットとエクササイズは「相

互に関連する身体管理の方法」である。またそれゆえに，義務的ランナー，特に女性ランナーの場合には義務的ダイエットに従っている。

　義務的エクササイズまたは強迫的エクササイズの有害な効果は無数にある。使いすぎによる外傷の危険性があるし，過剰な減量が神経性無食欲症，心理的バーンアウト，気分障害，抑うつ，摂食障害，そして心理学的ウェルビーイングの低下を引き起こす可能性がある（Hausenblas & Symons-Downs, 2002a; 2002b）。イェーツの言う義務的ランナーのような強迫的なエクササイズ実践者の集団には，自分はランニングをしている時が満ち足りていて幸福であるが，怪我をしている時や走ることができない時に自分の気持ちは落ち込み，不満を抱えていると述べる傾向がある。一方で，義務的ランナーにランニングを断念させるような怪我が生じた数ヶ月後にインタビューを行なうと，違った姿が浮かび上がってくる。彼らはよく，ランニングは「自分でも完全には理解していないような理由で没頭させられていたつまらない日課」であると述べる（Yates, 1991, P.59）。かくして，義務的ランナーはライアンとデシ（Ryan & Deci, 1989）が内在化された因果の知覚と称したことと一致する不適応的な動機づけのパターンを示すのである。そのような動機づけの志向性は，その活動が部分的には個人の行動レパートリーの中に統合されているが，それは依然として真の自己の外部に置かれたままであることを示唆している。重要なことは，こうした状態にある人はほとんど外的な理由で当該の活動に参加しており，自分が自らの日課をやり遂げることができなかった時には罪悪感や恥の感情に苦しむ傾向があるということである。それゆえに，「活動障害」をもつ人は心理学的ウェルビーイングの低下や不適応的な動機付けのパターンを表す傾向がみられるのである。かつまた，活動障害は，負傷や過剰な減量によって自身に重大な害を引き起こす可能性を有している。

　義務的ランナーは活動障害の人の典型例であり，彼らのエクササイズやダイエット行動は臨床的に強迫的な行動と定義される。イェーツ（Yates, 1991）は活動障害の人は神経性無食欲症および神経性過食症のようなものであり，薬物やアルコール依存といった「嗜癖」障害というよりもむしろ強迫性障害に近いと論じている。活動障害は表面的には「嗜癖的」であるようにみえるが，それは活動障害の人が強迫的にエクササイズに没頭し，活動への参加を適度なものにすることができないようにみえるからであろう。それがちょうど，薬物やアルコールの嗜癖者が自分で適度な薬物の常用ができないようにみえる姿と重なるのであろう（Griffiths, 1999）。そのうえ，活動障害の人はその病的な行動を通してβ-エンドルフィンレベルの上昇といった生理学的「報酬」を得ると論じる理論家もみられる。そのβ-エンドルフィンレベルは血液－脳報酬系と結びつけられる（Yates, 1991）が，β-エンドルフィンのレベルがエクササイズ依存と関連していること

を示す証拠は少ない（Pierce et al., 1993）。さらにまた，嗜癖行動あるいは妄想的行動は本質的に強迫行動とは異なるというような，活動障害の過剰な単純化もみられる。薬物嗜癖とアルコール依存は自分の行動を楽しんでおり，自らの行動の結果として幸福感にあふれた状態に達する。つまり彼らの行動は自我同調的とよばれるものであり，その治療は彼らの有害な衝動的行動を止めさせる動機付けを探すことである。嗜癖は，彼らの嗜癖を支配している自己統制の習慣を捨てることに同意できるかなのである。一方で，先に述べたように，活動障害の人はエクササイズやスポーツを楽しんではおらず，行為の楽しみが内在化されてはいないのである。しかし彼らがその行動を行なうのは，彼らがそれを行なうべきと感じるからである。彼らの強迫的行動は自らの生活や行動を自己統制したいという強い願望によって駆り立てられており，その行動が自我同調的と称されるのである。それらの行動はコントロール喪失の恐怖感，罪悪感，恥といったネガティブな感情状態によって動機づけられており，たとえ彼らがそうした行動パターンを止めたいと思ってもせざるを得ないのである。それゆえに，治療は，強迫的な彼らの行動を適度なものにすることに焦点を当て，彼らが強迫的な行動の欲求なしに自らの生活をコントロールする力があるということを示すことに向けられる。イェーツは活動障害が神経性無食欲症者および神経性過食症者がもつ強迫性を共有していると述べたが，そうした人々の強迫性は自らの行動や身体的外見に対する同様なコントロール感を獲得することにあり，そのコントロールを維持するために，ダイエット，過食，胃内容物の除去を無理矢理行なうのである。

　エクササイズ依存の人にみられる複雑な行動パターンは，複数のリスク要因や先行条件が複合した結果として発現する。そのことはこの障害の理論的説明に関連している。先に述べたように，β-エンドルフィンや交感神経系の興奮といった活動障害の生物学的基盤は支持されてはいない（Pierce et al., 1993）。また最近の研究では，状況要因とともにパーソナリティ特徴が個人を活動障害に罹りやすくさせるかもしれないということが示唆されている（Hausenblas & Giacobbi, 2004）。さらに，イェーツが論じているように，活動障害の発現に関わる病因は神経性無食欲症者および神経性過食症者と同様な状態を引き起こすとされている。このことは，病的な摂食行動パターンの測度を用いた活動障害の診断と関連していることが研究によって裏付けられている（Keski-Rahkonen, 2001）。多数のパーソナリティ要因が活動障害の発現と結びつけられてきたが，それらは例えば妄想性－強迫性傾向（Davis, 1999），外向性（Yates, 1991），特性不安（Spano, 2001），そして完全主義（Hausenblas & Symons-Downs, 2002b）である。また，神経性無食欲症者および神経性過食症者の親が，学校や職業において独立的達成や結果志向的な成功を強調することを示す結果もみられる（Yates, 1991）。そう

したプレッシャーがある中で成功できないことは，病的な摂食行動パターンの発現を引き起こしうることを示唆する研究者もみられる。例えば，神経性無食欲症者が自分自身をコントロールする力を得るべく減量という結果を「達成」したり，高達成や結果志向もまた活動障害の発現を暗示するものであるかもしれない（Yates, 1991）。さらに，体重管理や外見，エクササイズに多大な価値を置く家族や親の存在は，活動障害の発現にとってリスク要因として作用するかもしれない。最後に，悪化した自己イメージや外見的自尊心は，エクササイズ依存の発現に関連しているかもしれない（Hausenblas & Symons-Downs, 2002a）。

エクササイズ依存や活動障害を発見することは，妥当性のある質問紙法を用いるか，あるいは臨床的ガイドラインからの適切な診断的枠組みを採用することでも達せられるだろう（Ogden et al., 1997; Hausenblas & Symons-Downs, 2002b）。アダムス，ミラー，そしてクラウス（Adams, et al., 2003）は，エクササイズ依存における診断基準を提案し，それはDSM-Ⅳのような臨床的診断マニュアルで採用されている（American Psychiatric Association, 1994）。エクササイズ依存において観察されることが確認されたパターンと自己報告による徴候が提出されており，エクササイズ依存診断ツールの開発から得られたエビデンスで支持されている。一致した知見としては，次のようなエクササイズ依存に特徴的な徴候がみられるという。それらは，自分が望む効果を得るためにエクササイズをしたいという要求が強まったり，我慢できなくなること，ひきこもりの徴候，意図した以上の効果を求めたり，エクササイズしたりすること，コントロール感の喪失，活動による時間の消費，他の活動の減少，活動を目的のための手段とみるのではなく，むしろ活動そのものが目的となること，長期の負傷に直面した時でさえも運動を継続させること，である（Ogden et al., 1997; Hausenblas & Symons-Downs, 2002a; 2002b）。エクササイズ依存質問紙（EDQ）（Ogden et al., 1997）とエクササイズ依存尺度（EDS）（Hausenblas & Symons-Downs, 2002b）は臨床的障害の分類に関するDSM-Ⅳの診断基準に忠実な，心理測定的に信用できる検査目録である。また，これらの尺度は臨床群に診断された母集団でも妥当性の確認がなされている。

エクササイズ依存と活動障害に焦点を当てた介入と治療法は，心理学的および臨床的な文献から得られたものである。イェーツ（Yates, 1991）は，心理学的障害の治療に関する2つの最も有効な臨床技法の組み合わせからなる認知行動療法の利用を主張している。それらはすなわち，行動療法と認知療法のことである。行動療法は，行為に対する状況的手がかりのサイクル，およびそうした手がかりに対する条件付けられた不適応的行動反応に介入したり，壊したりすることを目的としている。この例としては，バーや公共施設で飲酒する等の社会的状況とタ

バコに火を付けるといった習慣的反応の組み合わせである。認知療法とは，不適応的な行動の基礎をなす思考パターンや信念を同定し，変容させることを目的としている。これはたいてい望まない行動反応が生起した状況に付随する思考プロセスを調べることで明らかにされ，そうした不合理な思考に代わる論理的思考を生じさせるのである。イェーツ（Yates, 1991）は，治療期間中に問題行動に取ってかわる代替活動を補充することが不適応的な行動パターンが起こる状況的手がかりに対する行動反応を修正する手段として有効であると示唆している。最初に認知行動療法を用いる治療者は，問題行動を支配している行動的手段に注目することで，非機能的な信念を明らかにし，それを修正するための代替技法を続けることができる。そしてその後に，行動変容と認知変容の両方を維持することに焦点化していくのである。

　別の介入技法には情報提供や教育プログラムといったものがあり，これらは活動障害の程度が軽い人に適した方法である。彼らの行動は，エクササイズやその生理・心理学的効果に関する誤った考えや錯誤が永続していることによるものだからである（Sundgot-Borgen, 2000）。活動障害をもつ人に対する教育セッションでは，最適な健康に焦点を当てた合理的な目標設定を続けさせるべきである。例えば，活動障害の人は長期の負傷を抱えている傾向があるので，目標設定はそうした負傷の発生を減らしうるであろう（Carnes & Sachs, 2002）。目標設定は代理の活動を伴うこともある。例えば，活動障害の人が社交生活を楽しんだり，散歩したりといった他の活動や報酬を伴う代理エクササイズをするように奨励することである。役割モデルや自助グループはこうした点で助けになるかもしれない。エクササイズ依存は比較的にまれな状態であるかもしれないが，活動障害の人がいるような自助グループで彼らの体験を討論し共有することで，エクササイズへの依存を減らす方向での変化を成功させるようなポジティブな効果が期待できるかもしれない（Carnes & Sachs, 2002）。

推薦文献

Fox, K.R.（1997）*The Physical Self*. Champaign, IL: Human Kinetics.　階層モデルに重点を置いた自尊心とエクササイズに関する研究の最近の概要。

Yates, A.B.（1991）*Compulsive Exercise and the Eating Disorders*. NewYork: Brunner/Mazel.　エクササイズと摂食障害に関する社会心理学的な側面についての，読みやすい臨床テキスト。

まとめ

- 身体的自尊心とは，身体的文脈における自己についての記述的および評価的な認知のことである。
- 身体的自尊心はしばしば，全般的または包括的自尊心を頂点とする身体的自尊心の多次元的階層モデルの文脈で検討される。このモデルは領域レベルの身体的自尊心やより限定された自尊心のファセットで構成される。そうした下位領域レベルには例えば，身体的外見，身体的強さ，スポーツコンピテンス，協働性，柔軟性，そして体調管理などがある。
- 身体的自尊心はエクササイズ行動の適度な予測要因であり，身体的自尊心は男性やエリート競技者においてより高い傾向にあることが示唆されている。
- 臨床心理学的な障害である神経性無食欲症および神経性過食症は，極めて異常な摂食行動パターンをもたらし，健康上のリスクを引き起こす。これらの障害は時どき競技者やエクササイズ実践者にも生じるが，それはメディアによるボディイメージの描かれ方，やせた体つきとパフォーマンスの結びつき，そして審判競技の判断基準等を含むリスク要因が伴う時である。
- 入院治療，認知行動療法，カウンセリングや心理療法，薬物療法といった様々な介入法が摂食障害を患う人の役に立つ。したがって，リスク要因を抱える競技者のコーチは，摂食障害が疑われる競技者を専門家の援助に委ねることが必要である。
- エクササイズと身体活動に没頭する傾向とは，コントロール感の喪失を伴う強迫的なやり方，エクササイズ耐性の上昇，ひきこもり徴候，意図したよりもさらにエクササイズを行なってしまう傾向，エクササイズ以外の活動の減少，そして外傷を負った時にも運動に固執することを指し，これらが活動障害の指標となるのである。
- 活動障害を負った人々の役に立つ介入方法とは，認知行動療法，情報提供／教育方略を含んでいる。

第2部
スポーツの社会心理学

The social psychology of sport

第5章
社会心理学とスポーツにおける動機づけ

Social psychology and motivation in sport

　動機づけは，学校や大学（例えば，Reeve, 2002），職場（例えば，Stajkovic & Luthans, 1998），スポーツ（例えば，Duda, 1993）のような達成的な状況で，人々が目標に向かって励み，そこに到達しようとする際の，複雑な過程を説明しようとする多くの理論の中核である。スポーツにおいて，動機づけは成功するための重要かつ必須な要素だと考えられていて，スポーツ行動に関する社会心理学的な研究の当初からずっと，中心的な概念である。応用社会心理学にはよくあることだが，「動機づけ」という単語の日常的な使い方は，通常，その意味内容にほとんど一致や一貫性はなく，構造化されていない。例えば，ある人が別の人を「よく動機づけられている」と評する場合，それは，観察を続けた結果，その人が多くの様々な文脈で目標志向的で一貫した行動を示した，ということを意味するだろう。逆に，ある状況においてある人が，まさにその状況で目標・結果を得るために，かなりの粘り強さをみせて，多大な努力を注いで行動することを意味する時もあるだろう。したがって，スポーツの文脈における動機づけの研究は，この概念の明確な定義から始めなければならない。

　先に挙げた例を支える前提や思考過程から，動機づけにはいくつかの興味深い特質があることは明らかであり，行動観察のような社会的文脈で得られる情報から，他にも興味深い特質があることがわかる。第1に，動機づけは社会心理学的な概念であり，そのため，社会的な文脈で作用し，行動を決定する。また，社会的認知の流れでいえば，動機づけは，行動の可能性や結果に関わる文脈情報と個人内情報の処理によって決められる。第2に，動機づけは全般的なものでもあるし文脈依存的なものでもあり，一般的でもあり特殊でもあり，安定してもいるし不安定でもある。つまり，動機づけは，状況や文脈によって，その特徴が特性的だったり状態的だったりする。第3に，動機づけは，多くの内的（例えば，欲求，動因，努力，目標）および外的（例えば，関係，報酬，社会的影響）な情報源の

影響を受ける。動機づけの正式な定義は，上述した特質をはっきり詳しく述べる必要がある。こうした定義は，スポーツという文脈における社会心理学の動機づけについて本章で紹介する，主要な理論的説明を考えるためのプロローグである。

1 動機づけの定義と動機づけ理論

　最も基本的なレベルでは，動機づけは，行為や行動を促し，活気づけ，駆り立て，その強さと方向を決める内的状態として定義される。さらに，動機づけにはまた，行為や行動の喚起度や持続性も含まれると考えられる。この定義は，空腹・渇き・性欲のような身体的な欲求を満足させようとする生物学的基盤をもつ動機と，達成や自己実現のような心理的で高次の欲求を，一緒に説明しようとするものだ。生物学的で情動を基盤とした理論は，動因低減仮説の枠組みでもって，動機づけとは有機体が生物学的要求を満足させようとする欲求から生じると考えている。この考えは，喚起と強化に関する行動主義的な原理から来ている。一方，いわゆる高次の欲求に焦点を当ててきたアプローチでは，人間は，達成したり力を示したりしたい欲求といった，内的心理的な要求をもっているとみなす傾向にある（White, 1959; Deci & Ryan, 1985）。後者は，マスロー（Maslow, 1943）が提唱するような，動機づけに対する人間性アプローチから来ている。そこでは，欲求のレパートリーは階層的に並んでいて，それらを完全に充足させる上で，生物学的な欲求充足の方が，高次の欲求よりも先にあるとされている。

　社会心理学において，動機づけ研究に対する最近のアプローチでは，目標志向的な行動を引き起こす重要な過程として情報処理・意思・明確な動機づけ概念を強調した，社会的認知の視点を採用している。意図理論（例えば，Meiland, 1970; Ajzen & Fishbein, 1980）や自己効力感理論（Bandura, 1997）は，動機づけに関する有力な**社会的認知理論**である（第2章参照）。こうした理論では，動機づけは，ある特定の目標を達成するために必要な行動の遂行，という面から理解される。スポーツや，学業・職業成績のような他の達成状況において，目標は本質的に，動機づけを高める上で機能し役立つことが多い。例えば，**帰属理論**（Heider, 1958）と**達成目標理論**（Nicholls, 1989）は，スポーツにおける動機づけと行動に対する目標志向的な社会的認知アプローチの2大理論である。ただ，動機づけに関するこうした社会的認知モデルはしばしば，動機づけの発端やその形成因を説明するのに関してあまり明示的でない，と批判される。この点で，自己決定理論（Deci & Ryan, 1985; 2000）のような心理学的欲求に基づいた理論が魅力的なのは，特定の行動をもたらす動機が生じる基盤を提示するからである。

つまり，欲求理論は，動機づけに関わる「なぜ」という問いに答えようとする。デシとライアンは次のように述べている。「認知理論は，将来の望ましい状態（結果）の認知的表象に関する分析から始まる。当然の成り行きとして，有機体にとってそうした状態が望ましいとされるそもそもの条件を考慮することは，すっかり忘れられている」(Deci & Ryan, 1985, P.228)。したがって，欲求理論は，多様な文脈での人間行動が心理学的欲求によって支えられていることを示唆することで，社会的認知アプローチを補完するものである。

要するに，動機づけとは，行動の裏にある推進力であり，その焦点（選択と方向）と誘意性（強さと持続力）でもって特徴づけられる。スポーツにおける動機づけの社会心理学的理論は，概して社会的認知の視点を採用していて，動機づけは社会的情報処理に基づくと仮定する。いくつかのモデルは欲求に基づいたアプローチを採っているが，そこでは，心理学的欲求によって，当の行為の発端や社会的認知的な先行因の形成が説明される。次節では，社会的認知アプローチと欲求に基づいたアプローチに重点を置いて，スポーツの文脈に応用される動機づけについての様々な社会心理学的理論を，批判的に評価することにしよう。

2 帰属理論

スポーツの参加者やアスリートは常に，良いパフォーマンス・悪いパフォーマンスの原因を知ろうと努力している。ある時は，正しい決定ができなかったことや期待に添えなかったことに言い訳する。ある時は，自分の成績の理由として，判断の良さ悪さよりも運の良さ悪さを引き合いに出して，成功をはにかんだり，失敗を気に止めなかったりする。運悪く失敗したことに対して，自分や他人を責める人もいる。自分は成功し続けると確信していると豪語する人もいる。このような筋書全てにおいて，アスリートは自分の成功や失敗について帰属を行なっている。彼らは，スポーツパフォーマンスや行動の結果として得た成績に対して，何らかの原因を割り当てているのである。帰属理論とは，こうした帰属の基礎となる過程の研究であり，それがその後の動機づけや行動にどう影響するかの研究である。

帰属についてのワイナー(Weiner et al., 1972)の理論は，達成状況における成功と失敗の帰属の性質・原因・結果を理解するのに焦点を当てている。彼は，帰属には内的なものと外的なものがあるというハイダー(Heider, 1958)の案を採用し，それを拡張して，達成状況において起こりうる様々な帰属の説明に使った。ワイナーは，人が成功や失敗に対して行なう帰属は，3つの両極次元によっ

て特徴づけられると仮定した。すなわち，因果の所在（内的と外的），原因の安定性（安定と不安定），帰属を行なう個人が原因を統制可能かどうか（統制可能と統制不可能），の3次元である。メカニズム的には，次のように理論化されている。ある達成的な出来事が起こった時，人は自分が成功したのか失敗したのかを評価する。そして，成功したのなら全般的にポジティブな情動反応を，失敗したのなら全般的にネガティブな情動反応を，それぞれ経験する。続いて，帰属が行なわれ，特定の遂行結果に基づいて，より特定的な感情反応（例えば，成功が能力に帰属されれば自信，失敗が運に帰属されれば絶望）を経験する。こうした帰属にのっとって，将来の行動的な取組についての成功期待が形成される。このモデルは結果的に，図5.1で示すような，達成状況における帰属の3次元分類へと発展した。

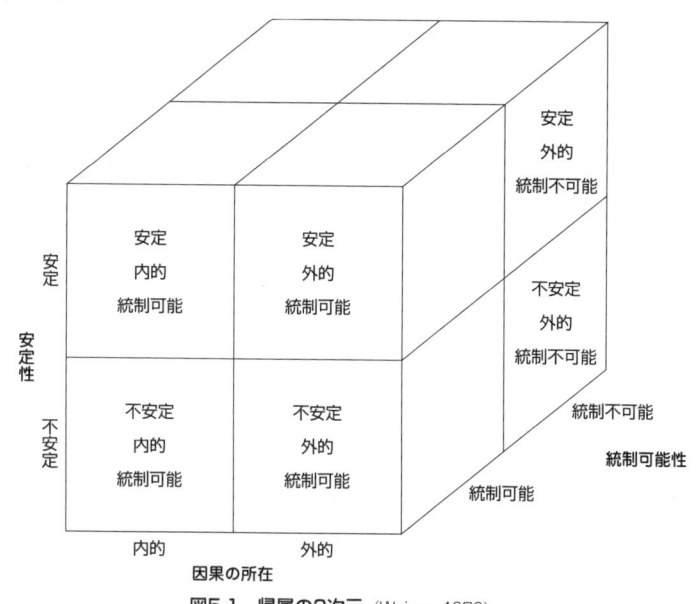

図5.1　帰属の3次元（Weiner, 1972）

ワイナーは最初，因果の所在と安定性の次元に焦点を当てて，成功や失敗の帰属は，内的で安定（能力），内的で不安定（努力），外的で安定（課題の難しさ），外的で不安定（運）のいずれかであると説明した。大半の帰属は，この2×2の概念化によって特徴づけられると仮定した（図5.1の前面を参照）。帰属や成功期待は，パフォーマンスに関して手に入る情報にしたがって変化するから，このモデルはダイナミックに変化するものとみられていた。また，帰属は，これから行動を起こすにあたっての動機づけだとか持続（接近）や中断（回避）だとかに影

響を及ぼすが，それは過去経験によって形作られた帰属タイプに左右されると予想された。動機づけや持続を高めるのに寄与する可能性の高い適応的な帰属パターンは，成功を内的要因（例えば，能力や努力）に帰属し，失敗を外的要因（例えば，課題の難しさや運）に帰属することだろう。例えば，あるアスリートがあるスポーツスキルを試した時に自分の目標を首尾良く達成したとして，それを自分自身の能力や努力に帰属したとしたら，その課題に対する自信や効力感を感じるだろうし，このことは結果的に，将来も成功するというポジティブな期待を生むだろう。同じ理屈で，もし芳しくなかったパフォーマンスの原因を外的要因に帰属すれば，そのアスリートの自信は傷つかなくて済むだろう。ただ，こうした帰属の形は，成功を内的で安定した原因（すなわち，能力）に帰属したのに，次の時に失敗してしまった場合に，問題が生じるかもしれない。この場合，失敗を同じように能力に帰属することになるが，これは不適応な帰属の形を生むことになるだろう。この点において，将来の課題遂行に対する統制可能性についてのビリーフが重要となる。能力はどちらかというと固定的で統制不可能なところがあるので，成功をより統制可能な原因（すなわち，努力）に帰属すると，その後の課題遂行の際，より適応的な動機づけをもたらすかもしれない。

　スポーツの分野では，アスリートが成功と失敗に対して行なう帰属を説明する帰属理論の有効性や，そうした帰属が将来の動機づけに影響を及ぼすのかどうかを，これまで多くの研究が検討してきた（Biddle et al., 2001; McAuley & Blissmer, 2002）。帰属理論に関する初期の研究は，ワイナー（Weiner et al., 1972）の概念化に従って，帰属の一般性や特徴を検討するものであった。こうした研究によって，帰属は，ワイナーの提唱した分類にきっちりと当てはまる訳ではないことが示され，帰属の中には成功場面と失敗場面で解釈の異なるものがあることが分かった。例えば，イソ＝オーラ（Iso-Ahola, 1977）は，少年野球選手を対象に，勝った時には努力は能力に関連づけられるが，負けた時には努力は運や課題の難しさに関連づけられることを見い出した。すなわち，成功状況では努力は内的に帰属され，失敗状況では努力は外的に帰属されるというように，子どもが行なう帰属の柔軟性を示すものであった。さらに，スポーツ参加者には別の種類の帰属があることが分かった。例えば，練習不足や訓練不足は，失敗状況における重要な外的帰属であった（Iso-Ahola, 1977）。同じように，ロバーツとパスクッチ（Roberts & Pascuzzi, 1979）は，学部のスポーツ選手がスポーツ場面で行なう帰属は，能力・努力・運・課題の難しさにちょうどよく分けられないことを見い出した。しかし，ワイナーの2×2（因果の所在×原因の安定性）の帰属分類にはちょうどよく分けることができた。こうした知見から示唆されるのは，ワイナーの次元はスポーツにおける帰属に適用できるけれど，能力・努力・運・

課題の難しさといった帰属タイプの厳密な分類は有効でない、ということだ。

　スポーツの文脈で成功と失敗の帰属を行なう際に、セルフサービングバイアスが起こるかどうかを検討した研究もある。セルフサービングバイアスは、社会心理学の多くの領域でみられるものであり、人が自分の自尊心や肯定的で一貫した自己観を能動的に維持しようとすることの現れである。帰属研究では、人は一般的に、成功は内的原因に、失敗は外的原因に帰属することが示されてきた（Weiner et al., 1972）。こうしたセルフサービングバイアスは、ムーレンとリオーダン（Mullen & Riordan, 1988）による91個の研究を対象としたメタ分析によって支持された。彼らは、内的・外的の次元や能力の次元においては中くらいの効果サイズを、努力・運・課題の難しさには低い効果サイズを抽出した。このことは、内的な帰属に対する意図的なバイアスの存在を指し示しているようにみえるが、データの大きさもバイアスの効果サイズに影響するので、最終的に彼らは、帰属の形は自己に対する意図的なバイアスというよりも情報処理の関数として決まる、と結論づけた。同じように、アスリートには、帰属スタイルとして知られるある帰属のタイプを報告する傾向が元々あることを示唆する研究も、これまでになされてきた。しかし、明確な帰属スタイルの形があることを示す証拠はほとんどないことが、今でははっきりしている（Biddle et al., 2001）。ここからも、スポーツにおける帰属にセルフサービングバイアスがあるとはっきり支持されている訳ではない。

　結果という面では、ワイナーの理論が予測する通り、帰属は結果としての動機づけや情動に結びついていることが示されてきた。ワイナーは、後々行動を起こす時の成功期待は、安定的な原因への帰属によって生まれるだろうと予想した。安定的な原因への帰属は、未来に抱く結果がそのまま再現されるだろうという期待により強い確信を与えるものであり、一方、不安定な原因への帰属は、未来に期待される結果が不確かなことを意味するだろう。高校生アスリートを対象に帰属を検討した研究は、失敗した時よりも成功した時の後で、また、安定的な原因に帰属した時に、成功に対するポジティブな期待が生じることを示した（Singer & McCaughan, 1978）。さらに、ルディシル（Rudisill, 1989）は、重心動揺検査装置を用いた平衡テストに対する成功とその持続の将来期待が、統制可能で内的な原因への帰属と高いコンピテンスによって生まれることを示した。しかし、予測に反して、不安定な原因への帰属は安定的な原因への帰属よりも影響力が強い、ということが明らかとなった。また、グローブとパーグマン（Grove & Pargman, 1986）は、能力よりもむしろ努力に帰属する方が、成功に対するポジティブな将来期待と結びついていることを見い出した。努力は安定的な要因ではないとすると、このことは、不安定だが統制可能な原因への帰属が、将来の成功

期待につながっていることを示すものである。加えて，内的な帰属は，スポーツで抱くポジティブな情動とも結びついている（Biddle et al., 2001）。帰属は，情動の認知−動機づけ−関係理論を検証するモデルの中で，認知的評価の部分を統計的に統制しても，情動的な結果のかなりの分散を説明することが，研究によって示された（Vlachopoulos et al., 1997）。こうした知見から示唆されるのは，アスリートが成功に対して統制可能で内的な原因に帰属するよう促すと，ポジティブな将来期待が生じる可能性が高い，ということだ。

ビドルは，スポーツとエクササイズにおける帰属理論の問題をまとめている。彼は，この領域の研究者の生産性が低下していることを指摘し，このことは，スポーツにおける動機づけの説明としての帰属理論への関心が衰えていることを示すものだとしている。こうなった理由として，帰属研究が非常に狭い概念に焦点を当ててきたことが挙げられるので，この領域の研究の発展には，他の動機づけ理論から特性的な概念をもち込んだ更なる研究が必要である，と彼は示唆する。特に彼が強調するのは，スポーツの動機づけモデルに主観的統制感・コンピテンス・達成目標（本章の，スポーツにおける達成目標の節を参照）に関わる概念を取り込むことが，「なぜ自分はこの課題に失敗したのか？」といったような，アスリートがスポーツをする時に自問する，帰属に関連した重要な問いに答えることになるだろう，ということだ（Biddle et al., 2001）。

3　社会的認知理論と自己効力感

自己効力感は，バンデューラ（Bandura, 1977; 1997）の有力な社会的認知理論から出てきた重要な社会心理学的概念である。自己効力感は，動機づけに関する多くの社会心理学的理論・モデルや，教育・健康・職業・スポーツといった多くの応用的な文脈において，主要な変数として浸透してきた。したがって，バンデューラの成果は，極めて強く長きにわたって影響力をもち続けている。動機づけ研究に対するバンデューラ理論の重要性を正しく測るためには，とにかく，心理学の業績リストにおける彼の順位を調べてみる必要がある。例えば，ハグブルームら（Hagbloom et al., 2002）が，20世紀中の心理学者の引用記録を調べたところ，専門的な文献で最も良く引用されている心理学者のリストと，アメリカ心理学会の著名な会員のリストの，それぞれ第5位にバンデューラはランクされた。さらに，スポーツ心理学の約30年にわたる研究で，自己効力感は，パフォーマンスや動機づけに関連する最も強力で頑健な概念の1つとして定着してきた。文字通り何百ものスポーツに関する研究が，自己効力感を，独立変数や従属変数，

あるいは過程の変数（媒介変数や調整変数）として用いてきた。こうした息の長さの主な理由は，自己効力感が行動の強力な予測因であり，また，スポーツ行動やスポーツパフォーマンスにおいて，実際の能力よりもむしろ知覚される能力の役割の重要性を明白に示しているからである。本節は，自己効力感を定義し，社会的認知理論の重要な原理の概要を説明し，自己効力感とスポーツパフォーマンスに関連する重要な効果やプロセスを検討することとする。

自己効力感の定義

　自己効力感とは，あるレベルのパフォーマンスを達成できるという自信についての，その人の個人的な評価である。バンデューラによれば，「知覚される自己効力感とは，生活を左右する出来事に影響を及ぼすパフォーマンスを期待通りに出す能力に関するビリーフとして定義される」（Bandura, 1994, 71）。このやや難解な定義を解きほぐすと，自己効力感とは，やがて行なう行動・行為のパフォーマンスに関する力量・能力について，個人が抱いている諸信念のことである。それはまた，その行動をすることは重要な結果をもたらすだろうといった，能力に関係するビリーフも含む。自己効力ビリーフは，社会的認知理論によって規定されるような，多くの様々な経験的状況的要因に左右される。自己効力感の重要な特徴は，それが状況特定的であり，ある文脈における結果に対する個人的な判断や期待を反映する，という点である。したがって，研究者によって自己効力感は「状況特定的な自信」と定義されてきた（Feltz & Chase, 1998, P.60）。実際，状況に対応した規則や限界となる条件を採り入れる他の多くの理論（例えば，Ajzen, 1985）では，自己効力感が一般的に成績や行動といった結果を予測する力を十分にもつのは，その行動に限られている。加えて，状況特定的なために，自己効力感は可変的でもある。後でみていくように，ある人の自己効力感のレベルは，自己効力感の判断をする情報源として働く，数多くの対人的外的な変数に依存している。それゆえ自己効力感は，操作や変容が可能な，状態のような概念だと考えられる。

　自己効力感は，自己制御に大きな影響を与えることがこれまでに示されてきた。自己効力感は，認知（例えば，情報の解釈），動機づけ（例えば，行動を実行しようという意図），感情（例えば，満足感），行動（例えば，運動課題の実行）に影響を与える（Biddle et al., 2001）。自己効力感は，人の達成動機や主観的なウェルビーイングの過程ともつながりがある（Weiner et al., 1972）。ある状況におけるある課題に対して高い自己効力感をもっている人は，自分のいる環境に影響を及ぼしたり，困難や失敗に会っても粘り強かったり，望む目標を達成するためにその課題に多くの努力を注ぎ込んだり，より効果的に問題を解決したり，その

課題により興味をもったり，より深くのめり込んだり，能力は変容可能だと考えたり，課題に対する奮闘から満足感を感じたり，課題から回避せずにむしろ接近しようとしたりすることができる。高い自己効力感の広範囲に渡る効果を考えれば，この概念の重要性，つまり，エクササイズ（第2章参照）とスポーツ（本章の自己決定理論と達成目標理論の節を参照）の両方において，なぜ動機づけに関する多くの理論で自己効力感が一役買っているのかは，すぐに分かる。

社会的認知理論

社会的認知理論は，バンデューラ（Bandura, 1977; 1997）の**社会的学習理論**と，不安・恐怖症・その他の行動の治療における観察学習の効果という流れの中から出てきた。社会的学習理論は，ある課題を代理的に経験し親しむことが，その行動に対するその後の接近動機や自信に及ぼす影響を検討するものである。バンデューラは，モデル，すなわち，課題が学習されるところをやって見せる人物が，行動に強力な影響をもたらすことを確信しており，このことを，強化に関する行動主義理論や観察学習を通して立証した。観察学習と代理経験の重要性は，数多くの実験で支持されてきた（Bandura, 1977を参照）。ただ，ヘビ恐怖症の人がその恐怖症を克服するといったような数々の実験の中で，最も広い範囲で効果があると思われたのは，状況特定的な自信，すなわち，「自己効力感」であった。

社会的認知理論では，自己効力感はいくつかの情報源から生じるものだと考えられるが，その情報源とは，ある行動や行為の遂行結果に影響を与えるスキルや能力に対して，その人が抱いている自信もしくは主観的なビリーフに関するものである。自信をもたらすそうした情報源とは，以前の成績達成度，代理経験，言語的説得，そして生理的な状態である。自己効力ビリーフとこうした情報源の関係を図5.2に示す。2つの大きな情報源のカテゴリーとして，過去の経験と現在の影響がある。成績達成度は，その行為や行動について以前に成功した個人的な経験を反映する。大切なことは，自己効力ビリーフに影響を与える上で重要なのは，必ずしも過去経験そのものではなく，パフォーマンスに関する統御感である。成績達成度は，社会的認知理論における自己効力ビリーフに影響を与える，一番重要な要素だとみられている（Bandura, 1977）。自信につながる他の情報源として，代理経験は，自己効力ビリーフに対してそれなりに強い影響力をもつ。社会的認知理論では，ある人がある行動を遂行するのを観察すると，その行動の正しい遂行が強化されると仮定されている。したがって，観察学習は，自信をもたらす有力な源であると想定されている。例えば，中級のアスリートは，ある上手なプロがある運動スキルを遂行するところを見れば，彼らの自信は目に見えて向上するかもしれない。というのも，そのスキルパフォーマンスが，観察という行為

によって強化されるからである。なお，モデルの特徴や，モデルの特色と観察者とのマッチングは，代理経験が効力ビリーフに与える影響力を左右する重要な要因である。

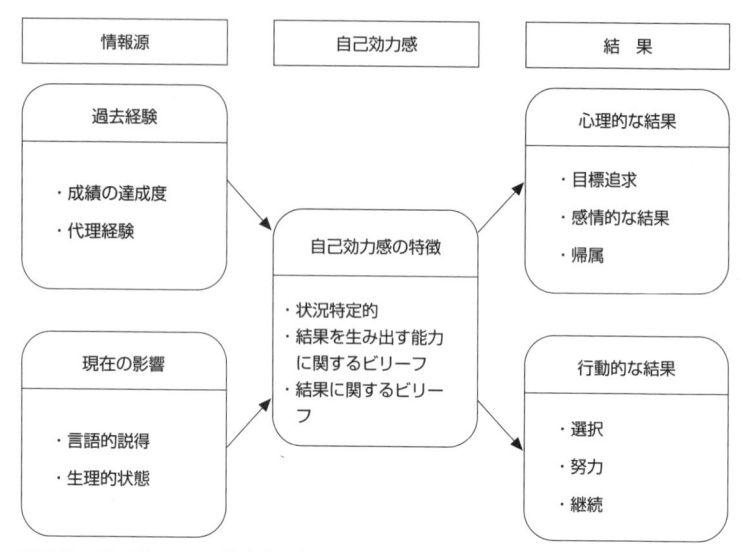

```
情報源                   自己効力感              結果

過去経験                                      心理的な結果
・成績の達成度                                  ・目標追求
・代理経験           →   自己効力感の特徴  →   ・感情的な結果
                                              ・帰属
                        ・状況特定的
                        ・結果を生み出す能力
                          に関するビリーフ          行動的な結果
現在の影響               ・結果に関するビリーフ
                                              ・選択
・言語的説得         →                    →   ・努力
・生理的状態                                    ・継続
```

図5.2　バンデューラの社会的認知理論における情報源，自己効力感，心理的行動的結果の関係（Bandura, 1977）

　また，自己効力ビリーフは，現在の行動的な背景からの情報源にも影響される。まず言語的説得とは，監督やチームの仲間，あるいは自分自身から得られる課題関連情報のことを表している。これは，ポジティブなフィードバックや技術的な助言，あるいはイメージや自己への語りかけを使ったその人中心の情報，といった形を取りうる。こうした情報源は，成功の期待を強める。次に，生理的状態，すなわち，自律神経系の覚醒，不安や心配のような達成状況における脅威と関連したネガティブな情動状態，状態的な自信のような接近動機と関連したポジティブな情動状態も，自己効力ビリーフに影響する。ここには，疲労や体調のような他の生理的状態も含まれる。スポーツでは，こうした生理的状態は自己効力ビリーフに大きな影響を及ぼす可能性が高い。なぜなら，生理的覚醒の高まりは，エクササイズをする時のストレスや，競争時の状態不安のようなスポーツを遂行する時に喚起しやすい情動状態と関連があるからである（第6章参照）。説得・代理学習・生理的状態が自己効力感に及ぼす影響は，成績達成度よりは顕著ではないと仮定されている。こうした情報源は互いに合わさって，相乗的に効力感期待に影響を与える。

ちょうど自己効力感にいくつかの規定因があるように，自己効力感は多くの重要な心理的行動的結果の予測因としても作用する（図5.2）。心理的な結果という点では，自己効力感は，目標の選択，心理的なウェルビーイングや心配，行動の原因帰属といった，社会的認知的な思考過程や感情的な結果に作用すると考えられている。人は，ある行動パターンに対する自己効力感が高いほど，挑戦的な目標を設定し，ポジティブなウェルビーイングを報告し，内的で安定的な原因に帰属する可能性が高くなる（Bandura, 1977）。心理的な結果に加えて，自己効力感はまた，ある行動の選択・努力・継続に影響を与えると仮定されている。選択とは，ある行動に対して接近あるいは回避しようと決断するかどうか，言い換えれば，行動の方向性を反映しているだろう。一方，努力と継続とは，行動に力を注ぐことへの誘意性と持続性を指している。

自己効力感と結果期待

　バンデューラ（Bandura, 1977; 1997）はまた，人間はある行動を遂行する能力についてのビリーフをもつばかりでなく，その行動がある結果をもたらすことについてのビリーフももっていると提唱した。フェルツとチェイスは，そのビリーフの性質の点から，この2つの概念を区別している（Feltz & Chase, 1998）。すなわち，「本質的には，結果期待はその人の環境についてのビリーフと関連があり，自己効力期待はその人のコンピテンスについてのビリーフと関連がある」(66)。バンデューラ（Bandura, 1977; 1997, P.511）は，両方のビリーフは相互作用して何らかの行動反応をもたらすと述べている。つまり，望む結果を生むある特定の課題や行為を実行することについて自己効力感が高く，また，その行動によって望み通りの結果が得られるだろうという期待が高いほど，行動を予測することになる。要するに，こうした行為と結果の結びつきが，接近・努力・継続といった結果をもたらす相乗効果的な過程の中には含まれているのだ。実際，達成的な文脈では，人は結果を生む行動の性質についてポジティブな結果期待を抱く，と想定されていることが多い。また，その結果はその人にとって重要であると考えられている，とも想定されている。さらに，一般的に自己効力感は結果期待よりも，行動に対して広範な効果をもつとみなされている（Feltz & Chase, 1998）。ただ，目標設定ということになると，結果や目標はその人の個人的な価値判断が必要となるので，結果期待の役割を考慮することが重要となる。

スポーツにおける自己効力感

　自己効力感と社会的認知理論は，教育心理学・健康心理学・職業心理学・スポーツとエクササイズの心理学を含む多くの応用社会心理学領域で，長期間に渡っ

て強力に研究が推し進められてきたテーマであった。自己効力感に関する研究のメタ分析は，自己効力感と職場での成績のような行動との間に，中程度の効果の大きさの有意な関連があることを示してきた（例えば，Stajkovic & Luthans, 1998）。ただ，今までのところ，スポーツの領域で，バンデューラの社会的認知理論から導かれる重要な結果変数に対して自己効力感が及ぼす影響について，メタ分析は行なわれていない。この領域で行なわれてきた研究数を考えると，これは驚くべきことである。しかしながら，スポーツにおける自己効力感の効果に関する記述的なレビューはたくさんあり，それらは社会的認知理論の重要な骨子を支持してきた（例えば，Feltz & Chase, 1998; McAuley & Blissmer, 2002）。こうしたレビューは一貫して，自己効力ビリーフがスポーツパフォーマンスに広範な影響を与えていることを認めている。例えば，フェルツとチェイスは，自己効力感の程度と実際のパフォーマンスとの間の関連性を調べた29の検定結果を含む11の研究を引用し，これらのうち25の検定結果が有意であることを明らかにした。また，レビューでは，社会的認知理論でいわれる他の重要な変数と自己効力感との関連性の傾向についても述べられてきた。例えば，成績達成度は他の先行因よりも自己効力感に及ぼす影響が大きいことだとか，自己効力感が意図や動機に及ぼす影響だとかである（Feltz & Chase, 1998）。こうしたレビューから得られるコンセンサスは，自己効力感がスポーツ心理学と動機づけの領域において重要かつ影響力のある概念である，ということである。これは，他の領域でのメタ分析でわかっている自己効力感の性質とも一致している。したがって，今後，スポーツ領域の研究者は，記述的なレビューで見い出された関係性を実証するために，スポーツ領域における自己効力感に関するメタ分析をまずは試みるべきである。

自己効力感とスポーツパフォーマンス

自己効力感がスポーツパフォーマンスに及ぼす影響を支持する実験研究や調査研究は，数多く存在する。実験研究では，自己効力ビリーフを操作する古典的な方法に，本番前の課題でのパフォーマンスに関する誤った「偽の」フィードバックを用いるというのがある。こうした実験では，参加者に「本番」前の練習と見せかけたテストで課題をさせることによって，自己効力感の高い参加者群と自己効力感の低い参加者群を作り出す。その後，参加者はフィードバックを受けるが，そのフィードバックとは，標準的な結果あるいはサクラの参加者に比べて，成績が予想以上に良かったもしくは悪かった，というものである（例えば，Weinberg et al., 1980）。そして，自己報告による自己効力ビリーフとその後の本番での課題成績がそれぞれ，実験で核になる独立変数と従属変数となる。このパ

ラダイムを使った研究の結果，自己効力感の高い参加者の方が低い参加者よりも成績が良い（Weinberg et al., 1980），それは失敗状況の時だけにみられる（Weinberg et al., 1980），それはさらに自己効力感を高める認知方略が用いられた場合に限られる（Weinberg, 1986），ということが明らかとなった。また，自己効力感の実験操作は，内的な動機づけや注意の焦点化を高めるように組まれた他の操作に比べて，優れたスポーツパフォーマンスをもたらすことも示された（Lohasz & Leith, 1997）。これらの研究は，社会的認知理論における自己効力感とスポーツパフォーマンスに関する仮説を支持するものである。

自己効力感がパフォーマンスに及ぼす影響を検討するために，いくつかの研究が横断調査や縦断調査を行なってきた。そこでは，自己効力感は客観的に測定されたパフォーマンス，例えば，バスケットボールのフリースロー（Kavussanu et al., 1998），テニスのサーブ（Theodorakis, 1995），体操（Weiss et al., 1989），長距離走（Martin & Gill, 1995）の成績や順位を予測する強力な因子であることが示されてきた。また，自己効力感とパフォーマンスの関連性に及ぼす競争の影響も検討されてきた。例えば，カーンら（Kane et al., 1996）は，自己効力感と高校生レスリング選手のパフォーマンスは，特に競争的な条件において関連がみられることを見い出した。同じように，高飛び込みの難しい規定演技といった避けたくなる課題で，自己効力感はパフォーマンスをよく予測することが示されてきた（レビューとして，Feltz & Chase, 1998参照）。これはバンデューラ（Bandura, 1977）の仮説と一貫している。つまり，恐れを抱く課題を遂行することに対する自信は，そのパフォーマンスを非常によく予測する，という仮説である。概して，これらの研究は，社会的認知理論，スポーツにおける自己効力感に関する記述的レビュー，他領域における自己効力感のメタ分析的レビューと一致した形で，自己効力感とスポーツパフォーマンスの関連性を支持するものである。

結果期待

社会的認知理論でもう1つ重要な変数は，結果期待である。バンデューラ（Bandura, 1977; 1997）はこれを，個人的なスキルや能力に関するビリーフというよりもむしろ，その行動の有効性に関するビリーフとみていた。どちらのビリーフも行動的な結果と心理的な結果に影響を及ぼすが，スポーツのような達成状況において，自己効力感はパフォーマンスとその継続により強い影響を及ぼすとされた。リーは，体操選手を対象に，これまでの成績に基づいた客観的な評価よりも，結果に関する個人的な評価の方が，重要性が高いことを支持する証拠を示した。つまり，体操選手の点数をより正確に予測するのは，以前に取った点数ではなく結果期待であることが明らかとなった。このことは，その行動についての

主観的な判断の重要性を支持するものである。興味深いことに，マーティンとジル（Martin & Gill, 1991）は，彼らのいう結果自己効力感の方が遂行自己効力感よりも，精密な運動課題のパフォーマンスに強い影響を及ぼすことを見い出した。ただ，そこでの結果自己効力感の定義は，結果期待の観点に立ったものではなく，むしろ自己効力感という変数の見方を変えただけのものであった。その他の研究によって，結果期待は，自己効力ビリーフが行動や結果にもたらす影響を調整することが示されたけれども，それはエクササイズの領域のことだけであってスポーツの領域ではまだわかっていない（Williams & Bond, 2002）。スポーツの領域では，まだまだ研究が不足しているようだ。

自己効力感の先行因

スポーツとエクササイズの研究ではこれまで，4つの主要な情報源それぞれが自己効力感に及ぼす影響について検討されてきた。すなわち，成績達成度，代理経験，言語的説得，生理的状態である（図5.2を参照）。それまでの経験は，成績達成度を代用するものとしてはやや大雑把だが，数多くの研究で自己効力感を予測することが示されてきた（例えば，George, 1994; Feltz & Chase, 1998）。代理経験については，モデルが自己効力感に対して広範な影響力をもつことが示されている（Gould & Weiss, 1981; McAuley, 1985）。自己モデリングが自己効力感に及ぼす影響についてはまだ結論が出ていないけれども，スタレックとマックラウ（Starek & McCullagh, 1999）は，自己モデルと他者モデルのいずれを使った場合でも，水泳の初心者の自己効力感には差がないことを見い出した。カナハンら（Carnahan et al., 1990）は，ベンチプレス競技の参加者は，彼らのアシスタントが視覚的手がかりや言語的手がかりを与えてくれる場合の方が，何も与えてくれない場合よりも，高い自己効力感を報告することを示した。このことは，言語的説得が自己効力感に影響を与えうることを意味している。最後に，これまで認知的な不安や身体的な不安のような生理的状態が，自己効力感の予測に関わっていることがいわれてきたけれども（例えば，Martin & Gill, 1991），いくつかの研究は，特性的な見地から不安を検討している（例えば，George, 1994; Martin & Gill, 1995）。つまり，不安は確かに自己効力感に影響するが，それは厳密には生理的状態なのではなく，脅威を感じる状況でそうした状態になりやすい傾向なのだということである。

研究は限られているが，複数の情報源が同時に自己効力感に及ぼす影響についても検討されてきた。グールドとウェイス（Gould & Weiss, 1981）は，いろいろなレベルの言語的説得（彼らはそれを「自己効力感トーク」とよんだ）を行なう類似モデルあるいは非類似モデルが，筋持久力課題のパフォーマンスに及ぼす

影響を検討した。モデルの類似性はパフォーマンスに強い影響をもっていた。つまり，自分と似ているモデルを提示された実験参加者は，似ていないモデルを提示された参加者よりも，運動課題での成績が良かった。また，ネガティブな「自己効力感トーク」や「無関係トーク」のモデルを提示された参加者よりも，ポジティブな「自己効力感トーク」の条件やトークの無い条件の参加者の方が，成績が良かった。ワイズとトゥルネル（Wise & Trunnell, 2001）は，3種類の情報，すなわち，成績達成度・モデリング・言語的メッセージが，ベンチプレスエクササイズのパフォーマンスに及ぼす影響を検討した。その結果，成績達成度が最も高い自己効力感をもたらし，その次に，モデリングと言語的メッセージが続いた。これは，フェルツとチェイス（Feltz & Chase, 1998）からも支持される。彼らは，以前の成績というのは，自律系の（生理学的な）知覚に比べて，自己効力感をよりよく予測する因子である，と報告している。どうやら，それまでの成績達成度は，アスリートが自己効力ビリーフを引き出す主要な情報源のようだ。

自己効力感と結果

　また，社会的認知理論によれば，自己効力感は，心理的結果や行動的結果に影響すると仮定されている（図5.2参照）。課題のパフォーマンスとは別に，こうした結果は大きく，目標追求・感情状態・帰属などの心理的な結果と，課題選択・努力・継続などの行動的な結果に分けられる。心理的な結果という点では，ダンカンとマコーレイ（Duncan & McAuley, 1987）が見い出したのは，バスケットボール選手がフリースロー課題を行なう際，自己効力感が課題遂行後の結果についての帰属のパターンに影響する，ということであった。しかし，ジャーニゴンとデロイ（Gernigon & Delloye, 2003）によれば，自己効力感はパフォーマンスに関わるフィードバックが原因帰属に及ぼす影響を媒介する，ということが明らかにされた。また，ある研究では，帰属は自己効力感に対する情報源となる，ということが示唆されている（Bond et al., 2001）。感情的な結果に目を移せば，ホールとカー（Hall & Kerr, 1998）やジョージ（George, 1994）は，それぞれフェンシングの選手と野球の選手を対象に，自己効力感の高さと認知的身体的不安の低さとが相関することを見い出した。行動的な結果に関していえば，スポーツ行動について課題成績の観点から予測することを，数多くの研究が支持してきた。しかし，努力について検討した研究はこれまでほとんどない。ジョージ（George, 1994）は，1シーズンを通して行なった野球の試合の縦断研究で，6試合ある期間中，自己効力ビリーフが努力と結びついていることを示した。これらの結果は，自己効力感が結果に及ぼす影響に関する仮説を支持するものである。

自己効力感，目標設定，イメージ

　スポーツでは，目標設定がしばしば，アスリートの動機づけを高める重要な手段であるとして議論に上がる。目標設定がスポーツの遂行・執着・継続に影響を与えるメカニズムの1つに，高い自己効力感を経由したものがある。これは，目標設定は課題に関する重要な情報を提供する可能性が高いこと，特に，似たような課題を過去にうまくこなしたことがある場合はそうであること，目標設定は遂行者自身が価値づけているものであること，目標設定はコンピテンスを示す可能性が高いこと，などからいえる。さらに，目標は，難易度という点で，遂行者がそれを達成できる能力に自信がもてる最適なレベルに違いない。つまり，達成不可能なほど難しい訳でもなく，あるいは，やり甲斐がないほど簡単な訳でもない。例えば，ミラーとマコーレイ（Miller & McAuley, 1987）は，適切な目標と対象を設定したトレーニングを受けたバスケットボール選手は，目標設定トレーニングを受けなかった選手と比較して，自己効力感とフリースロー成績との間の関連が強かったことを明らかにした。また，目標設定は自己効力感とパフォーマンスとの間の結びつきを媒介することが，いくつかの研究によって示されている（Theodorakis, 1995）。これらの結果が示唆するのは，自己効力感によるパフォーマンスのばらつきは，個々の目標設定の違いで説明できる，ということである。つまり，目標設定の役割には，自己効力感とパフォーマンスの関連性を決定する（調整効果）というものもあるだろうが，それにはまた，なぜ自己効力感がパフォーマンスに影響を及ぼすのかを説明する（媒介効果）というものもあるだろう。

　モデリングが自己効力感に与える有効性から，スポーツ心理学者は，イメージを用いてモデリング効果を再現し，それが自己効力感のレベルを変えるかどうかを検討する介入を行なってきた。こうした介入の多くは多次元的な方略を採用しているために，イメージの効果を介入の他の効果から分離することが難しい。こうした複合的な介入テクニックを用いた研究は，自己効力感が有意に増加することを示しているが，それらの研究は，リラクセーションやコーピングスキルといった他のテクニックをイメージと一緒に用いている（例えば，Meyers et al., 1982）。ただ，トレーニングや調整練習とは違って，アスリートは自己効力感を高める最も効果的な方略の1つとしてイメージを評価していることを，グールドら（Gould et al., 1990）は明らかにした。イメージだけを検討しているいくつかの介入研究は，ロッククライマー（Jones et al., 2002）や実験室における筋持久力課題の参加者（Feltz & Chase, 1998）において，イメージが自己効力感のレベルに対してポジティブに影響していることを示している。最近では，ショートら（Short et al., 2002）が，ゴルフのパッティング課題において，イメージの種類と

イメージの方向（促進的か熟慮的か）が自己効力感とパフォーマンスに及ぼす影響を検討した。その結果，認知的な機能というよりも動機的な機能をもっていて，促進的な方向性のあるイメージが自己効力感を高めることが示された。これは，イメージといった手段を用いて自己効力感を高めようと介入する場合，イメージの機能と解釈の両方を考慮すべきだ，ということを示唆している。

4 達成目標理論

　達成目標理論は，スポーツ場面における動機づけと行動を説明することを目的とした重要なアプローチの1つである（Duda, 2001）。達成目標に関する理論は多くの理論家によって提唱されてきたが，それらには共通の要素といくつかのちょっとした違いがある（Nicholls, 1989; Ames, 1992; Dwreck, 1992）。これらの理論に共通なところは，人は達成的な状況でコンピテンスを示すことに力を注ぐ，という仮説である。すなわち，人は，達成的な文脈で自分の能力や成功をどう捉えるかによって，コンピテンスを示そうとする行動を続けるか止めるかが決まる。そして，こうした理論では，次のようなことが示唆されている。達成的な状況では，異なる2つの動機づけの傾向もしくは達成目標の見通しがあり，それらはコンピテンスに関する情報の解釈の仕方に影響を与える，というものだ。その2つとは，①課題志向もしくは熟達志向と，②自我志向もしくはパフォーマンス志向，である。理論によれば，こうした目標の志向性は，人がある文脈における自分の能力をどう捉えるかを決めるとされている。もしその人の捉え方がより個人的で自己参照的な傾向があれば，たとえ失敗状況でも，その人は行動を続ける方に動機づけられるだろう。一方，もしその人の捉え方が規範的で他者参照的であれば，その人は行動を続けるかもしれないが，普通それは成功状況の時だけである。

　競争状況における動機づけという点で，主に課題志向的なアプローチ，つまり，高い課題志向をもつ人は，課題に関連した成功はコンピテンスを証明するものだと考えている可能性が高い。例えば，あるサッカー選手は，蹴ろうと思って蹴ったパスのうち上手くいった回数で成功を評価するかもしれないし，あるいは，あるバスケットボール選手は，前回の試合で取ったリバウンドの数で成功を評価するかもしれない。一方，主に自我志向をもつ人は，相手を負かす，勝つ，他人に比べて高いランクに位置する，といったことを通してコンピテンスを証明することで，競争状況における成功を考えるだろう。つまり，100メートル走で1等になる，ゴルフトーナメントのスコアボードでトップに立つ，ホッケーの試合で勝利チームにいる，といったものは全て，コンピテンスの自我志向的な証明の例で

ある。もちろん，重要なのは，課題志向と自我志向は直交した（独立した）概念だけれども，両方を同時に高くもつことは可能であり，したがって，コンピテンスは，自己参照的な見方と他者参照的な見方の両方から証明することができる，ということだ。

しかし，動機づけの面で，理論が非常に有力な予測をなすのは，失敗や敗北といった条件の時である。ある達成状況において，主に自我志向をもっていて課題志向の低い人は，勝利を通してコンピテンスを証明することが成功であるとしかみていない可能性が高い。この場合，負けたり失敗を経験したりすれば，コンピテンスを証明することができない訳で，そうなると，その行動を再び行なおうという動機づけを萎えさせることになる。ただ，もし課題志向的でもあれば（あるいは，単に課題志向的であって，自我志向は低ければ），その場合は，課題に関連した目標を達成することを通して，コンピテンスを証明することができるだろう。その目標とは，成功失敗にかかわらず，個人的に価値のあるものであって，自分自身にとって意味のあるものである。例えば，彼らは確かに試合には負けたかもしれないが，しかし，少なくとも彼らはよく頑張ったし，勝敗という結果とは無関係な自分自身の目標を通してコンピテンスを証明できた訳だ。こうした意味で，単独であっても自我志向を伴ったとしても，課題志向は，その後の機会に行動を継続・努力しようとする点で，動機づけとして適応的である（Goudas et al, 1994）。重要なのは，目標志向が動機づけを維持する多くの心理学的プロセスを決定していると考えられることである。例えば，課題志向ということは，その人が心の中で抱いている個人的に価値のある目標を達成しようということであり，いわゆる内発的動機づけといわれる，継続と満足と関連深い動機づけのタイプを示している可能性が高い（Butler, 1987; Ryan & Deci, 1989）。さらに，課題志向の高い人は，客観的な結果にかかわらず，自分の能力や内的な理由に成功を帰属する傾向がある。このように，達成目標理論は，自己決定理論や帰属理論それぞれにおける動機づけ概念にも影響を与えるようだ。

スポーツの領域で達成目標理論に基づいている研究は，達成目標に対するニコルス（Nicholls, 1989）のアプローチが大半であった。これは主に，妥当な測定道具に関する初期の研究と開発が，彼の理論を重点的に取り上げてきたからである。スポーツ状況における達成目標志向の測定法として，2つの道具が開発された。それは，スポーツにおける課題志向・自我志向質問紙（TEOSQ）（Duda & Nicholls, 1992）とスポーツにおける成功知覚質問紙（POSQ）（Robert et al., 1998）であり，課題志向を測る項目（例えば，「新しいスキルを学んだ時，スポーツで成功したと感じる」）や自我志向を測る項目（例えば，「他人が自分に及ばない時，スポーツで最も成功したと感じる」）が含まれている。探索的および確

認的因子分析を行なった研究は，これらの質問紙の因子構造，内的一貫性，再テスト信頼性を支持している（例えば，Duda & Nicholls, 1992; Roberts et al., 1998）。また，両尺度を比較するために，測定を一緒に行なう研究はこれまでになされていないけれども，様々な方法を通してこの2つの特性間に有意な高い相関がみられることから，これらの尺度の基準関連妥当性も確認されている（Fonseca & Balague, 1996）。両尺度はお互い，スポーツの文脈における達成目標理論に基づいた研究のほぼ全てで用いられてきた。

現在までに，達成目標の志向性と動機づけ概念との間に予測される関係性を検証したメタ分析はなされていない。ただ，この領域についての優れた記述的レビューが数多く存在する（例えば，Biddle, 1999; Ntoumanis & Biddle, 1999; Duda, 2001）。そこで示されたのは，達成目標は多くの動機関連概念を予測する，ということだ。例えば，成功の原因（Duda & Nicholls, 1992）・自己動機づけ（Biddle et al., 1996）・努力（Williams & Gill, 1995）に関するビリーフ，コンピテンスについての情報源（Williams, 1994），競争場面での状態不安（Newton & Duda, 1995），楽しみと満足（Allen, 2003），動機づけに関連する諸行動（Boyd et al., 2002）などである。概して，結果の全般的パターンから，課題志向は適応的な動機づけ概念とより強く結びついている傾向がある，ということが示唆される。例えば，CSAI-2における自信（Newton & Duda, 1995），目標到達のようなコンピテンスに関する自己参照的情報源（Williams, 1994），学習や進歩の経験（Williams, 1994），能力（Sarrazin et al., 1996）・個人的に統制可能な成功／失敗帰属（Vlachopolous & Biddle, 1997）・内発的動機づけ（Kavussanu & Roberts, 1996）・主観的統制感（Pensgaard, 1999）・自尊心（Boyd et al., 2002）・努力（Williams & Gill, 1995）・楽しみ（Allen, 2003）に関する付加的なビリーフなどである。一方，自我志向は，他者参照的で動機づけ的には不適応な結果と有意に正の相関があることが示されてきた。例えば，認知的身体的不安（Newton & Duda, 1995），道徳判断・意図・行動のようなスポーツにおける道徳機能の指標（Kavussanu & Roberts, 2001），個人的に統制不可能な成功／失敗帰属（Vlachopolous & Biddle, 1997）などである。

目標関与

スポーツとエクササイズにおける達成目標理論についての研究の多くは，気質的特性的な課題／自我志向が動機づけに関連した概念や行動に及ぼす影響について，焦点を当ててきた。こうした研究は，動機づけの点からみて適応的なアスリートの心理学的プロフィールを育成する上で，単独であろうと自我志向と一緒だろうと，課題志向の重要性を強調する傾向にあった。しかし，最近の研究は，ス

ポーツ，特に，競技スポーツにおける動機づけを適応的なものにする個人差としての課題志向に多大な焦点を当てることを疑問視するようになった（Hodge & Petlichkoff, 2000）。研究者たちは，**動機づけ雰囲気**（Seifriz et al., 1992）や達成的文脈で個人が達成目標に関与している状態（Harwood, 2002）といった，状況要因の影響を説明する必要があることは頭では分かっている。そこで，達成目標への関与のような状況的な見方とより伝統的な特性的課題志向とを区別するよう提案されてきた。その上で，目標志向へのプロフィール的なアプローチやより個人的で個性記述的な基盤に重点が置かれてきた，という訳である（Harwood, 2002）。ハーウッドは，達成目標理論を採用している研究の大半が，法則定立的な方法だとかアスリートの集団から抽出した達成目標に関する個人差データだとかに重きを置いていることを批判してきた。このやり方は，コーチングのスタイルやコーチによって選手たちにもたらされる動機づけ雰囲気といった点で，いくつかの有効な案を提供してきたことはわかるが，こうしたアプローチには限界がある。なぜなら，データの多くが相関に基づくものであり，因果的な推測には限界があるからだ。しかしもっと重要なのは，このアプローチが，状態的で時間経過によって変化しうる状況レベルでの目標関与の重要性を無視している点だ。

　ハーウッドは，特性的なデータと，関与度を考慮した課題／自我志向の指標から得られたデータを比較して，この議論を支えている。具体的には，ハーウッドは，競争に特化した達成目標志向の関与的指標を用いて，関与している目標の状態プロフィールは，TEOSQによって測定されるような特性レベルの目標志向とは著しく異なることを示した。アスリートは，自分のスポーツに対して普段もっている特性的な自我志向のレベルよりも，競技の際の関与的自我志向のレベルは高く報告する傾向があった。結果が示しているのは，特性的な指標に対する過剰な信頼であり，個人レベルでの心理的概念を考慮に入れることの重要さだ。こうした知見をまとめると，動機的志向を変容させるための介入は，文脈的あるいは状況的なレベルの目標関与に的を絞るべきだということが示唆される。スポーツにおける目標志向は，動機づけに関する他の社会的認知理論に合致する形で，階層的に並んでいるのだろう（Vallerand, 1997を参照）。

動機づけ雰囲気

　エームズ（Ames, 1992）の達成目標理論に関する研究でわかった主な知見の1つは，状況要因，特にある達成的な文脈で効いている支配的な目標構造が，その達成的な文脈で見受けられる状況的な目標の状態に与える役割である。エームズ（Ames, 1992）やニコルス（Nicholls, 1989）は，ある達成的な文脈である課題を行なう人が経験する動機的な志向は，その人の特性的な目標志向とその文脈で効

いている状況的な目標構造もしくは動機づけ雰囲気の関数である，と仮定した。動機づけ雰囲気は，ある環境で行なう課題に関してコンピテンスが基本的にどのように評価されているのかを反映しており，達成が望まれる目標・その文脈での個人間の競争や関係のもつ役割・その場における報酬の構造の関数とみなされている。エームズは，努力が報われるような課題とそこでの成功を意味する主な基準を与えて，熟達志向の動機づけ雰囲気を作り出し，児童たちの中でそうした雰囲気が効いていると，彼らの努力や継続が促進されることを見い出した。

スポーツの分野では，動機づけ雰囲気は，個人的な特性と状況的な要因が動機づけ概念に及ぼす影響を調べるために，特性的な目標志向と一緒に検討されてきた。セイフリッツら（Seifriz et al., 1992）は，動機づけ雰囲気と特性的な達成目標志向が，内発的動機づけの尺度や成功に関するビリーフで測定される動機づけ概念に及ぼす影響について検討した。彼らは，エームズ（Ames, 1992）の達成目標質問紙の項目に基づいて，スポーツにおける動機づけ雰囲気知覚質問紙（PMCSQ）（Seifriz et al., 1992）を作成し，これをTEOSQと一緒に高校生男子のバスケットボール選手に実施した。その結果，バスケットボール選手の間では，動機づけ雰囲気は楽しみと正の，緊張と負の相関をもつが，成功・コンピテンス・努力に関するビリーフは特性的な目標志向のみによって説明される，ということが示された。

その後の研究によれば，熟達志向の動機づけ雰囲気は，アスリートの適応的な動機づけを結果として予測することが明らかにされている。例えば，楽しみと満足（Boyd et al., 1995），努力への成功帰属（Treasure & Roberts, 1998），目標到達といったコンピテンスの自己参照的な情報源（Halliburton & Weiss, 2002），内発的動機づけ（Kavussanu & Roberts, 1996; Petherick & Weigand, 2002），知覚されるコンピテンス（Sarrazin et al., 2002），自己効力感（Kavussanu & Roberts, 1996），問題焦点型コーピング（Ntoumanis et al., 1999），などである。相対的に，自我志向の動機づけ雰囲気は，ネガティブな結果に影響を及ぼしたり，不適応な達成パターンと関連していたりする傾向がある。例えば，心配とストレス（Pensgaard & Roberts, 1995），能力への成功帰属（Treasure & Roberts, 1998），他人との比較や競技成績といったコンピテンスの他者参照的な情報源（Treasure & Roberts, 1998; Halliburton & Weiss, 2002），外発的動機づけ（Petherick & Weigand, 2002），情動焦点型コーピング（Ntoumanis et al., 1999），などである。メカニズムの点については，ニュートンとデューダ（Newton & Duda, 1999）が，熟達志向的な雰囲気と課題志向な特性は，満足や努力に対して有意な交互作用を及ぼすことを見い出した。こうした知見が示すのは，課題志向を支持する状況的な目標構造によって，人は多くの努力を注ぎ，成功を努力に帰

属するようになる，ということだ。

5 自己決定理論

　自己決定理論，特に認知的評価理論の下位理論としてのそれは，エクササイズや達成課題における動機づけを説明する上で役に立つところが多い。第3章でみたように，認知的評価理論は，内発的動機づけの変動，最も中心的には，内発的に動機づけられた行動を促進したり抑制したりする環境的な事態を説明することを目的としている。教育や他の達成的文脈と同じようにスポーツでも，こうした事態は，パフォーマンスについて個人に与えられる報酬やフィードバックの提示の仕方に関係している。このことは特に，健康のためのエクササイズを奨める人たちや，コーチ・監督・親のような，練習や試合でのアスリートの動機づけに関わる人たちにとって，実際的な重要性をもっている。なぜなら，彼らはしばしば，アスリートの内発的動機づけを高めるために，適切な動機づけ的文脈を形作る機会をもつといった状況に置かれるからである。内発的動機づけは特に，達成状況におけるアスリートにとって重要である。内発的動機づけによる心理状態は，楽しみや喜び・コンピテンス・所属感を得るためといったような，多くのアスリートがスポーツをする最初の動機に一致するばかりでなく（Ashford et al., 1993），スポーツを粘り強く続けることとも関係する。なんらの外的な強化も与えずに，アスリートが自己制御して自分自身で訓練行動や反復練習を行なうようにさせることは，コーチ，特にアスリートと過ごす時間が限られている人や遠距離でコーチする人にとって不可欠である。このように，内発的動機づけを高める方略はコーチにとって絶対必要なので，これについてはこの節の後の方でまとめることにする。

　認知的評価理論の中核となる前提は，報酬がいかに内発的動機づけを密かにダメにするかだとか，対人的な文脈を通して報酬や報酬に関する情報の提示の仕方がいかに内発的動機づけを促進したり高めたりするかだとかに関連している（Deci & Ryan, 1985）。対人的文脈とは，通常は情報提供的な（それ自体支持的な）あるいは統制的な（それ自体抑制的な）フィードバックを通した，報酬の与えられ方のことだ。報酬は様々な形を取る。例えば，お金・トロフィー・メダル・差や熟達度を示すバッジ・免状のような手に触れられるもの，あるいは，表彰・賞賛・激励・楽しみ・満足・プライドのような手に触れられないものなどがあり得る。明らかなのは，手に触れられない報酬は，満足や楽しみのように個人にとって内的と考えられるものと，賞賛や表彰のように個人にとって外的と考え

られるものがある。報酬の反対の極には罰があり，これも，例えば罰金・ボーナスの撤回や没収のように手に触れられるものもあれば，例えばチームから外される・練習から外される・批判・罪悪感・恥のように手に触れられないものもあり得る。こうした報酬と罰は全て，ある種の行動を継続させるために用いられる強化の種類である。さらにいえば，手に触れられる報酬と罰は，行動の遵守と継続を保つのに非常に効果的である。ただしそれは，強化する者が常にそこに居続ける場合に限る（Deci & Ryan, 1985）。報酬の撤回は，動機づけの低下を招き，行動への執心を下げる可能性が高い。その行動がただ単に報酬を獲得することに依存しているようであれば，特に尚更である。認知的評価理論は，依存性のない報酬がいかに行動の動機づけを助け，内発的動機づけを維持するかを描いている（Deci & Ryan, 1985）。

　認知的評価理論では，報酬それ自体のためだけに行動がなされるのではなく，その報酬のもつ役割として，行動遂行に対する情報提供的な機能がある場合，内発的動機づけを下げることはない，といわれている（Deci & Ryan, 1985）。ただし，もしある人が報酬それ自体のためだけに行動すると，その人にとってその行動について内発的に動機づけられた要素は失われ，その行動に従事しても，個人的な効果感や「因果の所在」の範囲を超えたところにある，と感じるようになるだろう。こうした現象はこれまで，浸蝕効果と名付けられてきた（Deci et al., 1999b）。というのも，報酬は，説明のない，内発的な理由の上にある行動に，付加的な理由を与えてしまうからである。面白いパズルを解くという課題で検討した研究では，多くの場面でこの効果が支持された。例えば，デシとライアン（Deci & Ryan, 1985）は，新奇なパズルを解く実験参加者に金銭的な報酬を与える，という一連の実験について報告している。参加者の半数は，自分たちのパフォーマンスについて統制的なフィードバックを与えられた。すなわち，標準的な基準に照らして，やるべきくらいはやったといわれた。一方の半数は，パフォーマンスについて情報提供的なフィードバックを与えられた。すなわち，各々の能力に合わせてよく頑張ったといわれ，成功を認める意味でお金が支払われた。統制的なフィードバックを受けた群は，情報提供的なフィードバックを受けた群よりも，内発的動機づけのレベルが有意に低かった。これは，実験者が実験室を出て，パズルを行なうのは自由に選択できる場面での結果である。この浸蝕効果に加えて，知覚されるコンピテンスも，認知的評価理論において重要な役割をもっている。第3章で概観したように，コンピテンスを支えたり，パフォーマンスに関して情報提供的だったりするフィードバック（例えば，ポジティブフィードバックや言語的賞賛）は内発的動機づけを高め，一方，コンピテンスを損なったり，パフォーマンスに関して統制的だったりするフィードバック（例えば，ネガティ

ブフィードバックや批判）は内発的動機づけを低めるだろう。

　報酬やら期限・フィードバックのような他の外的な出来事やらの浸蝕効果はこれまで，多くの達成状況において，なお大半は教育的な文脈だが，数多くの研究の対象となってきた。研究を通してこの効果に関する知見の頑健さを検討するために，多くのメタ分析的研究がなされてきた（Cameron & Pierce, 1994; Deci et al., 1999a）。キャメロンとピアスは，96の実験研究に関するメタ分析を行なった。その結果，言語的な賞賛は参加者の内発的動機づけを高めはすれども，内発的動機づけが報酬の存在によって浸蝕されることはほとんどないことを見い出した。彼らは，浸蝕効果はある事態の時だけみられる誇張された現象であって，例えば，事前に何の期待もなく行動に対して報酬が与えられる場合のような時にみられる，と示唆した。彼らはまた，外発的な報酬が与えられている場合，賞賛は内発的動機づけを下げることを見い出した。彼らは，「報酬のネガティブな効果は限定的で，容易に回避できる」（Cameron & Pierce, 1994, 29）と結論づけた。ただ，キャメロンとピアスの分析は，いくつかの報酬の交互作用効果が混ざっていることと効果サイズが小さいことで批判された（Deci et al., 1999a）。デシらは，浸蝕効果に関する128の実験についてメタ分析を行なった。その結果，内発的動機づけの浸蝕について，あらゆる種類の報酬事態（例えば，課題に対して，課題の完了に対して，課題に従事することに対して，課題の成績に対してなど。第3章参照）で有意な効果サイズを見い出した。また，中でも言語的な賞賛が内発的動機づけに対して強い効果をもっていることが見い出された。彼らは，こうしたデータは，多くの文脈に一貫して浸蝕効果があることを強力に支持する，と結論した。どうやら，軍配は認知的評価理論に有利なようであり，浸蝕効果は確かにあって，報酬が統制的な事態をもたらす場合，特にそうした効果が生じるようである。

　スポーツの領域では，認知的評価理論は，フィードバックが遂行者に及ぼす影響という観点で主に検討されてきた（Ryan et al, 1984）。スポーツの文脈における自己決定理論の概念は，主にスポーツ動機づけ尺度（SMS）（Pelletier et al., 1995）によって測定されてきた。この尺度は，他の領域において因果の所在の知覚を測る尺度と共通した概念を含んでいて，十分な構成概念妥当性と内的信頼性を示している（Sarrazin et al., 2002）。多くの研究によって，ポジティブフィードバックと言語的な賞賛が，アスリートの内発的動機づけやコンピテンスに有意な影響を及ぼすことが示されてきた（例えば，Vallerand & Reid, 1984; Whitehead & Corbin, 1991）。これらの研究は，アスリートを対象に介入群と統制群を設けているが，介入群では，スポーツ関連課題のパフォーマンスについてコーチかあるいは実験者から様々なレベルのフィードバックを受ける，というものであった。さらに，これらの研究では，知覚されるコンピテンスが，内発的動

機づけがスポーツパフォーマンスに及ぼす影響の媒介変数となっているようであった。これは，教育のような他の領域の研究でみられてきたように，コンピテンスと自己決定への要求は連動しているという考えと一致している（Reeve, 2002）。ただ，今までのところ，スポーツ関連の研究で，フィードバックが自由選択のスポーツ行動や関心に及ぼす影響についてのデシらの知見，すなわち，スポーツの文脈で自己決定理論を明確に支持する研究を追試したものはない。さらに，報酬がスポーツ行動に及ぼす影響を検討する上での認知的評価理論の担う役割について，これまで多くの研究者が述べているけれども，手に触れられる報酬がスポーツパフォーマンスに及ぼす影響を検討している研究はほとんどない。

　また，スポーツでの研究は，因果の所在の知覚と他の動機づけ変数との間の関連性についても検討してきた。ペレティアら（Pelletier et al., 1995）は，認識される制御感，または，知覚される自律性のようなスポーツ行動に関する他の仮説的な規定因と，コンピテンス，または，努力・意図・行動といった結果変数との間に，正の相関があることを見い出した。自己決定した外発的動機づけは，22ヶ月間に渡って，競泳選手の継続力に影響を与えることがわかった。また，知覚される関連性，自律性，因果の所在の間に正の関係があることも指摘されてきた（例えば，Ntoumanis, 2001）。こうした経験的証拠は，スポーツの文脈において，因果の所在の知覚の構成概念妥当性を支持するものであり，スポーツ動機づけ尺度の動機づけに関する構成概念が，主要な規定因や結果変数に重要な影響力をもっている，ということを示唆している。

自己決定理論と競技

　スポーツの文脈における動機づけで最も重要なのは，内発的動機づけや認知的評価理論を競技に応用することである。理論家は特に，客観的な結果にかかわらず，競争的状況で内発的動機づけが維持されるのはどのような条件なのかに興味をもっている。例えば，結果としての成績が勝利ではなく敗退というスポーツ競技者の内発的動機づけを維持することは可能か，ということだ。デシとライアン（Deci & Ryan, 1985）は，認知的評価理論に基づいて，競技は，外発的報酬と同様の，内発的動機づけを浸蝕する効果をもっているだろうと仮定した。というのも，競技は，その個人にとって重要な成功というものに対して，外的な参照基準を設けてしまうことになるからである。ただ，浸蝕効果は，競技が統制的（例えば，競技の中で他の選手を負かそうとすること）にではなく情報提供的（自分自身のパフォーマンスについてポジティブなフィードバックを得ること）に提示されれば和らげられるだろう，ということも予想された。教育（Reeve et al., 1985）やスポーツ（Vallerand & Reid, 1984）の文脈での実験研究は，行動の結

果が失敗もしくは敗退となった参加者は，成功や勝利となった参加者に比べて，一般的に内発的動機づけを低く報告する，ということを示唆している。これは，競技とは本来統制的なものなのだ，ということを暗に示している。この結論は，デシら（Deci et al., 1981）によって支持されている。彼らは，他人と一緒にパズルを解くよう指示された参加者は，ベストを尽くすようにと言われた場合よりも，他人に勝つようにと言われた場合に，内発的動機づけが有意に低かった，ということを見い出した。リーヴとデシ（Reeve & Deci, 1996）は，競技が本来的に統制的浸蝕の性質をもつのは，成功にはポジティブフィードバックが，失敗にはネガティブフィードバックが伴う，という事態に起因するとした。

ただ，競争が内発的動機づけに及ぼす浸蝕効果を説明するのは，成功と失敗についてのその人個人の解釈と，その競争が行なわれる対人的な文脈もあるだろうと考えられる。例えば，マコーレイとタメン（McAuley & Tammen, 1989）は，感じた成功を高く評価するバスケットボール選手は，感じた成功を低く評価する選手に比べて，知覚されるコンピテンスや内発的動機づけのレベルが有意に高い，ということを見い出した。ここで重要なのは，客観的な勝ち負けの指標に差はないということだ。つまり，重要なのは結果の解釈だ，ということを示している。競争の結果についての解釈は，外的な手がかりに依存するのを抑制したり促進したりすることよりもむしろ，コンピテンスを支えるその人のパフォーマンスについての情報を，その競争の構造がどのくらい与えうるか，に左右される可能性が高い。ヴァレランドら（Vallerand et al., 1986）は，ある競争状況で，他の競争相手と比較されることになるだろうと教示された実験参加者は，非競争状況で，できるだけで良いので頑張ってくださいと励まされた参加者よりも，低い内発的動機づけを示すということを明らかにした。また，リーヴとデシ（Reeve & Deci, 1996）は，実験参加者が，プレッシャーを与えられていない対人的状況，すなわち，他の競争相手を負かさなくてもよいと言われている状況で，競争的なパズル課題に勝った場合，彼らの内発的動機づけは浸蝕されなかった。しかし，プレッシャーのある状況では，浸蝕効果が生じた。重要なのは，競争がなかったり，プレッシャーやプレッシャーのかかるフィードバックがなかったりする統制群のデータと比較した場合だ。リーヴとデシは，プレッシャーがなくて勝利した参加者は統制群の参加者よりも内発的動機づけのレベルが高く，一方，プレッシャーがあって勝利した参加者は統制群の参加者よりも内発的動機づけのレベルが低い，ということを見い出した。

競争の問題は，競争と一緒に報酬が与えられる場合に，より複雑となる。ただ，認知的評価理論の考えに従えば，競争・報酬・対人的文脈の交互作用が内発的動機づけに及ぼす影響を説明することが可能だ。競争の際には，競争に即した報酬

とパフォーマンスに即した報酬の，2つの種類の報酬がある。競争に即した報酬とは，直接的な競争の中で相手を負かしたことに対して与えられる報酬である。一方，パフォーマンスに即した報酬は，ある基準に達した場合に与えられる。したがって，パフォーマンスに即した報酬は多くの人に与えられるが，競争に即した報酬は勝者にしか与えられない。競争と報酬を検討した実験では，3つの独立変数が内発的動機づけに及ぼす影響を観察した。3つの独立変数とはすなわち，①報酬の種類（競争に即しているかパフォーマンスに即しているか），②競争の結果（勝ったか負けたか），③競争課題の提示される対人的文脈（統制的なフィードバックがあるか情報提供的なフィードバックがあるか），である。これらの実験群は基本的に，競争がなかったり，フィードバックや報酬を受けなかったりする統制群と比較されることになる。この領域の研究数は限られているが，得られた知見からまとめて考えれば，競争に即した報酬を受け取った者は勝者でも敗者でも，競争・フィードバック・報酬のない条件の者に比べて，内発的動機づけのレベルが低い，ということが示唆される（Prichard et al., 1977）。

ヴァンスティーンキスタとデシ（Vansteenkiste & Deci, 2003）は，競争に即した報酬かパフォーマンスに即した報酬を受け取る競技者を対象に，勝ち負けが内発的動機づけに及ぼす影響を検討した。その結果，勝者は敗者よりも内発的に動機づけられていた。これは，競争が本来統制的だ，という前提を部分的に確証するものである。ただ，競争状況における敗者の間では，ある特定の基準に到達したことに対するポジティブフィードバック（パフォーマンスに即したフィードバック）は，負けが内発的動機づけに与えるネガティブな影響を弱めるのに大いに役立っていて，一方，ある特定の遂行基準に達したことに対する報酬（パフォーマンスに即したフィードバック）を受けた敗者は，内発的動機づけの低下を示したが，課題の楽しさは影響を受けなかった，ということがわかった。彼らはこう結論づけている。

> 勝利に焦点を当てるのは実際，…内発的動機づけの観点からすれば，…逆効果だろう。もし，何よりも勝利にこだわるということをしないで，活動を行なう者やそれを観る者が勝利よりもパフォーマンスに焦点を当てれば，行為者の動機づけは結果的にずっと良いものになる可能性が高い（Vansteenkiste & Deci, 2003, 298）。

したがって，コーチとしては，アスリートが，他人との比較による勝利そのものに結びつくような目標に専心するよりもむしろ，パフォーマンスについて個人的な価値を置いた情報提供的な，パフォーマンスと結びついた目標を身に付けさ

せるのを手助けするのが賢明だろう。さらにいえば，競争の情報提供的な側面を強調したり，他人に照らしてではなく設定基準に照らしてパフォーマンスを測る手段として競争を位置づけるよう焦点を当てたりするコーチングスタイルこそが重要なのである。

スポーツ場面における自律的支援

以前，第3章で，余暇時間のエクササイズという文脈で，重要な他者による自律的支援の知覚が学生の内発的動機づけに与える影響について，特に近年考案された文脈横断モデル（Hagger et al., 2003）に基づいて，議論された。知覚される自律的支援はまた，教育場面（例えば，Koestner et al., 1984; Reeve et al., 1999）や健康場面（例えば，Williams et al., 1998; Williams et al., 2002）における内発的動機づけの強力な予測因であることもわかっている。さらに，知覚される自律的支援は，教育場面における教師の，20の主な自律的支援行動において確認されている（Reeve, 2002）。こうした知見や，これまでに紹介してきた，内発的動機づけの維持に情報提供的な目標やフィードバックが重要であることを示す研究を考え合わせてみれば，リーヴら（Reeve et al., 2003）が示唆するような自律的な支援行動は，練習や試合でのスポーツパフォーマンスについての内発的動機づけや継続に，重要な影響力をもっている可能性が高い。これは，コーチの自律的な支援行動が，選手の内発的動機を高め，競争に含まれる情報提供的な性質を増す可能性が高いからだ。例えば，ギャネら（Gagne et al., 2003）は，知覚される自律的支援が若い体操選手のウェルビーイングに及ぼす影響について，縦断的な日記形式の研究を行なった。その結果，体操選手の主観的なウェルビーイングは，親やコーチから得られる自律的支援によって，心理的な欲求が相対的に満足することで決まることを見い出した。この証拠から示唆されるのは，アスリートの内発的動機づけや継続力を維持するような望ましい動機づけ的志向性をもたらすという理由から，コーチの自律的支援行動が強く勧められる，ということだ。

権威主義的スタイルと民主主義的スタイル

伝説的なイングランドのサッカー監督ブライアン・クラフは，彼の厳しく管理された，権威主義的な，統制的なコーチングスタイルでよく知られており，練習場でも，内発的動機づけを低める良い実例のような行動を示した。しかし，ピッチの上の選手たちは，イングランドリーグで最も献身的で，勤勉で，団結したチームとなり，クラフは選手をヨーロッパカップの1979年と1980年の2年連続タイトルへと導いた。こうした専制的なスタイル，つまり，自己決定理論が予測す

ることや推奨することの多くに反するようなスタイルを採用したのに，なぜ，チームの中にそのような内発的に動機づけられているようにみえる行動が生じたのだろうか？　イエンガーとデボー（Iyengar & DeVoe, 2003）によれば，グループの構造あるいは通底する規範と，それが自由選択や行動の因果性をどう捉えるかに及ぼす影響に，その答えはあるようだ。そしてその説明内容は，自己決定理論とも一致する。

　イエンガーとデボーは，集団主義的文化の人間は，選択や決定をする際，重要な他者の考えを重視する傾向にあることを示唆する証拠を提出している。結果として，集団主義的文化の人間は，選択を自分自身で行なう時よりも，選択が重要な他者の希望や文化的規範と一致している時の方が，内発的動機づけが高い傾向にある。このことは，取り巻く環境が専制的であったり，コーチが自律的で支援的な行動を示さなかったりするチーム状況で，選択や内発的動機づけがどのように作用するのかに，幅広い影響を及ぼすだろう。イエンガーとデボーは，集団主義的文化が内発的動機づけに及ぼす影響を検討した実験を行なっている。彼らは，2つの群の児童を対象とした。つまり，個人主義的な文化規範が支配的で，個人的選択や相互独立的自己観をよしとするヨーロッパ系アメリカ人の児童と，集団主義的な文化規範が支配的で，相互独立的自己観をもったアジア系アメリカ人の児童である。両群の児童は，3つの条件下で，同じ難易度の綴り換え遊びをする機会が与えられた。ある条件の児童は，綴り換えの単語は，彼らにとって見知らぬ大人（実験者）が選んだものだと言われた。別の条件の児童は，重要な他者（彼らの母親）が彼らのために選んだものだと言われた。3つめの条件では，自分たちで単語を選ぶのを許された。その結果，実験者選択条件では，アジア系アメリカ人もヨーロッパ系アメリカ人も，同じレベルの内発的動機づけを示した。ただ，非常に印象的なのは，ヨーロッパ系アメリカ人の児童は，個人的な選択権が与えられた場合に，有意に高い内発的動機づけを報告したのに対して，アジア系アメリカ人の児童は，重要な他者が単語を選んだと言われた場合に，有意に高い内発的動機づけを報告した，という結果である。

　こうした知見を説明するために，次のような提案がなされた。すなわち，重要な他者の選択は，集団主義的文化出身の児童の好みに対して，より訴えかけてくるというものである。それは，意思決定する際に，彼らが重要な他者の見方を尊重して受け入れる傾向を表している。自己決定理論に従えば，集団主義群の児童は，内集団に所属する他の重要な成員の選択を尊重し受け入れる集団規範を内在化していたのであり，その選択は個人的な選択よりも重要だと考えられている。したがって，集団主義的文化における内発的動機づけには，他者の選択や内集団の選択の方が個人的な選択よりも重要なのである。最近の研究では，集団主義と

個人主義の集団規範の違いは，文化に依存した集団にだけでなく，社会的な文脈でも生じることが示唆されている（McAuliffe et al., 2003）。それゆえ，クラフのチームには集団主義的な集団規範が生きていて，その集団がコーチの指示や専制的なスタイルを尊重し，内在化させていたために，個人的な選択や意志よりも優先するのを進んで行なったのだろう。こうした文脈であれば，自律的な指示が明確でなかったり，統制的なリーダーシップスタイルが支配的だったりするチームにも，内発的動機づけが広まる可能性はある。ただ，専制的な環境で活動する時に選択肢が与えられていることは，アスリートにとって重要であることに変わりはない。もしアスリートが専制的なスタイルを受け入れるよう強制されたら，内発的動機づけが下がる可能性は高い。

動機づけの階層モデル

ヴァレランド（Vallerand, 1997）は，心理的な欲求満足のような，動機づけに関連する全体的特性的な構成概念と，文脈的状況的なレベルの動機づけとを統合するために，動機づけの階層モデルを提案した。ヴァレランドのモデルは自己決定理論の拡張版であり，因果の所在の知覚（第3章を参照）のところでも出てきた，動機づけスタイルの全体的，文脈的，状況的側面相互の結びつきをはっきりと仮定する。また，社会的要因や対人的文脈，動機づけスタイル，行動の成り行きや結果の間の結びつきも特定している。このモデルでは，全体的な動機づけが，文脈レベルの動機づけを媒介して，特定の状況における動機づけに影響を与える（図5.3を参照）。3つのレベルからなる一般法則の提唱以外にヴァレランドが述べているのは，動機づけの完全なモデルには，内発的動機づけ（IM），外発的動機づけ（EM），無動機（AM），意図性や目標志向的な努力の欠如を説明する必要があること，また，ある文脈における動機づけは，状況的な要因や近接する階層の動機づけからのトップダウン的な影響に左右されることである。このモデルは，欲求満足を反映する全体的動機が，文脈や状況を覆うような，広い範囲に渡る全般的な影響をもっていることを明示している。ただ，このモデルのもつ複雑さが，こうした様々な仮説を立てることで結果的に，モデル全体をいっせいに検証するのではなく，モデルの重要な仮定に関わる個々の仮説を検証するような方向に研究者を導いてきた。

　この階層モデルを最も包括的に検証したものの1つが，グワイら（Guay et al., 2003）によって提出されている。彼らは，モデル内の主要な構成概念のいくつかによる，トップダウン的な影響，ボトムアップ的な影響，そして同レベルでの影響を検討することを目的とした。彼らは縦断的な研究デザインを用いて，モデルにおける2つのレベルの内発的動機づけを，2つの児童サンプルを対象に，一方

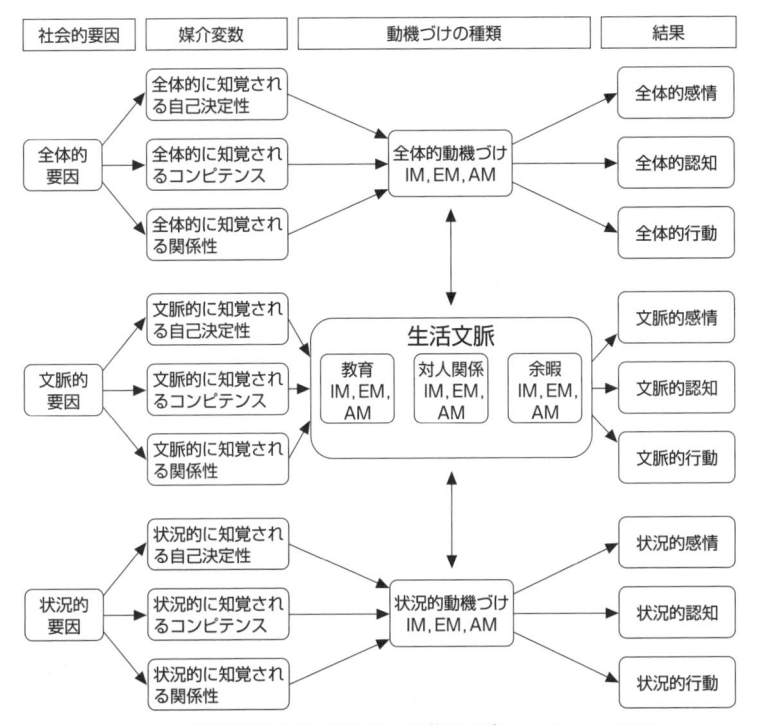

図5.3 内発的外発的動機づけに関する階層モデル (Vallerand, 1997)

は1年間隔と他方は5年間隔のそれぞれ2時点で測定した。分析には，交差パネルデザインを使った。これは，1時点のみで測定したデータではできない因果関係をより良く推測することができる，強力な研究デザインである。検討された変数間の関係性は，図5.4の矢印で図示されている。このデザインによって，全体的な動機づけはトップダウン的な形で状況的な動機づけに影響を与えるのかどうか（図5.4の矢印a），状況的な動機づけは全体的な動機づけに影響するのかどうか（図5.4の矢印b），その関係は相互的なのかどうか（図5.4の矢印aと矢印b），全体的な動機づけと状況的な動機づけの分散の大半は，前の時点で測定した同一変数によって説明されるのかどうか（図5.4の矢印cと矢印d），を検討することが可能だ。2つのサンプルの研究の結果から，全体的な動機づけはかなりの安定性を示したことから，この概念が，あまり変化しないと感じられる全般的な動機づけを反映しているという，モデルの前提を支持していることが示された。さらに，相互影響モデルは，両サンプルともにデータと非常によく適合した。これは，モデルのどのレベルの動機づけも，近接する階層の動機づけの影響を部分的には

受けている，ということを示唆している。

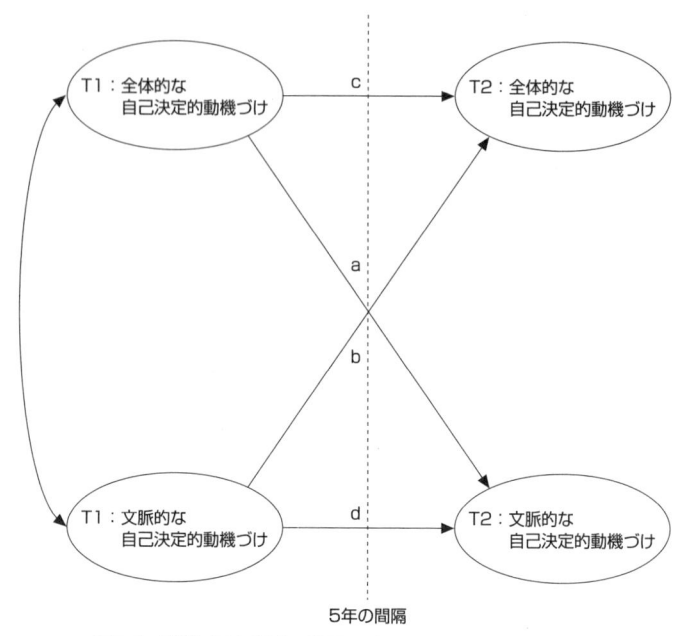

図5.4 動機づけに関する階層モデル (Guay et al., 2003, 994)
注：全体的動機づけと文脈的動機づけのトップダウン的・ボトムアップ的，並行的・相互的な影響を時系列的に示している。

スポーツの文脈では，サラツィンら（Sarazin et al., 2002）が，女子ハンドボール選手を対象に，階層モデルの縦断的な検討を行なっている。彼らは特に，社会的要因→心理的媒介変数→動機づけの種類→結果といった，行動的な結果を規定する動機づけの流れ（Vallerand, 1997）に焦点を当てた。そして，自律性・コンピテンス・関係性（心理的媒介変数）を求める選手の心理的欲求を反映する全体的動機は，内発的動機づけ（動機づけの種類）や離脱したい意図や行動（結果）に影響を及ぼすのかどうかを検証することを目的とした。その結果，理論通り，文脈的な欲求に関連した変数は，文脈的な内発的動機づけに影響することがわかった。つまり，内発的動機づけは，ハンドボールへの参加を辞めたい意図や重要な予測行動から離脱したい意図とは，負の関係にあった。これは，内発的動機づけが高いと，シーズン終了時に辞めたいと思う明確な意図が和らげられる効果がある，ということを意味する。また，この研究は，社会的文脈が文脈的な動機づけに及ぼす影響（Vallerand, 1997）も検討している。これは，内発的動機づけを高める対人的な文脈は，内発的動機づけに対してポジティブな効果をもつだ

ろう,というヴァレランドの仮説をさらに確証した。余暇研究の領域では,自律的な支援の知覚という観点からこのことは研究されているが(Hagger et al., 2003),サラツィンら(Sarazin et al., 2002)は,課題関連的な動機づけ雰囲気(達成目標に関する前節を参照)が内発的動機を高めるだろうという最近の証拠を援用した。実際,ヴァレランド(Vallerand, 1997)が提唱する,社会的文脈(課題志向的な動機づけ雰囲気)から,動機づけスタイル(知覚される自律性・関係性・コンピテンス),内発的動機づけ,状況的な意思決定や行動(離脱意図・離脱行動)までの流れを支持する結果が得られた。これは,スポーツの文脈においても,階層モデルのいくつかの主要な考えが支持されたということである。

推薦文献

- Biddle, S.J.H. (1999) Motivation and perceptions of control: tracing its development and plotting its future in exercise and sport psychology. *Journal of Sport and Exercise Psychology*, **21**, 1-23. スポーツとエクササイズにおける動機づけ理論と統制に関連した社会的認知概念に関する,受賞レビュー論文。
- Biddle, S.J.H., Hanrahan, S.J. and Sellars, C.N. (2001) Attributions: Past, present, and future. In R.N. Singer, N.A. Hausenblas, & C.M. Janelle (Eds.), *Handbook of Sport Psychology* (Pp.444-471). New York: Wiley. 帰属理論のレビューと,エクササイズとスポーツの心理学に対する帰属理論の貢献について。
- Chatzisarantis, N.L.D., Hagger, M.S., Biddle, S.J.H., Smith, B. and Wang, J.C.K. (2003) A meta-analysis of perceived locus of causality in exercise, sport, and physical education contexts. *Journal of Sport and Exercise Psychology*, **25**, 284-306. スポーツに対する自己決定理論の貢献をまとめたもの。
- Duda, J.L. and Hall, H. (2001) Achievement goal theory in sport: Recent extensions and future directions. In R.N. Singer, N.A. Hausenblas, & C.M. Janelle (Eds.), *Handbook of Sport Psychology* (Pp.417-443). New York: Wiley. スポーツにおける達成目標理論の役割についての最新情報。
- Feltz, D.L., and Chase, M.A. (1998) The measurement of self-efficacy and confidence in sport. In J.L. Duda (Ed.), *Advances in Sport and Exercise Psychology Measurement* (Pp. 65-80). Morgantown, WV.: Fitness Information Technology. スポーツ心理学における自己効力感理論に関す

る非常に情報量豊かなレビュー。

まとめ

- 動機づけとは，スポーツスキルやスポーツ行動に専念しようというアスリートの活動やレディネスの強さと方向を示す社会的認知の概念である。
- ハイダー（Heider, 1958）やワイナー（Weiner, 1972）の帰属理論の目的は，アスリートが，自分たちの成功や失敗の原因をさまざまな物事にどう帰属するか，を説明することであった。原因は，3つの両極体によって特徴づけられる。すなわち，因果の内的－外的所在，安定－不安定，統制可能－統制不可能である。
- 社会的認知理論（Bandura, 1977; 1997）は，スポーツ心理学の研究と意欲を盛り上げるのに大きな影響をもたらしてきた。この理論は，自己効力感，すなわち，状況特定的な自信が，スポーツのパフォーマンスや主な結果を予測する強力な因子であるとしている。自己効力感は，成績達成度，代理経験，言語的説得，生理的状態によって形作られる。
- 達成目標理論（Nicholls, 1989）は，スポーツ心理学で最もよく引用される理論的アプローチの1つである。理論の主な前提は，アスリートは自分の能力や成功を，自我志向的（成功とは，勝利のような遂行結果を達成することだと考える）か課題志向的（成功とは，新しいスキルの獲得のような個人的な結果を達成することだと考える）かで判断する，ということである。達成目標志向性は，意図・努力・自己効力感のような動機づけ的な概念や継続・執着・スポーツパフォーマンスのような行動的な概念に，影響を与えることが分かっている。
- 自己決定理論（Deci & Ryan, 1985）は，内発的動機づけを促進したり維持したりする出来事について検討することを目的としている。自己決定理論の下位理論である認知的評価理論は，アスリートの内発的動機づけは，彼らの行動やパフォーマンスが外発的な報酬（例えば，金銭，言語的な賞賛）に依存しているかどうか，また，報酬が情報提供的と解釈されるか統制的と解釈されるか，の関数であるとしている。外発的な報酬や統制的なフィードバック・競争は，内発的動機づけを浸蝕する傾向がある。一方，報酬や競争が個人的な成功に情報提供的なフィードバックを与えるように提示されると，内発的動機づけを高める。

第6章
アスリートも感情的

Athletes are emotional, too

　達成的な文脈では，情動的な反応をうまく処理したり，あるいは喚起したりする力をもっているか試されるような，いろいろな要求が科せられる。スポーツは，そうした文脈の好例である。スポーツにおける動機づけの理論ではしばしば，ポジティブ**感情**──ポジティブな情動状態──が引用される。それは，スポーツに参加した適応的な結果としてと，そのスポーツを将来も行なおうとする動機づけに関わる情報源としての両方である。ただ，スポーツの競争的性質はまた，よりネガティブで不適応的な感情あるいは情動状態を喚起する可能性もある。スポーツ，特にエリートレベルのスポーツは，アスリートや競技者にかなりのストレスを与える。これは，最高レベルのパフォーマンスには，非常に高い賞金がつくからだ。例えば，プロのスポーツ選手は，個人的な満足や自尊心のような内発的な報酬だとか，どんなレベルのスポーツの競技者にも共通する報酬や結果だとかを得ようとする一方で，給料・賞金・勝利ボーナスを稼ぐために勝たなければならない。もし，アスリートやスポーツ競技者に対して周辺から求められる要求と，その要求に伴って生じる情動状態に対処する能力との間にくい違いがあるとすると，ザイアンス（Zajonc, 1965）のいう「優位反応」，すなわち，スポーツパフォーマンスの中でよく練習・訓練された動きやスキルを遂行する能力が妨げられるかもしれない。こうした影響は，悲劇的なことに，たとえ最高に訓練されたアスリートであっても，練習やトレーニングの時のパフォーマンスと比較して，時にとまどうほど最悪なパフォーマンスとして現れることが多い。この現象は，よく「**チョーキング**」（Baumeister, 1984）とよばれる。

　エリートスポーツでこうしたことが起こった場面の数々を，私たちの多くは思い起こすことができる。フランス代表サッカーチームを思い出してもらいたい。彼らはワールドチャンピオンとヨーロッパチャンピオンのタイトルを保持していて，日本で開催された2002年FIFAワールドカップのトーナメント優勝候補で

あったが，1勝も1点も得られない最悪のパフォーマンスの結果，不名誉にも1次予選で敗退して帰国した。ジーン・ファン・デル・ヴェルデの，1999年全英オープンゴルフの時のスランプを思い出してもらいたい。そこで彼は，5打差リードして最終ホールに来たのに，最後にトリプルボギーをたたいた。優勝までたった6打だったのに，彼は，今までで最大の「チョーク」の1つとして知られる状況の中で，7打もたたいてしまった。他にも例はある。2000年の全仏オープンテニスで，ステフィ・グラフ相手に1つもサーブが入らなくなった後，下手打ちでサーブせざるを得なかったマルティナ・ヒンギス。1988年，イングランドのFAカップをウィンブルドンの手に渡すこととなった，リバプールのジョン・アルドリッジのペナルティミス。こうした有名なチャンピオンたちがなぜ，プレッシャーの強い状況で，自分や他人が期待する基準が高いと，上手くいかなくなるのだろうか。**不安**，すなわち，周囲の要求によって個人に課せられるストレスに対処することができないことと結びついている一群のネガティブな感情状態が，その犯人であることが多い。エリートアスリートやプロのアスリートは，不安やいわゆる「ネガティブな」情動状態がスポーツパフォーマンスにネガティブな影響を及ぼすことを教わってきている。そのため，多くのアスリートが，不安をコントロールするのに役立てようと，スポーツ心理学者の助けを求めてやってくる。実際，スポーツ心理学におけるコンサルテーションの大半は，不安管理である（Crocker et al., 1988）。本章では，スポーツにおける**情動**の役割に関する社会心理学研究を検討し，情動状態・心理学的概念・スポーツパフォーマンスの間の関係について述べることとする。

1 どうして情動や不安への社会心理学的なアプローチなのか？

　表面的には，認知や情動に関する研究は，スポーツパフォーマンスについての社会心理学的な調査とは全く関係ないようにみえるかもしれない。しかし，社会的認知理論を構成する各要素に関する検討は，社会心理学における情動概念の重要性を示す証拠となるだろう。例えば，第2章でみたように，感情は，計画行動に関する拡張理論における態度概念に不可欠な構成要素であることが示されてきた（Hagger & Chatzisarantis, in press）。さらに，社会的認知のモデルは，環境（刺激）や学習された個人のビリーフ体系から得られる社会的情報が処理され，動機・決定・意図・行動反応の基礎となることを認めている一方で，こうした処理は，感情状態あるいは情動と関係なく独立して生じることはないとしている

(Eagly & Chaiken, 1993; Perugini & Conner, 2000)。また，情動は，反応や結果的な状態として生じると同時に，帰属・判断・信念・期待・希望・意図・その他の社会的認知概念の情報源としても作用する。したがって，認知と情動の相補的な性質がはっきりしていることを考えると，スポーツのような応用場面での社会的な認知と情動の研究は，「チョーキング」のような，スポーツにおける強い情動的状況でみられる行動反応の複雑さを説明するために必要である。

2　感情・情動・不安・覚醒・気分の定義

　スポーツパフォーマンスへの応用に向けた，社会心理学研究における情動の役割について議論を始める前に，情動および情動に関連する用語，すなわち，感情・情動・覚醒・気分・不安を定義する必要がある。これらの用語は，系統立った形で用いられておらず，互いに交換可能なことが多い。そのため，スポーツパフォーマンスにおいて，感情に関連した構成概念の役割に対する社会心理学的なアプローチによる解釈や厳密な説明が，複雑怪奇になってしまうのだ。つまり，感情，情動，そして情動関連の用語の間の違いについて，社会的認知や情動の研究者間で十分な同意がなされていないということである。こうした用語の正式な作業定義がはっきりしないのは，概念間でかなりかぶるところがあるからだろう (Smith et al., 1993)。それゆえ，感情に関連した概念の定義についてはそれぞれ，概念の境界や限度，起こりうる混同について示す必要がある。

　感情とは，あらゆる「心的な感覚過程」(Bagozzi et al., 2002, P.37) を含む全般的なあるいは「包括的な」用語なので，感情的態度といった場合のように，情動の方向的動機的側面はもちろん「感知される」側面の説明にも用いられる。多くの研究者が示唆するところでは，感情は「色づけされた感覚状態」を表しているので，方向性を意味する用語でもあり，情動や**気分**といったような特定の情動関連用語の多くを意味する用語でもある。すなわち，情動や気分とは特定の種類の感情状態だと考えられ，怒り・不安・罪悪感・羞恥などはそうした情動タイプの個々の例ということだ。

　通常，情動の公式の定義は，感覚状態を含むだけでなく，高まった覚醒のような心理的生理的状態の認知的解釈から生じる「精神状態あるいはレディネス」にも言及している (Smith et al., 1993)。さらに情動は，特に評価理論に従えば (Smith et al., 1993)，態度のように，ある物・人・行動に向かう方向性をもっていると考えられている。加えて情動は，行動的あるいは反応的機能をもっているともいわれている。すなわち，情動は，表情だとかその情動に対処するための認

知的行動的手段だとかの行動に影響を与える（Bagozzi et al., 2002）。したがって，情動は「行為傾向」をもつということだ。社会心理学の領域では，幅広い種類の情動が同定されてきたが，生態学的比較文化的な心理学研究は，6つの基本情動を同定している。それは，怒り・恐れ・悲しみ・幸福・驚き・嫌悪である（Ekman, 1992）。ただ，これから述べるように，基本情動とは考えられていないが，不安こそが，スポーツにおける重要な情動であると理解されている。

慣例的には，気分は情動とは異なると考えられている。気分は普通，様々な感情状態を含み，情動ほど強くはないが長く続き，行為傾向を伴わない。したがって，気分は情動よりも一時的ではなく，通常，特定の出来事に関する評価によって生じることはない。ただ，その境界は時にあいまいであり，気分も特定の情動もともに，スポーツパフォーマンスに関連してきた。実際，情動に照らした気分の定義的な性質として時間的な安定性が挙げられるが，気分も情動もどちらも一時的だったり長く続いたりすることはあるのだから，この定義は妥当ではない，と主張する研究者もいる（Frijda, 1994）。はっきりした区別がこのように欠けているにもかかわらず，情動研究者によって，気分は一時的な情動よりも行為傾向を生じさせる力が弱かったり，強度そのものが低かったり，長く続いたりする点で，情動とは異なると一般的に考えられている。

不安と覚醒の定義

他のどの情動よりも，不安は，スポーツパフォーマンスにおける情動と社会的認知に関する研究の大多数が注目してきた（Gould et al., 2002）。不安は，懸念や苦悩のような不快な感情として描かれてきた特定の情動であり，通常，不快な生理的反応を伴う（Martens et al., 1990）。「汗びっしょりの手のひら」（これは「皮膚電気反応」としても知られている）や「胃の中のチョウチョ（落ち着かない不安な感じの意）」（これは，カテコールアミンの影響で，胃の血流量が減る結果として起こるのだろう）のような感覚は，よく知られた不安の生理的あるいは「身体的」症状である。不安の高いアスリートは，こうした症状とともに，良くない成績を予測するような思考だとか，失敗する恐怖だとか，集中力の欠如だとかを報告する（Jones & Hardy, 1990）。近年の理論では，状態不安と特性不安の区別をしている。つまり，不安は，競争的と評価されるような状況で不安症状を伴って反応しやすい傾向（特性的）と，競争や観衆の存在といった環境要因と，その出来事を重要と評価するといった個人内要因によって左右される心理的な状態（状態的）の両方あり得るということである。どちらの場合も，情動の評価理論や認知－動機づけ－関係理論が示しているのは，不安とは，ある特定の病理と特徴的な性質を伴う情動である，ということだ。

また，理論的には，不安と**覚醒**は区別されている。不安には，身体的な要素（例えば，「汗びっしょりの手のひら」「胃の中のチョウチョ」のように物理的に経験される症状）と認知的な要素（例えば，「心配」「集中力欠如」のように心理的に感じられる症状）があるとみなされている（Martens et al., 1990）。身体的な不安は，交感神経系の変化によって引き起こされる生理的覚醒を伴い，認知的な不安は，そのように覚醒状態を高める解釈システムを通して身体面と結びついている。もちろん，覚醒そのものは不安ではない。しかし，覚醒は不安のプロセスに含まれている（Bagozzi et al., 2002）。例えば，身体的な不安は，生理的な覚醒そのものではないが，その人の覚醒症状の認識である。覚醒は，その人の生理的心理的状態が活性化した状態だと考えられることが多い。そのため，覚醒は1次元的な「動機づけ概念」（Landers, 1980）として定義され，非常に深い睡眠から過覚醒までの連続体上で作用すると考えられる。覚醒は，心拍・血圧・発汗率を高めたり筋緊張をもたらしたりする自律神経系や血中ホルモンの変化によって，生理学的に表に現れる。不安な状態にあるとしばしば覚醒が高まるが，情動に関する評価理論や認知−動機づけ−関係理論によれば，どんな情動が喚起されるかは覚醒の解釈の仕方によるとされる。重要なのは，覚醒は不安を喚起する可能性の高い個人内変数だが，覚醒の高まった人が全員不安になる訳ではない。覚醒の病理という意味では，覚醒は不安反応に対して必要条件ではあるが十分条件ではない。したがって，覚醒は常に不安反応を伴う訳ではなく，初期の心理生理学研究は，覚醒の解釈によって伴う情動もさまざまであることを示した（例えば，Schacter & Singer, 1962）。最近の評価理論では，覚醒は不安のような情動反応に含まれるけれども，覚醒を生じさせる状況の評価の仕方に応じてそれぞれ特定の情動反応パターンがあると考えられている。

特性と状態の区別

　不安の測定に携わった初期の研究は，不安の特性面だけを考慮していた。不安は，パーソナリティの安定した一側面とみなされたために，本質的に特性のようなものだと考えられていた。ただ，そこでは，不安は，厳密な意味で完全にパーソナリティ的なものという訳ではなかった。というのも，不安傾向は，生得的な要素と学習的な要素の両方があると考えられていたからだ。サラソンら（Sarason et al., 1960）のような初期の研究者は，様々な状況で不安反応を左右する一般性質として不安を捉えた尺度を作成した。つまり，人は，その特性不安のレベルに従って特徴的な行動パターンを示すだろうと考えられていた（Frijda, 1994を参照）。

　しかしながら，スピルバーガーら（Spielberger et al., 1970）は，特性として

の不安概念による説明では，十分満足のいく結果は得られないと述べた。彼らは，不安は状態的な性質と特性的な性質の両方を備えていると主張した。状態不安は，自律神経系の覚醒を通常伴う懸念と緊張の感覚として定義された（Spielberger et al., 1970）。特性不安は，ある状況における不安状態の分散をある程度説明するが，不安の状態レベルの全分散を説明することはできない。というのも，そのような状態レベルは，身近な状況要因やそれに関する個々人の解釈によって規定されているからである。こうした前提は，認知や情動に関する評価理論の先駆であることは明らかだ。このように特性不安は，曖昧な状況を脅威と解釈する個人の傾向を示す指標として働くとされた（Frijda, 1994）。一方，状態不安とは，ある状況において，性格的な要因と状況的な要因のあらゆるものを考慮した上で生じる，実際の不安レベルである。そこで，スピルバーガーらは，この両要素を測定する目録，状態−特性不安目録（STAI）を作成した。その後，不安に関する検証がスポーツ心理学の分野でもみられ，そこでは競技スポーツにおける不安の特性要素（競技不安診断テストSCAT）と状態要素（状態競技不安目録CSAI）が測定された（Martens et al., 1990）。CSAIは，特にこの分野では興味深くかつ重要である。なぜなら，CSAIは，不安の身体的要素と認知的要素を分離するだけでなく，第3の要素である自信も含んでいるからである。この自信という要素は，不安の「ポジティブ」な面を説明するものであり，スポーツパフォーマンスに関する情動関連尺度の因子分析的研究から抽出された。CSAIとその改訂版に関するより詳細なレビューは，本章で後ほど紹介する。

3 スポーツにおける不安に対する社会心理学研究の応用

スポーツにおける不安の学術的研究は，マーテンスら（Martens et al., 1990）がこの概念を測定する最初の正式な尺度を作って以来，変化を遂げてきた。この変化は，社会心理学とパーソナリティ心理学の領域一般における情動研究の発展を反映したものだ。競技スポーツにおける不安の理論は，パーソナリティ心理学の初期の研究で培われたが（Gould et al., 2002），そこでは，不安は特性か，少なくとも特性的な概念として考えられていた。ただ，そのように構築された理論は，行動を予測する説明力に限界があった。その限界は，尺度が一般的すぎて，ある特定の状況における行為やパフォーマンスとの関連が示せなかったという点に起因している。スピルバーガーらは，不安は特性と状態という形式に分けるべきだという仮説を主張して，この目的のためにSCAIを作成した。現在のスポーツ心理学者は，この不安モデルを支持している。

スポーツ心理学での不安研究における状態と特性の区別は，両要素を測定する尺度作成に反映されている。マーテンスは，懸念と緊張の感情を伴う脅威として競争的状況を解釈する傾向を特性不安と定義し，その特性不安を測定するためにSCATを作成した（Martens et al., 1990）。そして，スピルバーガーらの状態不安と特性不安の区別にならって，マーテンスらは，スポーツにおける特定の競争的状況において感じるその時の一時的な緊張と懸念の感情を状態不安と定義し，CSAIを作成した。CSAIはスピルバーガーらのアプローチを採用していて，元々のSTAIの項目を多く使っているが，競争的状況に関連深い項目も加えた。尺度構成のためのその後の研究は，状態競技不安の1次元的な測度としてCSAIの信頼性と妥当性を支持している。ただ，テスト不安に関する心理生理学的研究の最近の流れでは，次のようなことがいわれている。それは，競争的な状況では，不安反応として解釈される生理的覚醒を伴うことの多い，不安状態の感覚の経験的症状すなわち身体的な不安と，認知的な不安とよべる心理的な混乱・緊張・心配とを区別すべきである，という点である。さらに，バートン（Burton, 1988）の独創的な研究は，不安とパフォーマンスの関係について包括的に評価するために，研究者は認知－身体の区別を組み入れた多次元的なモデルを用いる必要がある，と示唆した。

これによって，マーテンスら（Martens et al., 1990）は，認知－身体の区別を明確にしている状態不安尺度として，CSAI-2を作ることになった。そして，尺度の内容を構成するのに，厳密な古典的テスト理論を用いた。マーテンスらはまた，身体的な怪我や全般的な不安のようなスポーツに関わる苦悩に特化した要素も採り入れようとした。最初の項目群に対する探索的な因子分析の結果，3因子が抽出された。1つの因子は，不安の身体的な要素を反映する項目（例えば，「身体が緊張しているように感じる」「びくびくしている」）をはっきり含んでいた。ただ，認知的な不安を測ろうとしていた項目は，2つの異なる因子に負荷していた。その内の1つの因子に負荷している項目の内容は，認知的な不安の項目群のネガティブな側面を反映していた（例えば，「うまくできないのではないかと心配だ」「プレッシャーで息が詰まるのではないかと心配だ」）。一方，もう1つの方の因子の項目内容は，認知的な不安の項目群の中のポジティブなものを反映していた（例えば，「自信がある」「プレッシャーを乗り越えられると確信している」）。これらの因子はそれぞれ，認知的不安と自信と命名された。バートン（Burton, 1988）やマーテンスら（Martens et al., 1990）による不安の多次元モデルを表している最終的な27項目の尺度の構造と内容は，研究的にその後多くの注目を集めた（Burton, 1998; Gould et al., 2002; Craft et al., 2003）。しかし，初期の妥当性研究では，競技前の認知的要素と身体的要素がどの程度かという点で，

CSAI-2の使用に関しては，その構成概念妥当性，因子的妥当性，弁別的妥当性，再テスト信頼性，内的一貫性，予測的妥当性が支持されていたが（Martens et al., 1990)，最近の研究では，こうした初期の分析がいくつか疑問視されている。

CSAI-2は，初期の尺度構成に使われた探索的な分析モデルよりも多くの利点をもつ確認的因子分析を用いて，さらに精錬された（Cox et al., 2003）。ここでの分析から明らかになったのは，この尺度には構造的な問題があり，それは，説明できない分散を多く含む項目が一緒に入ってしまっている，すなわち，仮定される潜在因子を適切に代表しない項目が一緒に入ってしまっている，ということだ。コックス（Cox et al., 2003）は，原尺度から10項目を系統的に除外し，より精選した17項目の改訂版CSAI-2を作成した。この尺度は，その後の確認的因子分析でも，複数のサンプルと優れた適合度を示した（Cox et al., 2003）。

CSAI-2の構成概念妥当性に関する問題に加えて，構成要素間の関係がかなり不安定であるとも指摘されてきた。身体的不安・認知的不安・自信の間の関係は通常，自信と2つの不安要素との間の負の関係，2つの不安要素間の正の関係というようなパターンが，理論的には予測される。シュバンクメッツァーとステフファン（Schwenkmezger & Steffgen, 1989）は，こうした関連性を検証した一連の研究をメタ分析し，関連性は予測通りの方向で，統計的にも無相関ではないことを示唆した。ただ，CSAI-2に関する最近のメタ分析では，不安の要素間の関係は有意であり，それも比較的強いものであり，かつ，予測通りの方向であることが示されてきた（Craft et al., 2003）。こうした結果は，競技不安の多次元的要素は弁別的妥当性がある，という考えを支持するものである。まとめると，因子構造に問題があったけれども，確認的因子分析による尺度の改訂を経てその問題も解消され，CSAI-2は，概念的にも測度的にも十分な性質を有しているようだ。次の節では，不安とスポーツパフォーマンスの関係を検討した研究の成果を紹介していくこととする。

4　不安とスポーツパフォーマンスの予測

不安－パフォーマンス仮説

CSAI-2の妥当性の主な基準の1つであり，多次元的不安理論の重要な仮説に，不安－パフォーマンス仮説というのがある。マーテンスら（Martens et al., 1990）やバートン（Burton, 1998）は，競技が近づくと，不安の3つの要素は，その程度やパフォーマンスに与える影響という点で，それぞれ特徴的なパターン

を表すことを示唆した。まず、自信の値は、競技の前に高まり、その後、競技中に変化しやすいだろうと考えられた。身体的不安の値は、競技のちょっと前までは比較的低く、競技の直前に急速に高まり、その後は急速に低下するだろうと仮定された。認知的不安の値は、競技の前に高まった状態となり、競技の開始時に弱まるが、競技中変化しやすい、特にオープンスキルの場合そうなるだろうと予測された。概して、競技前の不安レベルの一時的な変動の予測は研究によって支持され、競技が近づくにつれて、こうした不安レベルがスポーツ関連の認知的課題や運動課題に悪影響を及ぼすことが示された（Martens et al., 1990）。さらに、自信の値は、競技に向けてずっと安定しているのだが、競技直前や競技中になると低下しがちである、ということが分かっている（Martens et al., 1990）。

また、マーテンスらは、身体的不安・認知的不安・自信といったそれぞれの要素と、競技に先立って変化するパフォーマンスとの間の関連性の強さについても予測した。彼らは、ゴルフの選抜選手を対象に、競技のない時（競技の1～2日前）、競技前（競技の1時間前）、競技中（前半9ホール終了後）におけるパフォーマンスと認知的不安・身体的不安の関連を検証した研究を報告している。そこで分かったのは、競技のない時や競技前の認知的不安と身体的不安のレベルは、前半のパフォーマンス（前半9ホール）を左右することはなかったが、後半のパフォーマンス（後半9ホール）を有意に予測するということだった。これによって、競技前の状態不安は後のパフォーマンスを妨害するが、出来事のちょっと前に高まる不安が直後のパフォーマンスを妨げるといった良くある話とは違う、ということが実証的に示されたことになる。さらに、この研究から得られた知見は、認知的不安と身体的不安がそれぞれパフォーマンスに異なる影響を及ぼす、ということを支持しなかった。どちらの不安要素も、その影響の仕方は同じであった。ただ、その後になされた調査で、競泳選手を対象に、認知的不安とパフォーマンスの間に強い負の関連があること、自信とパフォーマンスの間に正の関連があること、身体的不安とパフォーマンスの間には曲線的な関連があることが示された（Burton, 1988）。こうした結果は他の研究でも支持されたが、マーテンスら（Martens et al., 1990）によって示されたような、関連性の時間的なパターンは一貫した支持を得られていない。

不安 – パフォーマンス関係のメタ分析

これまで数多くの研究によって不安 – パフォーマンス関係が検証されていて、その大半が不安を測定するためにCSAI-2を用い（Burton, 1998）、不安の多次元モデルを採用してきた（Burton, 1988; Martens et al., 1990）。妥当性を検証した研究の初期の結果は期待できそうな感じであり、認知的不安がパフォーマンス

に及ぼす影響はネガティブであり，自信がパフォーマンスに及ぼす影響はポジティブであり，身体的不安はパフォーマンスに対して曲線的な関係を示す，ということがわかった（Burton, 1988）。興味深いのは，課題の複雑さと持続時間が身体的不安－パフォーマンス関係に対してもつ役割については，一貫した結果が得られなかった。さらに，その後の研究結果でも，不安の3つの要素に関して，不安－パフォーマンス関係の一貫した知見は得られていない。

こうしたどっちつかずの結論をはっきりさせようと，クラフトら（Craft et al., 2003）は29の研究のメタ分析を行ない，CSAI-2の多元的要素とスポーツパフォーマンスの関連を検証した。その結果，身体的不安・認知的不安・自信の3つの下位要素間に有意な強い内部相関がみられ，その弁別的妥当性が支持された。パフォーマンスを従属変数として3つの不安要素の重回帰分析をする際，希薄化の修正を行なった相関係数を用いたところ，全ての研究を通して，不安の各要素がスポーツパフォーマンスに特有の影響をもっていると評価された。すなわち，希薄化修正済みの有意なベータ値（βc）が，パフォーマンスと認知的不安（$\beta c = 0.13, p < 0.05$），身体的不安（$\beta c = 0.09, p < 0.05$），自信（$\beta c = 0.36, p < 0.05$）との間に見い出された。ただし，これらの修正済み相関に関する均質性テストの結果，変数間の関連性は研究ごとに均質でないことが示された。つまり，標本誤差を調整しても，変数間の関連性の中に占める誤差分散のかなりの部分が，依然として説明されずに残ったままということだ。これは，そうした関連性が何らかの調整変数の影響を受けている，ということを意味している。

クラフトらはまた，いくつかの調整変数の影響も検討した。すなわち，スポーツの種類（チーム／個人），スキルの種類（オープン／クローズド），アスリートの種類（エリート／ヨーロッパのクラブ選手／大学生アスリート／体育専門の大学生），CSAI-2の施行時（パフォーマンスの15分前以内／16～30分前／31～59分前／1～4時間前）の影響だ。仮説としては，個人スポーツの選手は不安レベルを高く報告するだろう（Beedie et al., 2000），チームスポーツのような，パフォーマンスに基づいたオープンスキルは，ゴルフやボートレースのようなクローズドスキルよりも，他の競技者と接触したり環境が刻々と変化したりするために，不安レベルに影響を受けるだろう（Terry & Youngs, 1996），エリートのアスリートは，趣味のアスリートよりも，その競技に慣れてはいるが，パフォーマンスに対して不安の影響を強く感じているだろう（Kliene, 1990），不安測定の時期が競技に近いほど，不安はパフォーマンスをより強く予測するだろう（Martens et al., 1990），と考えられた。結果としては，個人スポーツのアスリートについて，また，オープンスキルのスポーツについて，パフォーマンスに対する不安の3要素全ての希薄化修正済みのベータ値が有意であった。こうした知見

は，これまでの理論を支持するものである。すなわち，時々刻々と変化する環境や他の競技者との相互作用はおそらく，選手に対してより多くの要求を課すために，パフォーマンスに関わる不安反応を高めるのである。なお，同様に，個人スポーツの選手は，不安－パフォーマンス関係をより強く示す，特に自信との関連を強く示すようにみえる。これは多分，不安レベルを調整するチームメートがいないことや，1人で競技を行なう場合にはプレッシャーが強まることが理由だろう。

エリートアスリート，特にヨーロッパのクラブに所属するアスリートの不安と自信は，他のアスリート群に比べて，パフォーマンスに強い影響をもっていた。面白いことに，このレベルのアスリートだと，認知的不安と身体的不安がパフォーマンスにポジティブな影響をもっていた。これは，後でレビューする促進的不安モデルを示唆するものだ（Jones et al., 1994を参照）。逆説的なのは，CSAI-2で得られた不安レベルは，競技のずっと前や直前と比べて，中程度に前の時点（31～59分）で，最も影響力があるようにみえた。これは，主観レベルの不安がパフォーマンスに影響するまでにはタイムラグがあることを示唆している。というのもおそらく，自己報告による不安レベルは，その時点の不安を表していないかあるいは不正確な報告である一方，不安の末梢反応指標は，競技まで時間があるので関連はみられないからだ。まとめると，メタ分析によって，認知的不安と身体的不安はスポーツパフォーマンスに関連していて，スポーツの種類・スキルの種類・アスリートのレベル・競技までの時間によって調整されるけれども，パフォーマンスに対してはわずかな影響力しかもたない，ということが示唆される。なお，自信は，他の不安要素と比べて，パフォーマンスに強い影響を及ぼし，一貫した関連性をもっている。すなわち，こうした結果は，自信という変数の重要性を指摘するものであり，不安研究に対する認知的なアプローチを保証するものであり，よりポジティブな認知的感情的状態を促進する手段こそが，スポーツパフォーマンスを改善するのに非常に有効だということを示唆している。

逆U字仮説

最初に，覚醒は不安と同義語ではないと述べた。実際，情動の認知理論の中には，覚醒のような生理的変化は情動表出に必要な訳ではなく，そうした覚醒状態はそこで感じられる情動のアーティファクトである，とするものもある（Smith et al., 1993）。ただ，心理生理学的な理論や研究は，不安のような情動の表出における覚醒の存在を暗示してきた（例えば，Schacter & Singer, 1962）。不安の多次元モデルは，覚醒の症状は不安の認知的な要素とは分かれていて，これを身体的不安とよぶ，とはっきり述べている。したがって，このモデルが暗に意味す

るのは，生理的な覚醒は，競技不安を喚起させるパフォーマンス状況に伴うと予想される，ということだ。不安を喚起する競争状況における覚醒の役割は否定できない訳で，覚醒の役割をどう捉えるかが，競技スポーツにおける不安のプロセスを理解することにとって必要不可欠である。

　スポーツにおける覚醒についての初期の理論は，ヤーキスとドッドソン（Yerkes & Dodson, 1908）の提唱した，覚醒とパフォーマンスの単純な直線関係が発端となっている。これは，マウスを用いた実験で，生理的に覚醒している時の方が，複雑な迷路を通り抜けるのが上手いことをヤーキスとドッドソンが観察したことに由来している。彼らは，生理的覚醒が高まった状態によって，渇きや飢えのような内的な生理的欲求を満足させようとする力が強められると仮定し，これを「動因」理論と名付けた。競技スポーツでは，高まった生理的覚醒が，競技に対する心理的生理的準備を促すだろうと仮定され，理論的には，覚醒が高まるほど，準備もよくなされ，それゆえにパフォーマンスもよくなると示唆された（図6.1の破線を参照）。しかしながら，競技スポーツでは，覚醒レベルが中程度の時と比べて，覚醒が非常に低いあるいは非常に高いレベルだと，細かい運動スキルや複雑な認知課題のパフォーマンスが落ちるという現象が見られ，ここから研究者らは，最適レベルの覚醒こそがパフォーマンスに最も効果的であるということを提唱した（Oxendine, 1970; Landers, 1980）。この関係は，最適覚醒理論あるいは**逆U字仮説**とされた。これは，覚醒－パフォーマンスの関係を表す線が曲線の形をしているために，そう名付けられた（図6.1の実線を参照）。実際，オクセンダイン（Oxendine, 1970）は，大まかな運動活動や大きな筋肉群を必要とするスポーツでは（例えば，ボクシング，陸上競技，ウェイトリフティング），高いレベルの覚醒が最適なパフォーマンスには必要であると考えられると示唆した。しかし，非常に細かな運動スキルが求められるスポーツでは（例えば，ゴルフ，スヌーカー，ダーツ），ずっと低いレベルの覚醒が最適なパフォーマンスにとって重要とみなされた。おそらく，100mスプリンターの最適なパフォーマンスに結びつくような覚醒のレベルでは，ビリヤード選手のパフォーマンスを弱めてしまうだろう。このように，様々な逆U字関係が，それぞれのスポーツごとに存在していて，それは，動きの質が大まかか細かいかといった観点で，そのスポーツに求められる特徴に左右されるのだろう（図6.1に示した，スプリンターとビリヤード選手の線を参照）。

　逆U字仮説は，その予測の鮮やかさと明確さから魅力的であるが，その一方で，様々な種類のスポーツの中での覚醒の役割やスキルの性質を単純化しすぎているために批判もなされてきた（Jones, 1990）。実際，ランダース（Landers, 1980）は，最適覚醒理論は大半のスポーツに含まれる細かい運動スキルと大まかな運動

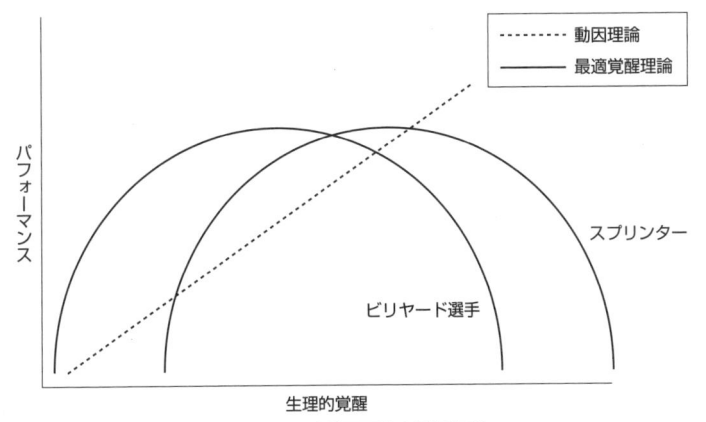

図6.1　最適覚醒理論と動因理論

スキルの複雑な混ざり合いを説明できないと示唆した。例えば，サッカーは，ピッチ上を動き回るのに幾度もの全力疾走や持続的なランニングが必要という意味では，大まかな動きからなっているし，同時に，ボールコントロール・ドリブル・ターンに含まれる細かいスキルも必要だ。それゆえ，こうしたスポーツは，運動スキルについて大まかさや細かさといった範囲の両極からなる連続体上では，分類することが難しい。最適覚醒理論の批判として他には，パフォーマンスと不安の関係を単に記述しているだけであり，覚醒が低すぎたり高すぎたりする時になぜパフォーマンスが最適にならないのかを説明していない，という点に向けられた。多次元的不安理論は，高まった覚醒の「感知される」症状の指標として身体的不安を組み込むことによって，不安と覚醒の関係についてのより良い説明を与えようとした（Burton, 1988）。さらに，覚醒－パフォーマンスの関係における曲線形は，適切でないとして批判されており，より複雑な関係があることを，ハーディら（Hardy, 1990; Hardy & Parfitt, 1991）が提唱している（本章の，カタストロフィ理論を参照）。まとめると，覚醒は，競争状況での不安のような情動的反応に伴うものであり，最適覚醒理論は，覚醒－パフォーマンス関係についての初期の理論的基礎となった。しかし，この理論の限界から，不安の認知理論に基づいて，覚醒－パフォーマンス関係をより洗練された形で説明することが望まれるようになった。

5 スポーツにおける不安の先行因：理論的アプローチ

ここまでのところ，本章の焦点は，不安がスポーツパフォーマンスに対してもつ役割を検証することであった。しかしながら，ちょうど不安がスポーツパフォーマンスの先行因であるように，社会心理学の理論は，競争状況において高い不安をもたらす多くの先行因を同定してきた。そうした先行因は，特に介入のための鍵となる変数に的を絞ることと関連している。例えば，多次元的不安理論の仮説が予測するように，認知的不安の低減に随伴して結果的にパフォーマンスが向上するとすれば，認知的不安を低減する心理学的な変数が，有効な介入目標となるだろう。この意味で，そうした心理学的な概念は，不安を媒介してスポーツパフォーマンスに間接的な影響力をもっているということになるだろう（図6.2を参照）。すなわち，社会心理学領域で媒介モデルを支持する研究者らの提案する通り，（特性競技不安や目標志向のような）背景にある特性的な概念は，目の前にある状態的な不安概念を規定し，その不安概念がスポーツパフォーマンスを予測するだろうと考えられている。

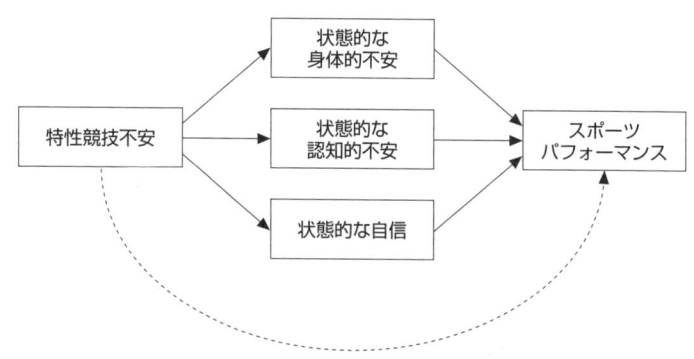

図6.2 階層的な不安とパフォーマンスに関する媒介モデル

特性不安

先にも述べたように，多次元的不安理論の中でマーテンスら（Martens et al., 1990）が，アスリートのベースラインの不安もしくは「標準的な」不安を説明するために採用している指標の1つは，特性不安を統制するためであった。特性不安の影響を取り除くことによって，競争状況において不安になりがちな一般的傾

向の影響を統制し（不安－パフォーマンス関係の個人内相関を用いて全対象者の特性不安を統計的に同レベルに設定する），その場の状態不安がパフォーマンスに及ぼす独自の影響を検証することが可能になる。そうなると，パフォーマンスの予測に関心のある研究者にとっては，特性不安は状態不安の分散を説明するのかどうか，さらに重要なのは，特性不安はスポーツパフォーマンスの分散を説明するのかどうか，特性不安－パフォーマンス関係は状態不安によって説明されるのかどうか，ということが興味深い問題となってくる。この辺りがはっきりすれば，不安のトップダウン的な階層モデルの提唱へとつながるだろう。すなわち，図6.2に示すような，行動に関する階層的な社会的認知モデル（例えば，Vallerand, 1997）と一貫した，一般的全体的概念からより特定的状況的概念へと向かうものである。

　これまでの研究で，特性不安とCSAI-2の各要素との間に有意な関連があることが示されてきた（Gould et al., 1984; Yan Lan & Gill, 1984; Crocker et al., 1988）。特定の要素ごとにみると，認知的不安と身体的不安に関するそれぞれの予測は，はっきりした結論が出ていない。ある研究者は，認知的要素と身体的要素の両方とも特性不安との間に強い関連があることを見い出しているし（Gould et al., 1984），ある研究者は認知的要素（Crocker et al., 1988）と，ある研究者は身体的要素（Yan Lan & Gill, 1984）とのどちらかだけ，関連があることを示している。さらに，自信の特性指標は，自信の状態指標を予測していた（Vealey, 1986）。ただ，ほとんどの研究が，状態不安レベルからスポーツパフォーマンスを予測しようとする時に，不安の特性レベルを統制していない。今後の研究では，特性不安を統制するのが分析として有効だろう。

目標志向と動機的志向

　スポーツにおける意図と行動に関する社会的認知理論は，社会的認知変数こそが競技不安の重要な先行因であると考えてきた。スワンとジョーンズ（Swan & Jones, 1992）やホールとカー（Hall & Kerr, 1998）は，競争志向と目標志向の考えに基づいたアプローチを採用した。この考えは，ジルとディーダー（Gill & Deeter, 1988）やデューダとニコルス（Duda & Nicholls, 1992, 第5章を参照）が先駆けとなったものであり，状態競技不安の個人内の先行因を説明するものである。スワンとジョーンズ（Swan & Jones, 1992）は，複数の競技志向を測定し，CSAI-2の競技不安の3つの要素とそれらを関連づけた。スポーツ志向質問紙（Gill & Deeter, 1988）を用いて，トラック競技とフィールド競技のアスリートの競技志向と勝利志向のレベルを測定した。勝利志向や競争志向は，不安レベルと非常に強い関連があるだろうと予想された。結果は，競争志向は不安の要素3つ

全てと強い関連があるけれども,勝利志向はそうではなかった。重要なのは,競争志向と身体的要素・認知的要素との間に負の関連がみられたことである。これは,自分自身をあまり競争的でないと捉えているアスリートは,最も不安を示しやすいということを示唆している。一方,競争志向と自信要素との間に正の相関があったことからもわかるように,自分自身を競争的だとみているアスリートの方が自信満々なために,競争状況を上手く乗り切ることができるようだ。

こうした知見は,目標志向と状態競技不安の間の有意な相関によって支持されてきたが,関連性は一貫している訳ではなかった。例えば,デューダら（Duda et al., 1995）は,自我志向が,多くの競技スポーツ中のアスリートの認知的不安の程度を規定することを見い出した一方で,オモンドセンとペダーセン（Ommundsen & Pedersen, 1999）は,自我志向と認知的不安の間に関連を見い出さなかった。その代わりに彼らは,課題志向と知覚されるコンピテンスが認知的不安に対して有意な負の予測をすること,知覚されるコンピテンスが身体的不安に対して負の予測をすることを明らかにした。そして,ニュートンとデューダ（Newton & Duda, 1995）は,目標志向よりもむしろ,パフォーマンス結果についての期待が,認知的不安や自信を予測する最大の要因であることを示した。こうした結果から,目標志向の役割は一貫していないこと,知覚される能力やコンピテンスという形で表されるパフォーマンスへの期待の方が,競技不安レベルの分散をよりよく説明することが示唆される。

目標志向のような社会的認知変数が不安や情動に対してもつ役割を含む評価・対処プロセスについて,動機づけに関する認知－動機づけ－関係理論を採用することで,より包括的なモデルが提供されてきた。ゴードリューら（Gaudreau et al., 2002）は,スポーツ選手を対象に,競技の2時間前・1時間後・24時間後における,目標志向とネガティブ感情（不安を含む）の関係を説明するために,対処可能性のもつ役割を検証した。結果は,その人の目標志向がどのくらい個人的でパフォーマンス関連的かを示す相対的な指標である,課題志向と自我志向の不一致が,ポジティブ感情およびネガティブ感情と有意に関連していた。重要なのは,計画立案のような積極的な対処方略が,目標志向の不一致とポジティブ感情の関係を媒介していて,その一方,競技からの逃避が,目標志向の不一致とネガティブ感情の関係を媒介していたことだ。これは,適応的な対処方略が,個人的な目標志向とポジティブな感情反応に関わるような,状況の認知的評価を決めていること,また,消極的な対処方略が,個人的な目標志向とネガティブな感情反応との間の関係を支えていることを示唆するものである。こうしたことは,計画立案のような積極的な対処方略が適応的な機能をもっていることを意味している（Gaudreau et al., 2002）。

目標志向・動機づけ雰囲気・不安

　動機づけ的な志向性が状態競技不安を予測するという証拠から，研究者は，不安反応を喚起するような，知覚される競争環境や動機づけ雰囲気の特徴も検討してきた。動機づけ雰囲気が目標志向やその時の動機づけに影響を及ぼすことを支持する研究があることから（Duda, 1993; Seifriz et al., 1992; 第5章を参照），スポーツ選手において，目標志向は，知覚される動機づけ雰囲気が不安状態に及ぼす影響を媒介するだろうと仮定されてきた。ヌトウマニスとビドル（Ntoumanis & Biddle, 1998）はこの仮説を支持し，チームスポーツのアスリートにおいては，動機づけ雰囲気が直接的には状態不安の各要素に影響を及ぼさないことを示した。その代わり，パフォーマンス志向あるいは自我志向な動機づけ雰囲気の知覚が，自我志向と自信を媒介として，認知的不安と身体的不安に正の効果をもっていることが検出された。改めて，達成目標志向が不安に及ぼす影響において，自信のもつ役割は広いことがわかる。

　この仮説をさらに確かめようと，ホワイト（White, 1998）は，達成目標志向の役割を検証する中で，青少年のアスリートにおいて，親によって作られる動機づけ雰囲気が特性競技不安に及ぼす影響をみた。その結果，課題志向の得点が低くて自我志向の得点の高いアスリートは，親によって醸し出される動機づけ雰囲気を，少ない努力で成功を求め，失敗を恐れさせるような雰囲気である，とみていることが示された。この群は，特性競技不安が最も高かった。すなわち，動機づけ的に課題志向が低く自我志向が高いアスリートは，親によって生じる雰囲気が成績重視であると思っていて，競争状況を不安喚起的だと解釈している可能性がより高いということだ。研究の方向性としてはさらに，こうした関連性の因果的な性質を検証すること，つまり，成績重視の動機づけ雰囲気が課題志向の低い動機づけを生み，競技においてより高い不安を感じやすい傾向を生むのかを確かめることが必要だろう。

　介入という点では，ヨー（Yoo, 2003）が最近，テニスのクラスに通う青年を対象に，目標志向と競技不安のレベルを変容させるための介入を報告している。参加者は，課題を重視した動機づけ雰囲気の漂うクラスか，成績や自我を重視した動機づけ雰囲気の漂うクラスに，6週間，割り当てられた。その結果，課題重視の動機づけ雰囲気のクラスに通った参加者において，成績レベルは有意に上昇し，認知的不安や身体的不安のレベルは有意に低下した。一方，自我重視の動機づけ雰囲気に曝された参加者においては，不安は変化せず，成績レベルは有意に低下した。この補足資料は，アスリートにおいて，知覚される動機づけ雰囲気・達成目標志向・不安レベルに関連があることを支持するものであり，全体を覆う

雰囲気を変えることで，介入が不安レベルを低減できることを示している。

6 スポーツにおける不安に関する最近の理論

強さと向きの違い

　前節では，不安の下位要素に先行する社会的認知の要因について論じた。そこでは，認知的要素と身体的要素の影響を低める雰囲気や介入に焦点を当てた。これは，不安，特にその認知的要素が，パフォーマンスを損なうあるいは弱める効果があると仮定していて，アスリートの不安反応の程度あるいは強さにだけ焦点を当てている。ただ，最近の研究では，認知的な不安や身体的な不安の高まりがパフォーマンスに対してポジティブなあるいは促進的な効果をもつ可能性について検証されている。ジョーンズら (Jones et al., 1993; Jones et al., 1994; Jones & Swan, 1995) は，パフォーマンスを弱める効果をもつのはアスリートの不安反応の強さそのものではなく，むしろ，不安反応の解釈あるいは向きこそがその影響力を決定するだろうと仮定した。彼らは，競争状況を脅威と解釈する評価とともに，コーピング能力についての2次的評価あるいは脅威状況に対処する資源についての統制感が，不安反応を促進的と解釈するか抑制的と解釈するかを決めるだろうと提案した。

　不安の抑制−促進効果という概念を支持する研究は，第1に，不安の方向性がパフォーマンスを予測するかどうか，第2に，統制に関連する概念が不安反応の方向性を調整するかどうか，に焦点を当ててきた。もしこの理論が正しくて，動機づけについての認知−動機づけ−関係理論と一貫しているのならば，高い統制感と自己効力感をもつスポーツ選手は，不安を促進的と解釈して，方向に関する不安得点とスポーツパフォーマンスの間により強い関連を示すだろう。ジョーンズら (Jones et al., 1993; 1994; Jones & Swan, 1995) は，CSAI-2と一緒に実施される，状態競技不安の方向性を測る尺度を作成した。それは，CSAI-2方向性改訂版 (DM-CSAI-2) (Burton, 1998) として知られるようになった。この尺度で，回答者は，CSAI-2に出てくる不安症状を促進的か抑制的かラベルづけするあるいは解釈するように求められる。研究的にも，認知的不安と身体的不安の強度と方向の要素は，弁別的妥当性と予測的妥当性があることが示された (Jones et al., 1993; Jones et al., 1996)。ジョーンズら (Jones et al., 1996) は，高いポジティブ感情を報告するスポーツ選手は不安をより促進的と解釈しているが，ネガティブ感情と抑制的不安については随伴したパターンは見い出されないこと

を明らかにした。メラリューら（Mellalieu, Hanton, & Jones, 2003）は，不安を促進的に解釈するアスリートすなわち「促進者」は，競技に向けられた自分の感情状態をポジティブにラベルづけするのに比して，「抑制者」は競技に向けられた自分の感情経験をネガティブに解釈する，ということを見い出した。

不安の方向がパフォーマンスに及ぼす影響を検証した研究は主に，方向に関する下位尺度上で不安の高い群と低い群の2群にアスリートを分けてきた。こうした研究が一貫して示してきたのは，認知的不安と身体的不安の両下位尺度上での不安反応の強さは，その方向性に拘わらず，選手ごとに一貫しているということであり，これは方向得点を考慮する必要性を際だたせるものだ。重要なのは，方向得点がパフォーマンスと強い相関をもっていて，より良い選手は不安を促進的であると報告することだ。例えば，ジョーンズら（Jones et al., 1993）は，平均台競技で「優れた」パフォーマンスを見せる体操選手は不安を促進的と報告するのに対して，優秀でない選手は不安を抑制的と報告することを明示した。さらに，バスケットボール選手において認知的不安の方向得点とパフォーマンスとの間に直線的な関係がある一方で，認知的不安と自信の強度得点はパフォーマンスと逆U字関係にある，ということが研究によって明らかにされた（Swain & Harwood, 1996）。これは，スポーツ選手の不安方向得点に介入することは，パフォーマンスにポジティブな効果を随伴してもたらす可能性が高いことを示している。したがって，理論の最初の前提，すなわち，促進的不安を高く報告する選手はパフォーマンスが良いという前提は支持された。また，大まかな運動スキルと細かい運動スキルを伴うスポーツにおいて，弁別的妥当性と予測的妥当性が示されたことになる。

その後の研究も，能力・目標達成・自信といったコンピテンス関連の変数が，不安の方向要素とパフォーマンスの関係性に及ぼす影響に焦点を当ててきた。例えば，エリートの水泳選手とクリケット選手は，非エリートの選手よりも，不安を促進的と解釈していることが分かったが，その際，不安の強さのレベルは群間で違いはなかった（Jones et al., 1994）。さらに，ジョーンズとハントン（Jones & Hanton, 1996）は，目標到達についてポジティブな期待をもつ水泳選手は，目標到達の期待が曖昧だったり低かったりする水泳選手よりも，促進的不安を高く報告することを見い出した。別のコンピテンス関連変数である自信は，不安を促進的と解釈するアスリートにおいて高いことが示されている（Jones et al., 1993; 1994; Edwards & Hardy, 1996）。1つの可能性としては，自信要素は，促進的不安の方向得点がパフォーマンスを予測する際のプロセスとなっている，つまり，そこには交互作用的な効果があるかもしれない，ということだ。今後の研究は，自信とパフォーマンスの間の交互作用について，さらに検証する必要があるだろ

う。先行研究の知見に基づけば，そうした研究では，不安を促進的に解釈し高い自信を示すスポーツ選手は，最高レベルのパフォーマンスを示すだろう，という仮説を検証することになる。

　最近では，不安症候群の促進的な解釈をいかに伸ばすかという問題が，研究テーマとなっている。研究者は，適応的な不安の方向を示すアスリートが採用している方略を同定し，そうした知見に基づいた介入を考案しようと試みてきた(Hanton & Jones, 1999a; 1999b)。ハントンとジョーンズ(Hanton & Jones, 1999a)は，促進的な不安解釈を一貫して報告するエリート水泳選手に面接をして質的に分析し，スポーツ選手における認知的不安と身体的不安の促進的な解釈の効果を支持するような，実証的研究を追跡的に行なった。面接内容を分析した結果，エリート水泳選手は鍵となる多くの方略を獲得していて，感覚的に身に付けたものもあれば，正式な心理学的スキル訓練を通して身に付けたものもあり，それらは目標設定・イメージ・セルフトークを含む不安症候群の促進的解釈に関わるものであることが明らかとなった。こうした研究に基づいて，ハントンとジョーンズ(Hanton & Jones, 1999b)は，競技前に抑制的な解釈を一貫して報告するエリート水泳選手を対象に，不安の促進的解釈をもたらす介入法を開発した。10回の競技を通して，個性記述的な事例研究を行なったところ，介入に関わった4名の水泳選手のうちの3名が，促進的解釈を報告するようになった。また，この変化は，介入後のフォローアップでも引き続きみられた。こうした結果は，不安反応の解釈を変容するために認知的介入が有効であることを支持するものであり，また，情動の認知－動機づけ－関係理論に基づく問題焦点型対処方略と情動焦点型対処方略といった考えとも一致している。

　まとめると，ジョーンズ(Jones, 1995)の不安制御モデルは，不安－パフォーマンス関係についての研究を発展させ，不安がパフォーマンスに及ぼす影響は単にネガティブなものだけではないことを示した。ただ，この理論は多くの研究者によって批判もされてきた。ある研究者は，DM-CSAI-2の妥当性に疑問を投げかけた。つまり，方向の指標は，CSAI-2の厳密な開発に匹敵するやり方で正式な妥当性を十分得るには至っていない，と示唆されている(Burton, 1998)。また，方向指標の概念についても疑問が呈された。つまり，方向指標は，ジョーンズ(Jones, 1995)が指摘しているポジティブ感情あるいは「興奮」を測っている指標なのではないか，ということである。今後は，特にポジティブ感情の指標という側面から，方向要素の妥当性をさらに検討していく必要がある。また，DM-CSAI-2における不安の方向要素は，状態不安と特性不安の指標に沿って測定されることを考えると，方向尺度は，得点の個人内変動が大きい強度尺度と相互作用するだろうと推測する研究者もいる(Burton, 1998)。このように，方

向要素は強度要素がパフォーマンスに及ぼす影響を調整すると考えられるが,この仮説はまだ実証的な証拠によって支持されていない(Edwards & Hardy, 1996)。

カタストロフィ理論

促進的-抑制的不安についてのジョーンズ(Jones, 1995)の制御理論に向けられてきたもう1つの限界は,この理論が個人の経験する覚醒のレベルをはっきり説明していない,という点だ。実際,エドワードとハーディ(Edward & Hardy, 1996)は,生理的覚醒のレベルが低い時には不安の強さは促進的な効果を,生理的覚醒のレベルが高い時には抑制的な効果をもちうる,と論じている。こうした知見は,不安の強さや向きとパフォーマンスの間にはもっと複雑なパターンの関係があることを示唆しており,生理的覚醒をスポーツパフォーマンスにおける不安プロセスに関する複雑なモデルに加える必要があることを意味している。大抵直線的で連続的な関数を示すが全体では不連続の関係にあるものを説明するために,ヅィーマン(Zeeman, 1976)がカタストロフィモデルを推しているのに従って,ハーディ(Hardy, 1990)は,最も知られた「カタストロフィ」モデルである「カスプ(尖点)」カタストロフィを用いて,生理的覚醒と認知的不安の影響のために生じるパフォーマンスの不連続性をモデル化しようとした(図6.3)。これがすなわち,**カタストロフィ理論**である。

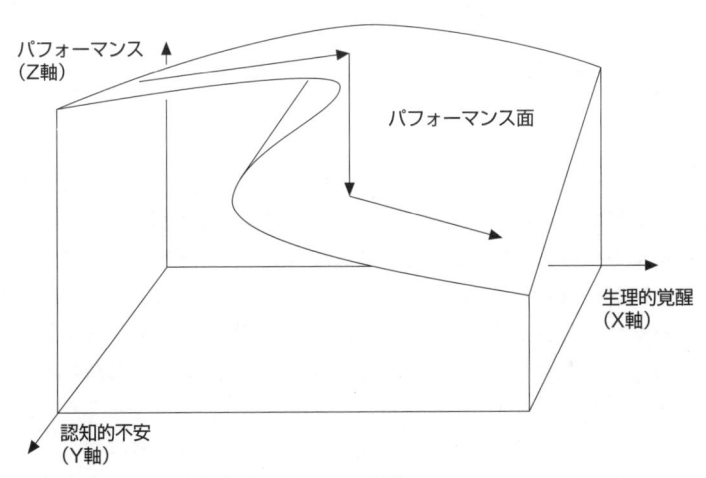

図6.3 ハーディのカタストロフィ理論(Jones & Hardy, 1990, 88)

不安とスポーツパフォーマンスに関する「カスプ」カタストロフィモデルの本

質的な前提は，認知的不安が低い時，生理的覚醒とパフォーマンスの関係は逆U字関係，すなわち，最適覚醒理論で提唱されている連続した予測可能な関係に従う，というものである。逆に，認知的不安が高い時，パフォーマンスと生理的覚醒の関係は，最適覚醒に達するまでは，逆U字関係に沿って変化する。しかし，生理的覚醒が最適ポイントを過ぎるほど上昇すると，パフォーマンスが急な「カタストロフィックな」落下を見せる。このモデルは，3次元のデカルト座標を使うと，うまく例示できる（図6.3を参照）。図6.3には，生理的覚醒・認知的不安・パフォーマンスレベルが，それぞれ，X，Y，Zの軸で表されている。認知的不安が低い時，覚醒－パフォーマンス関係は，図の一番奥の表面に描かれているように，べったりした逆U字関係に沿う。しかし，認知的不安が高まって覚醒が高まると，パフォーマンスはとりあえず，最適覚醒に達するまでは逆U字関係に沿う。これは，図中にあるパフォーマンス面の上の方に記してある矢印線で示されている。そして，パフォーマンス面の「ひだ」のところは，認知的不安が高い条件下で最適覚醒を過ぎるととたんに，パフォーマンスがカタストロフィックに落ち込むことを示している。カタストロフィ理論がユニークなのは，認知的不安と生理的覚醒がパフォーマンスに相互作用的に影響を及ぼすことを明確に述べている唯一のモデルであるという点だ。さらに，ジョーンズの不安制御理論のような他の理論の仮説も，このモデルに組み込むことができる。例えば，認知的不安は，パフォーマンスに対していつも抑制的な効果をもつばかりではなく，覚醒の最適レベルにある時は実際，促進的な効果ももつ。これは，覚醒が最適レベルにある場合，認知的不安が高い時には，低い時よりも，パフォーマンスはおおむね良い，というように説明される（Edwards & Hardy, 1996）。ただし，もし覚醒が高すぎると，認知的不安が高い時のパフォーマンスは，認知的不安が低い時のパフォーマンスよりもおおむね悪くなる。

　重要なのは，パフォーマンスのカタストロフィがいったん起きてしまうと，生理的覚醒と認知的不安のレベルがベースラインに戻るまでパフォーマンスを回復することができないことだ。これは，ヒステリシス（履歴現象）仮説として知られている。図6.3に描かれている通り，ヒステリシス下にあると，生理的覚醒が下がっていく時と上がっていく時とでは，違った経路でパフォーマンスが変化する。すなわち，カタストロフィが起こった後にもし覚醒が上昇し続ければ，パフォーマンスは上がらずに低下し続けるだろう。ただし，よりゆっくりしたペースで下降する。逆にもし覚醒が下降し続ければ，パフォーマンスは回復し始めるけれども，カタストロフィが起こった時よりもずっと低いレベルにまで生理的覚醒が低下しないと回復し始めない。

　もともとのカタストロフィモデルは実験計画的に検証するのが難しいといわれ

ていたが（Zeeman, 1976），カスプカタストロフィのように，特定のカタストロフィの登場によって，不安とパフォーマンスのカスプカタストロフィモデルから導かれる特定の仮説を検証することができるようになった（Hardy, 1990）。ハーディは，初期の理論構築において，その原則を検証する一連の研究を報告している。例えば，ハーディとパーフィット（Hardy & Parfitt, 1991）は，女子のバスケットボール選手を対象に，生理的覚醒と認知的不安がパフォーマンスに及ぼす交互作用とヒステリシス仮説を検証した。カタストロフィモデルの3つの要素，すなわち，生理的覚醒・認知的不安・パフォーマンスを，実験的に操作した。生理的覚醒は，特定の目標ゾーンへ走る練習によって，個々人の心拍を上げることで操作した。認知的不安は，出来事までの時間パラダイムを使って操作した。これは，競技の1日前には認知的不安が上がり，競技の1日後には認知的不安が下がることを示した研究に基づいている。パフォーマンスは，フリースローテストを使って検証した。これは，本研究の参加者にとって生態学的に妥当なパフォーマンステストだからだ。結果は，認知的不安と生理的覚醒が高い時にパフォーマンスにカタストロフィが起こることを支持した。また，認知的不安が高い時のパフォーマンスは，覚醒のレベルが下がりつつある参加者と上がりつつある参加者とでは異なることが示され，ヒステリシス仮説が支持された。また，その後の研究は，生理的覚醒のレベルが低いか中ぐらいの場合，認知的不安が高いとパフォーマンスに対して促進的な効果があるが，生理的覚醒のレベルが高い場合には抑制的な効果がある，ということを支持している（Edwards & Hardy, 1996）。

　ハーディ（Hardy, 1996）は，カタストロフィ理論の原則を整理して，理論を総括的に検証する統計的手続きを提案した。ハーディは，経験豊富なゴルファーを対象にして，CSAI-2による不安の自己報告，生理的覚醒の指標として心拍，パフォーマンスの客観的指標としてゴルフのパッティングを使って，モデルを検証した。ハーディは，直接差異法を用いて，カタストロフィの曲線がデータに適合しているかを検証し，カスプ曲線を支持する証拠を提出した。重要なのは，モデル内の独立変数として自信を含めたことで，モデルの予測力が上昇したことであった。これは，自信はやはり，認知的不安と覚醒がパフォーマンスに相互作用的な影響を及ぼすことに関わっているということを示唆している（Gould et al., 2002）。最近では，カタストロフィモデルを支持する質的研究が広まっている。エドワードら（Edward et al., 2003）は，8名のエリートアスリートを対象としたインタビューから，競技中のパフォーマンスにおける「カタストロフィックな」落下の現象学的な経験について，階層的な内容分析を行なった。そこから，2つのポイントが挙がってきた。1つは，パフォーマンスが突然落ちることと，もう1つはパフォーマンスが継続して悪化することである。こうした突然の急な

パフォーマンスの低下とその後の緩やかな継続的低下は，ハーディ（Hardy, 1990; 1996）の理論とヒステリシス仮説の予測するカタストロフィに特徴的なものである。カタストロフィ理論はこの領域の研究にとって重要だといえばそれも十分だが，モデルの検証は，おそらくその複雑さ故に限られてきたので，特にモデルの総括的な検証という面から，今後更なる研究が必要である。

個人の最適機能域（IZOF）

　これまでのアプローチの多くは，スポーツにおける不安と情動に対する社会心理学的探究に量的経験的方法を採用してきた。それらの焦点は，社会心理学的概念や情動変数における個人差を検証することであった。こうした検証は，主には法則定立的（集団志向的）であり，方法論的な妥当性とサンプルの均質性および代表性の範囲内で，知見をアスリート全体に一般化可能であると仮定されている利点がある。そこでハニン（Hanin, 1995; 2000）は，スポーツパフォーマンスにおける情動の研究に対するもう1つのアプローチとして，**個人の最適機能域モデル**（IZOF）を提案した。このモデルは，情動経験とスポーツパフォーマンスについて統合的な見方を提供するものであり，人と環境の相互作用理論，情動の評価理論，パーソナリティの個性記述的観点と法則定立的観点，一般的なシステム理論，特性と状態の区別，競技に対する心理的レディネスといったものに基づく諸仮説をまとめている。このアプローチは，大きくいえば，個人的あるいは個性記述的なアプローチから出てきたものだが，パフォーマンスの成功時や失敗時における情動経験の個人内および個人間の傾向に基づいて，アスリート全体に一般化しようとも試みている。

　IZOFモデルの目的は，スポーツにおける情動－パフォーマンス関係の全体論的な見方を提供することであり，多くの独特な仮説をもっている（Hanin, 2000）。第1に，情動は，あるスポーツの文脈で個人的な目標が達成される可能性についての認知的な評価から生じる。第2に，アスリートは，時とともにある競争状況に対する特定の情動反応を学習する。第3に，情動反応は，個人・文脈・競技イベントの時間軸に特有である。第4に，情動とパフォーマンスの間には相互因果的な関係がある。最後に，それぞれの情動は，パフォーマンスに対して最適な効果も非機能的な効果も発揮する。要するに，IZOFモデルは，ある競争状況に対するその人の個人的な情動反応がパフォーマンスに及ぼす影響と，パフォーマンスが情動反応に及ぼす影響に注目している。

　IZOFモデルに関する研究の多くは，競技前の不安に焦点を当ててきた。というのも，競技前の不安は，特に個々の状況において，不安を含む情動の多次元性とスポーツパフォーマンスの間の関係性を記述するのに向いているからである

(Hanin, 2000)。不安や，実際はスポーツに関連する他の情動状態に関するIZOFの主な原則は，あらゆるアスリートが，不安や他の情動状態などの情動強度（高中低）の最適レベルもしくは範囲をもっていて，それはスポーツにおいて成功パフォーマンスをもたらす，というものだ。この範囲からはみ出る情動レベル，すなわち，最適レベル以上もしくは以下になると，パフォーマンスにとって抑制的となる。これは，機能域からのインアウトの原則として知られている。そして，成功パフォーマンスに必要な不安の最適域を知るためには，成功（今までで最高の）経験と失敗（今までで最低の）経験を回想してもらうやり方で，各個人の不安の最適レベルを調べることとなる。ハニン（Hanin, 1995）は，長くて4ヶ月ぐらいのかなりのタイムラグの後でさえも，競技前不安の回想内容は驚くほど正確なことを見い出した。これらの研究は，IZOFモデルを支持するものであり，スポーツ選手の不安レベルが最適域をはみ出ているとパフォーマンスは低下することを示している。

ただ，認知的不安と身体的不安は，IZOFモデルの初期の研究でははっきり区別されなかったが，最適機能域を同定するために身体的不安の指標を用いても同等の結果が得られたとされている（Morgan et al., 1988）。ハニン（Hanin, 2000）は，競技時の情動的反応の全ての要素を含むモデルを再構成し，状態競技不安の多次元性に焦点を当てた。その後の研究は，状態競技不安の認知的側面と身体的側面とで，別々の機能域があることを明らかにしている。また，IZOFモデルの基本的な前提を支持するものであり，このことは，競技前の状態不安のレベルによって，パフォーマンスは幅広く変わる可能性があることを示している（Hanin, 1995）。より洗練されたモデルが，グールドら（Gould et al., 1993）によって採用されている。彼らは，認知的不安と身体的不安の相互作用効果を利用して，統一的な最適域を見つけ出している。この研究は，IZOFモデルを強力に支持することが分かったが，それは認知的不安次元や身体的不安次元を個別に用いた研究よりも強力であった。

記述的なレビューやメタ分析的なレビューも，不安－パフォーマンス関係についてのIZOFモデルの基本的前提を支持してきた（Gould & Tuffey, 1996; Jokela & Hanin, 1999）。グールドとタフィ（Gould & Tuffey, 1996）は，IZOFモデル研究の批判的レビューを展開し，機能域からのインアウトの原則に基づいたパフォーマンスは一般的には支持されると結論づけたが，理論的および方法論的にいくつか制限があるとした。ヨケラとハニン（Jokela & Hanin, 1999）は，IZOFモデルについての19の実証研究のメタ分析を行ない（効果サイズは146），機能域からのインアウトの原則に対してかなりいい支持を得た。つまり，自分の最適域にいるアスリートは，最適域の外にいるアスリートよりも，中ぐらいの効果サイズ

（コーエンの $d = 0.44$）で有意にパフォーマンスが優れていた。さらに，この研究はまた，状態競技不安のレベルを回想したり予想したりするアスリートの能力を支持するものであった。結論として，IZOFモデルはパフォーマンスの高いアスリートと低いアスリートを区別するのに有効であり，また，不安の最適レベルを特定することは，法則定立的なアプローチを使った他のモデルに則って1人ひとりの不安の強さが特定されないよりもパフォーマンスを予測する上で優れているといわれている（例えば，Kliene, 1990）。

IZOFモデルの1つの利点は，直観的表面的に妥当性がある，というところだ。つまり，介入の出来を評価するために，パフォーマンスプロファイリングのような指標を主に用いているスポーツ心理学者にとっては，このモデルは役に立つ。心理的に自然な状況での介入に特に使えるように考案された，スポーツ心理学の中でも数少ない理論のうちの1つである。さらに，大半の応用スポーツ心理学者が，個人的で個性記述的なアプローチを使って研究している。そのため，自然な状況で考え出されたモデルは，実務家にとって極めて実際的な価値が高いので好都合である。こうしたことから，スポーツ心理学者の直観は，選手の非適応的な不安のパターンを解消するための実践的な問題へと向けられることになる。

しかしながら，このモデルも批判がない訳ではない。グールドとタフィ（Gould & Tuffey, 1996）から向けられた批判は，IZOFモデルの理論的な土台が疑わしい，ということだ。なぜなら，モデルは，最適な不安の先行因あるいは予測変数を説明せず，その代わりに，個々の不安－パフォーマンス関係の性質に焦点を当てているからである。さらに，研究の多くは，サンプルサイズが小さく，パフォーマンスの客観的指標や縦断的な指標の欠如といった方法論的な不十分さがある（Gould & Tuffey, 1996）。また，ハニン（Hanin, 2000）は，帰納的なグラウンデッドセオリーアプローチを使って，IZOFモデルはもっと仮説を出すことができる，と主張している。ただ，そのアプローチは利点もあるけれど，仮説駆動的で，量的で，演繹的な枠組みと，データ駆動的で，質的で，帰納的な枠組みとの組み合わせは，良い統合結果をもたらさないものだ。その主な理由は，ある理論を検証しながら同時にある理論を生み出すことはできないからである。例えば，この「組み合わせアプローチ」による知見が否定された場合，提出された仮説群の反証に基づいて，研究者は，反証された結果を支持する理論を生み出すことになる。これは反証の原理にすんなりとは合わない。最後に，IZOFモデルは，成功パフォーマンスと不成功（失敗）パフォーマンスに基づいて考案されていることが批判されてきた。しかし，成功と失敗は量的にも質的にも異なるものである。それゆえ，IZOFモデルは，ある範囲の強さの不安－パフォーマンス関係の予測には有効でないかもしれない。

7 スポーツにおける情動に関するその他の理論的説明

スポーツにおける気分状態

　スポーツにおける情動の領域の研究者は，状態競技不安に研究が集中していることに対する批判から，スポーツの文脈におけるより幅広い範囲の情動状態・感情状態の研究を求めてきた（Hanin, 2000）。気分状態の研究は，より多様な範囲の感情状態とそれがスポーツパフォーマンスに及ぼす影響に洞察をもたらしてきた。定義的には，気分状態は不安のような特定の情動とは異なる。すなわち，持続的であまり強くない感情状態だが，スポーツパフォーマンスに及ぼす影響は大きいと考えられている。気分を構成する感情状態の数が多いために，多くの研究はプロフィール的なアプローチを採用してきた（McNair et al., 1971）。プロフィールアプローチが示唆するのは，個々の気分や感情の次元は下位レベルでは区別できるけれども，スポーツパフォーマンスに特定の認知的情動的結果をもたらすのは，そうした気分レベルのパターンあるいは全体的なプロフィールである，ということだ。

　スポーツにおける気分状態の研究は，モーガンらの研究に負うところが大きい。彼らは，アスリートのパフォーマンスレベルを研究するために，気分状態のプロフィールを用いた（Morgan, 1980; Morgan et al., 1988）。彼らは，気分状態プロフィール（POMS）（McNair et al., 1971）を使って，エリートアスリートとそうでないアスリートの，成功パフォーマンスと失敗パフォーマンスを区別しようとした。POMSは30項目からなり，緊張・うつ・怒り・活気・疲労・混乱の6つの下位尺度が含まれている。モーガンらは，エリートアスリートは競技前，POMSの下位尺度全てにおいて低いという特徴的なプロフィールを示す一方で，例外的に活気の下位尺度は非常に高く評定される傾向がある，ということを見い出した（図6.4を参照）。エリートアスリートを分ける気分状態パターンのこの特徴的な「スパイク」は，氷山プロフィールと名付けられた。

　モーガンの氷山は，パフォーマンスを予測する上できっちりしていて直感的にも分かりやすい気分状態のパターンを表しているが，他の研究者はその真の価値に批判的である。コカリルら（Cockerill et al., 1991）は，パフォーマンス前の数時間ではエリートアスリートとそうでないアスリートにはPOMSはほとんどあるいは全く差はなく，競技に向けての数日間に結構変動するものだということを示した。彼らは，パフォーマンスの直接的な予測因として，気分は比較的弱いけ

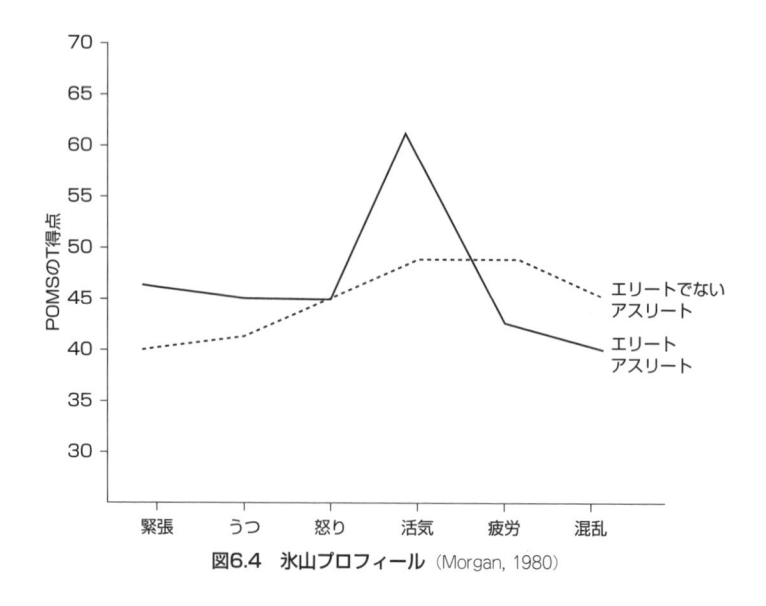

図6.4 氷山プロフィール (Morgan, 1980)

れども，競技に向けての数日間のPOMSの縦断的な分析をすればより良い予測ができると示唆した。同様に，ロウレイら（Rowley et al., 1995）は，スポーツパフォーマンスを予測するために氷山プロフィールを使っている16の研究のメタ分析を行なった。その結果，気分プロフィールはスポーツパフォーマンスを有意に予測するが，その効果サイズは小さく（コーエンの$d = 0.15$），スポーツパフォーマンスの分散の1%以下しか説明していないことが明らかとなった。したがって，有意な関係はあるものの，氷山プロフィールの説明的な価値には疑問があり，スポーツパフォーマンスの分散を説明する度合いについてもほとんど実体はない，と結論づけられた。

さらに，エリートのスポーツパフォーマンスを説明するために別の見方を採っているその後の研究は，モーガンの元々の結果に反する知見を提出してきた。例えば，スポーツトレーニングに関する研究は，POMSはエリートアスリートとそうでないアスリートとを容易に区別することはできないが，調子の良い選手と調子の悪い選手はただちに区別することができる，ということを見い出した（Berglund & Safstrom, 1994）。また，気分状態は，青少年の体育テストのパフォーマンスの成功・失敗を予測するのに有効である，ということがわかっている（Lane & lane, 2002）。これは，POMSが考案された臨床的文脈と一致する。実際，プラパヴェシス（Prapavessis, 2000）がスポーツにおけるPOMSと気分状態の調査に関わる概念的問題と諸研究をレビューした結果，POMSは，その説明力

の欠如，一貫しない結果，乏しい理論的基盤といった理由から，競技前の気分状態の研究に適用するには不適切なモデルであると結論づけた。

　気分状態に関する最近の研究は，スポーツの文脈における気分状態を測定するための，強力な計量心理学的測定具を考案し，気分状態からスポーツパフォーマンスを予測するさらなる調査を行なっている。例えば，テリーら（Terry et al., 2003）は，数多くのアスリート集団を対象に，十分な構成概念妥当性・予測的妥当性・併存的妥当性と適切な信頼性を備えていることが確かめられた改訂版尺度を開発した。こうした尺度ができたことで，気分状態研究における方法論的な批判のいくつかは解決した（Cockerill et al., 1991; Berger & Motl, 2000）。実際，こうした気分状態測定具を用いた研究は，多くのスポーツの文脈におけるパフォーマンスをうまく説明してきた（例えば，Lane & Lane, 2000; Terry et al., 2003）。さらに，ビーディーら（Beedie et al., 2000）は，スポーツの文脈におけるPOMSについてのメタ分析を行なったが，ロウレイらと違って，従属変数が達成の程度である研究と，従属変数がパフォーマンスの結果である研究とを区別した。ここでの区別の際，スポーツの達成とは金メダルを獲得するといったような絶対的な到達を表す指標と考えられ，一方，スポーツパフォーマンスの結果とは個人的なベストタイムを出すといったような相対的な到達を表している。ロウレイらの知見と一貫して，気分がスポーツの達成に及ぼす影響の効果サイズは小さかった（コーエンの $d = 0.10$）。しかし，気分がスポーツパフォーマンスの結果に及ぼす影響は中程度の効果サイズを示した（コーエンの $d = 0.31$）。さらに，ビーディーらは，気分状態指標の各下位尺度の影響を検討した結果，パフォーマンスの結果に対して，活気については中程度の正の効果サイズが，緊張とうつについては中程度のネガティブな効果サイズがみられたが，その他の下位尺度については効果サイズが小さいか全くなかった。彼らは，こうした知見はモーガンら（Morgan, 1980; Morgan et al., 1988）の提唱したモデルを支持するものであり，また，パフォーマンスの結果を予測する上で活気尺度の重要性を支持するものであると結論づけた。

　重要なのは，こうした知見はこれまで，POMSの下位尺度1つひとつを検討し，それらの違いを見い出すことの重要性を強調してきており，尺度の総計は用いてこなかったが，一部では検証されてきた，ということである（Hanin, 2000; Lane & Lane, 2002）。テリーとスレイド（Terry & Slade, 1995）も，個々の気分下位尺度が研究の焦点となるだけでなく，スポーツパフォーマンスを予測する上で気分下位尺度が交互作用するかもしれない，と示唆している。彼らは，例えば，うつは，怒りや緊張などの他の気分状態下位尺度がスポーツパフォーマンスに及ぼす影響を調整するだろうと指摘した。例として，テリーとスレイドは，状態競技

不安と気分状態の両方が空手のパフォーマンスに及ぼす影響を研究した。その結果，状態競技不安の身体的要素・認知的要素・自信要素と気分状態の活気と怒りによって，成功した選手と失敗した選手を弁別することができた。また，ビーディーら（Beedie et al., 2000）のメタ分析は，研究するパフォーマンス変数の定義と指標が重要であることを示していた。明らかなのは，運動競技の達成度を予測することは，スポーツパフォーマンスの測定上，非常に曖昧で大まかなもののであり，その意味で，パフォーマンスを予測する上での気分状態の有効性を検討する際には，適切なパフォーマンス結果を測定することが望まれる。

反転理論

反転理論は，スポーツパフォーマンスにおける不安と情動の研究に使われている，比較的新しいアプローチだが，最近の使われ方の様子をみると，見込みがありそうで，実証的な支持を得ている。反転理論は，覚醒と情動の関係と，それらがいかにして動機づけ的な概念や行動に影響を及ぼすのかを理解するための，一般的な枠組みを提供する（Apter, 1982）。反転理論の主な前提は，人は自分の覚醒状態を快か不快か解釈するというものであり，これは，感情のトーンとして知られている。また，人の経験する覚醒は高い場合もあれば低い場合もあることを考えると，感情のトーンと覚醒レベルでもって2×2の層が作られる。このパラダイムによれば，快と解釈された高覚醒は結果的に興奮状態を，不快と解釈された高覚醒は不安状態を，快と解釈された低覚醒はリラックス状態を，不快と解釈された低覚醒は退屈状態を生むことになる（図6.5）。

　反転理論は，人のメタ動機づけ状態が感情のトーンと覚醒レベルの関係を決定づけると予測する。メタ動機づけ状態とは，ある文脈あるいはある時点での動機や目標に関するその人の解釈である。人は，自らの結果を追い求める中で目標焦点的にあるいは「真剣に」なる。これは，目的的メタ動機づけ状態とされている。あるいは，人は，結果を追求する中で活動志向的にあるいは「遊ぶように」なる。これは，非目的的メタ動機づけ状態として知られている。覚醒を喚起する状況にいる時，人は，リラックス－不安の感情トーン－覚醒曲線（図6.5の実線）上にいるか，あるいは，興奮－退屈の感情トーン－覚醒曲線（図6.5の破線）上にいるかを決定するメタ動機づけ状態間を，切り替わることができる。この「切り替わり」が反転であり，メタ動機づけ状態は状態的な概念で，環境の変化に左右されるので，反転は活動中のどんな時にでも起こりうる。目的的動機づけ状態は覚醒回避的とみられることが多い一方で，非目的的メタ動機づけ状態は覚醒希求的あるいはスリル希求的とみられることが多い。この証拠は，スリルを求める活動（例えば，ジェットコースターのような遊園地の怖い乗り物）に近づいたり参加

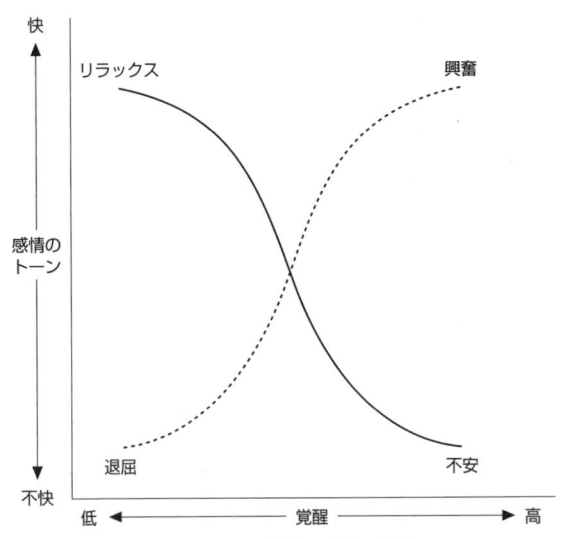

図6.5 反転理論における覚醒と感情の関係 (Kerr, 1997)

したりする人は,「安全な」活動をしようとする人と比べて,非目的的状態の高まりと興奮やポジティブ感情といった情動状態を伴う好ましい覚醒の高まりを示す傾向にある,というところに表れている。それゆえに,状況の要因と活動への慣れ(飽き)とメタ動機づけ状態のいずれもが,結果的に反転を生じさせる(Kerr, 1997)。このように,反転理論は,カタストロフィ理論と同様に,感情状態と活性化あるいは覚醒状態とを統合しようと試みている。反転理論が提案しているのは,覚醒を快と解釈するか不快と解釈するかは,メタ動機づけ状態が覚醒回避的／目的的であるか,覚醒希求的／非目的的であるかどうかにかかっている,ということだ。

スポーツの文脈でカーが最初に応用してから,反転理論は数多くの検証がなされており,大半はその仮説を支持するものである。ベルーとサッチャー(Bellew & Thatcher, 2002)は,ラグビー選手を対象に,普段の環境で目的的な状態から非目的的な状態への反転に影響する要因を検討したところ,一般的に反転は,アスリートにとって外的な要因や,外的な要因によって引き起こされる欲求不満の結果として生じることを見い出した。そして,飽きだとか,長期間に渡ってそうした状態を感じているといった内的な要因は,メタ動機づけ状態の変化の原因ではない,と結論づけた。この知見は,先行研究によって支持される。先行研究では,ミスのような予期しない環境的な出来事が,アスリートのメタ動機づけ状態を目的的なものから非目的的なものへと反転させるのに,重要な影響力をもって

いることが示されている（Kerr & Tacon, 2000）。また，研究的には，スポーツにおけるメタ動機づけ状態と動機づけの関係性についても焦点が当てられてきた。例えば，リンドナーとカー（Lindner & Karr, 2001）は，参加への動機づけは，全般的あるいは人生志向的な理由か，文脈的あるいはスポーツ志向的な理由か，いずれかから生じるメタ動機づけ状態によって決まることを明らかにした。

他の研究は，反転理論の前提のいくつかについて限られた支持しかしておらず，その予測のいくつかには疑問を呈している。例えば，レグランドとレスカンフ（Legrand & LeScanff, 2003）は，個性記述的なアプローチを用いて，競技前のやり投げ選手のメタ動機づけ状態について研究した。その結果，感情のトーンはシーズンを通して達成度の高低を分けることはなかったが，そうした全般的な情動によるグループ分けではなく，個々の気分要素を考慮すると，平静・怒り・退屈・刺激といった気分状態が，シーズン中のやり投げ選手の最高のパフォーマンスと最低のパフォーマンスの間を有意に変化させることが見い出された。同様に，カー（Kerr, Fujiyama, & Campano, 2002）は，真剣な（目的的な）テニス選手と快楽的な（非目的的な）テニス選手とでは，緊張ストレスと努力ストレスの指標に差はないが，練習期間の終了後に，両群において全般的な「ネガティブ」情動と緊張ストレスの有意な低下がみられ，特に真剣な群にその低下がみられた，ということを見い出した。要するに，反転理論の知見ははっきりしていない。ただ，多次元的な不安理論と違い，カタストロフィ理論のように，スポーツにおける反転理論の研究は集中的な研究対象とはなっていないので，知見の数という点からの支持は限られている。明らかに，更なる研究がなされるべきだが，特に，反転の存在やそれが実験的に引き出されるかどうかを検証するために，実験研究やフィールド研究が必要である。

推薦文献

Craft, L.L., Magyar, T.M., Becker, B.J. and Feltz, D.L.（2003）The relationship between the Competitive State Anxiety Inventory-2 and sport performance: a meta-analysis. *Journal of Sport and Exercise Psychology*, **25**, 44-65. 状態競技不安がスポーツパフォーマンスに与える影響に関する，ごく最近のメタ分析。

Hanin, Y.L.（2000）*Emotion in sport*. Champaign, IL: Human Kinetic. スポーツの社会的認知モデルにおける情動の重要性に関して，ヴァレランドから重要なヒントを得た，ハニンのIZOFモデルに関する詳細な著書。

Jones, G. (1995) More than just a game: research developments and issues in competitive anxiety in sport. *British Journal of Psychology*, **86**, 449-478. スポーツにおける促進的不安と抑制的不安についての制御理論の全て。

まとめ

◐ 感情は，あらゆる「感覚状態」をふくむ包括的な用語であり，特定的なものとして情動と気分がある。情動は，単一で，強く，変化しうる「感覚状態」であり，「行為傾向」を有する。一方，気分は，より長く続き，それほど強くなく，行為傾向を伴わないと考えられている感覚状態として概念化されている。

◐ 状態競技不安は多次元的だと考えられていて，認知的不安・身体的不安・自信からなる（Martens et al., 1990）。特に，認知的不安はスポーツパフォーマンスと一貫して負の関係にあるが（Craft et al., 2003），それが促進的と解釈されればパフォーマンスと正の関係となることもある（Jones, 1995）。

◐ 覚醒は状態不安が高まった結果である可能性があり，カタストロフィ理論における不安－パフォーマンス関係に関わっている（Hardy & Parfitt, 1991）。この理論では，覚醒－パフォーマンス関係は認知的不安が低い条件下だと逆U字関係になるが，認知的状態不安が高く覚醒が高い条件下だとパフォーマンスのカタストロフィックな落下が起こるだろう，とされている。

◐ 個人の最適機能域モデル（IZOF, Hanin, 2000）と反転理論（Kerr, 1997）は，スポーツにおける情動プロセスに対する個人ベースのアプローチに焦点を当てる。IZOFは，不安には「最適」域があり，その域内にいるアスリートがより良いパフォーマンスを見せるような，特定の範囲を同定しようとする。反転理論は，覚醒と感情のトーンの解釈が，スポーツにおける動機づけや行動と関係のある，特定のメタ動機づけ状態をいかに生じさせるかを描こうとするものである。

第7章
スポーツにおける集団過程

Group processes in sport

　「チームの中に『私』はない」とか「個々の寄せ集めよりも全体としての集団のほうが重要である」という，よく引用される言い回しは，スポーツ場面での選手たちの間で起こる顕著な集団過程について評価しようという目的をもった本章のプロローグとしては，有用なものである。チームスポーツでは，チームの成功は，チームがうまく機能しているか，および共通の目的に向かって一致団結しているかに基づくものであることが多い。これはしばしば，個人的な野心に先行させてチーム内で与えられた役割や責任を受け入れたり，集団の利益のために労力をつぎ込んだり，チームの他のメンバーの能力について幅広い知識をもったりすることを意味する。スポーツチームの中には，チームの中での自分自身のパフォーマンスに関する知識だけではなく，チームの活動と実力に関する各メンバーの情報の豊富な蓄積がある。それゆえ，チームの中の個人は集団から得られる情報に沿って活動する。つまり，自分自身の信念，性格やその他の内的な要因だけでなく，各自の集団成員性と役割に沿って活動する。個人が集団の中でどのように反応し相互作用しあうのか，またそのことが個人やチームの行動とパフォーマンスにどう影響するのかについて，社会心理学はたくさんの説明を提供できる。このセクションでは，スポーツにおける集団やチームの活動の根底にある要点となるプロセスのいくつかについて検討し，それらのプロセスに関する理論的・実証的な研究を紹介する。

1　集団の定義と概念的な枠組み

　集団というのは単なる2人以上の個人の集まりを意味する訳ではない。単に他者が存在することは，集団を構成するための必要条件だが十分条件ではない

(Zajonc, 1965)。次のセクションにみるように,スポーツ・スキルのような運動スキルの遂行時の他者の存在は,認知,行動,パフォーマンスに確かに影響を与えるが,この種の社会的影響は集団の内部で起きているものとは違う。集団の成員性は,成員に対して,同じ集団の成員どうしが相互作用をする際の特定の社会的認知や信念の枠組みを与える。また集団成員性は,共通の目標や欲している結果,集団内の特別な構造,そしてコミュニケーションや凝集性といった重要な集団過程に関する見解を与える(Carron & Husenblas, 1998)。そのため,集団は1人もしくはそれ以上の成員から成り,成員どうしの相互作用を伴い,何らかの形での共通の運命や目標が意識されることから成立する。共通の運命や目標はたとえ明確に定義されていなくても,集団内での個人の役割や地位,集団規範など,全ての成員に知れ渡る特別な構造がある。

なぜ集団成員性か?

エクササイズやスポーツへの参加の根本的な動機の1つとしてよく引用されるのは,集団に所属したいというもので(Ashford et al., 1993),これは他者との社会的なつながりを求める人間の基本的な心理的欲求としての方向性である。例えば,バウマイスターとリアリー(Baumeister & Leary, 1995)は,他者とのアタッチメントと対人関係の構築を人間の根本的な動機であるとした。他者との対人関係を築く動機は,多くの重要な要素を満たすものであり,それらの動機は様々な文脈を通じて働き,幅広い多くの重要な社会的,認知的,情緒的構成概念に影響を与え,幅広い文脈における行動を予測することができる。また,他の心理的生理的欲求とは独立で,これを欠けば心理的適応やウェルビーイングが阻害される。この動機は全ての人間にとって根本的なものである。動機づけの有機体的理論も,集団に加入したり関連をもったりする欲求は人間の欲求のうちの根本的なものであるという見解を共有している。デシとライアン(Deci & Ryan, 1985; 2000)は,関係性は基本的な心理的欲求で,コンピテンスや自律性の欲求などの心理的欲求を補完するものではあるが,それらとは独立であると示唆している。それゆえ,集団成員性は心理的な健康に関して何らかの役割を果たし,私たちの内的な欲求を満たすものである。スポーツというものは集団への加入プロセスを多く含む社会的な設定であり,人々の対人的な関係性や所属感という基本的な欲求を満たす代表的な例といえる。さらに,集団への加入は私たちの集団への欲求を満たすだけでなく,私たちが自己を定義する際の根本的な要素でもある。個人の自尊心は,時に自分が所属している集団から得られる部分をもつ(Tajfel & Turner, 1986)。そのため,スポーツにおける集団行動を考える際に,集団行動が内的欲求によって規定されていることや,集団行動が個人の自己概念と本質

的に関連していることは重要である。

概念的枠組み

　キャロンとハウゼンブラス（Carron & Hausenblas, 1998）は，スポーツにおける集団行動に影響を与える主要な要因を研究するための概念的枠組みを提供した。提示されたモデルは図7.1に示すものである。

　このモデルは，集団の構造と構成，集団プロセス，および結果に対する主要な影響を概観している。集団構造はチーム内部の規範（何が受け入れられ，何が受け入れられない行動であるか）と，集団成員の役割（リーダーシップ，地位，機能）から構成される。能力や性格のようなメンバーの属性と，集団の環境すなわちサイズやなわばりは，集団の構造を形成する要因である。集団構造は，チームの目標や**集合的効力感**，集団内での協力などの重要な集団プロセスに影響を与える。この影響は，凝集性に関する重要な変数によって媒介される，もしくは集団成員が共通の目標に向かって協働する程度によって媒介されると考えられる。凝集性は，スポーツにおけるグループ・ダイナミックスの極めて重要な社会心理的構成概念と考えられる。なぜなら凝集性は，集合的効力感，協力，努力，動機づけなどの集団プロセスに関しての多数の対人的要因に広範な影響を与えるからである。これらの集団プロセスは，パフォーマンスや満足感などの個人的な結果に影響を及ぼす。

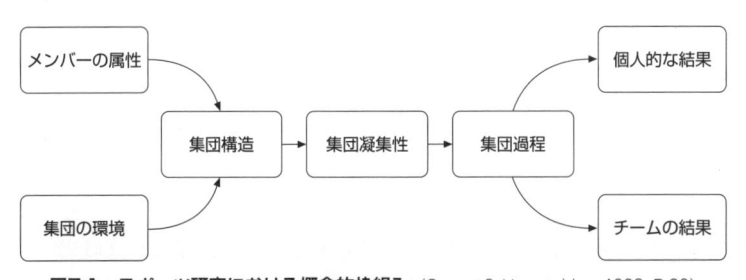

図7.1　スポーツ研究における概念的枠組み（Carron & Hausenblas, 1998, P.20）

　この章の目的は，キャロンとハウゼンブラス（Carron & Hausenblas, 1998）のモデルを広く概観することではない。実際，キャロンとハウゼンブラスはこのモデルを構成する要因について優れた，そして明快な説明を行なっている。それらに代わってこの章では，このモデルの鍵となる要因の背景にある社会心理的プロセスに焦点を当てる。特に，選手の能力が集団構造に与える影響について検討する。集団の環境に関連する要因は，社会的影響とホームアドバンテージについて扱う。ここでは，集団構造を規定する集団規範の役割について紹介する。集団

あるいはチームの凝集性は，集合的効力感とスポーツ・パフォーマンスに本質的な影響をもたらす集団プロセスとして重点的に取り上げる。この章では，グループ・ダイナミックス研究とその実践に関わるいくつかの主要な要因について，徹底的に紹介する。最後に，チーム・ビルディングに関する実際的な解決策をいくつか提示し，スポーツにおけるチームの凝集性とチーム・パフォーマンスを向上させるための現実的な対策を提供する。

2 チームメンバーの能力

　スポーツに関してしばしば仮定されるのは，チームが個人としてすばらしいプレーヤーを揃えている時に最も成功を得られるということである。プロスポーツの成功したチームの勝敗に関する統計を調べれば，ある程度はそのような結果に行き着く。しかし時に，集まった個々のメンバーがさほど優秀でない場合でも，パフォーマンスが非常によいチームがあるのもまた事実である。こういうチームが，優秀なプレーヤーを集めてはいるが全体としてうまく機能していないチームを凌駕することもある。優秀なプレーヤーの能力は，凝集性の低い集団によって制限される。一方で，凝集性のような集団の要素が適切なレベルであると，より低い能力の選手からなるチームでも水準以上のパフォーマンスを挙げる。凝集性の問題は次のセクションで詳細に論じるが，上記のような例は，個人の能力がチームパフォーマンスに影響するとしても集団レベルの構成要素によって制限がかかることを示している。

　社会心理学的研究は，集団のパフォーマンスに対する個人の能力の影響を検討する際に，問題解決的な課題に焦点を当ててきた。集団レベルでの問題解決は，集団が利用できる個人の資源，とりわけ集団成員の相対的な能力に大きく依存することを，多くの研究者が示してきた（Devine, 1999）。課題解決研究に関するレビューによれば，課題解決については，集団のパフォーマンスに個人の認知的能力が有意な効果を及ぼすことが示されている（Devine, 1999）。しかしながら，チームのメンバーの個人的な能力が必ずしも適切なチームパフォーマンスに結びつかない場合がある。細かい動作に関する課題では，個々のチームメンバーは，1人で作業する場合よりもチームで作業する場合にはよいパフォーマンスができなかった。それはチーム全体のパフォーマンスが個人のパフォーマンスよりもよい成績である場合でもそうであった（Devine, 1999）。この結果は，作業結果のフィードバックがなかったことと，あとで紹介する「社会的手抜き」の影響である。能力に関係しない他の要因，すなわち課題の性質や目標の明確さ，集団サイ

ズなどの要因が，集団のパフォーマンスに対する個人の能力に影響している可能性がある。加えて，課題に関連した暗黙の知識や技能，能力が，集団状況での個人の能力を規定する要因として重要である（Miller, 2001）。これらの研究結果から，チームメンバーの個人としての能力は，チームパフォーマンスの重要な所産であるが，チームパフォーマンスの全てを説明できる要因ではないことが示唆される。

　スポーツでは，チームパフォーマンスに対する個人の技術と能力の効果が多くの研究によって示されている（Widmeyer, 1990）。これらの研究をレビューして，ウィドマイヤー（Widmeyer, 1990）は，個人の能力というパラメーターとチームパフォーマンスの関連性は，全ての研究を通じて一貫して有意であると結論づけている。この関連性についての媒介要因と考えられるものは，チームの中での個人の生産性を減らすような属性と，チームの心理的な特性である。例えば，バスケットボールのようなスポーツでは，プレーヤーの間での多大な協同と集団凝集性が成功のためには必要とされ，協同に頼る部分がより少ない野球のようなスポーツよりも，個人の能力がチームの成功を説明する度合いは少ない（Carron & Hausenblas, 1998）。チームの適切なパフォーマンスを生み出すために貢献するチームの個々のメンバーの能力に影響するようなチームの特徴とは，課題への動機づけや，明確に定義された集団目標の存在や，チーム内の役割構造などに基づく集団凝集性のような要因である。

　ジル（Gill, 1984）は，個人の能力とチームのパフォーマンスの間に一貫した関連性があるとすれば，個人の能力以外に選手を選ぶための特徴は何もないことになる，と主張する。しかしながらコーチの選手起用法の観点からは，チームパフォーマンスを最大にするためには，とりわけ協調プレーや戦略が重要なスポーツ場面においては，選手の能力が限られているならば，チームの凝集性，目標，役割という，チームパフォーマンスに影響を及ぼす媒介要因を最大化する必要がある。実際，選手の能力に対するコーチの認知はこの意味で重要になってくる。明らかに，コーチは自身のチームのプレーヤーの能力に基づく経営的な意思決定をしなければならないが，そのような能力に基づく意思決定は，ある選手がチームの凝集性に貢献できるかなどの，チームの必要性に応じて変更される。敵の選手の能力と自分のチームの選手の能力に関する知覚や，チームの結果をコントロールする能力を含んだ，チームへの期待に関するコーチの能力は，バスケットボールでのチームパフォーマンスと有意に関連をもっていることが示された（Chase et al., 1997）。

3 集団規範

　グループ・ダイナミックスに関する理論と研究の鍵となる概念の1つは，集団規範である。集団規範は，集団の中で行動が受け入れられるかどうか，許容されるか忌避されるかを表現するものである。集団規範は行動に強力な影響を与える。なぜなら，社会的アイデンティティ理論によれば，プレーヤーの自尊心は集団成員性や，集団の仲間から受け入れられるか否かに本質的な関連をもつものである（Tajfel & Turner, 1986）。そのため，集団内で受け入れられている規範に反するやりかたで行動する成員は，他のメンバーから中傷を受ける危険にさらされる。加えて，受け入れられている規範に反する行動は集団成員自身の内集団成員としての自己ステレオタイプを阻害するものでもある。結果として，そのような行動はプロトタイプ的な集団成員に期待される行動にそぐわないので，認知的不協和（Festinger & Carlsmith, 1958）を発生させる。不協和は，認知と行動が一貫しない時に発生する認知的な不愉快さを指す。フェスティンガーとカールスミスは，個人は不協和を低減させるよう動機づけられており，個人的な信念と社会的行動を一貫した状態に，あるいは協和の状態にしようとするという。その結果，集団規範に同調しないことはしばしば自分の内部でチェックされて，不協和行動は自身の集団成員としての役割や，集団内で許容される標準的な行動の種類との間で，本人自身の中で協和を回復するよう修正される。

　スポーツチームでは，たくさんの集団規範が成功のために価値あるものとみなされている。チームスポーツのプレーヤーにインタビューを行なって，コールマンとキャロン（Colman & Carron, 2001）は，チームの規範はチーム内部において，様々な文脈でその存在が認識されていることを確かめた。試合の時には，競争，努力，サポート，時間厳守が重要なものと認識されており，練習時には，時間厳守，生産性，練習への参加に価値が置かれていた。このことはほとんど驚くには当たらない。なぜなら，チームの成功的なパフォーマンスは一般に練習への参加に基づくものであり，厳しい練習は成功には欠くことができないとみなされているからである。しかしながら，チームはその規範を適応的であると認めている一方，集団のパフォーマンスは集団凝集性のような適応的な属性が伴う場合のみ効果を上げられるのである。興味深いことに，生産性に関する規範や，試合のパフォーマンスに関する強く顕在化した属性は，適切なパフォーマンスを生み出すような，メンバー間での凝集性の程度と関連があった。そのため，高い生産性に関する集団規範が凝集性の高い集団内で共有されている場合は，チームのパフ

ォーマンスは適正になる。しかしその生産性に関する集団規範が低レベルであると，パフォーマンスの劇的な低下が蔓延する。なぜなら，凝集性の高い集団では集団規範が強く是認されやすいからである（Coleman & Carron, 2000）。

コーチはチームの規範を，集団の結合と凝集性を高め，維持するために使用することができる。スポーツチームのような自然な集団設定において，長期的に集団規範を教え込む方法としては，態度変容（Eagly & Chaiken, 1993）と精緻化見込みモデル（Petty & Cacioppo, 1986）の研究の流れを用いることができる。情報と説得メッセージを与える説得的コミュニケーションの手法は，不協和を起こさせ行動変容を促進させる。社会的学習理論は，事例やモデリング，代理経験を用いて行動を変容させる（Bandura, 1977）。このようなメッセージは，個人と集団の両方にアプローチするものである。コーチはそれゆえに，説得的コミュニケーションに着目し，効果的な集団規範をもったチームを役割モデルとして使用して，生産性のような好ましい集団規範を促進させるための事例にするべきである（Carron & Hausenblas, 1998）。

4 集合的効力感

バンデューラ（Bandura, 1977; 1997）の自己効力感という概念は，社会心理学における最も重要な対人的な変数とみなされており（第5章参照），集団レベルでも作動するものである（Spink, 1990）。自己効力感が特定の状況で結果を生み出せる能力に関する信念のセットであるように，集合的効力感は，集団成員に共有された，チームがその行動において成功できるかどうかに関する信念を表している（Carron & Hausenblas, 1998）。重要なのは，集合的効力感の測定は個々の集団成員がもつ自分のチームの能力に関する信念を測定するだけではなく，それがチーム内で共有されているかどうかも測定する点である。ゆえに，高い集合的効力感をもつチームとは，チームメンバーの多くが自分のチームに能力があるという信念を高いレベルでもつチームである。ザッカロら（Zaccaro et al., 1995）は，バンデューラ（1977）の自己効力感に関する仕事を引用して，集合的効力感は2つの信念から構成されるとしている。それは，集合的な資源（リソース）と協調的な能力である。集合的な資源とは，目に見える結果を生み出すためのチームの能力についての信念である（技術，知識，戦略など）（Spink, 1990）。協調的能力とは，それらの資源を集団として，チームとして引き出して，共通の目標に向かって協調的に行動できるという信念である。集合的効力感は，状況ごとの特殊性ももっている。つまり，特定の状況にあってチームの能力を反映させるこ

とについての信念をさす。

　集合的効力感に関する多くの先行要因が特定されている。それは，言語的な説得やリーダーシップ，集団凝集性，集団のサイズ，代理経験，そして先立つパフォーマンスである。高い集合的効力感をもつチームは往々にして，活発な励ましを行なったり，集団目標に対してポジティブな強化を与えたり，チームの能力に対してポジティブなフィードバックを与えたりする。ウィドマイヤーとデュシャーム（Widmeyer & Ducharme, 1990）は，チームの目標を成し遂げることは集合的効力感を高めるので，チームのメンバーがリーダーやコーチから目標に対する強化を受けることが重要であるとしている。代理経験もまた，バンデューラの自己効力感の概念における，コンピテンスに関する社会的学習に影響を与える鍵となる。このような経験は，集合的効力感を強めるのである。このように，成功したチームを観察しモデリングすることで，チームは集合的効力感を強めることができる。先行する成功経験もまた，集合的効力感にプラスの影響を与える。例えばフェルツとラーグ（Feltz & Lirgg, 1998）は，試合に負けた後はチームの効力感は減少し，勝った後は上昇することを発見し，集合的効力感がチームのパフォーマンスの結果によって変動することを主張している。このことは，負けることが常に集合的効力感を低減させるといっているのではない。むしろ，勝負と集合的効力感の間には重要な媒介要因があるかもしれないといっているのだ。試合結果よりも重要なのは，その結果に至るまでの過程に関する，チームおよびコーチや親など，チームを取り巻く人々の捉え方である。チームスポーツでの成功は試合やゲームの結果を超えたところにある。よい試合運びだったのに負けることもありえる。パスやリバウンドを完璧に行なうことができ，ディフェンスも見事にできても，負けることがありうる。

　集合的効力感にチームのサイズが与えるポジティブならびにネガティブな影響は複雑なもので，まだ完全には解明されていない。大きな集団は利用できる資源を多くもっているが，下位集団が形成されて集団凝集性が下がり，集団全体を弱体化させる可能性もある。加えて，大きな集団は個人のパフォーマンスと貢献を曖昧で特定困難なものにしてしまうかもしれない。集団全体からみれば，個人の貢献が失われてしまう可能性があるのである。このことにより，選手たちが自分のパフォーマンスがチームの結果に結びつきにくいと思いながらプレーする際に，努力を怠ったり動機づけが下がったりする。いわゆる「社会的手抜き」という現象である。最後に，集団凝集性は集合的効力感に強力な影響を与える。ユニットのように動き，協調的であるチームは，共通の目標を明確に共有しており，効果を上げやすいのである。集合的効力感の先行要因としての集団凝集性の役割や，パフォーマンスに関連する他の主要な要素に関する研究について，次のセクショ

ンで概観する。

　集合的効力感がスポーツチームのパフォーマンスに関連することが示される一方で（Feltz & Lirgg, 1998），集合的効力感がチームパフォーマンスを規定するメカニズムを特定することに焦点を当てた研究もある。特に，チームの目標はパフォーマンスに対する集合的効力感の効果であるといわれる。例えば，グリーンリーズ，グレイドンとメイナード（Greenlees et al., 2000）は，集合的効力感が高く，適切に設定された目標をもつ選手は，個人としてのパフォーマンスを保つことができることを示した。Bray（2004）は，集合的効力感は筋肉の持久力に関する課題についてのパフォーマンスに対して有意な予測力をもち，この予測はチームの目標によって媒介されたという。まとめると，これらの結果により，スポーツチームの今後のパフォーマンスに関する集合的効力感は有意にチームのパフォーマンスと相関があり，この関連性はチームが定めた目標により媒介されるということである。

　最近の研究では，スポーツ場面での集合的効力感を規定したり誘発したりする心理的なプロセスが扱われている。メージャーら（Magyar et al., 2004）は，達成目標理論における構成概念と，自己効力感に関する理論での集合的効力感が，競技者に与える影響について検討している。その結果，課題に関する自己効力感は集合的効力感に関する個人の知覚を予測し，勝利を志向する動機づけは，チームレベルでの集合的効力感を規定している。同様に，課題に関する自己効力感と集合的効力感の有意な関連性が示されている（Bray et al. 2002）。高い能力と技術のセンスを育てる適切な動機づけがある環境だけでなく，能力に関する個人の知覚も，チームの集合的効力感を発達させるのに貢献する要因である。それゆえ，チームのメンバーの個人的な能力がチームのパフォーマンスを予測するだけでなく，課題に関連した効力感に関する個人の知覚もまた，集合的効力感を高レベルに導くのである。

5　集団凝集性

　先に私たちは，スポーツチームにおけるメンバーの個人的な能力は通常チームが成功するか否かを規定すると述べた（Widmeyer, 1990）。しかし，チームが利用できる資源と生産性のポテンシャル（到達可能なはずのパフォーマンスレベル）が豊かで非常に高レベルであった場合，チームレベルでの要因がそれを制限したり抑制したりすることがあることも述べた。潜在的な生産性とパフォーマンスの関連を低める役割を果たす要素の1つは，**集団凝集性**もしくはチームの凝集

性である。より凝集性の高いチームは適切なパフォーマンスを達成しやすいし，個人の能力が比較的低いにも関わらずチームの凝集性が高いために優れた成績を残したり，潜在的な生産性を高いレベルで明確に実現したチームの逸話ならたくさんある。チームの凝集性が低ければそうはいかない。このセクションでは，チームスポーツにおける集団凝集性を定義し，集団凝集性に関して提示されているモデルを検証し，パフォーマンスおよびスポーツチームにおける他の心理的要因に対する集団凝集性の効果についての研究を紹介し，凝集性の予測因と規定因について検討する。

集団凝集性とは何か

　スポーツにおける集団凝集性の研究は，社会心理学のグループ・ダイナミックス研究の流れに由来するものである。集団凝集性とは，集団のメンバー間が引きあう魅力を維持する社会的な力であり，集団を分裂させる力に抵抗する力である。キャロンと同僚たち（Carron, 1982; Carron et al. 1985; Caron & Hausenblas, 1998）は，スポーツ分野での集団凝集性の概念的な枠組みを提唱し，集団凝集性を高めさせる要因について説明し，集団凝集性がチームのパフォーマンスに及ぼす効果について説明した。彼らのモデルは図7.2の通りである。チームの凝集性は，個人，チーム，リーダーシップ，そして状況もしくは環境の要因による機能である。個人の要因は，そのチームのメンバーの心理的属性で，例えば共有された目標や，成功への動機づけである。これらの要因は，課題に関する高い自己効力感を報告する各メンバーにおいて個人的に共通するもの，あるいはチーム全体の集合的効力感であり，また生産性とパフォーマンスに関する規範のような集団規範への是認と維持である。チームの要因は，集団レベルで操作される心理的要因を含む。例えば集団規範や集合的効力感のようなものを含む。これらの要因は凝集性に関連してはいるが，課題に対する自己効力感などの個人的要因と共に作用する，あるいは相互作用しあうものである。コーチはチームの凝集性に影響するポテンシャルをもっており，このリーダーシップの要因は直接的に，また個人とチームの要因を通して，チームの凝集性に影響を与える。コーチは動機づけに関する雰囲気と，チームの練習と試合状況を操作する集団規範を浸透させる責任を負っており，それらの事柄は課題に対する自己効力感のような個人的要因と集合的効力感に影響することが示されている。最後に，状況的要因は，例えばメンバーのピッチ（グランド）上での距離の近さのように，チームのメンバーの身体的近接性と機能的近接性を含むだけでなく，生活と社会化に関する面での距離の近さも含んでいる。居住地におけるトレーニング・キャンプで多くの時間を共に過ごすチームは，凝集性がより高いことが明らかにされている（Rainey &

Schweickett, 1988)。そしてこの効果は，選手が共に生活し，移動し，社会化してゆくような環境での，シーズンの中間，終盤，およびシーズン前のトレーニング・キャンプにおいて一般的である。

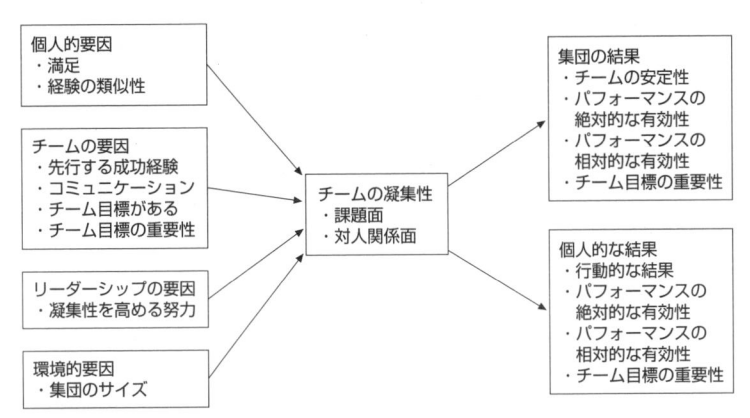

```
┌─────────────────┐
│ 個人的要因        │
│ ・満足           │──┐
│ ・経験の類似性     │  │
└─────────────────┘  │                              ┌─────────────────┐
                     │                              │ 集団の結果        │
┌─────────────────┐  │                         ┌──→│ ・チームの安定性   │
│ チームの要因       │  │                         │   │ ・パフォーマンスの │
│ ・先行する成功経験  │  │   ┌─────────────┐    │   │  絶対的な有効性   │
│ ・コミュニケーション│──┼──→│ チームの凝集性│────┤   │ ・パフォーマンスの │
│ ・チーム目標がある  │  │   │ ・課題面      │    │   │  相対的な有効性   │
│ ・チーム目標の重要性│  │   │ ・対人関係面  │    │   │ ・チーム目標の重要性│
└─────────────────┘  │   └─────────────┘    │   └─────────────────┘
                     │                         │
┌─────────────────┐  │                         │   ┌─────────────────┐
│ リーダーシップの要因│  │                         │   │ 個人的な結果      │
│ ・凝集性を高める努力│──┤                         │   │ ・行動的な結果    │
└─────────────────┘  │                         │   │ ・パフォーマンスの │
                     │                         └──→│  絶対的な有効性   │
┌─────────────────┐  │                              │ ・パフォーマンスの │
│ 環境的要因        │  │                              │  相対的な有効性   │
│ ・集団のサイズ     │──┘                              │ ・チーム目標の重要性│
└─────────────────┘                                 └─────────────────┘
```

図7.2　スポーツにおける集団凝集性の先行因と結果のモデル (Carron, 1982, 131)

これらの，キャロン（Carron, 1982）によって「インプット」と名づけられた要因は，課題に関する凝集性に影響を与えるものと考えられており，チームと個人の結果の影響力を媒介するものといわれる。これらの結果は，実際のチームパフォーマンスや，チームレベルでの安定性のようなチームの結果の要因を含むだけでなく，個人のパフォーマンス面での結果と，満足感のような心理的結果までに影響を与える。次のセクションでは，スポーツチームの集団凝集性の実態を特定し，キャロン（Carron, 1982）の集団凝集性モデルにおけるキー概念との関連性をみてゆく。

集団凝集性とその測定に関する概念的モデル

キャロンら（Carron et al. 1985）は，凝集性に関する2つの関連しあった，しかし独立の要因を特定している。それらは，集団に対して個人が感じる魅力あるいは集団の統合の要因と，集団に自我関与をもつ際の課題あるいは人間関係の側面での理由である。これらは，図7.3のような2×2の枠組みにまとめられる。この図の中で，チームの凝集性に関する個人の知覚は「ATG-S (attractions to group-social)」とよばれる，個人がチームに感じる魅力から導かれる得点と，集団の統合「GI-S (group integration-social)」，およびチームを統合する課題「GI-T (group integration-task)」である。これらの各次元は，「集団環境質問紙「GEQ (group environment questionnaire)」で測定される。この尺度は，スポ

ーツチームの集団凝集性を測定するために標準化され，妥当性を確保された心理測定尺度である。この尺度は構成概念妥当性と信頼性を適切に備えていることが示されている（Carron et al. 1985）。GEQ尺度で，集団の統合に関する項目は回答者に対して，チームに自我関与する際の課題面あるいは人間関係面での動機に関する包括的な統合性について尋ねている。「ATG-S」は，チームに所属し続けるかどうかに関する個人的な動機について尋ねるものである。

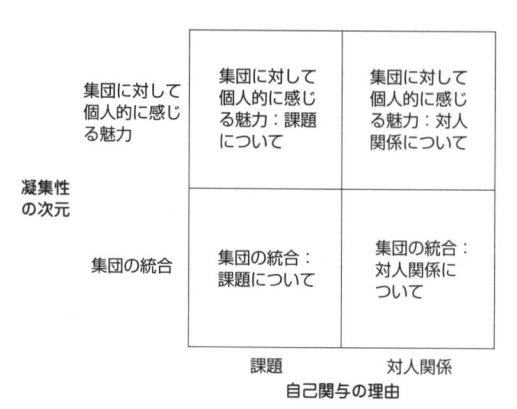

	課題	対人関係
集団に対して個人的に感じる魅力	集団に対して個人的に感じる魅力：課題について	集団に対して個人的に感じる魅力：対人関係について
集団の統合	集団の統合：課題について	集団の統合：対人関係について

凝集性の次元 / 自己関与の理由

図7.3　集団凝集性に関する2×2の枠組み (Carron et all, 1985, 248)

凝集性とパフォーマンスの関連性

　凝集性の高いチームはより成功を収めやすいという，キャロンら（Carron et al., 1985）のモデルから導かれる仮説は，スポーツ状況における凝集性をGEQで測定した46の研究のメタ分析によって検討されている。修正済効果サイズによる相関の大きさから，凝集性とチームのパフォーマンスの関連性が有意に示された。加えて，凝集性はチーム内の個人のパフォーマンスを予測してもいた（Bray & Whaley, 2001）。さらに，質的研究の手法によるエスノグラフィー的研究によって，チームの凝集性は優れたパフォーマンスに結びつくという見方が支持されている（Holt & Sparkes, 2001）。まとめると，これらの研究結果から，凝集性の高いチームは高いパフォーマンスを発揮するといえる。

　凝集性の高さとパフォーマンスの高さが結びつくメカニズムを探求する研究もある。要因操作による手法で，グリーブ，フェランとメイヤーズ（Grieve et al., 2000）は，バスケットボールの3つのチームの凝集性を操作した。操作により凝集性の高いチームと低いチームを作るのに成功したが，凝集性の程度はチームのパフォーマンスにはほとんど影響を及ぼさなかった。しかしながら，パフォーマ

ンスはチームの凝集性に多大な影響を及ぼした。すなわち，勝利チームの凝集性は高くなるのである。この結果は，凝集性とチームのパフォーマンスとの互恵性を指摘している研究と一致している（例えばMullen & Copper, 1994）。これらの研究から，以下の問いが発生する。よいパフォーマンスが凝集性を高めるのか，凝集性がよいパフォーマンスを生み出すのか，あるいはその両方なのか？　これらの研究は，凝集性とパフォーマンスをある1時点で同時に測定し，後から再度同時に測定するという「交差相関モデル」による研究デザインを採用している。time1における従属変数の効果を一定に固定して，凝集性とパフォーマンスの互恵的関連性に関する「交差偏相関」が算出された。この研究デザインは図7.4に示したとおりである。交差偏相関が等しい場合には，両要因の相関関係は支持されて，因果の方向性はどちらかの相関が他の相関より有意に高いことから予測される。縦断的研究に関するメタ分析により，チームの凝集性とパフォーマンスの関連性は多くの試合状況で支持されており，因果の方向性はパフォーマンスから凝集性が引き起こされるというものであった（Mullen & Copper, 1994）。しかしながら，交差パネル研究からは，スポーツ状況における凝集性とパフォーマンスの因果関係を支持する結果はほんのわずかしか得られていない（例えばSlater & Sewell, 1994）。スポーツ心理学の領域では，凝集性とパフォーマンスの関連性についてより頑健な研究デザインを用いて，真実を明らかにすることが必要とされている。

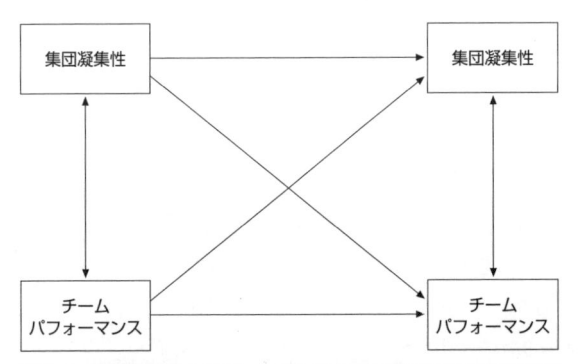

図7.4　集団凝集性とパフォーマンスの関係性についての交差相関モデル

チームの凝集性とパフォーマンスの関連についての研究のほとんどは，チーム内の個人どうしが常に相互作用すること，および相手チームとの関係性を含んだチーム環境でのスポーツに焦点を当てていた。チームのメンバーや相手チームとの関係性が少ないもしくは全くない状況におけるチームの凝集性を扱った研究も

いくらかある。例えば，メイトソン，メイスとマレー（Matheson et al., 1996）は，メンバーが相互作用しあう条件（ラクロス，バスケットボール）と，単に協働する条件（水泳，体操競技）において，シーズン前，シーズン中，シーズン後のチームの凝集性のレベルの変化を比較した。協働条件のほうが，シーズン中の「課題関連領域の集団魅力」が有意に上昇した。この結果から，シーズン中のスポーツ活動における協働経験は，凝集性を高めるものであるが，既によく機能した相互作用条件をもつチームでは，シーズン中の凝集性の上昇は特にみられないといえる。この研究のフォローアップにあたる分析で，メイトソンら（Matheson et al., 1997）は，シーズンを通した結果（勝ち負け）が，相互作用条件および協働条件におけるチームの凝集性に与える効果を検討した。「課題達成領域の集団魅力」については，協働条件のほうがどんな場合でも高く，この傾向は試合に負けた場合に顕著であった。まとめると，これらの結果から，凝集性は協働条件のチームにおけるパフォーマンスに影響し，「課題達成領域の集団魅力」に関して最もレベルが高くなるといえる。おそらくこの領域の凝集性が，チームの内部での相互作用をしない選手において最も顕著な要因で，そういう選手はチームメイトの魅力と課題達成領域での集団魅力とを結び付けやすいからである。

凝集性と結果の関連性

パフォーマンスに対する個人的およびチームレベルでの要因のほかに，チームの凝集性は試合結果を予測する多くの要因に影響を与える。キャロンら（Carron et al., 1985）のモデルによると，凝集性はパフォーマンスに関連する結果と心理的な結果の両方に影響を与えるという。凝集性の高いチームは，集合的効力感のような，チームレベルでの動機づけなどの心理的な要素を高めるといわれている（Spink, 1990）。また，個人レベルでの動機づけも高めるといわれる（Williams & Widmeyer, 1991）。そのため，凝集性は動機面で適応的なものであり，チーム内で相互作用や協働をする際の粘り強さに関する要因を予測するものである。さらに，凝集性はチームのメンバーの目標やパフォーマンスへの満足感などの，心理的なウェルビーイングに関する要因も予測する（Carron, 1982）。類推して，凝集性が高いチームは妨害要因に対して強く（Brawley et al., 1992），メンバーの脱落につながる率が低く（Robinson & Carron, 1982），社会的手抜きが起きにくく（Everett et al., 1992），不安などの好ましくない状況が生じる率が低い（Eys et al., 2003）。まとめると，集団凝集性は適応的な結果につながるものであり，チームのメンバーの心理状態に影響するものであり，妨害要因の影響を最小にするものである。

凝集性の予測因

　凝集性とグループ・ダイナミックスの概念的枠組みにおいて，キャロン（Carron, 1982）は多くの影響要因がチームの凝集性のレベルを決めると主張している。例えば個人の要因，チームの要因，リーダーシップの要因，環境的・状況的要因である（図7.2参照）。初めに個人の要因に注目すると，集団凝集性に関する差異は，個人とチームの犠牲の知覚によるといわれる（Prapavessis & Carron, 1997）。つまり，凝集性の高いチームを作るためには，個人の利益や資源よりも他者が優先されるという認識である。チームの要因の次に，以前の成功経験やチームの目標が，凝集性に影響を及ぼす（Widmeyer & Ducharme, 1997）。チームの凝集性に影響するほかの要因としては，コミュニケーションが挙げられる。例えば，サリヴァンとフェルツ（Sullivan & Feltz, 2003）は，効果的なコミュニケーションの3次元を挙げている——受容，弁別性，積極的な葛藤，である。これらはGEQの全ての次元と正の相関をもっている。この前提から，コミュニケーションの適応的側面が集団の凝集性の先行要因である可能性が指摘される。

　リーダーシップの要因に関しては，リーダーシップとコーチング行動に関する知覚は凝集性に影響を与えるとされている。凝集性の高いチームのメンバーは，自分たちのコーチを民主的な行動，ポジティブなフィードバック，ソーシャル・サポート，トレーニングと教示の行動を高レベルで示し，独裁的行動は少ないと評定する傾向がある（Gardner et al., 1996）。ターマン（Turman, 2003）は，動機づけをするスピーチ，選手主導の技術，チームの誓いと献身などの行動は，チームの凝集性を高めるコーチング行動であり，侮辱や当惑を誘う行動はチームの凝集性を低めるという。最後に，環境要因としては，集団のサイズが凝集性に与える影響がある。ウィドマイヤー，ブローリーとキャロン（Widmeyer et al., 1990）は，チームのサイズと凝集性には逆相関があることを発見した。この発見は，キャロン（Carron, 1982）が提示した集団凝集性への影響要因についての枠組みを支持するものである。

チーム・ビルディングのための介入と集団凝集性

　スポーツ競技者の集団凝集性を高める介入方法やプログラムは成功を収めている。チーム・ビルディングのためのエクササイズは通常，集合的効力感やコミュニケーション，協力，受容など，集団凝集性を高める鍵となる要素を増強するための多くの方略を採用する。ウィドマイヤーとマグワイア（Widmeyer & McGuir, 1996; Carron & Hausenblas, 1998に引用されている）は，チームビルディングに関するシーズンを通したアプローチを提唱している。それは，シーズン

前のトレーニングに始まり，4つの段階（フェーズ）を含む。教育的フェーズでは，目標の設定にとって根本的な鍵となる要素についての意識をもたせることが提唱され，チームの目標を強調することの重要性が提唱される。次の目標を発達させるフェーズは，本質的には計画立てのフェーズであり，選手たちは，チームの根幹をなす（オフェンスやディフェンス）などの要素を形成し，前シーズンの統計によって示される，自チームで問題になるたるんだエリアに目を向け戦略に関する議論を行なう。そしてこれらの戦略は，鍵となるチームの5つの目標の基盤を構成する。それらの目標は，チームの総会で承認される。実行フェーズでは，チームは試合の統計からフィードバックを得て，チーム目標の追求が効果的になされたか，6試合ごとに評価を行なう。最後の改善フェーズは，チームの効果を全体的に評定し，6試合ごとの試合結果の統計に照らしてチーム目標を上書きし，次の6試合の結果レベルを上昇させる機会である。このチームビルディング・プログラムの効果は，プログラムの完結後のチームの凝集性の上昇によって確かめられている。

6　役割の曖昧さ，役割効力感とチームパフォーマンス

　役割への自己関与は，キャロンの集団過程研究における概念的枠組みの中で，集団凝集性やチームの効力およびパフォーマンスに広範かつ直接的な影響を与えるチーム要因であると示唆された。キャロンとハウゼンブラスによれば，「役割は，ある社会的状況において期待される個人の行動のパターンである」（Carron & Hausenblas, 1998, P.157）。グループ・ダイナミックスの理論家は，スポーツチームにおける役割には，フォーマルおよびインフォーマルの2種類があると述べている。フォーマルな役割とは，チームの構造上，競技者やメンバーに割り当てられている，フォワード，フルバック，キャプテンなどのもので，チームの中に生じるものである。インフォーマルな役割は，チームのメンバーの対人的な相互作用の中から生じたり，チームが発達する中で生じるものである。インフォーマルな役割は，チームのパフォーマンスに関する戦略において機能を果たす目的はもっていない。インフォーマルな役割の例として，チームの「警官」「広報者」「人間関係面でのコーチ」「ジョーカー（冗談をいう人）」である。チームのパフォーマンスは，チームのフォーマルな役割に沿った個々のメンバーのふるまいに依存するものであり，スポーツチームでのフォーマルな役割に関しては，非常に多くの文献でその影響力について取り上げてきた。このことは，インフォーマルな役割が過少評価されるべきであるという意味ではなく，それらは他の集団過程

における重要な規定因であって不思議はない。

　スポーツチームのフォーマルな役割は，チームの凝集性やパフォーマンスなどの特徴に影響を与える。チームの凝集性という間接的な属性は，選手が自分の役割を受容し，身につけ，それに沿って振舞う程度によるものである。加えてチーム内部では，より承認され評価が高い，脚光を浴びる役割がある。しかし，チームの凝集性とその効果と生産性は，間接的にではあるが，全ての選手の各々の役割にそったパフォーマンスに依存するものである。そうすることが，個々の選手がより評価が高い役割を追求することを犠牲にしたとしても，である。本当に，そういう犠牲を払うことがチームのメンバーから承認され認知されるというのは，チームの凝集性がもたらす効果である。

　ボーシャンら（Beauchamp et al., 2002）は，役割に関連した，選手のパフォーマンスを規定する3つの重要な概念を見い出した。役割パフォーマンスは，選手の役割とチームのパフォーマンスについての研究における鍵となる帰結変数である。役割パフォーマンスとは，個人が割り当てられた，あるいは期待される役割と一致して振舞うことである。成功する役割パフォーマンスは重要な帰結である。なぜなら，チームのパフォーマンスやその他の所有物，すなわち集団凝集性などは，役割パフォーマンスに依存するからである。役割パフォーマンスは，**役割葛藤**や**役割の曖昧性**，および**役割効力感**に影響を受ける（図7.5）。役割葛藤は，確立したあるいは割り当てられた役割を選手が満たすことができないという経験であるとされている。役割の曖昧性は，役割から期待される行動についての要求を選手が理解していないことである。役割が完全に明確なものになるには，役割パフォーマンスが十分であることが欠かせないのである。役割効力感は，役割パフォーマンスがうまくいくために期待される行動を実行する能力があるかについて，選手がもつ見込みのことである。これは，課題面での自己効力感や集合的効力感など，他の効力感と類似した根拠や由来をもつものであるが（Bandura, 1977），概念的に，また経験的にそれらとは区別されるものである（Bray & Brawley, 2002）。役割の曖昧性が高く，役割効力感が低いと，役割葛藤につながると考えられる。単純化すると，選手がチーム内での自分の役割の本質をつかんでおらず，その役割を実行する能力に自信がない場合，選手は役割に関連した異なる行動面での欲求の間で葛藤を感じやすくなるのである。役割効力感における役割葛藤の影響は，役割曖昧性によって媒介される（図7.5, Beauchamp & Bray, 2001を参照）。

　ボーシャンらは，ラグビー選手の役割パフォーマンスに役割曖昧性が及ぼす影響について研究し，役割曖昧性がパフォーマンスに影響し，それを役割効力感が媒介するという3つ組モデルを提唱した（図7.5を参照）。役割パフォーマンスに

第2部　スポーツの社会心理学

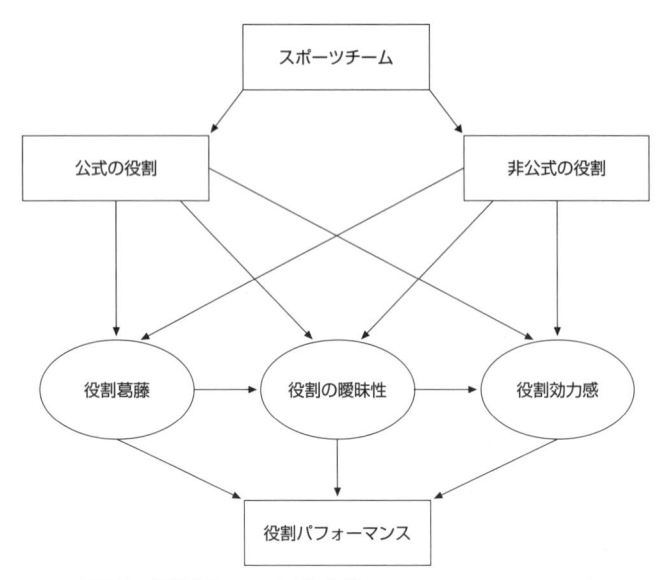

図7.5　役割パフォーマンスモデル (Beauchamp & Bray, 2001)

役割曖昧性が及ぼす影響は，オフェンス側の選手かディフェンス側の選手かによって異なるが，ディフェンスの選手についてはモデルが支持された。この結果により，チームの中で選手個人の役割が曖昧であると，役割パフォーマンスに悪影響が及ぶといえるが，このような関係性は，役割を適切に遂行する能力に関する選手本人の信念によって打ち消すことができる。このことは，バンデューラ (Bandura, 1977; 1997) が提唱した自己効力感の高揚ストラテジーも用いて，選手個人の役割効力感を高めることの重要性を強調するものである。こうすることで，パフォーマンスに影響するいかなる役割曖昧性も低減できる。加えて，役割曖昧性はチームスポーツにおける他の適応的あるいは不適応的な結果にも関連している。スポーツチームに関する研究では，役割曖昧性は，競争状態に対する認知的および身体的な不安にも正の相関を示しており，責任の範囲の明瞭さは，シーズンの初期と終期の双方で，チームの能力，戦略の使用，練習や指示内容，チームの仕事への貢献，およびチームの統合に関する満足感と正の相関を示す (Beauchamp et al., 2003; Eys et al., 2003)。これらの結果をまとめると，スポーツチームの中で選手個人の役割が明確でないと，チームを混乱させるような影響が生じ，不適応的な結果や，役割葛藤のような集団現象につながるということがいえる。

　このような研究により，重要な実践的ガイドラインがいくつか挙げられる

(Beauchamp & Bray, 2001; Beauchamp et al., 2002)。第1に，コーチはチームの選手の役割効力感をよく育成するのがよいであろう。熟練経験を積ませる練習はこの意味で重要であり，チーム内での自分の役割の重要性を選手によく強調するようデザインされた練習をさせるのがよいであろう。加えて，コーチはチームビルディング計画の中で，教育的・情報提供的なセッションを行なうべきである。その目的は，①各選手の責任の問われる範囲，②選手の役割行動，③選手の評価基準，④評価の結果を明確にすることである。オフェンスとディフェンスで曖昧性が役割パフォーマンスに及ぼす影響の違いを考えると，コーチは役割が充足される際の文脈を考慮すべきである。もう1つお勧めなのは，コーチは各選手がなぜその特定の役割をあてがわれたか（役割の特殊性とその選手の特殊能力），いかにその選手の役割がチーム全体の戦略に合致しているかをを明示してはっきりさせることである。最も重要なのは，コーチは自らの戦略を秘密にして，自らの指導法を「神秘的なもの（Mystique）」にすべきではなく，その代わりに，チームの共通の目標と，チームの成功は選手が各自の役割を果たすことに依存しているという事実を強調することである。

7　社会的影響

　社会心理学の最も初期の研究結果の1つはスポーツの文脈で行なわれたもので，他者の存在が運動技能と認知課題のパフォーマンスに与える影響についての研究で，**社会的促進**（Triplett, 1898）として知られるようになる現象についての研究であった。トリプレット（Triplett, 1898）は，自転車レースと，子どもの細かい運動技能（魚釣りのリールの巻上げ）における他者の存在の効果について検討した。トリプレットは，ペースメーカーがいる場合や1人で走行する場合と比較して，競争相手がいる場合は自転車レースのタイムがよくなることを発見した。同様に，子どもたちは1人でリールの巻上げをするよりも，誰かと直接競争する場合のほうが，ずっと早くリールを巻き上げた。トリプレットは，競争相手の存在は，課題の遂行に関して「通常では発揮できない潜在的なエネルギーが解放される」と主張した（Triplett, 1898, P.507）。この先駆的な研究は，スポーツ技術を含むスキルや課題における他者の存在の効果についてたくさんの研究が行なわれる刺激となった。しかし，この分野の研究結果は一貫せず，他者の存在がパフォーマンスに顕著な影響を与えたとするものもあったが（例えばDashiell, 1930），全く一致しない結果も得られた（例えばAllport, 1920）。これらの一貫しない研究によって，ザイアンス（Zajonc, 1965）が観客の存在が行動に及ぼす効果に理

論的な説明を与えて，社会的促進の研究を再生させるまでは，他者の存在の効果に関する研究は停滞した。

ザイアンスの社会的促進理論

　ザイアンス（Zajonc, 1965）の社会的促進の理論は，社会的促進研究の一貫しない知見に説明原理を与えた。ザイアンスは，他者が存在することの本質について考察し，他者存在が行為者にどう受け取られるかに関してたくさんの重要な発見をした。この理論は，生命体には優位的な行動傾向や反応があり，それは他の全ての反応を凌駕するという発見の上に成り立っている。優位反応とは，経験によって個人の行動レパートリーの中に発生する，よく学習されたスキルや反応パターンである。これらの反応は，通常は新奇，困難あるいは練習不足のスキルと対極にあるものである。ザイアンスは動因理論に基づいて，覚醒レベルが高い時は，個人の優位反応が用いられ，パフォーマンスはそれにより悪化したり向上したりする（Yerkes & Dodson, 1908）。協同条件や単に観衆がいるだけの条件では，個人は覚醒レベルが上昇し，課題遂行場面で優位反応をとりやすくなる。その課題が簡単なものか慣れたものである場合は，優位反応はスキルを成功に導くので，社会的促進現象が発生する。しかし，課題が複雑で，新奇で，慣れていないものの場合，優位反応は行動を失敗に導き，社会的促進の反対の，社会的抑制とよばれる現象が起きる。この理論では，社会的促進現象を課題が単純で，よく慣れたもので，基本的な運動スキルのような本能的なもの，あるいは車の運転において観察されるとしており，一方ネガティブな社会的促進は，課題が新奇か，複雑なもの，すなわち複雑な運動スキルや，パズルを解くことや数学の問題などである場合にみられるという。

　重要なのは，ザイアンスの社会的促進の概念では，他者の存在は行為者にとって受動的なもの，すなわち行為者と相互作用はないものであったことである。それゆえ，ザイアンスの社会的促進効果は，単なる他者の存在の効果であったという仮説を発生させる。つまり，課題を遂行している個人にとって，観察者がただ存在するということが，行為者の覚醒レベルを高め，優位反応を発生させるのである。そして社会的促進研究は，単なる他者の存在の効果に関する仮説を裏付けた。しかし，他者の「物理的な存在」は社会的促進効果を発生させるために必ずしも必要ではなく，別の場所でほかの人が課題を協同して行なっているという情報を与えるだけでも，社会的促進が起こったという結果（Dashiell, 1930）もあることに留意すべきである。この結果は，実験参加者が機械的にモニターされていると聞かされる実験でも支持されている（Aiello & Douthitt, 2001など）。

評価懸念と社会的促進

　コットレル（Cottrell, 1972）は，社会的促進の背後にあるメカニズムは単なる他者の存在だけではなく，観客が行為者を評定したり評価したりすると信じつつ観客の前で課題遂行を行なうか否かにあると主張した。この**評価懸念**という概念は，行為者の覚醒が高まる根拠であり，したがって優位反応を導く根拠であると認識された。評価懸念の媒介効果は，個人および集団を対象とした，評価的でない単に存在する他者と評価的である他者がいる条件を設定した実験によって裏付けられた（例えばBray & Sugarman, 1980）。多くの研究で，評価懸念が社会的促進現象の大部分を説明すると指摘されているが，この要因だけで全てを説明できる訳ではなく，研究者は社会的促進に関しては単なる他者の存在も固有の影響を及ぼしているとの説を提出している（Bond & Titus, 1983）。

　ボンドとタイタスは，社会的促進に関する241個の研究をメタ分析した。わずかではあるが，パフォーマンスに対する観衆の効果（平均修正効果サイズ）が有意で，観衆がいない条件と比較して0.3～3パーセントが説明された。さらなる分析の結果，課題が困難な場合，覚醒は観衆がいる場合にのみ高められることがわかった。単純な課題の遂行速度は観衆の存在によって促進されるが，複雑な課題の場合は社会的抑制効果がみられた。観衆の存在の効果は複雑な課題の時は弱められるが，単純な課題の時はわずかな促進効果をもっていた。重要なのは，社会的促進は観衆の存在そのものの固有の効果であり，評価懸念による影響はなかった点である。そのため，評価懸念は実験の方法論的な副産物である可能性があり，コットレル（Cottrell, 1972）によるザイアンスの理論の修正に対しては疑念が抱かれる。

　スポーツの文脈では，社会的促進現象は多くの研究によって確認されており，単なる他者存在よりも評価懸念説のほうが支持される傾向にある（Strauss, 2002）。ストラウスは，単なる他者の存在の効果は弱く，別の種類の運動課題に対しては観衆の効果は一貫していない。スポーツのパフォーマンスに対して，評価的な観衆や協同者がいることの効果を示す研究もある。例えば，スミスとクラッベ（Smith & Crabbe, 1976）は，活動的な実験者が実験に参加する条件では，受動的な実験者がいる条件や，実験者が参加しない条件と比べて，平衡を保つ運動課題に対する実験参加者の学習が促進され，評価懸念仮説が支持された。社会的促進を新しい形で適用した実験として，ポーラス（Paulus, 1972）は，観衆の前での初心者と経験者の体操競技について研究した。体操競技の各レベルごとに，観衆の存在を通知される条件と，通知されない条件が設定された。観衆の存在を事前に通知されなかった条件では高いレベルのパフォーマンスが見られたのと比

較して，そうでない条件ではパフォーマンスの低下という影響を被った。観衆からの評価を予期することによって，パフォーマンスの低下が発生し，技術の高い選手の優位反応を低減させたことが示唆された。評価的な観衆が存在する場合，ベルとイー（Bell & Yee, 1989）は，空手のエキスパートのパフォーマンス，キックのスピードと正確さについては単独条件と比較して低下は起きなかったという。しかし，熟練していない空手選手では，このような条件では失敗を避けるためにキックのパフォーマンスが落ちたため，観衆の存在はスピードと正確さのトレードオフを原因とする社会的抑制がわずかにあるといえる。この研究結果は，熟練していない選手における複雑な課題では正確性の減少が起きるという先行研究を支持している（Allport, 1920; Bond & Titus, 1983）。

　これらの研究結果が概ねザイアンス（Zajonc, 1965）とコットレル（Cottrell, 1972）の仮説を支持している一方，コザー（Kozar, 1973）では大きな動きにおける運動スキルでは，これらの説が支持されたという結果も，されないという結果も見い出せず，観衆の存在の効果もみられなかった。コザーは不安傾向の高い参加者と低い参加者の間での学習に関するパフォーマンスにも差を見い出しておらず，その結果評価懸念の媒介効果も否定している。しかしながら，コザーの研究はパフォーマンスというより学習に焦点を当てたもので，課題も複雑なものというよりは，大きな動きに関する比較的単純な運動課題であったことは強調されるべきである。

社会的促進効果における認知の役割

　社会的促進に関しては，社会的認知に関する構成概念も重要な影響力をもつ。社会的促進効果に関する認知的要因を検討した研究では，観衆による注意拡散と行為者本人の注意力との間で生じる葛藤による注意の葛藤に基づく説明が発生した。例えば，ハルとバンカー（Hall & Bunker, 1979）は，社会的促進とローカス・オブ・コントロール（統制の所在）の有意な交互作用を発見している。新奇な課題を実行した実験参加者の場合，内的ローカス・オブ・コントロールである者は，外的ローカスである者と比較して観衆の前でパフォーマンスの低下を示さなかった。同様にフォーガスら（Forgas et al., 1980）は，観衆の前でペアの試合をする場合，熟練したスカッシュの選手では社会的抑制が生じ，初心者のスカッシュ選手では社会的促進が起きることを示した。この結果を説明するために，フォーガスらは，シングルの試合の場合は本人の勝ち負けが直接問われる状況とみなされるので，選手は自分の実力を発揮するとした。しかし観衆の前での場合は，エキスパートの選手は観衆から協調的な選手とみられたいという欲求のほうが強くなって，自分の実力の発揮を抑える必要性を感じたかもしれない。このよ

うな結果は，社会的促進はザイアンス（Zajonc, 1965）とコットレル（Cottrell, 1972）が40年以上前に提示した説よりもより複雑な現象であることを示している。今後の社会的促進研究は，認知的要因を考慮に入れて，この複雑な現象を含んだメカニズムに関する仮説を提示するものになるであろう。

社会的手抜き

　社会的促進研究が，協同者がパフォーマンスを促進したり抑制したりする効果へ理論的説明を提供している一方で，協同的状況や集合的状況による課題で個人が明らかな動機づけの減少やパフォーマンスの低下を見せる現象が発見された。この現象は社会的手抜きとよばれ，スポーツチームという環境での選手個人のパフォーマンスというのは，この現象を研究するための現実的設定として理想的なものであった。この社会的手抜き現象は，個人のパフォーマンスに集団が及ぼす影響に関する，リンゲルマン（Ringelman, 1926; Latane et al., 1979が引用）の初期の研究にみられるもので，人々は課題を単独で行なうよりも複数で協力して行なうほうが，個人のパフォーマンスは悪かったことが示されている。要点は，この結果はトリプレット（Triplet, 1898），オルポート（Allport, 1920），ダシエル（Dashiell, 1930）における協同条件（観衆の面前でというよりも，人と一緒に課題を行なう）における社会的促進現象とは，正反対なことである。そしてこの現象は，リンゲルマン効果として知られている。それ以来，研究者はこの現象を社会的促進現象と連合されるものとして，社会的促進の統合的な理論を提供している（Ailello & Douhitt, 2001）。

　上記の統合的研究の最初のものとして，一見矛盾する2つの社会的影響に関する説明原理を提供したのが，ジャクソンとウィリアムズ（Jackson & Williams, 1985）の研究である。コンピューター上の迷路課題を用いて，個人のパフォーマンスが適切水準になるのは，複雑な迷路を複数の参加者で行なう場合と，単純な迷路を1人で行なう場合であることを示した。重要なのは，グループでの迷路の成績だけが問題とされて個人のパフォーマンスが明らかにならない場合のみ，個人の迷路の成績が悪くなった。個人のパフォーマンスが集団のそれとは区別される場合，複数で課題を行なったほうがパフォーマンスがよくなった。サナ（Sanna, 1992）は，自己効力感が社会的手抜きを和らげる効果をもつことを示した。社会的手抜き現象は，行為者が自分のパフォーマンス，あるいは集団のパフォーマンスに関して何らフィードバックを受けない時に発生すると主張する研究者もいる。まとめると社会的手抜きは，自己効力感が高い行為者が集団で課題を行ない，自分が評価を受けることがないことや，パフォーマンスへのフィードバックを受けることがないことを知っている場合に起きるといえる。

スポーツ場面では，社会的手抜き研究は，個人的にというよりも連帯的に責任を問われる選手が，チームスポーツでの競争状況への動機づけを低減させる原因を特定することに焦点を置いている（C.J. Hardy, 1990）。理論に基づくと，個人が特定されること——すなわち，チームの中の一員として，パフォーマンスが選手本人および他者に知らされることと定義される——は大学の水泳選手の社会的手抜きを減少させた（Everett et al., 1992）。チームメイトと比較した本人のスポーツ能力に関しては，社会的手抜き現象が顕著に見られ，おそらくは自分が能力不足であるという知覚が動機づけを低下させると考えられる。なぜなら，そういう者は自分がチームのパフォーマンスにほとんど貢献しないと感じるからである（Hardy & Crace, 1991）。社会的手抜き現象は，自分のチームよりも非常に強い相手と対戦するチームにも見られる（Heuze & Brunel, 2003）。

　集団レベルでの社会的認知に関する要因が，社会的手抜きに影響を及ぼしているとする研究者もいる。リシャツとパーティントン（Lichacz & Partington, 1996）は，集合的効力感が高い実験参加者で当該の集団での活動経験がある者ほど，社会的手抜きによるパフォーマンスの低下を示さなかった。事実，チームの集団凝集性は社会的手抜きとは負の相関関係にある（Everett et al., 1992）が，チームの凝集性と集合的効力感だけが社会的促進を阻害している訳ではない。例えば，ハーディとラタネ（Hardy & Latane, 1988）は，名門チームのメンバーは，内的な動機を覚醒する（つまり興味を感じる）課題を行なっている時は社会的手抜きを示すが，この結果はフィードバックのない状況でのひとりよがりによって説明される。面白いことに，チームの試合前に社会的手抜き現象に関する知識を与えられてもなお，単独条件よりもチームでの競争条件では動機づけの低下がみられるのである（Huddleston et al., 1985）。この結果から，事前に社会的手抜きについての知識をもっていても，パフォーマンスへのフィードバックを欠いていることや，集合的効力感が高いこと，コンピテンスのレベルなど，社会的手抜きに影響する状況要因の効果は変化しない。

社会的促進研究の将来像

　社会的促進研究では，この現象の存在を確認する研究，この現象を説明する理論を提供する研究，条件間の違いによるパフォーマンスの違いを特定する研究など，膨大な研究がみられる。しかしながら，異なる説明原理を統合する研究を欠いていることを批判する者もいる（Aiello & Douthitt, 2001）。アイエロとドゥシットは，このような枠組みの欠如は，明確に定義された仮説を欠くことによって研究の限界をきたすと主張した。彼らは，社会的促進研究の理論は以下のいくつかのキー概念をより明確にすることによって，より実りある成果を得られるに違

いないと主張した。それは①社会的促進の定義、②社会的促進が顕著にみられる次元の特定、③特定の状況的、心理的条件下における他者存在の効果の予測である。このような統合的アプローチは、社会的促進理論に欠けた点を埋め合わせるのに必要な仮説を検討するための、今後の研究の方向性を示す助けになる。

　アイエロとドゥシットの統合的モデルは、社会的促進を説明するために、たくさんの理論的な立場と実験による結果を、概念的な枠組みとして統合したものである。この統合モデルは、図7.6に示したとおりである。このモデルでは、社会的促進に対する個人的な要因を中心において、内的な要因が他の要因に影響を与えることを示し、パフォーマンスに影響を与えるより外的な要因とその結果は、モデルの基盤の部分に位置づけられている。個人に影響を与える外的要因や、社会的促進に影響を与える個人的な要因については特定されている。①状況要因、②他者存在の要因、③課題の要因である。状況要因は、観察者の存在や、観察者が見えるか、その気配が聞こえるか、観察者はどのくらい近くにいるか、行為者がそのような置かれた状況に関するフィードバックを受けられるか、そして行為者の動機づけの構造である。他者存在の要因は、観客の存在が社会的促進効果を及ぼしやすいか、つまり他者の存在のしかたや構成、観客の役割、そして個々の選手が観客のことをどれだけ意識しているかということと、観客と選手の関係性（例えば両親であるか知らない人であるかなど）、そして他者がどのくらい長時間存在するかである。そしてこのモデルでは、社会的促進研究では最も重要な、課題の要因について説明している。すなわち課題の困難さ（単純か複雑化）、課題のタイプ（認知的か運動技能か）、そして課題の所要時間である。

　これらの要因は、個人的な要因に影響を与えるとされている。その中心的な影響は、外的要因に対する個人の知覚と反応の問題である。そこには評価に関するプレッシャー、社会的比較、自己意識あるいは自己呈示、および外的な要因がどれほど困難で脅威的で、侵襲的であるかが含まれる。これらに関する当初の知覚と反応は、生理的覚醒、認知的葛藤、セルフモニタリング、および自己効力感といった後続の反応に対して外的要因が与える影響を媒介すると予測される。パーソナリティや、動機づけ、知性、能力といった他の個人的特徴も、後続の反応とパフォーマンスに対する外的要因と状況要因の効果を媒介する。後続の要因、とりわけ生理的覚醒は、パフォーマンスの要因に影響を与える。パフォーマンスに関して、社会的促進研究で多く使用されている従属変数は、スピードと正確さである。アイエロとドゥシット（Aiello & Douthitt, 2001）は、攻撃性、協調か協同かなど、社会的促進に関する他の反応や、パフォーマンスにおける他の要因に関する社会的促進について、もっとより深く研究することが必要であると主張している。これらの多くの要因について研究する中で、社会的促進の研究方法が洗

第2部 スポーツの社会心理学

存在の要因
- 存在のしかた
- 他者の役割
- 存在の顕在性
- 関係性（対象となる個人と存在する他者との）
- 存在する時間の長さ（時間枠）

状況的要因
- 利用できる感覚的な手がかり（視覚・聴覚）
- 他者との近接性
- 他者からのフィードバック
- 組織の風土

個人的な要因

知覚と反応

状況の知覚
- プレッシャーの評価
- 他者をモニターする欲求（社会的比較）
- 自己のパフォーマンスの適切性をチェックする欲求（自己意識）
- 脅威への挑戦
- プライバシーとその侵害への知覚

個人の特性

性格特性

パフォーマンス能力
- 課題に関する熟練性
- 知性
- 動機づけ

課題の要因
- 困難さ（単純―複雑）
- 認知的―運動的な特徴
- 時間の必要性

後続の反応

最初の反応
- 生理的覚醒
- 認知的葛藤
- 自己モニタリング
- 自己効力感

パフォーマンスの要因

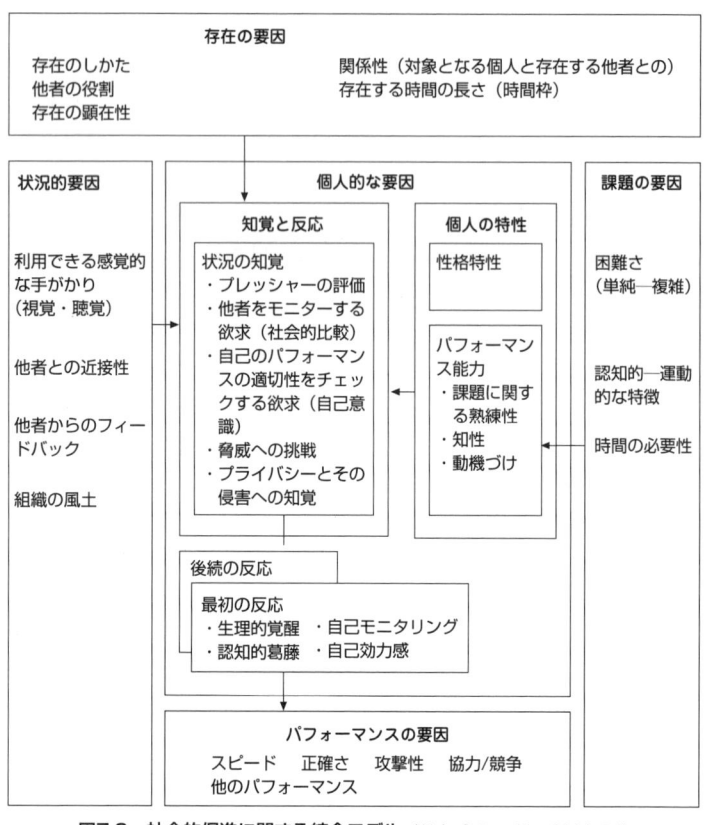

スピード　正確さ　攻撃性　協力/競争　他のパフォーマンス

図7.6　社会的促進に関する統合モデル（Aielo & Douthitt, 2001, 74）

練され，このモデルで提示された要素についてより深い研究結果を生み出すかもしれない。これまで矛盾した研究結果が提示されてきたスポーツ場面での社会的促進を研究することは，とりわけ適切なことである。

8　ホームアドバンテージ

　スポーツ心理学において広く知られており，一貫した，よく言及される社会的現象の1つとして，**ホームアドバンテージ**がある。この現象は頻繁にみられるがゆえ，単なる理論というよりも統計的な原理として言い伝えられているほどである。加えて，ホームアドバンテージは統計学者，スポーツ科学者，そしてスポー

ツ心理学者の強い研究的関心を集めている事実である。スポーツ心理学者の興味は，ホームアドバンテージが概ね心理学的な現象であり，特に両チームの身体的条件がほぼ等しく，いかなる相違も概してみられない場合の現象であることに由来している。競技スポーツはしばしば有能な個人によって行なわれるものなので，社会的促進に関する生理的覚醒と認知的要因については，ホームチームの選手は強化された優位反応を示し，パフォーマンスの向上効果を享受するものという予測がなされる。しかし，前章で検討したように，状況要因，他者存在の要因，課題の要因，および個人的な要因は，社会的促進効果を変容させるのである。このセクションの目的は，スポーツにおけるホームアドバンテージについて概略し，応用社会心理学によって提示されたこの現象への説明理論を検証することである。とりわけ，群集の影響がホームアドバンテージの最も広範な影響であるとの先行研究が，社会的促進理論と一致している点について言及する。

現象の広範性，研究方法とホームアドバンテージ

ホームアドバンテージ現象は，アメリカンフットボール（Schwartz & Barsky, 1977），野球（Schwartz & Barsky, 1977; Courneya & Carron, 1991），バスケットボール（Schwartz & Barsky, 1977; Silva & Andrew, 1987; Varca, 1980），クリケット（Jones et al., 2001, クロスカントリー（McCutcheon, 1984），ホッケー（Russell, 1983），アイスホッケー（Schwartz & Barsky, 1977; McGuire et al., 1992; Agnew & Carron, 1994），サッカー（Brown et al., 2002），アルペンスキー（Bray & Martin, 2003），そしてレスリング（Gayton & Langevin, 1992）など，幅広いスポーツで報告されている。これらの研究では，ホームチームは52～88パーセントの確率で勝利を収めていた（Schwartz & Barsky, 1977; Courneya & Carron, 1991; Gayton & Langevin, 1992; Bray,1999）。アメリカンフットボールや野球のようなアウトドアスポーツでは，ホームアドバンテージはぎりぎり観察される程度であるが，アイスホッケーやバスケットボールなどのインドアスポーツでは，よりその恩恵にあずかっているようである（Schwartz & Barsky, 1977）。しかし，ホームアドバンテージはいつでも発生するものなのかについては，議論がある。野球とバスケットボールの選手権大会シリーズとプレーオフの試合では，シーズン最後の最終試合で優勝が決まるが，ホームチームはリーグの初期には優位であるが，最後の試合では優位でなくなった（Baumaister & Steinhilber, 1984）。その結果，ホームアドバンテージに関する仮説は反論をよび，この分野の研究者の議論の中心となっている（Baumeister, 1995; Shclenker et al., 1995）。おそらくプレッシャーが強い試合など，ある状況では，ホームアドバンテージは減少するか，むしろ逆の結果となるとはいえで

あろう。

　ホームアドバンテージを検討するため，多くの方法論が用いられた。シュワルツとバースキー（Schwartz & Barsky, 1977）は，中でも一番最初に，インドアスポーツ（アイスホッケーとバスケットボール）とアウトドアスポーツ（アメリカンフットボールと野球）のホームアドバンテージの検討にきちんとした統計とデモグラフィック要因の検討を取り入れた。彼らは，リーグに所属する全てのチームの公式に出版された書誌的な統計資料を用いて，ホームとアウェイの試合の勝敗の割合を比較した。多くの研究がこの方法を用いた（Varca, 1980; Gayton & Langevin, 1992; McGuire et al., 1992; Agnew & Carron, 1998）。そのほかの研究では，リーグ期間の平均ではなく，個々のチームのシーズンを通しての記録を用いて検討を行なっている（Bray, 1999）。訓練された観察者による観察法を用いて，公刊された統計だけでなくパフォーマンスに関する追加的情報を得て，シーズンを通しての群集の抗議行動を観察したグリアー（Greer, 1983）の研究のようなものもある。観察法を用いて，テレビ放送された試合に関するデータを集めた研究もある（Salminen, 1993）。最後に，実証的な観点で最も挑戦的な研究として，シーズンを通して試合に出た選手や参加者から追加データを得る方法がある（Bray & Martin, 2003; Neave & Wolfson, 2003）。これらの研究は豊富なデータに基づいているが，非常に資金と時間がかかり，応用社会心理学で典型的にみられるサンプル数の少なさや，参加者の途中脱落による欠損値の存在という，やっかいな問題を抱えている。まとめると，これらの方法論はスポーツ場面におけるホームアドバンテージに関しては，一貫した結果を生み出している。

ホームアドバンテージに関する説明と理論

　ホームアドバンテージの原因は多くの要因に求められ，年齢などのデモグラフィック要因や，観衆である群集のサイズやその試合会場との距離などの状況要因などもそれの1つである。これらの要因の影響力や，その影響力がパフォーマンスの背景にある社会心理的要因にどのように及ぶかに関するメカニズムを説明する，より洗練された理論が提示されている。これらの全ての要因の中で，群集の構成とその知覚がホームチームの選手の覚醒レベルに及ぼす影響は，最も広範なものである。このセクションでは，ホームアドバンテージに影響し，この現象を説明する多様な理論と要因について検討する。

なわばり：動物行動学的理論

　ホームアドバンテージに関する最も議論を呼ぶ，しかし有力な説明は，マーキングしたなわばりとその防衛に関連する，動物行動学に基づいた生物の観察結果

に基づいている。ラッセル（Russell, 1983; 1993）は，生物はその繁殖と子育てのため，暮らしを象徴するなわばりを強烈に守ろうとするという。それゆえ生物は，多くを失って獲得したなわばりが脅かされた時，これを防衛することに多大な価値をおくという。さらに，なわばりを上手に防衛できなかった生物はその種から追放されるため，この説には進化論的な有利点があり，動物における「ホームアドバンテージ」を支持する研究結果がある（例えばRajecki et al., 1979）。ラッセル（Russell, 1993）によれば，理論的に自分のホームであるなわばりの防衛により強い影響をあたえるはずの要因は，ホームチームによる暴力行動の誇示であるといわれており，これを裏付ける研究もある（Varca, 1980など）。さらに，最近の研究では，スポーツの試合のような，「人間の競争的な出会い」におけるホームアドバンテージについて，なわばり理論による説明が支持されている。ネーヴェとウォルフソン（Neave & Wolfson, 2003）は，ホームゲームの前にはサッカー選手のテストステロンの濃度が高水準になり，しかも平凡な相手よりも究極のライバルとの試合の前に，とりわけ濃度が高くなった。ネーヴェらは，ホルモンレベルの上昇はホームのなわばりを防衛し攻撃行動を示す，生得的な性向の増大に随伴している可能性を示唆している。しかしながらスポーツ研究では，ホームチームにおいて攻撃性の増大が起きると結論づける結果を得てはいない。動物行動学となわばりによる説明は，ホームアドバンテージを説明する潜在的な要因である一方，ラッセル（Russell, 1983）はこの説明はホームアドバンテージに関して実証的というよりも，より哲学的な説明をするものだとしている。

群集のサイズ，密度，敵意

既に述べたように，ホームアドバンテージに関する主要な説明要因として，試合において熱心なホームチームの観衆や群集が存在することが挙げられる。多くの研究で，群集のサイズと密度がホームチームの試合に及ぼす影響を検討している。特にエリートレベルのチームスポーツの場合ほとんど例外なくそうなのであるが，ホームゲームの観衆の多数がホームチームを応援している。それはいわゆるダービーゲーム（同一都市に本拠地を置くプロチーム同士の対戦）でさえそうである。それゆえ，ホームチームの観客数はホームチームのファンの数を反映するものと考えるのが妥当である。シュワルツとバースキー（Schwartz & Barsky, 1977）は，アメリカンフットボール，バスケットボール，野球，アイスホッケーのホームゲームの観客である群集のサイズの効果を調べた最初の研究であり，群衆のサイズが大きくなるほど，ホームチームの勝率は高いことを見い出した。加えて，ラッセル（Russell, 1983）は，ホッケーにおける群集のサイズがパフォーマンスの指標（目標数など）に及ぼす影響を検討したが，両者の関連は

見い出されなかった。しかしながら，群集のサイズとアウェイチームのパフォーマンス指標の間に有意な負の相関が示された。このことから，ホームアドバンテージは，アウェイチームに対する群集サイズの抑制効果に基づく部分が大きいことが示唆された。ホームアドバンテージを支持する研究は，実際には「アウェイチームの不利性」を示したものであった可能性が主張された（Silva & Andrew, 1987）。群集のサイズそのものではなく，密度が重要なのだと主張した研究者もいる。アンドリューとキャロン（Agnew & Carron, 1994）は，ジュニアのアイスホッケーチームにおけるホームチームの群集の密度がパフォーマンスに及ぼす影響を検討した。群集の密度はホームアドバンテージに有意に関連していたが，勝率に関するわずかな分散しか説明していなかった。この結果は，群集のサイズではなく密度がホームアドバンテージに影響するという説明を支持しているが，一方で群集のサイズはビジターの不利性に影響を与えている可能性がある。

　ビジターが観衆から悪影響を受けている可能性があるので，研究者は群集によるホームチームの応援がアウェイチームを妨害する影響の本質について検討しはじめた。グリアー（Greer, 1983）は，大学バスケットボールのホームとアウェイのチームのパフォーマンスに対する観客の抗議（ブーイング）の影響を検討した。抗議のエピソードを通じて，ホームとアウェイのチームのパフォーマンスの差は劇的に拡大した。ホームチームのパフォーマンスの向上は僅かだったが，アウェイチームのパフォーマンスの低下が著しく（ファウルの個数の増加や全体的なパフォーマンスの低下），このことが既に有利であるホームチームをよりいっそう有利にした。

　説明として，シルヴァ（Silva, 1979）は，観衆によって表される選手に向けての敵意と怒りの行動が選手の集中力をそぎ，運動スキルの実行を妨げると主張した。この妨害効果は，観衆への意識が，本来パフォーマンスに注ぎ込まれるべき認知容量と注意力を消費するとした，社会的促進と社会的手抜きの文脈と一致している（Baron, 1986）。しかし，他の研究では，観衆の抗議とビジターチームのパフォーマンスの間の負の相関関係は支持されてはいない。サルミネン（Salminen, 1993）のバスケットボール，アイスホッケー，サッカーに関する研究では，仮説と反対に，ホームチームの群集がビジターチームを応援する時でも，ホームチームはより多くの得点や目標を記録した。この結果により，アウェイチームは敵意的な群集を前にしてパフォーマンスに悪影響を受けるという結論に疑問がもたれ，どちらのチームを応援するものでも，いかなる応援もホームチームのパフォーマンスを上昇させると主張された。要するに，ホームアドバンテージに対する群集のサイズ，構成および本質に関する研究は，より直観的で理論上のものになった。例えば大きなスタジアムに広がった熱烈なホームチームの応援は，

ホームチームのパフォーマンスの向上にはつながりにくい。なぜなら，適度なサイズで密度の高い観衆の場合と比べて，応援が拡散しやすいのである。

　ホームアドバンテージに関する促進と抑制の効果に関する説明は，社会的促進の理論が適用できる可能性がある。しかしながら，ホームアドバンテージかアウェイチームの不利性に群集がもたらす影響を説明するには，ザイアンス（Zajonc, 1965）の単なる他者存在の理論より，もっと複雑な説明原理が必要である。観衆による覚醒レベルの上昇は，選手の「主張的な行動」を促進させるという提案を，既に述べたホームアドバンテージに関する動物行動学的にのっとって行なっている研究者もいる。ヴァルカ（Varca, 1980）は，ホームアドバンテージは，攻撃的ではあるがパフォーマンスを向上させるタイプの行動を覚醒するとしている。学校のバスケットボールチームを用いた研究で，このような「機能的な主張的行動」説は支持されている。加えて，ビジターチームでは，反則などの「非機能的な主張的行動」が有意に増加したという結果は，ビジターの不利性と一致している。ヴァルカは，このようなビジターチームの攻撃行動は，部分的にはホームアドバンテージから説明できるという。マグワイアら（McGuire et al., 1992）は，この知見をアイスホッケーのリーグ戦での選手たちで実証した。McGuireらは，攻撃行動はホームチームにとっては有利に，アウェイチームにとっては不利なものであった。このような攻撃のメカニズムに関する1つの説として，熱烈なファンによって引き起こされた覚醒水準の高さの影響が挙げられる（Sanna, 1992）。

スポーツのタイプ

　シュワルツとバースキー（Schwartz & Barsky, 977）は，バスケットボールやアイスホッケーのようなインドアスポーツではホームアドバンテージの影響を受けるが，アウトドアスポーツではほとんどこの効果はみられないとした。その理由は，インドアスポーツ競技場における群集の近接性と密度である。しかしながら，ホームアドバンテージに影響を与える要因について，スポーツの種類を通じて比較した研究はほとんどない。しかし，チームスポーツと同様に個人種目でも，ホームの有利性はみられるのかについて検討した興味深い研究がある。レスリングのような競技でも，ホームの有利性は有意にみられた（Gayton & Langevin, 1992）。この結果は，安全性と優位の感覚の増加，および「先住民効果」，すなわちある地理的エリアのもともとの住民は後からの移住者よりも優位であるという効果に帰属された。しかし，個人競技のスキーの滑降ではホームの有利性が示されなかったという研究もある（Bray & Martin, 2003）。個人種目におけるホームの有利性についての研究は限られたものであり，さらなる研究によって，さらな

る発見がなされるであろう。様々なチームスポーツの観察に基づいて，ホームの有利性の程度に関しては，スポーツの種類によって異なるとはいえる。

ホームの試合会場への熟知性

選手がホームチームの試合会場の場所や設備を熟知していることは，ホームとアウェイの試合におけるパフォーマンスを説明するものである。新しい研究として，ラフヘッドら（Loughhead et al., 2003）では，プロバスケットボール，ホッケー，サッカーのチームのホームでの試合における変化を検討した。試合会場の変更直後には，ホーム／アウェイチームのパフォーマンスに差はみられなかった。しかし，チームの地位を要因として組み込むと，地位のあるチームは会場の移動に影響されず，地位のないチームはパフォーマンスに関して会場変更の恩恵を受けた。この結果を説明する1つの可能性として，地位の低いチームにとって，会場の設備の改善は慣れない環境から来る妨害的な影響に勝るもので，地位の低いチームにおいては古い設備と新しい設備との格差がより大きかったのが原因かもしれない。ジョーンズら（Jones et al., 2001）は，設備への慣れは，クリケットという，観衆の効果が最小であるスポーツにみられたホームアドバンテージに対する妥当な説明であるとしている。ホームアドバンテージにおける熟知性の効果について，ありうる説明として，選手は技術を身につけたその環境でパフォーマンスをしたほうが，新しい環境で行なうよりもよりうまくやれるという説もある（Russell, 1983）。

距離と移動

ホームアドバンテージに関して最もよく研究された要因の1つは，アウェイチームの移動距離である。初期の研究ではこの移動距離がホームアドバンテージに与える影響が支持された（Schwartz & Barsky, 1977）。しかし，移動距離単独で説明できるのは，ホームアドバンテージのほんの一部分であり，距離に付随したたくさんの要因が影響を及ぼす可能性がある。クルニアとキャロン（Cournea & Carron, 1991）は野球選手に関して，移動距離については，ホームとアウェイの両チームでのホームへの移動の存在，移動の時期（シーズンにおいて何試合目か）について，ほんのわずかな効果しか発見できなかった。プロのアイスホッケーチームにおける，例えばビジターのチームがタイムゾーン（時間帯区分）を超える回数を含む，距離に関連したさらなる要因が，ペースとキャロン（Pace & Carron, 1992）によって検討された。タイムゾーンを超える回数とその準備のための時間は，ビジターのチームのパフォーマンスと逆の相関を示した一方で，これらの要因はホームの有利性のうち僅かな分散しか説明していなかった。これら

の統一的な結果からは，ビジターのチームがホームチームのところへ移動してくることは，ホームアドバンテージに関して，小さいが確実な影響をもたらすが，このアーティファクトがパフォーマンスを説明する分散はわずかなものなのである。

最近では，ビジターのチームがタイムゾーンを超えてホームチームのところへ移動してくることがホームの有利性に及ぼす影響に関して，興味深い新しい視点が提示され，移動の効果に関する一貫しない結果が説明される見込みである。スティーンランドとデッデンズ（Steenland & Deddens, 1997）は，アメリカのプロバスケットボール（NBA）とアメリカンフットボールリーグ（NFL）の書誌的データを利用して，ホームの有利性に関して選手のサーカディアン・リズム（概日リズム）の検討を行なった。仮説通り，アメリカ合衆国の西海岸に位置するチームが東海岸でアウェイゲームを行なう時には，選手は理論的な生理学的ピークに近い時に試合を行なうので，他の場合よりも明らかにパフォーマンスがよかった。この結果から，移動距離ならびにタイムゾーンをまたぐことそのものからは，ホームの有利性におけるビジターチームの移動の効果の全てを説明することはできないことが示唆される。この結果は，国際的にチームが西から東に移動する場合には補正されるかもしれないし，東から西への移動の場合は適切な回復期間を含むべきであることが提案される。

レフェリーのバイアス

強いチームの敵のサポーターにはしばしば，やや本心とは裏腹に，相手（つまり，強いチームのほう）はめったにペナルティ（例えば，ファウルやフリーキックなどの判定）を受けないとか，そのチームのホームでの試合では，自分が応援するチームはレフェリーや役員からペナルティを受けてばかりであるということがある。それゆえ，レフェリーのバイアスをホームの有利性の重要な要因として取り上げた。観客の群集による抗議の研究として，グリアー（Greer, 1993）は，レフェリーのバイアスを指摘する抗議以降は，ビジターのチームによってもたらされたファウルは有意に増えたとみなすことはできず，むしろパフォーマンスが全体的に落ちたので，ファウルの数が単純に増えた訳ではないという。しかし最近では，ネヴィルら（Nevill et al., 2002）が，サッカーの審判員に群集の騒音がある条件と無い条件でビデオによる試合の判定をさせる実験的研究を行なった。その結果，群集の騒音がある条件で判定を行なった審判員は，自らの判定により自信をもっておらず，ホームチームに課するファウルの数が有意に少なかった。この結果から，群集の騒音はレフェリーのバイアスに広範な影響力があることがわかったが，この実験および群集の騒音の熱狂的な本質に関する生態学的妥当性

への疑問は依然として残った。興味深いことに，事実上群集の騒音の影響が存在しない，郡部でのクリケットの試合で，ジョーンズら（Jones et al., 2001）はホームとアウェイのチームに対する審判の判定には何ら違いがなかった。ここから，レフェリーのバイアスの根底には群集の騒音の影響が強い可能性がさらに濃厚になった。試合の役員やレフェリーのバイアスに影響を及ぼす別の要因として，チームのメンバーの地位やプロフィールの影響が挙げられる。プロバスケットボールチームに関する研究で，レーマンとライフマン（Lehman & Reifman, 1987）は，ホームとアウェイのチームの双方の，平凡な，「スターでない」選手に関しては等しくファウルをとっていたが，ホームチームのスター選手は，アウェイチームのスター選手よりも有意に少ないファウルしかとられなかった。

　レフェリーバイアスに関してはたくさんの研究が行なわれた。社会心理学において観察されている，対人的バイアスとして知られている有名な現象で，ピグマリオン効果として紹介されているものは，レフェリーバイアスを説明するかもしれない。レフェリーは，ホームチームやスター選手はすばらしいパフォーマンスをするであろうという期待に基づいて，無意識のうちにホームチームやスター選手に有利なように判断をゆがませる。この説を支持する証拠は，体操競技とフィギュアスケートの審判役員についての2つの研究によって示された。シアーとアンソルジュ（Scheer & Ansorge, 1979）は，体操選手に関する事前の期待が審判の判断に及ぼす影響を研究した。体操競技では，各々のチームのコーチが常に，選手の能力順とは逆の順に演技させることが知られているので，審判はローテーションの最後の選手に最もよい選手が来ると期待する。シアーとアンソルジュは，体操競技の審判に録画したオリンピックの予選のルーティン競技を採点してもらったが，その際に選手の登場順を逆にしておいた。すなわち，最初に登場する選手が最後になるようにして，以下同様に全ての登場順を逆にした。審判の採点は一番最後に登場した選手に好意的であった。それが全てのチームの最も下手な選手であったにも関わらず，である。面白いことに，この効果は個々の審判の性格特性によって減弱することがわかっている。ローカス・オブ・コントロールが外的であると自己申告し，出来事は外的要因や運に左右されるとした審判は，内的ローカスである審判よりも，選手の演技順の影響を受けやすかった。この結果から，レフェリーのバイアスは，単に期待によるものというよりも，むしろ審判自身の心理的な特徴による可能性が示唆された。フィギュアスケートの審判に関する研究では，審判たちに知られている選手への評価が好意的であり，名声によるバイアスの影響がみられた。これらの知見をまとめると，事前の期待と選手の名声は，観衆による効果そのものよりむしろ，レフェリーや審判のバイアスに影響を与えていた。

ホームチームの不利性

　このセクションの導入部で，私たちはバウマイスターとシュタインヒルバー (Baumeister & Steinhilber, 1984) の，プレッシャーが強い状況，最終試合でのホームアドバンテージのパラドックスを紹介した。観衆の期待が強い場合，ホームアドバンテージは覆るようである。結果の再分析と新しいデータの追加によって，ホームチームの不利性は先に引用した結果よりは普遍的でないことが示されている (Schlenker et al., 1995)。しかしバウマイスター (Baumeister, 1995) は，ホームチームの不利性は先行研究でいわれたよりは弱いけれども，なお存在していると主張している。ホームチームの不利性を説明する要因は，社会的促進研究の文献と，プレッシャーが強く不安を覚醒させる状況が優位反応を阻害する可能性に求められる。ホームチームでの試合における，観衆の増大した期待は，いくつかの理由からパフォーマンスを低減させると考えられる。①観衆の存在による覚醒水準の上昇は，しばしば課題への集中をじゃまするもしくは不可能にする (Baron, 1986)。②自覚状態の増大は，行動の適切な手がかりへの注意をそらしてしまう (Baumeister, 1984)。あるいは③選手はよく練習したスキルの実行にばかり多大な注意を向け，この認知的コントロールの労力が結果として混乱につながる (Baumeister, 1984)。④失敗を恐れるあまり，選手は自覚状態を強め，再度適切な手がかりへの集中を欠いてしまう。「決勝戦の重圧」とよばれる現象は，説明の難しい現象であるが，ホームチームへのプレッシャーが強い試合における期待がもたらす効果にも普遍的にあてはまるものがありそうである。ホームチームは，最終試合や決勝戦ではホームアドバンテージを仮定したり，それに頼ろうとはしないかもしれない。

ホームアドバンテージに関する研究の今後の方向性

　ホームアドバンテージ効果は頑健で，多種のスポーツを通じて一貫している現象である。この現象の原因をさぐる研究は主に，ホームチームの観衆が選手に及ぼす影響に集中しており，社会的促進の理論に基づいたモデル検証や，観衆による覚醒水準の上昇効果，自己効力感や自己への自信などの認知社会的要因の効果を扱ってきた。他の要因としては，移動の疲労，ホームの試合会場への慣れ，レフェリーのバイアス，スポーツの種類，チームの地位，そして年齢が扱われた。しかしながら，これらに関する研究のほとんどが一貫した結論に達しておらず，1つの統一的なモデルや理論がホームとアウェイの試合でのパフォーマンスの違いを全て説明できるとは考えにくい。これは現象の複雑性を反映したもので，それぞれのスポーツごとに，ホームの有利性を説明する重回帰モデルが存在しうるかもしれない。ホームの有利性を解消するかもしれない議論として，文化的に固

有のスポーツの分野におけるレフェリーのバイアスについての研究が挙げられる。アメリカンフットボール，野球，および多少はバスケットボール，アイスホッケーでも，北米でさかんなスポーツ分野であり，研究の多くも北米で行なわれたものである。ヨーロッパおよび国際的なスポーツ種目もだんだん普及してきている（例えば Jones et al., 2001; Brown et al., 2002）が，今後の研究では，異なる文化やスポーツ分野を通じてホームの有利性が通用する範囲を検討する必要があろう。さらに今後の研究では，ホームの有利性に関する包括的な理論を構築するため，ホームの有利性に関する社会的認知の要因の効果を検証する必要がある。

推薦文献

Aiello, J.R. and Douthitt, E.A. (2001) Social facilitation from Triplett to electronic performance monitoring. *Group Dynamics*, **5**, 163-180. 社会的促進の研究の展開を追いつつ，新しくて興味深い概念モデルを提供する最近のレビュー。

Baumeister, R.F. and Steinhilber, A. (1984) Paradoxical effects of supportive audiences on performance under pressure: The home field disadvantage in sports championships. *Journal of Personality and Social Psychology*, **47**, 85-93. ホームアドバンテージのパラドックスに関するバウマイスターの魅力的な古典論文。

Carron, A.V. and Hausenblas, H.A. (1998) *Group Dynamics in Sport*, 2nd edn. Morgantown, WV: Fitness Information Technology. スポーツにおける集団過程の影響に関する代表的なテキスト。

Schwartz, B. and Barsky, S.F. (1977) The home advantage. *Social Forces*, **55**, 641-661. スポーツチームにおけるホームアドバンテージに関する古典的論文で，このテーマの研究の端緒となったもの。

まとめ

❶ 社会心理学者たちは，集団をお互いに魅力を感じあい，共通の目的をもち，明確な構造をもち，コミュニケーション過程と行動的な結果を共有する人々の集まりであると定義している。スポーツチームはそのような集団の1つの例で，チームの内部に働く相互作用その他のプロセスは，チームを構成する

- 個々のメンバーの行動に幅広い影響を及ぼす。
- キャロンとハウゼンブラス（Carron & Hausenblas, 1998）の概念的モデルは，スポーツにおける集団過程を理解するための枠組みを提供している。このモデルでは，集団の構造はチームの規範と集団成員の役割から決定される。集団構造はスポーツチームに対して，チームの目標，集合的効力感，協力のような重要な結果への大きな影響力をもっている。集団凝集性はこれらの要因の関連性を媒介するものである。
- 集団凝集性は集団過程において重要な構成概念で，チームの結果とパフォーマンスに深い影響力をもっている。
- 役割の曖昧性はチームの集団凝集性を脅かすもので，コーチはスポーツ選手のチーム内での役割について明確にし，効力感を高めなければならない。
- 社会的促進は，観客や共行動者が単に存在することや，彼らからの評価懸念の知覚がスポーツ・パフォーマンスにもたらす効果を説明する。社会的促進の効果は評価懸念の程度によって緩和される。
- 個人の実力，役割の明確さ，自己効力感，個人のパフォーマンスに対する明確なフィードバックなどを欠くと，努力とパフォーマンスの減少が起きる。この現象は「社会的手抜き」として知られている。
- ホームアドバンテージには，観衆の人数，密度，敵意，およびチームの所属選手の評判，所属選手の年齢，ならびにホームチームの設備への慣れが影響を与えている。ホームアドバンテージは，実際はビジターであるチームのパフォーマンスの悪化，いわゆる「アウェイチームの不利性」によるものである。
- ホームアドバンテージは，試合のための移動距離や審判のバイアスによる影響はほとんど受けない。加えてホームアドバンテージは，選手にとって適切な時間帯で試合を行なう場合や，チャンピオンシップシリーズ後半の試合においては，克服されるもののようである。

第8章
攻撃と群衆の暴力

Aggression and crowd violence

1 スポーツにおける攻撃

　おそらく，スポーツの試合や競技の最中に，反則行為，得点，激しいタックル，あるいはその他比較的小さなペナルティが元で，アスリートの集団がお互いに争っているものほど，非難されるべき痛ましい光景はない。普通の人が見れば，乱闘の原因は些細なことで，ほとんど重要でなく，それゆえに正当化されないものに見えるだろう。しかしながら，その行為にもっと近いところでは，ファンや観衆や見物客はみな，その出来事に強い思い入れを抱いていると思われるし，そうした攻撃的な行為を是認しさえするかもしれない (Russell, 1979)。さらに，コーチはしばしば争いの中で自分たちの選手の側に立ち，例外なく自分のチームを支持し，「その中の」賢明な人だけが唯一，自分の選手を守るために選手が騒ぎに加わるのを止めさせようとするのが常だ。選手自身は怒りにたぎった感情と相手への挑発的な態度を伴うことが多いが，実際の攻撃行動に加わってもすぐに止める，というのもしばしば見受けられる。選手・コーチ・観客と並行して，メディアは出来事に不謹慎な魅力を感じながら観察し，しばしばモラルの侵害について「独善的な」感覚をもって，見出しを独占する形で出来事の経過とその込み入った詳細について選び取り，記録し，提供する。

　どうして選手は，暴力行為には明確なペナルティがあることを知っているのに，それに訴えるのか？　なぜコーチは，そうした**攻撃**が逆効果で倫理的に問題があるとはっきり分かっているのに，自分たちの選手をかばうのか？　さらに，そうした攻撃を長引かせるのに，メディアはどういった役割を果たしているのか？メディアは，過剰なモラル遵守の感覚から，センセーショナルなやり方でそうした敵意を報道するのか？　あるいは，メディアの消費者がそうした攻撃に魅了さ

れているのか？　本章は，こうした疑問について考え，スポーツにおける攻撃と群衆の暴力に関する社会心理学的研究について検討することとする。攻撃の定義や主要な社会心理学の理論をレビューし，スポーツにおける攻撃に関するいくつかの重要な研究をみていく。**群衆の暴力**や，ある特定の形態のファンによる暴力，すなわち，**フーリガニズム**についてもレビューする。本章の結論としては，攻撃や群衆の暴力はスポーツにおいてしばしば起こる現象であり，状況的な要因，対人的な要因，集団間の要因によって左右される，というものだ。

攻撃の定義

攻撃は，しばしば誤解されている社会心理学の概念である。言葉にならない暴力的な叫びや，相手に向けて拳を振ったり挑発的な身ぶりを示したりするようなその他の爆発だとか，いやになってグラウンドにテニスラケットを投げ捨てるような，物に当たる行為だとかが，攻撃だと一般的には思われている。しかし，正式な定義からすれば，こうした暴力的でいらだった行動は攻撃ではない。攻撃とは，他者を傷つけるであろう，あるいは，傷つける可能性のある，または傷つけようという意図をもった，つまり目標志向的な一群の行動である（Berkowitz, 1993）。身ぶりや物に当たるのが攻撃の範囲外にあるように，スポーツにおける行動は攻撃と誤解されることが多い。例として主張行動がある。これは，相手よりも優勢になることでチームの競争力を高めようとする単なる行為であって，相手である彼（彼女）らを傷つけようとするものではない。しばしばコーチは選手たちに，もっと相手に対して「攻撃的」になることを望む。その意味するところは，サッカーやラグビーでいえば激しいタックルであったり，テニスや野球であれば相手に向けてがむしゃらにボールを打ったり投げたりするような，より主張的な行動を選手たちが示してほしいとコーチは願う，ということだ。そうした行動は見た目には騒々しいけれども，わざと相手を傷つけようとするものではなく，成功するという純粋で実際的な目標が伴っている。攻撃の定義はまた，ルールを制定し統括する団体に許容されるか許容されないかに関連して検討することもできる。例えば，試合の前にニュージーランドのラグビーチーム・オールブラックスが行なうハカのような，見たところ挑発的で「攻撃的な」行動は，試合の主催者によって認められている。しかし，他の暴力的な行為は，テニスでラケットを投げたり叫んだりすることのように，他者を傷つけようとしたという理由以外の理由で，軽いけれども罰せられる。こうした行為は攻撃ではない。だから，攻撃は通常そのスポーツの統括を妨げるものだが，一方で，スポーツにおいて何らかの暴力的な違反があっても，それが先に示した定義の基準に合致しなければ，攻撃とはみなされないのである。まとめると，攻撃とは，他者を傷つけようと意

図された一群の行動だが，スポーツにおける意味不明の言語的爆発や無生物に対する暴力的な行為，または，主張行動と混同してはならない。

　多くの研究者が，スポーツの文脈で起こりうる2種類の攻撃，敵意的攻撃と道具的攻撃を分けて捉えてきた（Silva, 1980; Berkowitz, 1993）。敵意的攻撃の第1目標は，他者あるいは他の選手を害しようとしたり傷つけようとしたりすることである。それは挑発に対する反応であることが多く，情動的な覚醒が高く，しばしば攻撃的行為の中心にあると考えられるネガティブな情動に支配される（図8.1を参照）。敵意的攻撃では，攻撃的行為が，点を取るなどそのスポーツの目標に取って代わってしまう。また，チームの中の攻撃的な選手がその役割として攻撃的行為を行なうものである（第7章，Beuchamp & Bray, 2001を参照）。例えば，2001年4月，マンチェスター・ユナイテッドのミッドフィールダーであるロイ・キーンは，対戦チームであるマンチェスター・シティFCのアルフ・インゲ・ハーランドに対して，故意にけがを負わせた。「私は十分我慢した。私は彼に激しくタックルした。ボールはそこにあった（と思う）。それを取り上げ…私はエレレイ氏（その試合の主審）が（レッド）カードを出すのを待つことはなかった。私は振り返って，控え室に向かって歩いていった」と自伝の中でキーンは事件について語った。後にキーンはこのことで非難された。キーンは相手を傷つけようとする目標だけに向かっていて，かつ，退場させられることで，実質的にチームが勝利するチャンスを脅かした。このように，敵意的攻撃について考えられる原因ははっきりたどることができるのであり，結果として暴力的な行動を生じさせる目標としてはっきり焦点化されているのは，先にしかけてきたと知覚した人間に対して報復的に害を与えてやろうとすることであり，それ以外の道具的な成果ではない。

　一方，道具的攻撃は，他者を攻撃しようとはするけれども，そのアスリート，選手，もしくは彼（彼女）のチームにとって得な結果をもたらすという上位の目標が伴う。つまり，攻撃の原因となった相手を傷つけることの効果が，そのアスリートの本来の目標や結果を獲得しようとするプロセスを媒介することになる。したがって，敵意的攻撃と違って，害を与えようとする意図は，全体の目標からすればただ周辺的なだけのものだ（図8.1を参照）。あるチーム環境では，チームの目標を達成するために，身の安全だとか試合の審判員や統括する団体からの処罰だとかの危険を冒してでも，相手チームの選手を故意に傷つけることを奨励される，という話がある。道具的攻撃は，あまり自然に起こるものではなく，必ずしも覚醒や怒りが高まることによって生じるものでもない。しかし，先ほどのキーンの例のように，敵意的攻撃は，自発的に生じるというよりも，計算されて生じることもあると考えられる。なので，主張行動と敵意的攻撃あるいは道具的攻

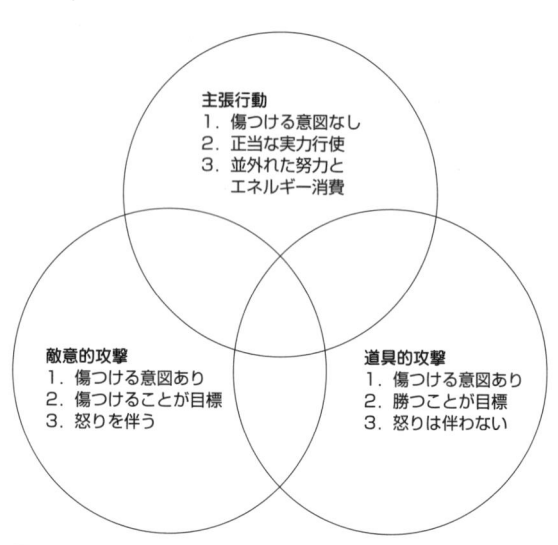

```
        主張行動
        1. 傷つける意図なし
        2. 正当な実力行使
        3. 並外れた努力と
           エネルギー消費

敵意的攻撃                        道具的攻撃
1. 傷つける意図あり              1. 傷つける意図あり
2. 傷つけることが目標            2. 勝つことが目標
3. 怒りを伴う                    3. 怒りは伴わない
```

図8.1　スポーツにおける異なるタイプに関するダイアグラム（Silva, 1980, P.205）

撃の分類には，「灰色の」あいまいなケースがある。これら3つの行動タイプの相違と重複の具合は，図8.1に示されているように，シルバ（Silva, 1980）の分類法によって概念化されている。

　攻撃と主張行動に関するシルバの概念化は，3つの行動タイプの核となる特徴を図示するとともに，3つのタイプの境界が曖昧であることを示している。したがって，ここでの定義が，スポーツにおけるそうした行動のあらゆる例を包括することはないだろうし，あるタイプの行動は1つ以上の定義の特徴をもつかもしれない。こうした種類の行動の例として，駆け引き行動がある。そこでは，ゲームのルールとして反則ではないが，実際は「スポーツマン的でない」と考えられる行為を，選手が行なう。例えば，あるテニスコーチは，強烈なフォアハンドボレーを打つことができる選手に，近距離で相手選手の体に向けて直接ボールを当てるよう，積極的に指示するかもしれない。相手にとって，体に向けて打たれたボールを打ち返すことはより難しいことははっきりしており，厳密にいえば，ゲームのルールの範疇であるという意味で，この戦法の目的は自分たちに勝利を引き寄せることにある。しかし，裏の意図は，身体的にあるいは精神的に，相手選手を痛めつけることにあるかもしれない。つまり，害しようとする意図はあるかもしれないが，その行動はゲームのルールの範囲内で正当なのだから，そのことについて公然と誰かを責めることは難しい。それゆえ，このような場合，その行

動は主張行動，特に正当な実力行使（図8.1を参照）の性質を有しながら，道具的な攻撃，特に傷つけようとする意図を伴っている。

2 攻撃の理論

欲求不満－攻撃仮説

　攻撃に関する初期の社会心理学的な説明の1つは，ダラードら（Dollard et al., 1939）によって提出され，欲求不満－攻撃仮説として知られている。そこでは，攻撃とは，個人の目標や願望の阻止に対する怒り反応として生じるものと想定された。欲求不満によって人は，攻撃という形で欲求不満の原因と知覚されたものに対して，選択的にその欲求不満をぶつけると予想された。したがって，ある高い技術をもったフィールドホッケーのフォワードなどは，彼女が満足のいく得点を取る上で，ミッドフィールドの選手からクロスボールやスルーボールを十分供給してもらっていない時，欲求不満になるだろう。ただ，彼女はまた，相手チームのディフェンダーによってもマークされて，いいプレイをさせてもらっていない。欲求不満－攻撃仮説に従えば，このホッケー選手によって感じられた欲求不満は，最終的に攻撃をもたらすだろうし，ディフェンダーを襲撃することによってその欲求不満を外に出そうと決めるかもしれない。しかし，こうしたことは時どき起こるかもしれないが，その一方で，欲求不満に陥ったホッケー選手は，自分をマークしている相手チームの選手を襲ったりすることはほとんどなく，多くの場合，ほんのちょっとしたファールや違反をするにすぎない。実際，スポーツにおいて，欲求不満－攻撃仮説はほとんど支持されていない。研究者の理解では，スポーツの競争的環境は確かに欲求不満を生み出すけれど，攻撃を生み出すことはほとんどない，ということになっている（Russell, 1993）。これが欲求不満－攻撃仮説の主な限界の1つであった。つまり，欲求不満は必ずしも攻撃をもたらす訳ではない，ということだ。それゆえ，欲求不満が攻撃をもたらさない環境を説明するのに不十分であった。この理論の最近の改訂版では，社会的学習理論（Bandura, 1977; 1997）の仮説を統合して，欲求不満が攻撃に転じるのに影響する要因を示そうとしてきた（Berkowitz, 1993）。バーコビッツは，ストレスフルな状況で引き起こされた覚醒が，欲求不満のような情動反応を喚起するとした。しかし，欲求不満が攻撃として表出するのは，事前に学習した行動パターンとして，そうした状況での欲求不満な情動と攻撃反応とが結びついている場合に限られる。

社会的学習理論

　バンデューラ（Bandura, 1977; 1997）の社会的学習理論は，動機に関する有力な理論として，第2章と第5章で既に検討された。社会的学習理論の観察学習的側面はまた，社会的状況における攻撃行動の生起に応用できる。児童によるモデル行動の模倣あるいは代理経験としての攻撃に関するバンデューラの独創的な研究は，人間の攻撃の発達に対して，重要かつ議論を呼ぶ考えをもたらした。バンデューラの独創的な「ボボ人形」実験は，攻撃行動が攻撃的行為の観察を通して獲得されるという仮説を支持したばかりでなく，攻撃の表出や継続・維持に結びつく可能性の高い環境についても説明することができた。

　社会的学習理論は，攻撃がメディアでどのように描かれているか，また，それが児童にどのような効果をもたらすのかについて，大きな影響を与えてきた。ただ，バンデューラの概説によれば，攻撃行動の模倣には調整要因が存在する。その要因には，①個人的な経験と他者の観察の両方による，攻撃行動の過去経験，②個人的な目標に関して，攻撃行動を用いたことによるそれまでの「成功」体験，③攻撃を示したことに期待される強化のパターン（それは報酬を受ける可能性が高いか，罰を受ける可能性が高いか），④パーソナリティ・言語的奨励・重要な他者の存在などの，心理的・社会的・環境的要因，が含まれている。したがって，バンデューラの理論は，攻撃が生じるような発達や条件を説明することから，欲求不満−攻撃仮説よりも包括的で応用範囲が広い。

　スポーツでは，プロスポーツで見られる攻撃がファンの間のヒーロー選択に及ぼす影響を説明するために，社会的学習理論が用いられてきた。ラッセル（Russell, 1979）は，インタビューと文書記録データを用いて，獲得したゴール数ともらったペナルティ数が，アイスホッケーファンの好みの選手とチームの選択を予測することを見い出した。特に，取ったゴール数よりも与えられたペナルティ数に基づいて，チームが選択されていた。これは，パフォーマンスを示す変数よりも攻撃行動の方が，態度に対して影響力が浸透していることを示唆するものである。ラッセルはこれを，メディアが攻撃的行為に焦点を当てる傾向に帰属した。つまり，その結果として，そうした行為は広く偏在するものとなり，ゲームに不可欠な部分と考えられ，成功と結びつけられる。このことは，観衆が，プロのゲームでは成功と攻撃行動とが結びついているということを学習し，攻撃行動を好みのチームの選択基準に使う，ということを示している。しかしながら，ラッセル（Russell, 1993）はその後，チームの攻撃的プレイの程度とプレイの中で示される攻撃行動との間には関連がないと報告した。これは，選手らがプロスポーツにおける成功には攻撃は付きものだと学習していたかもしれないけれど，

プレイで成功するのに必要なものではなった，ということを示唆している。

　また，社会的学習理論は，スポーツにおける主張行動を促進し，攻撃行動の学習を回避する介入の実施に役立てるよう応用されてきた。コネリー（Connelly, 1988）は，攻撃的な選手の行動のモデリングは，競技において非主張的な選手の行動をもっと強いものに変えていくのに適した技法である，と示唆している。しかし，そうした変容を行なう際には，ルールに適った目標志向的なスポーツ行動の強さを増すことと，シルバ（Silva, 1980）のモデル（図8.1を参照）にまとめられているような攻撃行動の特徴とを，区別することが重要であると主張している。つまり，攻撃行動ではなく主張行動を促進するモデリングや技法を用いる時には，望ましい行動と明らかに攻撃的なプレイ，すなわち，ペナルティを与えられたり他の選手を結果的に傷つけたりするかもしれないプレイとの間に，明確な区別をすることが重要である。

パーソナリティや個人差の説明

　いくつかのパーソナリティ的な特徴は攻撃と結びつけられて議論されてきたが，攻撃行動を行ないやすい人を特徴づけるただ1つの特性が存在する，ということを示す証拠はない。パーソナリティと攻撃の関連性を検討した研究は，1つのパーソナリティ要因である調和性が，青年期の攻撃行動と強い負の関係にあるばかりでなく，欲求不満のような，攻撃を生じさせると仮定される**社会的認知**を予測することを示してきた。これは重要な知見である。なぜなら，調和性は，他者とポジティブで円満な関係を維持することと非常によく関係しているパーソナリティ次元だからである。しかしながら，最近の研究は，攻撃とは他とは異なる独特なパーソナリティ要因であると捉えられている（例えば，Zuckerman et al., 1993）。ザッカーマンらは，他のパーソナリティ次元とは異なる攻撃－敵意という要因を特定した。今後の研究は，特にスポーツの文脈において，こうしたパーソナリティ次元と攻撃的傾向との関係の予測的妥当性をさらに検討していくことになるだろう。

　また，パーソナリティ要因に加えて，「タイプA」パーソナリティとして知られる安定した行動パターンも注目されている（Matthews et al., 1982）。タイプAパーソナリティは，動機づけが高く，競争的で，行動や他者との交流が外向的である。そして，タイプAは，競争的な状況で他者に対して高い攻撃と敵意を表すことを示す証拠がある。おそらく，パフォーマンス志向的あるいは競争的な状況の雰囲気が，タイプAパターンのようなパーソナリティ要因と相互作用して攻撃的反応へと至る可能性が高いのだろう。スポーツにおける攻撃についてタイプAパーソナリティを検討した研究は少ない。ビアジ（Biasi, 1999）は，一般の

比較対照群と比べて，アスリートやダンサーにはタイプAパーソナリティが2倍いることを見い出した。ただ，彼らにはタイプAパーソナリティが潜在するにも拘わらず，ダンサーはネガティブな情動を表出する可能性がずっと低く，対人的な葛藤を避ける可能性が高かった。これは，タイプAパーソナリティとして期待される行動パターンと一見矛盾する。しかしながら，情動の制御と対人葛藤の低さはダンサーにとって非常に重要であると考えられる。すなわち，彼らは成功に向けて協力的に演じる必要があるし，情緒が不安定なのは弱さや脆さの表れであって，両方ともプロの行動としては望ましくない。推測するに，集団としての結束や成功への自己効力感のような社会的認知変数が，攻撃に及ぼすタイプAパーソナリティの影響を調整するのだろう。

攻撃のパーソナリティ理論についての主な批判は，それらが個人レベルまたは集団レベルの社会的認知概念の影響を無視しているために限界がある，ということだ。調和性やタイプAパーソナリティのようなパーソナリティ概念が攻撃に及ぼす影響についての研究は，パーソナリティ概念が攻撃の分散についてまあまあな分量を説明していることを示すが，逆にいえば，分散の多くの部分は説明されていない訳である。より洗練されたアプローチとしては，攻撃に対する状況的社会的な認知の影響を考慮に入れることで，パーソナリティ概念が攻撃行動に影響をもたらすまでの媒介変数あるいは調整変数を同定できると考えられる。こうすれば，スポーツ選手の攻撃的行為の説明において，パーソナリティが（もし寄与しているのであれば）相対的にどれぐらい寄与しているかという疑問に答えられるかもしれない。

3　攻撃に影響する要因

カタルシス仮説

攻撃は，「鬱積した」欲求不満や表出されない情動を発散させるのに役立つ，といわれることが多い。そうした情動の表出行為や併せて生じる開放感はカタルシスとして知られ，攻撃がカタルシスをもたらす社会的な状況で生じるという仮定は，カタルシス仮説として知られている。攻撃のこうした道具的目的についてのビリーフはスポーツに広まっていて，特にスポーツの観衆や見物者に広まっている。例えば，ワンら（Wann et al., 1999）は，攻撃的スポーツの視聴にカタルシス的な機能があると信じている人の方が，その効果から，自分自身を攻撃的でないと考えている可能性が高いことを見い出した。さらに，攻撃的な特徴のある

スポーツに参加することは，そのカタルシス的な機能から，若者にとって健康的であるというビリーフは，スポーツのコーチや学校の先生に広まっている（Bennett, 1991）。

こうした根深いビリーフがあるにもかかわらず，カタルシス仮説を支持する証拠はほとんどなく，研究によって示唆されるのは，攻撃に継続して接触すると他で攻撃が表出される可能性が減るのではなく，むしろ逆に増える，ということだ。例えば，ブッシュマンら（Bushman et al., 1999）は実験参加者に，3つのニセ新聞記事のうちの1つを見せた。それらは，カタルシス仮説支持（順カタルシス），カタルシス仮説不支持（反カタルシス），カタルシス仮説中立の立場でそれぞれ書かれたものである。その後参加者は，彼らが読んだ記事に書かれた立場からエッセイを書くよう求められた。そして，別の部屋で，とある学生からそのエッセイについて批判された。エッセイに関する非常に厳しい批判を聞かされた後，参加者は怒りを測定する情動質問紙に回答し，次にやる課題を選択するよう求められた。その課題のうちの1つは，パンチングバッグの練習であった。順カタルシス条件で怒っている参加者は，パンチングバッグ練習を選択する可能性が高かった。これは，メディアが攻撃のもつカタルシス効果という信仰を蔓延させていることを示している。更なる研究から，順カタルシス条件の参加者は，たとえパンチングバッグ課題をやっても，自分を批判した学生に対して高いレベルの罰を与える可能性が高いことが示された。したがって，参加者は攻撃のカタルシス的目的を信じている一方で，カタルシス支持のエッセイを読んだりパンチングバッグをたたいたりすると，攻撃的な行為（罰を与える行為）をする可能性がより高まる，ということだ。こうしたデータは，カタルシス仮説が実際の効果というよりもむしろ1つのビリーフであるということを示唆しているが，研究からわかるのは，そのビリーフはほとんど実証的な支持がないのもかかわらずずっと存在している，ということである（Bennett, 1991）。

ジェンダー

男性は女性に比べて攻撃行動を行なう可能性が高い（Wrangham & Peterson, 1996）だとか，攻撃的な態度やビリーフを表明する可能性が高い（Eagly & Chaiken, 1993），といったことがしばしば引き合いに出される。こうした差は次のような点に帰属されてきた。①男性における高レベルのアンドロゲン（男性ホルモン），②攻撃は支配や地位を示す点で進化的に有利であるという考え，③発達の過程で男性は攻撃的傾向が社会化されること，といった点だ。スポーツでは，チーム競技で見られる攻撃的行為の，全部ではないが大多数が，男性アスリートによってなされており，男性は女性よりも，スポーツにおける攻撃を是認する可

能性が高いようだ (Tucker & Parks, 2001)。年少の女性はスポーツ参加時に高い道徳的行動を示すことがわかっているが (Stephens & Bredemeier, 1996),集団規範が相手に対する攻撃的行為を是認する場合は,女性であっても攻撃的行為を是認することを研究が示している (Stephens & Bredemeier, 1996; Tucker & Parks, 2001)。ただ,興味深いのは,女性は,言語的あるいは身体的な攻撃に後々発展することはないけれども,男性と同じぐらい容易に言語的な暴言を吐くということだ (Harris, 1992)。

道徳性の問題

向社会的行動とは,日常生活の中で他者に対して見られる一般的な道徳的行為や規則の遵守のことである。ただ,以前に述べたように,社会的アイデンティティ理論によれば,個人的な道徳的行動は,集団成員性が顕在化していて,**集団規範**が全体に行き渡っている文脈では,重要でなくなる可能性があることが示唆される。そうした状況では,人々は「脱個人化」して,集団成員の社会的アイデンティティをまとう。そうすると,人は集団の態度を内面化して,内集団成員をポジティブに評価し,外集団成員をネガティブに評価するようになる。ブレデマイヤーとシールズ (Bredemeier & Shields, 1986) は,スポーツチームの集団アイデンティティをまとうと,結果として,日常生活で普通に広まっている向社会的な道徳的態度は抑制され,個々人は道徳性をより自己中心的に考えるような道徳的変化を経験する,ということを示している。これは括弧つきの道徳性という結果をもたらす。そこでは,「あらゆる人の欲求や願望を等しく考慮するという通常の道徳的義務」(257) は棚上げにされる。この括弧つきの道徳性は,スポーツ場面において,害を与えるような攻撃的行為の正当化に至ることがある。ブレデマイヤーとシールズは,バスケットボール選手とアスリートでない人を対象に,道徳的推論を行なう際の道徳的ジレンマを示すことによって,このことを明らかにした。道徳的ジレンマには,スポーツにおける攻撃的行為が正当化される状況が描かれており,調査対象者は,正しい選択はどれかとその理由づけについて意志決定するよう求められた。結果から,バスケットボール選手はジレンマを解消するのにより自己中心的でより向社会的でない理由を用いる,ということがわかった。これは,スポーツ参加者の道徳的推論にははっきりとした自己中心的バイアスがあることを示している。こうした知見は,スポーツの文脈における攻撃行動に対する接近可能性には道徳的要素があること,アスリートの目にはそうした行為が正当化されていること,を示すものである。

覚醒

　スポーツにおける攻撃に寄与する他の要因は，生理的覚醒の高まりのような，外的な生理学的要因だろう。激しくがんばることによって，アスリートは，競技中に自律神経系の覚醒が高まった状態になりがちである。さらに，こうした覚醒の高まった状態は，短い回復期間の後に和らぐように見えるかもしれないが，競技後数時間たっても高まったままのことがある（Zillman et al., 1974）。例えば，高まった生理的覚醒は，人によっては間違って解釈されて，怒りや欲求不満のような情動反応として表出されうることを示す証拠がある。さらに，実験参加者は，自分の高まった生理的状態が情動反応の原因であることに気づいていない可能性がある（Zillman et al., 1974）。これは，ジルマンらの実験において，特によく見受けられた。そこでは，身体的な運動によって高い覚醒状態にある実験参加者が，運動のせいでまだ覚醒状態が高いままの時に侮辱してきた人（サクラ）に対してより強い敵意を示した。重要なのは，運動期間と侮辱状況との間の時間差を導入することで，覚醒の意識がなくなった場合でも，敵意が強まったということだ。スポーツにおいて，激しく奮闘する期間の後に合間や休憩が来るホッケー，ラグビー，サッカー，ラクロスのような，重層的なスプリントスポーツでは特に，選手は，怒りの感情に寄与するような生理的に覚醒した状態にあったり，規範的にそれを正当化して結果的に攻撃をもたらすような集団状況にいたりする可能性が高い。

ホルモンとステロイド乱用

　スポーツにおいて攻撃行動を表出する個人の傾向に影響を及ぼす役割を担うその他の外的な要因としては，選手に広まっている物質乱用があるだろう。物質乱用のレベルや種類はスポーツのレベルや種類によってまちまちだが，これが攻撃に寄与する潜在的要因であることは否定できない。薬理学的な研究では，アナボリックステロイドの乱用と攻撃行動との間にはっきりとした関連があることを報告している（Pope & Katz, 1994）。アスリートによるそうした物質乱用は，選手のアンドロゲンのバランスを変化させ，その結果，テストステロンの増加によって行動変容が生じる。実際，テストステロンは，女子のアスリートと比較して，男子のアスリートによって表出される攻撃行動の高い生起頻度と関連していた（van Goozen et al., 1994）。薬物乱用が相対的に広まりをみせなければ，それによるホルモン変化が攻撃行動に及ぼす全体的な影響は最小限に抑えられるだろうが，状況的な要因は薬物乱用によって起きた生理的な変化と相互作用して，その人を攻撃的な行為に導くかもしれないことは，記しておく必要がある。

4　群衆の暴力，集合的攻撃，フーリガニズム

　スポーツにおけるアスリート同士の攻撃は，スポーツの文脈で起こる攻撃的な行為のほんの一部分を占めるにすぎない。特に観衆・群衆・ファンの間の攻撃や暴力は，世界中で，特に西ヨーロッパや南北アメリカのスポーツの開催地やイベントにおいて，悪評高く不愉快な出来事として広まっている。また，特定のスポーツが群衆の暴力に悩まされているようだ（例えば，サッカー）。地域によってはこうした出来事が少なくなりつつあるようだが，スポーツ主催機関，政府，反フーリガニズム団体は，スポーツのこうした厄災をまだこれから根こそぎ撲滅しなければならない。本節では，問題を概観してスポーツにおける群衆の暴力の規模を測り，このような騒乱を説明するために提唱されてきた社会心理学の主な理論をいくつか紹介して批判的に分析し，群衆を攻撃的にさせる影響要因を同定して問題の解決を可能にするバランスのとれた見方を提案することを目的とする。

　共同体において多くの人が，スポーツやスポーツの成功に結びつけている人気や重要性については，冷静に考えるべきだ。スポーツは私たちの社会構造の中に編み込まれていて，スポーツファンの気分や情動や動機づけや人間関係は時に強く，地元のスポーツチームの運命に委ねられる。加えて明らかなのは，プロスポーツチームは地元共同体の「織物」の一部であり，地元共同体の成功の象徴であるばかりでなく，莫大な財源をもたらし，サービス産業や観光業のような多くの地元産業にとっても不可欠なのである。このように，スポーツチームは，個人レベルやもっと大きな社会レベルで人々に影響を及ぼす力を考えると，その責任は重い。それはまた，リーグ戦から陥落するというような，状況が悪くなってチームが失敗を経験する時に，暴力や攻撃行動のような社会病理に結びつくかもしれない，ということを意味している。

　中立的な見方の人なら，スポーツやスポーツチームが日常生活における攻撃性や攻撃行動に及ぼす影響など，一笑に付すだろう。しかし，そうして笑って却下するのは，スポーツチームが社会的行動にもたらす強力な影響についてのいくつかの強力な予備的証拠があることを考えると，賢い選択ではないだろう，ということが研究から示唆される。例えば，ファーンクイスト（Fernquist, 2000）は，2つの暴力行動の指標について研究した。すなわち，1971年から1990年にかけての，北アメリカの30の都市における，プロスポーツチームの成功と失敗に関連した①殺人（他者に対する攻撃の直接的な指標）と②自殺，である。プレイオフトーナメント（シーズン終盤の優勝決定戦）の導入は，殺人率と自殺率の低下と

有意に関連していた。一方,優勝決定戦での勝利は,自殺率とだけ負の相関があった。ファーンクイスト (Fernquist, 2000) は,結果を説明するためにガベネッシュ (Gabennesch, 1988) の破られた約束理論を引用した。彼は,スポーツチームによって希望が成就されなかったことで欲求不満や無気力感が生み出され,それが殺人や自殺にみられるネガティブな情動として社会的に顕在化するのだろう,と示唆した。こうした知見は,スポーツチームが社会的行動に広範な影響力をもつかもしれないこと,そして,群衆の暴力や集合的攻撃について検討する際にはそれを考慮する必要があることを意味する。ただ,群衆の暴力は必ずしも,サポートしているチームの結果や浮き沈みによって決まる訳ではない,つまり,スポーツイベントそのものやチームの浮き沈みというのは,サポーターという群衆の中で生じるナマの経験の皮相的な部分であることを示す数多くの証拠がある,ということも覚えておかなければならない。

理論的には,この節は,スポーツの文脈における個々のアスリートと攻撃から焦点をずらして,より広い観点を取り,チームスポーツに群がる群衆,観衆,スポーツファンの間の攻撃を検討している。これらを説明するためには,その場の行動や個人差に関するミクロレベルの説明に焦点を当てがちな,個人の暴力行為や攻撃に対するアプローチとは異なる見方を必要とする (Weed, 2000)。実際,群衆の暴力は,集団レベルで研究される必要があり,個々人のもつ集団レベルの知覚もさることながら,より広い社会的な文脈を同定しなければならない。ただ,記しておくべき重要なことは,集団間の相互作用や葛藤に関する説明に適用される多くの社会心理学理論は依然として,経験的・理論検証的・情報処理的アプローチのままであり,分析の主要な単位は個人を用いる,ということだ。例えば,社会的アイデンティティ理論は,集合的な暴力を説明するのに思い浮かぶ主要な社会心理学的パラダイムの1つだが,その理論家らは,個人レベルで集団の態度や知覚を検証する必要があるとしている (March & Harre, 1978; Stott, 2001)。

集団の攻撃,群衆の暴力,フーリガニズムの定義

集団過程に関する研究は,集団状況で個人単位の要因のみに焦点を当てると,社会的行動について誤解を招きやすい不完全な説明をすることになるだろう,ということを示してきた。これは,集団過程に関する多くの社会心理学理論が,人は集団内で様々な振る舞いをするが,他の集団成員の心理的行動的特徴を帯びる傾向がある,ということを認識しているからだ。スポーツの群衆は,社会においてはっきりと区別される多くの集団のうちの1つであり,その成員は,サッカーファンやある特定のチームのサポーターとして,共通の目標を表明し,その特徴に共通の結びつきがある。群衆の暴力を説明するのに用いられる社会心理学の主

な枠組みの1つ，社会的アイデンティティ理論は，仲間である群衆成員の特徴，集団の他成員の評価の仕方，ライバルチームのファンの描き方，個々の成員の自尊心にとっての群衆の重要性は全て，群衆行動の重要な要素であると予測する。

　群衆の暴力は，集合的攻撃の一形態である。集合的攻撃は，他の個人や集団を傷つけたり害を与えたりしようとする意図を伴った，統一された暴力的行動として定義されるだろう。場合によっては，そうした統一された攻撃は，集団を定義する特徴が非常に弱く，集団内の個々人がお互いのことをほとんど知らないような時にさえ，起こりうる（Tajfel & Turner, 1986）。群衆の暴力に関する多くの研究は，**フーリガニズム**として知られる，ヨーロッパのサッカーファンの行動を中心に行なわれてきた（Marsh & Harré, 1978）。フーリガンやフーリガニズムの正確な定義に関してはコンセンサスがなく，そうした用語の意味は，フーリガン的な出来事の原因や学術的なアプローチによってまちまちである（Weed, 2001）。研究者は，フーリガニズムを，スポーツサポーターの群衆が集合的な攻撃や暴力に乗じてネガティブな行動を表出する具現化行動として見る傾向があるが，その定義には，歌を歌ったり，シュプレヒコールしたり，やじったり，叫んだりするような，スポーツに集まった群衆によって示される，非暴力的な外向的行動までも含むことになる。こうした非暴力的行動はしばしば，常軌を逸した外向的行為をする人を例に出して，サポーター集団の中にいる「フーリガン」のもう1つの定義となっている（Marsh & Harré, 1978; Weed, 2001）。スポーツサポーターのそうした行動は，許されている，あるいは，積極的に奨励されている節がある。つまり，そうした行動的表出を行なう人の自尊心や集団アイデンティティが，他の集団成員によるポジティブフィードバックによって高められ，強化されるほど，そうなるだろう。ここから，あるスポーツファンの集団では，「フーリガン」というラベルが，その用語に付随することの多いネガティブで暴力的な意味をもつのではなく，むしろ，ポジティブに評価され，「名誉の勲章」として付与されるのだといえる。そして，しばしばメディアは，典型的なスポーツ「フーリガン」の誇張されたステレオタイプやフーリガンとなった群衆の行動を取り上げることで，フーリガンに対する反対世論をかき立てるのに一役買っている（Weed, 2001）。

集合的攻撃の理論的説明

　これまで，**集合的攻撃**や群衆の暴力を説明するために，社会心理学の分野から数多くの理論的アプローチが提出されてきた。こうした理論の中のいくつかは，集合的攻撃を説明するために，情報処理の観点から得られる実証的・仮説検証的な枠組みを使って，集団レベルの変数における個人差に焦点を当てている。こう

した理論の中で有名なのは，社会的学習理論（Bandura, 1977），反転理論（Karr, 1997），そして，社会的アイデンティティ理論（Tajfel & Turner, 1986）である。逆に，もっと社会学寄りの系統から生まれた理論は，群衆の暴力に関するより広範な社会的文脈を検討する傾向がある（Ward, 2002）。こうしたアプローチには，「レスター学派」としても知られる，ダニングら（Dunning et al., 1988）の，文化的規範に焦点を当てたサッカーフーリガンへの象徴アプローチ，マルクス主義の流れからサッカーのブルジョア化に対する労働者階級に言及する葛藤理論（Coakley, 1981），スポーツのような社会制度の目的はより機能的な社会を維持することだと述べる機能主義理論（Marsh & Harré, 1978），が含まれる。その他の理論的な説明は，生態学的な理論あるいは本能論，または，フーリガン中毒理論のような，行動に関する生得的な生物学的基盤に立っている（Ward, 2002）。本節の目的は，こうした理論の包括的な概観を示すことではない。様々なアプローチについてもっと学ぶことに興味を抱いている読者は，群衆の暴力に関する包括的な社会心理学的理論（例えば，Tajfel & Turner, 1986; Kerr, 1997）や社会学的理論（例えば，Dunning et al., 1988; Weed, 2001; Ward, 2002）について，入手可能な多くの明快な展望論文をみて欲しい。その代わり，この節では，心理学的社会心理学（社会的アイデンティティ理論と反転理論）と社会学的社会心理学（象徴アプローチと葛藤理論）の流れから，4つの主要なアプローチについて包括的な概説を紹介することとする。これらのアプローチの主な前提を批判的に検討し，それぞれの領域の実証的な研究を評価し，群衆の暴力や集団の攻撃に関する説明としての有効性を検証する。

社会的アイデンティティ理論

社会的アイデンティティ理論は，内集団過程と集団凝集性を説明するものとして，先に第7章で紹介された。この節では，社会的アイデンティティ理論の主な前提が，スポーツの観衆における偏見や集合的攻撃の説明にどのように資するかの概要を述べる。社会的アイデンティティ理論の目的は，集団成員性が集団内の個人の行動にどのように影響するかを検討することによって，ある集団の文脈における社会的行動の背後にあるメカニズムを説明することである。理論的には，個人は，自分自身のアイデンティティより先に，集団で共有されるビリーフ・態度・期待を身に付けていると考えられる。ここから，他のスポーツチームに対する偏見や攻撃のような集団および個人の複雑な行動パターンが，結果として表れることになる。

社会的アイデンティティ理論の主な仮説の1つは，1人ひとりの個人的な態度は集団で共有されている態度に取って代わられる，というものだ。ある集団内の

ある人は，集団の他の成員に共有されているビリーフ・判断・行動パターンを身に付けているだろう。人がそうするのは，自分の自尊心が集団の成員性と結びついているからである。読者には，第4章にあった，自尊心のあり方が自己概念の基礎を形作る，ということを思い出して欲しい。社会的アイデンティティを身に付ける場合，自己概念のあり方は，部分的に，所属している集団で共有されている態度や価値を反映しているだろう。自己の肯定的な感覚を維持するために，集団成員は，集団への所属感（同一感）を経験しなければならないので，共通の関心や態度は重要である。また，自分の自尊心を良しと認め続ける必要があるから，自分自身を典型的な集団成員とみなすことになる。この結果，自己のステレオタイプ化が起こる。そこでは，ある集団や群衆の中の個人は，自分自身を集団の一部としてカテゴリー化する。この自己カテゴリー化の過程によって，集団成員は規範的な行動（集団に認められているもの）に従うようになり，中心的な集団成員を手引きかモデルとしてみなす。この自己カテゴリー化の過程は，社会的比較の過程ともつながる。つまり，自分が成員ではない他の集団，すなわち，外集団の成員とではなく，自分自身の集団，つまり，内集団の成員と照らし合わせて，人は判断を形成する。後ほどみていくように，こうした比較過程は，集団間の偏見の基礎となる。集団の態度を共有し，自尊心を集団に結びつけることの究極的な影響は，脱個人化である。フェスティンガー（Festinger, 1954）によって提唱された脱個人化は，人はもはや自分自身を個人的な観点から見ておらず，その結果，匿名性と個人的なアイデンティティの喪失をもたらす，と想定する。はっきりしているのは，人はアイデンティティが欠如しているのではなく，その代わりに，他の集団成員と共有している社会的アイデンティティを身にまとっているのだ。

単独のプロセスとして，脱個人化は，個人的な文脈では普通示さないような行動を集団成員が表出することを説明してきた（Reicher et al., 1995）。ある集団状況で，集団内における各成員の相互の匿名性が高まると，個人の影響力について容易に識別できなくなるにつれて，1人ひとりの責任は小さくなり，個人状況では通常発揮される各自の統制も効かなくなる（Mann, 1981）。結果として，集団成員の行動は，より脱抑制的・外向的・本能的・非合理的なものになるだろう。数多くの実験研究は，人工的な集団環境を作り出して，実験参加者を脱個人化するために，同一のユニフォームやその他の道具を用いてきた。そうした研究から，脱個人化した参加者は，容易に識別可能な参加者に比べて，争いをもたらす行動を示す傾向があることがわかった。例えば，脱個人化した参加者は，識別可能な参加者よりも，両親に対して批判的だったり，機会があれば物を盗む可能性が高かったりした（例えば，Diener, 1976）。スポーツにおける群衆の暴力に関する

研究に最も重要で関連深いのは，ジンバルドー（Zimbardo, 1970）の研究である。そこでは，脱個人化した参加者の方が，攻撃的に振る舞う傾向が強いことが示された。

　自己カテゴリー化・集団同一化・自己ステレオタイプ化・脱個人化の過程は，集団規範への服従をもたらし，集団成員は，集団の他成員に浸透している態度を身に付けるようになる。こうした環境下では，個人的なアイデンティティや個人的な自尊心とは別の，社会的アイデンティティが創出される。結果として，内集団成員は，外集団成員よりも肯定的に評価される。たとえ内集団がかなりステレオタイプ的に見られたとしても，内集団成員にはそれぞれの顕著な特徴が結びつけられている。一方で，外集団成員は，相対的に均一に見られる。これによって，「私たち」と「彼ら」の区別が生まれる。集団成員性が危機にさらされていると感じられたり，自分たちの集団成員性に疑問をもったりする集団では，外集団への偏見が生まれる可能性がある。こうした偏見は，内集団と外集団の違いを際立たせるという形を取ることが多い。たとえば，人種や宗教といった任意の表面的な特徴を取り上げて，その外集団成員性に汚名を着せるといったものである。こうした偏見は，攻撃行動として顕現するかもしれない。

　スポーツにおける群衆は，実際の攻撃に訴えることはほとんどないけれども，内集団成員を活気づけるために，外集団に実害をもたらす代わりに，団結の印としてしばしば威嚇が行なわれる。他者に汚名を着せるという行為は，集団成員が，自分の内集団成員性から少しずつ拾い集めた自己アイデンティティや社会的アイデンティティの肯定的な感覚を維持する。興味深いことに，タジフェルとターナー（Tajfel & Turner, 1986）は，集団への偏見は，最小集団実験で描かれるような，最小の特徴しか共有していない集団間でさえも起こりうると述べている。このことは，スポーツ観戦をしている群衆がなぜしばしば，調和した行動をする凝集集団のように見えるのかを説明するだろう。実際，暴動や略奪のような群衆の暴力に関する研究は，外集団を代表する特定の目標に向けられた攻撃行動が，驚くほど秩序立って行なわれることを示してきた。

　社会的な集団間の暴動という文脈における集合的攻撃や群衆の暴力を検証した社会的アイデンティティ理論の文献はたくさんあるにもかかわらず，スポーツの文脈で敵対するサポーター同士やスポーツに集まった群衆と警察との間の群衆暴力における社会的アイデンティティ理論を検証した研究は，相対的に少ない。ストットら（Stott, 2001）は，社会的アイデンティティ理論のアプローチを用いた，集合的攻撃に関する最も綿密で広範な分析の1つを行なっている。ストットは，エスノグラフィックで質的な方法を使って，拡張的な社会的アイデンティティモデルを考案し，サッカーファンの間の集合的な「騒動」における攻撃行動の表出

に対して，文脈的に定義づけられた社会的アイデンティティが及ぼす影響について検討した。タジフェルとターナー（Tajfel & Turner, 1986）の後に続く，レイチャー（Reicher, 1987）の自己アイデンティティに関する最初の理論によれば，集合行動は集団成員が獲得した社会的アイデンティティによって左右され，その社会的アイデンティティは，集団内の1人ひとりがもつ個人的なアイデンティティやビリーフよりも，部分的には文脈に定義され（例えば，サッカーゲームで，敵対するファンと相対する時の文脈），部分的には集合的な規範に定義される（例えば，外集団に対する共有態度）。拡張モデルで，ストットは，集合的なアイデンティティが集団行動や集団間葛藤に及ぼす影響は，一方向というよりは双方向であると述べている。それゆえに，集合的なアイデンティティは，スポーツにおける群衆行動の目的や性質を決定するばかりでなく，集団行動はその状況に影響や変化を与える。集合的なアイデンティティが，部分的には文脈によって定義されることを考え合わせると，環境の変化はしたがって，社会的アイデンティティに影響と変化を与えるだろう。

　まとめれば，社会的アイデンティティ理論は，スポーツにおける群衆の暴力的な行動に通底するメカニズムやプロセスについて，独自の広範な説明をもたらした。フェスティンガー（Festinger, 1954）や自尊心の研究者の理論的な観点を援用して，タジフェルとターナー（Tajfel & Turner, 1986）は，社会的な文脈において，態度や自己アイデンティティのような個人的な概念に取って代わる，社会的アイデンティティのような集団レベルの個人差概念の重要性を強調した。重要なのは，自尊心が，集団間に偏見が生じる主な理由と考えられるということだ。これは，集団成員の自尊心は，その集団成員性と結びついているからであり，集団が他者に脅かされた時，この脅威は自尊心への脅威とみなされる。自尊心の肯定的な感覚を維持するために，集団成員は，集団を介した肯定的な自己感を維持しようと精力的に自分の所属する集団を守ろうとする可能性が高い。これは，外集団成員に対する攻撃や暴力的な示威を助長する結果となりうるし，適当な緩衝がなければ，ヨーロッパ全土のサッカー会場で見られる，敵対するファン同士や警察との間の対立事件や暴力事件といった結果になるだろう。

反転理論

　カー（Kerr, 1997）は，アプター（Apter, 1982）の反転理論を，サッカーでの競技中の攻撃と群衆の暴力に関する研究に適用した。反転理論については，スポーツにおける動機と情動状態の観点から，第6章で詳しく述べられている。反転理論とは，ある行動をしようとする動機づけを支えるメタ動機づけ状態，すなわち，ある文脈でのある人の動機づけの方向に関する心理的な評価を描いたもので

あることを思い出して欲しい。文脈は，どのメタ動機づけ状態が作用して，「反転」すなわちある動機づけ状態から別の動機づけ状態への変換をもたらすのかを決める意味で，重要である。こうした反転をもたらす外的な出来事に，目標の阻止と満足がある。第6章で，目的的メタ動機づけ状態と非目的的メタ動機づけ状態について紹介した。目的的状態は，真剣に目標を追うよう人を方向づける。その一方で，非目的的状態は，遊びとして活動すること自体を目標としたアプローチを表している。目的的－非目的的動機づけ状態は双極的であると考えられるので，ある文脈では，ある人は両方の状態にある可能性がある。このため，ある人は，目標を阻止したり満たしたりする文脈の影響にしたがって，ある場合やある時点で目標志向的な動機づけの方向性をもっているのに，別の場合や別の時点で反対の動機づけの方向性を保持していることはありうる。アプターは，目的－非目的，順応－否定，支配－共感，自閉－開放に沿って作用する，その他いくつかの双極的なメタ動機づけ状態を提案した。自閉的状態は，自分自身への関心と焦点化を表していて，開放的状態は，他者に対する関心を反映している。覚醒を快とするか不快とするかの解釈，あるいはその感情のトーンは，メタ動機づけ状態と相互作用して，特定の情動経験を喚起する。メタ動機づけ状態は状況に応じて変化しうるものの，パーソナリティ要因は支配的で優勢なメタ動機づけ状態を左右し，人がどのくらいその状態で居続けるかを決めることになる。

　反転理論をサッカーのフーリガニズムと群衆の暴力に応用して，サッカーの試合で暴力をもたらす出来事に関する予測ができる。「フーリガン」集団の成員は，非目的的で支配的であると考えられる。つまり，彼らは活動と興奮を求めているのであって，覚醒が高まらなかったり不快な感情のトーンのままだったりすると，フットボールの試合に飽きてくる可能性が高い。こうした場合，フットボールから期待される覚醒状態と心地よい感情のトーンが阻止され，反転が起こる。この結果，その文脈の他のところで覚醒を与えてくれるような興奮する行為を実行することで満足を求めようという欲求が生じる。カーによれば，サッカーフーリガンの興奮追求特性は，バンジージャンプのようなスリル追求行動をする人と同じだ。それゆえに，非目的的なメタ動機づけ状態が優勢なファンが，期待した興奮を十分得られないと，補償的な行動に走り，それは攻撃行動として顕現する。この理論を批判する研究者は，なぜある人々が最初の段階でフーリガンになるのか，なぜ非目的的で支配的なファンは他の非暴力的な賠償行動を求めないのか，ということの説明をカーはなんら示していない，と主張している。

象徴アプローチ

　群衆の暴力について最も影響力のある社会学的理論の1つが，ダニングとレス

ター学派の研究者ら（Dunning et al., 1988）によって提唱されている。彼らの理論は，サッカーサポーターの暴力に関するエスノグラフィックな研究の中で考え出された。まず，サッカーのフーリガニズムに対する**象徴アプローチ**は，個人主義的な観点を採用していて，集合行動の初期の説明において広く認められた集合行動の「集団心」理論や「浸水」理論とは異なる。つまり，この理論は，個人内の性質が暴力行動を引き起こすと仮定するので，個人主義的な見方に焦点を当てている。ダニングらは，社会の成員は時とともに文明化が進むと期待する，と提唱したエリアス（Elias, 1978）の教化に関する理論を引用する。この文明化の過程は，特権階級から労働階級へとトップダウン的に起こると仮定されている。そして，この文明化過程で，かつて集団によって行なわれた非構造的で想定外の攻撃の段階が，儀式化され社会的に構造化された攻撃段階へと変わっていくだろうと考えられている。それゆえに，社会の中の個々人は，そうした攻撃を表出する可能性に不安と怒りを覚え，攻撃傾向を感じることに罪悪感と羞恥心を抱くのである。ダニングらはエリアスの提案を支持するものの，文明化過程はまだ完全には労働階級に浸透していないと論じる。しかし，ダニングらは，サッカーの暴力的な群衆は「荒々しい」労働階級に占められていると述べているが，これは，スポーツの群衆は未熟な労働者か多少の技術しかもっていない労働者によって大方構成されている，ということを示す統計（Murphy, 1990）に基づくものだ。

　スポーツにおける群衆には「荒々しい」労働階級の背景をもつ人々が不釣り合いに多いことが，集合的攻撃への表出に至ると考えられている。ダニングらは，こうした要素が攻撃を表出する可能性を高めるが，それは，本来的に男らしい性質と，攻撃でもって問題を解決する傾向が，文化的な価値として内在化されているからだ，と提唱した。こうした価値が示唆するのは，「荒々しい」労働階級の間では，暴力的行為が，知覚された不正義に対処する手段として正当化され尊ばれている，ということだ。結果として，サッカーフーリガニズムに対する象徴アプローチは，フーリガニズムという出来事がサッカーファンの文脈で起こるのは，文明化の過程と労働階級という要素の存在のためだと説明し，集団の文脈における暴力的行為の原因として，文化的な規範に根付く個人の傾向に焦点を当てている。

葛藤理論

　マルクス主義的なイデオロギーと深い関係にある葛藤理論は，スポーツの文脈における暴力は，群衆の労働階級的要素に伴う，根底に流れる社会的・政治的・経済的不満と関連があることを示唆している。つまり，ファンが同じ憤慨を共有するスポーツの文脈は，不公平の原因と知覚されるものに向けられた攻撃を表出

させる温床となっている。この理論を推進する支持者は，現代のプロスポーツの一部は「平均的な」労働階級のファンにとって経済的な搾取だと思っており，スポーツは攻撃による異議申し立ての理想的な伝達手段であるとしている（Levine & Vinten-Johansen, 1981）。だから，集合的攻撃は，そのスポーツに特化した経済的社会的不公正という観点から説明される。テイラー（Taylor, 1971）とクラーク（Clarke, 1978）は，サッカーにおける群衆の暴力とは，ゲームを下支えする誠実な労働階級的価値を，ゲームは自分たちのものだと主張しようとする中産階級分子から守ろうという試みであると語っている。こうした労働階級分子は，ヌーボー・リーシュ（成金）たちによって統制されているブルジョア社会が増え続けることで，周辺に追いやられていると感じている。

表面的には，サッカーフーリガニズムに対する葛藤理論と象徴アプローチは，スポーツの暴力が労働階級の不満から生じているとみる点で共通の説明を有しているようにみえる。ただ，原理的には，想定される攻撃的表出の方向性の点で両者は異なる。葛藤理論では，攻撃はスポーツにおける群衆の中の労働階級分子が感じる不満や不正の反映であり，異議や反抗を示したり，均衡を取り戻したりしようとする試みであると示唆される。一方で，象徴理論は暴力を，葛藤を解決する手段として暴力を正当化する文化的価値から生じた傾向性だと説明する。葛藤理論が，特にイングランドのプレミアリーグのサッカーのような，大富豪の後援者たちに所有されている最高峰のプロスポーツリーグが経済的に膨れ上がっているところに光を当てて主張する一方で（Weed, 2001），テイラー（Taylor, 1971）は，そうした仮定は推論にすぎず，実証的な支持をまだ得るに至っていないと論じている。ウィード（Weed, 2001）は，この葛藤理論のアプローチは説明力に限界があると見ている。というのも，多くのスポーツにおける群衆による攻撃は，ライバルチームのサポーター間で起こっているのであって，スポーツの権威者たちに向けられている訳ではないからだ。

5 群衆の攻撃における影響要因

群衆の暴力や集合的攻撃の発生率や一般の認識に影響する環境的な要因や社会的要因は，数多く存在する。群衆のサイズや薬物依存といった，そのうちのいくつかは，これまでにも論じられてきた。この節では，集合的攻撃を調整する役を果たしたり，スポーツを観戦する人たちを外部から認識し評価することに影響を及ぼしたりするのに寄与する重要な要因を2つ，手短にまとめる。

メディア

　先にも述べたように，社会的学習理論は，暴力を観察することが観察者に広範な影響を及ぼすだろうと予測する（Bandura, 1977; 1997）。テレビや新聞は，集合的攻撃がメディアで描写されると，すぐにその出来事を非難する。しかし，報道の範囲は通常，その出来事についての狭く，薄い，一面的な見方にとどまっているために，そのスポーツ自体や，暴力には関わっていないけれども，そのスポーツに関わって生計を立てている人たちに，損害を与えることになる。さらに，そうした報道範囲のバイアスがあるにもかかわらず，そうした出来事はしばしば，メディアの中で大きく取り上げられ，そうやって目立つことが，もし不慮の事故だという説明や見方が伴わなければ，結果として，そうした出来事はそのスポーツの規範であると思われてしまうだろう。後述するように，こうしたことは，そのスポーツの評判を損なうという悪影響があるし，過剰な反応や道徳的な反感を生んだりするかもしれない。さらに，若い選手やスポーツファンにも影響があるだろう。群衆の暴力や選手間の暴力が目立ったところで行なわれ，長い期間若者に観察されたら，暴力が受容された規範であるとみられたり，そうした文脈では正当化されたりしてしまうだろう。そして，攻撃的行為について社会的に学習されたことは，若い選手やファンによって内面化され，再実行され，そうした行動を永続させる習慣となる。これを支持する証拠として，選手らは，自分のヒーロー選手を選ぶ時，攻撃的なプレイを見て選ぶのであって，その他のパフォーマンスは参考にしていないという傾向がある（Russell, 1979）。さらに，研究から，反則を含む同様の行動は，同一のスポーツチーム内で世代を通して見受けられる，ということが示されている。このことは，年少の選手たちが他の年長の選手たちの行動を模倣して，そうした行動が継承されるということを示唆するものである（Russell, 1993）。

　近年，ウィード（Weed, 2001）は，スポーツにおける群衆の暴力についての報道範囲が，メディアによってバランスを欠いている傾向があり，メディアばかりでなく，関係官庁や警察権力のような権威も，実際，一般大衆の間のフーリガンステレオタイプを持続させている，ということを示してきた。ウィードは，ベルギーのシャルルロワで開催された2000年のヨーロッパチャンピオンシップサッカートーナメントでの，イングランドとドイツのファン同士の群衆暴力をメディアがどのように描いたかを例に出す。イングランドのタブロイド紙は，暴力はイングランドのサッカーファンによって引き起こされ，とても大きな規模だったかのように描く傾向があった。その一方で，一般紙やテレビの報道範囲は，より広い視野を与えるものだった。つまり，ごく小さな暴力沙汰と小競り合いが群衆

の間で見られたが，彼らは，暴力のためにサポートを呼びかけようとした少数の筋金入りフーリガン集団に対して抵抗した者たちがほとんどだった。ヨーロッパにおけるイングランドのサッカーファンの過去の評判と文化が，実際の出来事の判断の仕方に影響を与えたのだろうと考えられた。このような限られた小規模の暴力を説明するために，ウィードは，マーシュとハレ（Marsh & Harre, 1978）の中間レベルのアプローチを引用する。ある集団にいる個人は，攻撃行動を示すことで地位を得るが，群衆の他の成員の支持を得ると，彼らにはいかなる実害も与えないようにする，というものだ。概して，シャルルロワでの群衆の暴力は，メディアの中のいくつかの要素によってバイアスのかかった扇情主義的なやり方で描かれた，ということが研究から分かる。誤って伝えられるこうした見方は，一般大衆の間に不当な道徳的反感を生じさせる可能性をもちつつ，同時に，新聞の販売部数も伸ばす。

　ウィード（Weed, 2001）が概説したもののように，フーリガンの文脈で，出来事の規模を大きく見積もることで招かれた道徳的反感が広がると，その感覚が政策立案者にまで浸透し，結果的に，歌ったりシュプレヒコールしたり叫んだりするといったような，全く害のない非暴力的な行動にさえも，ますます厳しく高圧的な対策を取るようになるだろう。こうした対策を取っても，ファン同士や警察との間の暴力を促さずに暴力の可能性を押さえる，ということは少ないだろう。ファンらは，非暴力的な形で自分たちのチームを応援する権利が守られているとみなされるからだ（Stott, 2001）。ワード（Ward, 2002）は，関係官庁やその他新聞社のような機関は，そうした出来事を使って，社会の信用を回復するようなポジティブな関係を大衆と結び，望ましくない社会的要素に対応したり，市民の安全を守ったりしようとするのだ，と示唆している。それゆえに，権力側と同じく大衆側も，スポーツにおける集合的攻撃の描かれ方を多くの視点から見つめ，メディアの持つ役割と，出来事を不正確に伝えたり大衆の意見を操作したりするメディアの傾向に対して，熟慮されたアプローチを取ることが肝要である。

アルコール乱用

　アルコールの乱用は，多くの社会的暴力，特に家庭や公共の場での攻撃行動と，一般的に関係している。群衆の暴力や集合的攻撃の場合，アルコールの過剰摂取が一因と考えられることが多い。これは特に，サッカーのような特定のスポーツのファンによくあることだが，もう一度いうと，そうした評判はメディアによって作られたものかもしれない。社会心理学分野では，メタ分析的研究によって，アルコール消費と攻撃性の間には関連があることが示されており（Bushman & Cooper, 1990），その説明として脱抑制効果，すなわち，アルコールの影響下に

あると，攻撃のような行動表出を抑えていた個人内の統制力が一時的に弱まるという効果が挙げられている。しかしながら，攻撃とアルコール使用との間の因果関係は，脅威や助長のような文脈的要因に調整されている可能性がある。脅威については，テイラーとガモン（Taylor & Gammon, 1976）が，次のような実験結果を見い出した。すなわち，アルコールに酔った実験参加者（教師役）は，ペアになった生徒役の参加者に対して強い強度の電気ショックを与える準備ができているとしたが，それは，後で役割を交代した時に，相手が最強の電気ショックを与える準備ができていると，実験前に聞かされた場合であった。助長については，テイラーとシアーズ（Taylor & Sears, 1988）が示している。そこでは，実験者による催促によって，アルコールに酔った実験参加者は，統制条件の参加者よりも，相手に強い電気ショックを与えるよう説得された。脅威や催促がなければ，参加者は，酔っていない参加者の反応と同じように振る舞った。こうした研究は，アルコールが攻撃行動に及ぼす影響を考える時には社会的文脈が重要であり，そうした社会的条件があれば，群衆の成員は攻撃的になる可能性がより高いだろう，ということを示唆するものである。アルコールが集合的行動のスケープゴートとされるべきではないが，こうした研究から，アルコールは，万が一状況的に不慮の出来事が起こると，行動を悪化させる可能性をもっている，ということが示唆される。解決という点では，落ち着かせる言葉が，酔った人の攻撃の傾向を弱めるようであり，そのように落ち着くように話しかけるのが，単純で効果的な行為なのかもしれない（Taylor & Gammon, 1976）。ただ，この方法は群衆状況ではそれほど効果はないだろう。酔った人々を促したり煽ったりする人がいる場合は，特にそうに違いない。

推薦文献

Stott, C. (2001) 'Hooligan' abroad? Inter-group dynamics, social identity and participation in collective 'disorder' at the 1998 World Cup finals. *British Journal of Social Psychology*, **40**, 359-384. サッカーフーリガンに対してアプローチした社会的アイデンティティ理論の詳細な説明。

Ward, R.E. (2002) Fan violence: Social Problem or moral panic? *Aggression and Violent Behavior*, **7**, 453-475. スポーツにおける群衆の暴力に関する，短いが包括的な理論的アプローチの概観。

Weed, M. (2001) Ing-ger-land at Euro 2000: How 'handbags at 20 paces' was portrayed as a full-scale riot. *International Review for the Sociology of Sport*,

36, 407-424. メディアにおける描かれ方の役割とスポーツにおける群衆の暴力に関する興味深い洞察。

まとめ

- ◐ 攻撃とは，他者を傷つけたり危害を加えたりしようと意図したあらゆる行動もしくは言語的なコメントである。
- ◐ スポーツ選手における攻撃の理論的な説明は，欲求不満－攻撃仮説，社会的学習理論，パーソナリティ理論から出てきている。攻撃の現代的な見方は，アスリートにおける攻撃行動を説明するために，これらの諸理論を併せて仮説を立てている。
- ◐ 攻撃は，薬物やアルコールの乱用，道徳的規範，生理的覚醒によって影響を受ける。
- ◐ 集合的攻撃は，他の個人や集団に危害を与えようという意図を伴った統一的な暴力行動である。一方，群衆の暴力は，集合的攻撃の一形態である。
- ◐ フーリガニズムとは，スポーツファンにおける攻撃的傾向を述べた用語であるが，外に向けられた，騒々しく，乱暴で，度を超えた非暴力的行動も含んでいる。
- ◐ 群衆の暴力や集合的攻撃に関する理論的説明には，心理学的な社会心理学（例えば，社会的アイデンティティ理論や反転理論）と社会学的な社会心理学（例えば，象徴アプローチや葛藤理論）の流れがある。
- ◐ 集合的暴力に影響を与える最も重要な要因に，メディアとアルコール消費がある。

第9章
結論

Conclusion

　エクササイズとスポーツの領域におけるプロセス，メカニズム，行動を理解するための応用社会心理学の研究は，それぞれの領域を別個に扱う傾向にあった。この章では，エクササイズとスポーツの領域の両者が共有する基盤に焦点を当てる。この章では，この本におけるエクササイズとスポーツの両領域の研究の共通性を特定し，研究テーマ，方法，理論の共通要素と対比要素を描き出す。この本で扱ったエクササイズとスポーツの領域における共通のテーマは，行動の予測，感情や他の結果の予測やそれらがもつ働き，および社会的影響の役割についてである。エクササイズとスポーツに関する領域横断的な研究や，縦断研究，交差パネルデザイン，実験デザイン，質的調査などが，共通の方法論的なアプローチに含まれる。意図と動機に関する理論は両学問領域に共通のものであり，両領域においてこれらの理論は比較対照される。最後に，両領域におけるアプローチの比較は，学校体育の特定の文脈の中で扱われ，実践への提案がレビューされる。

1　研究テーマ

行動の予測

　この本でたびたび取り上げられるテーマは，行動の予測である。このことは，心理学の包括的な目的が人間の行動の予測にあり，社会心理学の最も大切な目的の1つが社会的状況における行動の理解であることから考えて，驚くにあたらない。この本の最初の部分では，社会心理学がエクササイズ行動の理解に応用され，特に健康と関連した余暇時間の理解に適用された。主たる関心は，態度，社会的圧力，自己効力感，知覚された行動のコントロール，期待される感情と後悔，自

尊心，知覚された罹患可能性，そしてもちろん，欲求と意図という，エクササイズ行動に関する社会心理学的な先行要因を理解することであった。エクササイズ行動を理解するための中心になるのは，エクササイズ行動を説明するのに重要な構成概念が何であるのかを特定するだけでなく，なぜそれらの要因が重要なのかを特定する社会心理学的モデルの構築であった。そのため，エクササイズ行動を起こさせる要因の関係性のネットワークについての社会心理学的モデルを紹介した。例えば健康信念モデル，計画的行動モデル，目標志向行動モデルである。加えて，各々の章ではエクササイズ行動の先行要因と，様々な先行要因および決定因がどのように形成されたかについても触れている。文脈横断モデルのような統合的モデルは，態度や主観的規範のような変数がどのように構成されるかを，動機のスタイルに基づいて説明しようとした。その動機のスタイルとは，自己決定理論によれば，外的に統制されるものといわれており，基本的な心理的欲求に基づくものといわれている。まとめると，ビリーフに基づくこれらの構成概念は，エクササイズに近接する最も末端の予測要因を構成している。

　この本の2番目のセクションでは，全く異なる行動のセットについて扱った。いわゆるスポーツパフォーマンスである。一般に，スポーツパフォーマンスは，走行距離，得点，記録されたり表彰されたゴールや，記録されたタイム，投擲距離などの，絶対的な成功によって測定される。しかし時には，スポーツパフォーマンスは自己ベストの更新に関連した改善結果によって測定されることもある。ここで重要なのは，パフォーマンスを確立する妥当で客観的，かつ信頼性の高い手段が記録されたことである。スポーツパフォーマンスを説明するために，第5章では動機，第6章では感情，第7・8章では社会的影響に焦点を当てた。スポーツパフォーマンスを異なった観点から理解しようとするたくさんの研究について検討し，鍵となる先行要因として，動機的（つまり達成目標への志向性と内的動機），感情的（自分への自信と，促進的な状態不安），社会的（集団凝集性など）が確認された。その一方で，エクササイズ領域における文脈横断的モデルのような，先行要因を適切かつ分かりやすく，集約性のあるモデルに統合しようという試みに反して，スポーツ領域ではそのような統合を試みたモデルはほとんどなかった。その理由の1つは，スポーツパフォーマンスにおける媒介変数が多岐にわたることであるが，他の理由としては，それらの影響に関する明確な枠組みを欠いたことであろう。そのような統合を試みた理論の例として，ハニン（Hanin, 1995; 2000）のIZOFモデルと，アプター（Apter, 1982）の反転理論を応用したカー（Kerr, 1997）の応用例がある。しかし，これらの理論は感情的・情動的な側面に焦点を当てる傾向があり，スポーツパフォーマンスに関する認知的要因は過小評価される傾向があった。加えてこれらの理論は集約性を欠き，同

時に仮説の検証能力も欠いていた。今後の研究では，スポーツパフォーマンスに関する感情面，社会的認知の側面，動機，そして社会的影響に関して，複数の理論による統合的なアプローチによって，統合的な知見を得ることが期待される。このようなモデルによって，スポーツパフォーマンスに関するより完全な説明がなされうるであろう。そのためのよいスタート地点としては，ハニンとアプターのモデルの完全な検証があるだろう。しかし研究者は，ジョーンズ（Jones, 1995）の不安の促進的・抑制的コントロールモデルや，デシとライアン（Deci & Ryan, 1985）の自己決定理論のような，社会心理学の主流のモデルをスポーツに応用することによって統合的な知見を得ることに目を向けるべきである。

感情や他の結果がもつ役割についての予測

行動に加えて，この本における主要なテーマは，感情や自尊心のような結果に関する予測である。エクササイズ行動とスポーツに関する説明において，このような結果は適応的で望ましいものとされている。そのような結果が望ましい理由の1つは，そのような結果と行動そのものとの関連性であり，そのような顕在的な結果が身体的健康だけでなくポジティブなウェルビーイングと一般的な精神の健康に関連するからである。実際，ウェルビーイング自体がエクササイズとスポーツの好ましい結果と捉えられていて，エクササイズやスポーツに参加する動機として語られている（Ashford et al., 1993）。加えて，感情的な変数は行動の予測に関するモデルでは必須のものである。そして，このような感情的変数は認知とエクササイズ，およびスポーツとの間を媒介したり，両者の関連を弱めたりする。

エクササイズ領域では，感情の過程は，計画的行動理論において感情面での態度が行動の予測に重要な役割を果たすように，行動を予測する（Ajzen, 1985）。欲求についても，動機の感情的な側面を代表するものとして，目標志向行動モデル（Perugini & Conner, 2000）で重要な役割を果たす。実際，欲求に関しては，感情的な構成要素は意図と認知的構成要素が行動に与える影響を媒介する。そのため，感情はこれらのモデルでは行動の重要な先行要因とされる。しかし，動機はそれに付随したポジティブな感情を起こさせることが示唆される。例えば，自己決定理論における高い内的動機は，特定の行動に従事する満足感を増大させるといわれる。一方，原因の所在についての外的統制，および因果に関する知覚された統制スタイルは，罪や恥の感覚のような不適応的な感情状態を伴うものである（Deci & Ryan, 1985）。こうして，行動の根底にある動機的なプロセスもまた，エクササイズを行なう人の動機のありかたに影響を与える可能性がある。

スポーツでは，感情状態と情動の予測はスポーツパフォーマンスの根底にある

メカニズムの解明に重要な役割を果たす。しかし，ポジティブな感情状態そのものを予測することに焦点があてられているのではなく，不安のようなネガティブな感情状態をコントロールすることが重要視されているのである。例えば，ジョーンズ（Jones, 1995）による不安の促進抑制モデルによると，パフォーマンスは認知的な不安傾向と自信のレベルによって最もよく説明されるという。カタストロフィ理論では，認知的不安傾向のレベルと覚醒水準のレベルは，抑制要因をコントロールするものと捉えられている（Hardy, 1990）。これらの例は，情動そのものではなく，情動がもつ媒介機能がスポーツパフォーマンスに影響を与えるといえる。

　エクササイズ領域とスポーツ領域の双方において，感情状態に加えて，行動と動機はともに行為者の自尊心と関連しているといわれる。自尊心はエクササイズのポジティブな効果とみなされ，自尊心は身体面での能力の誇示によって高められるものだという，ソングストレームとモルガン（Songstroem & Morgan, 1989）の自尊心モデルのような研究がある。選手における自尊心は，重要な結果とみなされている。選手や，レクリエーション的なエクササイズを行なっている人たちは，一般の人々よりも身体的な自尊心が高い（Marsh et al., 1995）。これは，スポーツや競技的環境におけるコンピテンスの高さによるものである。重要なのは，自尊心はスポーツとエクササイズ行動における予測因でもあり，自尊心からはスポーツとエクササイズ活動における適応的な結果も予測されることである。

社会的影響の役割の予測

　社会的影響も，エクササイズとスポーツの両領域の理論にまたがる重要なテーマである。エクササイズ領域では，意図に関する全ての理論が社会的影響の要素を含んでいた（第2章参照）。例えば計画的行動理論では，エクササイズに関する意図に影響するものとして主観的な規範を予測因としており，ソーシャルサポートや（Courneya et al., 2000）記述的規範（Rivis & Sheeran, 2003）など，主観的規範とは異なる形での社会的影響も含むよう理論を拡大している。自己決定理論のような他の理論も，エクササイズやスポーツに従事しようとする動機に広く影響を与える，他者とつながりを持ちたいという欲求を含んでいる。本当に，エクササイズに参加する最も重要な動機は人間関係的な利益と人々の仲間に入ることなのである（Ashford et al., 1993）。一方で，意図，態度，自律性，コンピテンスなどの個人内要因も，エクササイズ動機やエクササイズ行動，人間関係への参入に結びついた動機に強い影響を与えているであろう。

　社会的要因は選手の参加とパフォーマンスの中心的な要因でもある。集団への

加入の動機は、レクリエーションへの参加者と競争的スポーツの競技者に同様にあるが、スポーツパフォーマンスに社会的要因が与える影響についての理論ではしばしば異なる問題設定がなされる。例えば、社会的によい環境で競技することの効果（Coleman & Carron 2000）や、スポーツファンの群集を前にして競技すること（Varca, 1980）などのような問いである。社会的要因の重要性に関する1つの例として、人間関係的な結びつきと集団凝集性がスポーツにおける競技者に与える影響を示した研究がある（Carron & Hausenblas, 1998）。スポーツにおける観衆の影響力は注目に値するが、社会的促進効果はパフォーマンスを促進させる場合も（Strauss, 2002）、抑制する場合も（Baumeister & Steinhilber, 1984）あることが報告されている。とりわけ、集団凝集性が高く、プレーヤーのプレースタイルに慣れているホームチームでは、チームのパフォーマンスと粘り強さに関してすばらしい結果をみせるようである（第7章参照）。まとめると、社会的影響は、エクササイズとスポーツに関する心理学研究での、動機と行動についての検討では無視することなどできない要因である。

2 方法論

分野を超えた研究

　エクササイズとスポーツ領域における研究の方法論として最も一般的なのは、分野を超えた、測定的な妥当性を確立するための質問紙に基づく研究法や、理論を検証するための仮説や、媒介・抑制要因を用いた予測のパターンの確立であろう。エクササイズに関する心理学では、意図に関する理論の大半はこのようなアプローチによって検証されている。健康信念モデルや予防動機モデル、計画的行動モデル、文脈横断モデル、目標志向行動モデルにおいて、主たる予測因間の関連を検証している多くの研究があり、この分野におけるメタ分析によって裏づけがなされた（例えばHausenblas et al, 1997, Hagger et al., 2002b）。スポーツ領域においても同様である。メタ分析とナラティブレビュー研究は、多面的不安理論（Kliene, 1990; Craft et al., 2003）や、達成目標理論（Ntoumatnis & Biddle 1999）、帰属理論（Biddle et al., 2001）、集団成員性のような集団から受ける影響についての理論（Carron & Hausenblas 1998）のような、感情に関する理論における各要素の関連性ついての、分野を超えた研究の知見として利用された。加えて、自己効力感や社会的認知のような理論についての、膨大な量の領域横断的研究からかき集められた、一貫した知見が存在する（Feltz & Chase, 1998;

McAuley & Blissmer, 2002)。領域横断的な先見的研究は魅力的である。なぜなら，それは与えられた母集団の範囲での理論検証の効率的な方法であるし，因子分析のような今日の多変量解析の手法は，測定の誤差のようなアーティファクトを考慮しながら変数間の関係性を確実に検証できる。

　そのような研究スタイルは，媒介要因や抑制要因に関する重要なメカニズムの解明にも有効である。例えば，エクササイズ領域における計画的行動理論では，エクササイズに関する態度と行動の関連性についての，意図の媒介効果が一貫して記述されている。同様に，スポーツ領域でも，領域横断的な研究によって，自己効力感とパフォーマンスの関連性に対する目標設定の媒介効果が報告されている（Theodorakis, 1995）。さらに，エクササイズ行動の理論において重要な関係がある調節要因は，成功に向けての態度と，挑戦に関する理論における成功期待に基づいた挑戦を行なおうとする意図とであるが，これらの要因とスポーツ領域での目標設定における自己効力感とパフォーマンスの関係性が示されている（Theodorakis, 1995）。後者の例（意図）は，エクササイズとスポーツの両領域において同様に，調節要因や媒介要因であることが示された例のうちの1つである。これらの研究結果は，理論の内部で提示されたメカニズムの説明にとって，領域横断的なアプローチが重要であることを示している。

縦断的，交差パネルデザイン

　領域横断的研究には，因果関係の推論において限界がある。そういえる理由の1つは，このような研究では社会心理学的な独立変数と従属変数を同時に測定しており，変数間に反対の関係性や互恵性を仮定する代替的な理論を除外することができない時や，代替説明が実証可能性という意味で維持可能な場合には，変数間の直接的な関係性を明確に検証することはできない（序文参照）。さらに，研究者は構成概念の安定性を統制できない。交差パネルデザインはより強力である。なぜなら，代替理論の検証を行なうことができ，構成概念の安定性を統制できるからである。交差パネルデザインの例は，エクササイズ領域およびスポーツ領域に広まっている。エクササイズの領域では，フォックスとコルビン（Fox & Corbin）の自尊心モデルの階層構造の検証に用いられ（Kowalski et al., 2003），ヴァレランド（Vallerand）の動機の階層モデルの検証に用いられた（Guay et al., 2003）。スポーツ領域では，全く同様の交差パネルモデルが，集団凝集性がスポーツパフォーマンスに及ぼす影響の検証に用いられた（Slater & Sewell, 1994）。交差パネルモデルは非常に有用なもので，領域横断的研究で観察された様々な関連性の本質を解き明かすために大いに役立つ。

実験デザイン

　社会心理学の他の分野と比べて,エクササイズとスポーツの領域では,重要な独立変数の効果を検証する実験的な研究が不足している。おそらくその理由の1つは,エクササイズとスポーツに関する行動は実験室実験ではっきりと査定することが不可能なことと,エクササイズとスポーツ行動はしばしば新しい課題を含み,それが実際の生活上のスポーツ状況に必ずしも反映されないことであろう。別のいい方をすれば,この領域での実験室実験には生態学的妥当性がないのである。しかしながら,生態学的妥当性のなさを実験的アプローチの長所として扱っている社会心理学者たちもある。なぜなら,ある効果を潜在的に干渉しうる外的要因を含まず,メカニズムそのものの検証に確実に焦点を当てることができるからである。にもかかわらず,巧みな社会心理学的実験がエクササイズとスポーツ領域の根本的なプロセスの検証に用いられたこともある。例えば,エクササイズ領域で,エクササイズをもっと行ないたくなるように,意図と行動の関連性を変えるための介入の効果を検証するため,実験的フィールド研究が行なわれている(Milne et al., 2002; Preswich et al., 2003)。このようなフィールド研究は有用である。なぜならそういう研究は多くの自然で生態学的に妥当な状況設定を含んでおり,実験室よりも実際の生活に近い文脈での介入効果が示せるからである。スポーツ領域では,実験室での新しい課題の遂行に関して,自己効力感を操作するために,選手に偽のフィードバックが提示された。このような実験により,スポーツパフォーマンスと努力の持続性に対して自己効力感がもたらす効果についての知見が示された（例えばWeinberg, 1986)。まとめると,実験的アプローチは,エクササイズとスポーツの各々の領域で,意図と動機に関する領域横断的研究の結果を支持する重要なデータを提供した。実験的アプローチは,要因の効果とそのメカニズムの検証の両方にとって重要な方法である。

質的研究

　エクササイズとスポーツに関する現象の研究のために,質的研究法を用いている研究もある。質的アプローチは,量的アプローチと共存したり,補完したりするものであることがわかっている。例えば,合理的行動と計画的行動に関する理論は,自由回答によるインタビューの内容分析や,エクササイズ行動の発達に関するビリーフに関して情報を得るための質問紙調査の内容分析に依存していることが多い(Ajzen, 1990)。スポーツでは,ホルトとスパークス(Holt & Sparkes, 2001)は質的エスノグラフィーを用いて,競技シーズンにおけるチームの集団凝集性に影響を与える要因の特定を行なった。この研究は革新的なものであった。

なぜなら，後続の内容と解釈的分析につながる豊富なデータを得るために，観察法，構造的・非構造的面接，ドキュメンタリー資料，フィールド日誌，回顧的な日記という，多くの異なった方法論を用いたからである。他の例としては，スポーツにおける群集の暴力とサッカーのフーリガン行動にアプローチするたくさんの研究がある（Ward, 2002）。重要なのは，質的研究が必ずしも理論に基づかないアプローチを意味する訳ではないことを，理解しておくことである。理論に基づいていない質的研究もあるが，他方で量的研究と同じくらい厳密な理論的背景をもつ質的研究もある。それゆえ，わりと一般的でないとはいえ，質的アプローチを用いることによって，豊富で情報量豊かなデータを得ることができるし，量的方法で集められたデータのもつ意味を拡張する議論に，それらのデータが供されることもある。

3 理論

　これまで述べてきたように，この本での一貫したテーマは意図と動機であり，そのためエクササイズとスポーツに関しての社会心理学的な問題意識がこの領域に社会心理学的な理論を導入しようとしたのは驚くにあたらない。例えば，計画的行動理論のような意図に関する理論が，エクササイズ行動に対する社会心理的影響の検証のために導入され，スポーツ領域ではトレーニングへの執着に対する社会心理的影響の検証のために導入された。計画的行動理論とその亜種および拡張された理論は，エクササイズ意図と行動を説明する，柔軟で要約度の高い第1のモデルである（Hausenblas et al., 1997; Hagger et al., 2002b）。しかし，スポーツパフォーマンスの向上に関連する行動を説明するために，計画的行動理論を導入した研究も数多くある。例えばこの理論の変数は，スポーツトレーニングへの参加に関する重要な変数を説明でき（Theodorakis, et al., 1991b），コーチと，トレーニング体制に対する持続的な執着を強める選手たちは，計画的行動理論に基づく介入方法によく適応する。

　実際，普通のエクササイズ実施者とトレーニングプログラムに参加している選手の間で，意図に基づいた予測結果にはほとんど差はなかった。このことは，アイゼン（Ajzen, 1985）がいうように，計画的行動理論は意図に関する一般的な理論で，多くの文脈に応用できることを示している。アイゼンは，意図を予測する各理論における変数の貢献度はそれぞれ異なることを認めているが，仮説は実証的な支持を得ている。しかしながら，エクササイズとスポーツは類似した文脈であり，各々に含まれる行動は，自分の行動をコントロールできる程度に関する

プレッシャーと抑制因に関して類似しているので，エクササイズとスポーツに先行する要因は一致したものになる。

　意図に関する理論に加えて，個人の内発的動機づけと行動を働かせる動機づけのスタイルと，文脈の随伴性の効果を説明するために，自己決定理論が適用されてきた。エクササイズ領域では，このような研究の最初の目的は，エクササイズ行動の予測に対して，因果律の所在の知覚，およびこれらを有機的に統合した下位理論から導かれた動機づけのスタイルを適用することであった。内発的動機づけと，同一視などのような，外的統制の内発的な形は，エクササイズ行動自体だけでなく（Chatzisarantis et al., 1997; Chatzisarantis et al., 2002;），態度と意図のような，エクササイズ行動に関する近接した心理的決定因に影響を与えることがわかった（Chatzisarantis et al., 2002; Hagger et al., 2002a; Standage et al., 2003）。加えて，内発的動機づけと同一視が，内発的動機づけを増大させ，余暇時間のエクササイズ行動にポジティブな間接的影響を与えることが示されている（Chatzisarantis et al., 2002; Hagger et al., 2003b）。さらに，自己決定理論では，特に内発的動機づけと自律性援助に関する動機的な雰囲気に関しては，スポーツとトレーニングへの参加意図（Escarti & Gutierrez, 2001），および実際の参加（Robinson & Carron, 1982）を予測することが示されている。このような結果により，エクササイズとスポーツへの参加の背景にある影響要因を説明するための計画的行動理論の適用を生み出した（Theodorakis et al., 1991b）。しかし，自己決定理論は，スポーツ課題への参加とその持続の動機を説明するためにも適用された。例えば，内発的動機づけは目標志向のような動機的要因（Seifriz et al., 1992; Duda et al., 1995）にも関連する。加えて，内発的動機づけはスポーツのパフォーマンスにも関連がある（Ryan et al., 1984）。自律性援助もまた，選手の内発的動機づけにポジティブな関連性をもっていた（Gagne et al., 2003）。まとめると，この結果から，エクササイズをする人と選手の内発的動機づけを育てるか，少なくとも目標の重要性を強調することで同一視を伴う統制感を抱かせたり，随伴性のないポジティブなフィードバックを与えたり，コンピテンスを高めるような活動と練習をさせたりすることは，エクササイズ行動にポジティブな影響を与えるであろうといえる。

　エクササイズとスポーツに関する社会心理学的理論の中で最も重要なテーマの1つは，構成概念の普遍性である。この本において一貫して，スポーツとエクササイズの理論における動機と行動の普遍的で，安定的で，末端の，近接的な予測因の弁別を行なってきた。この本の中での，状態に近い概念の例は，態度と意図（Ajzen, 1985; 1991）と，競技状態不安であるが（Jones et al., 1993），特性に近い影響要因として，包括的な内発的動機づけ（Vallerand, 1997）やパーソナリテ

ィの構成概念（Rhodes et al., 2002a）がある。数々の理論は，両タイプの構成概念を，時に階層構造にしながら組み込んでいる。この両概念の弁別を明確にしたモデルは，第4章で紹介した身体的自尊心に関する各モデル（例えばFox & Corbin, 1989; Marsh & Redmayne, 1994），第3章および第5章で紹介したVallerand（1997）の動機づけの階層構造モデルである。これらのモデルは，動機づけに中心的および周辺的な形があることを主張するための証拠を提示している。そのいくつかは，変化可能で変更可能なものである。そうでないものは変化しにくいもので，エクササイズ行動とスポーツのパフォーマンスを促進することを目的とした介入研究で説明されるかもしれない，個人内の要因である。しかし，最近の研究には，このような分類が構成概念の実際の構造を誤解した配置になっているという結果がある。例えば，コワルスキら（Kowalski et al., 2003）とゲイら（Guay et al., 2003）の交差パネルデザインによる研究では，身体的自尊心の階層構造とヴァレランド（Vallerand, 1997）の動機に関するモデルのそれぞれに疑いがもたれている。しかしこれらの研究は，長期間に亘って実施されたものなので，より短期間のパネルデザインによる研究をすれば，このような階層構造の問題がより解明される可能性がある。

4 相違点

　この章の導入部では，エクササイズとスポーツに関する社会心理学的アプローチの間にある相違点は全て見せかけであるが，そういえる理由は時に不明確なこともある。スポーツと競技会に参加する目的は，健康のためにするエクササイズの目的とは一致しないと一般には認識されている。スポーツ，とりわけハイレベルの競技スポーツは，参加者に相当な動機づけを求め，身体的な要求を課す。エクササイズの参加者は第1に体重を減らし，第1章で述べた利益を手に入れることを重視しており，競技スポーツの参加者のような要求を彼らにするのは現実的でないだけでなく，参加意欲と持続意欲をそいでしまうことにもなる。しかしながら，全てのスポーツがエリートスポーツのように競技会とプレッシャーがある訳ではないことを認識すべきであり，スポーツの目的が体重を減らすことや健康を得ることであるような人には，適切なレベル・強度でスポーツをすることはスポーツへの興味と持続意欲をもち続ける手段になるである。重要なのは，このことは自己決定理論と関連しているということである。すなわち，自律的な動機づけをもつ人々はスポーツを持続しやすく，興味というのは自律的な動機づけのあり方の特徴的な形式である。心理的な欲求を満たすスポーツのような活動への興

味は，自律的動機づけをはぐくみやすい。身体活動の特定のサブタイプの1つとしてのスポーツの役割は，普段体を動かさない人々にとってのエクササイズ行動のレベルを高める過程として関与するに違いない。なぜなら生来の興味がこのような人々をもちこたえさせ，そういう活動的なライフスタイルの促進に関心がある人たちは，余暇時間のエクササイズ行動の推進におけるスポーツの役割に気づくに違いない。しかしながら，高いレベルでの競技スポーツに関心がない人たちに競技スポーツを薦めることは，葛藤を招くことも自覚しておくべきである。

このことは，学校でのスポーツと健康に関するエクササイズを推進する際の方針として記述されている。学校は，健康問題の専門家であり，スポーツの推進者であり，若者たちの間にエクササイズとスポーツを推進するための，現存している重要な国営のネットワークとみなされている。特に，健康の専門家は急速に，学校の体育教育がアクティブなライフスタイルと若者の健康増進のための日常的なエクササイズを進める機会であると認識してきている。なぜなら強制的に開かされる観客がいるからである。しかし，スポーツ選手養成の責任を負っている政府機関は，学校を将来の国家レベル・国際レベルでの勝利に結びつく才能の宝庫であるとみなしてもいる。加えて，教育政策の立案者はしばしば体育におけるスポーツを，道徳性の発達や，生産活動の倫理を若者に教えるための手段として引き合いに出す。そのような見方は，スポーツへの参加によって学ぶことは，学業や社会性の成熟など，スポーツ以外の分野でのよい行動特性を身につけることであるとみなしている。

最近の論文で，ハガーとウィード（Hagger & Weed, 2000）は，体育の3つの役割は，政策と方向性を欠いたカリキュラムと，若者に混乱したメッセージを残しただけに終わりうると主張している。体育の国定カリキュラムの推進のためイギリス教育省が提示した文書と，イギリス政府のスポーツへの全般的な政策を引き合いに出して，ハガーとウィードは，才能の発見と優秀性における理想と，道徳性の育成は，学校の体育教育における健康関連活動の推進において両立しうるかをたずねた。彼らは，スポーツパフォーマンスに関するモデルの学校体育に対する適用は，スポーツの才能が最高レベルではない子どもたちの能力や参加意欲を無視したり軽視したりする，と議論している。体育につきつけられた困難な課題は，大多数の子どもたちに提供される，健康と活動的なライフスタイルのためのスポーツと，エクササイズに参加する楽しい，面白い，わくわくする機会とは別のルートを，体育の枠組みの中で才能ある子を開花させるために提供すること，である。そのような機会は通常の授業時間以外の外部でのエクササイズを増加させ，おそらくその後の人生でもそれは持続するであろう（Hagger et al., 2003b）。

5　介入と実践

　この本で提示された動機づけに関する理論を引き合いに出して，このセクションでは，研究に基づいてエクササイズ実践者と選手に提供される実践的なガイドラインの共通性に焦点を当てる。この本の関心事はエクササイズとスポーツに社会心理学的な研究を適用することで，その結果，エクササイズとスポーツの両領域を通じて，ガイドラインは理論に基づいたものになる。エクササイズとスポーツの両分野での現象を説明するために用いられる理論と方法論がかなり共通しているとすれば，専門家によって用いられる介入の手段にはいくらかの共通点があるということになる。このセクションでは手短に，この本の理論的検討によって着目された実践的な提案の概略を述べ，両領域は多くのテクニックを共有することを示す。

エクササイズ心理学による実践的なガイドライン

　エクササイズの領域では，研究により，エクササイズ行動を変容させるための介入では以下の3つに焦点を当てるべきであるとされる。①意図と動機づけの先行要因　②意図を行動に変える要因　③これらの先行要因を発生させる背景にあるビリーフや動機づけ。

　様々な理論的モデル（例えば計画的行動理論など）における，態度と知覚された行動のコントロール，とりわけ自己効力感がエクササイズ行動に対してもっている広範な影響力があるならば，専門家はこれらの先行要因を対象とすることに成功する（Hardeman et al., 2002）。特に介入においては，エクササイズの効果や，いかにして目立った障壁を乗り越えるか，日常的にエクササイズに参加する手段として利用できるものについての情報を提供することが不可欠である。また専門家は，脅かしたりコントロールしたりするような，権威主義的な方法をとるべきではない。なぜなら，動機づけに関する面接や，心理的な要因について援助することに焦点を当てた自己決定理論に関する研究のような介入アプローチでは，コントロールするような方法は内発的動機づけを低下させ，エクササイズを行なう意図の形成を妨げるであろうとされている。上記の介入アプローチでは，行動への内発的で固有の動機を援助するような動機づけを行なう雰囲気の醸成を薦めている。このような自律性を援助するような環境は，本人から提案された賢明で自我関与の高い目標を与えることや，情報的なフィードバックを与えることや，面白くて満足できるものとして本人が活動を選択することや，選択したものを応

援することによって作り出される。

スポーツ心理学による実践的なガイドライン

　スポーツに関しては，コーチやトレーナー，選手と共に活動するスポーツ心理学者などの専門家に対する実践的なガイドラインが，多数採用されてきている。それらは社会的認知理論，達成目標理論，自己決定理論などの理論的な観点に基づいてスポーツのパフォーマンスの先行要因を検討した実証研究に基づいている。そのようなガイドラインの重要な点は，選手の動機づけの水準と，自尊心やコンピテンスのような適応的な結果を増大させる目的での，実践的な薦めである。コーチは他人と比較するのを避け，パフォーマンスにおける結果と自尊心を同等とみなしたりせず，失敗を建設的かつ自律を援助する方法で扱い，修正するべきである。加えて，コーチが挑戦の機会を与え，失敗や後退，ミスに建設的に対処し，自律的な動機を低めるような言葉遣い（例えば「べきである」「ねばならない」など）を避けることによって，課題志向の動機づけの高い雰囲気を作り出すこと，選手への接近やコミュニケーションおよび選手の話を聞く際にポジティブであることは，選手の興味と持続性を引き出し，ポジティブな感情面および心理的結果を生み出すための理論において，基盤となる推奨事項である。チームスポーツでは，コーチは関係志向的になることや，関係性への内的欲求を満たそうと努力することで，チームの凝集性を高めることができることが，研究結果からいえる。特にこのような行動の例として，問題解決を助けることによって選手どうしの関係をよくする先鞭をつけることや，共感的になること，チームの個々の選手をよく知ることが挙げられる。このような包括的な，理論に基づいたガイドラインは選手の内発的動機づけの向上，熟練を目指した目標志向の推進，自尊心の向上という結果をもたらす。

まとめ

- エクササイズとスポーツに関する社会的過程と行動への社会心理学の応用については，両領域では類似した観点が適用されている。この類似性がみられるのは，テーマ，方法論，理論，および両領域の相違点と，実践的ガイドラインの各々の分類においてである。
- 両領域での共通のテーマとしては，行動の予測，感情的な結果の役割とその予測，社会的影響の役割とその予測がある。
- 両領域を通じた方法論には，領域横断的研究，縦断的研究，交差パネルデザ

イン，実験デザイン，そして質的アプローチがある．
- エクササイズとスポーツの両領域に共通の理論としては，意図と動機づけに関する理論，とりわけ自己決定理論である．
- 相違点については，健康のためのエクササイズの目的とスポーツは，スポーツの参加者が健康に関連する動機ももっている場合はしばしば共存する．しかし，競技会が内発的動機づけを低めるかもしれない場合には，両領域における目的は矛盾するかもしれない．
- 介入において両領域で共通することは，自律性を援助する雰囲気と，適切な目標の設定がもつ重要性である．

用語解説

意思理論（Volitional theories）：意図が行動に移されるまでの過程に関する検討を目的とする理論の総称。
意図（Intention）：計画的行動理論における，行動に関する一定の計画であり，行動の生起に最も近い予測因。計画的行動理論を参照。
意図の安定性（Intention stability）：意図の時間的な一貫性であり，計画的行動理論においては，意図と行動の間の関係を調整するものであると考えられている。
因果の所在の知覚（Perceived locus of causality）：所与の文脈においてなされる行動の原因の所在を示す連続体。内発的動機づけや外的調整は，自律的な調整と統制的な調整との間に介在する中間的段階である同一視的調整や取り入れ的調整を含む因果律の所在の連続体の両極に位置している。有機的統合理論を参照。
エクササイズ（Exercise）：通常は健康上の理由のために行なわれる，あらゆる種類のエネルギー拡張性の運動を網羅する身体活動のフォーマルな形式。
応用研究（Applied research）：生態学的に妥当な（日常的な）文脈において，社会心理学的なモデルや介入の効果を検討する実証的研究。
階層モデル（Hierarchical model）：全体の中の様々なレベルにおける心理学的な概念の階層的な構造を言い表したもの。ボトムアップ的な影響とトップダウン的な影響のパターンがあることを暗に示している。自己決定的動機に関するヴァレランド（Vallerand, 1997）の階層モデルや，フォックスとコービン（Fox & Corbin, 1989）の身体的自己知覚に関する階層モデルがその例である。
介入（Intervention）：数多くの心理的変数を変容させ，知覚や行動に関するそれらの効果を検討しようと実施される方略。
覚醒（Arousal）：心理的および生理的なアウェアネスやレディネスの高まり。
過去の行動（Past behaviour）：過去の行動の頻度や近接性は，計画的行動理論や目標志向行動モデルのような社会的認知モデルにおいて，観測されない構成概念による影響を反映すると考えられている。また，よく議論されるように，行動への取り組みにつながる自動的過程の経路を反映しているとも言われている。
カタストロフィ理論（Catastrophe theory）：様々な覚醒水準下にて，不安とパフォーマンスの間には非線形的な関係があると予測する，スポーツにおける不安に関するハーディ（Hardy, 1990）の理論。
活動障害（Activity disorder）：極度の身体活動によって特徴づけられるような，問題のあるエクササイズのパターンを進行させていく心理的状態。心理的ウェルビーイングや自尊心の悪化を伴う傾向がある。
葛藤理論（Conflict theory）：スポーツという文脈における暴力は，スポーツの群集における労働階級の人々が抱いている，潜在的な社会的，政治的，経済的な不満を反映していることを示唆する理論。
感情（Affect）：あらゆる種類の「感情状態」に関する包括的用語。情動や気分を参照。
感情的態度（Affective attitudes）：態度対象に関する感情的（情動的）なビリーフに基づく態度。態度を参照。
記述的規範（Descriptive norms）：重要な他者が目標行動に取り組む程度に関するビリーフ。計画的行動理論の拡張版に組み込まれた規範的な概念。
帰属理論（Attribution theory）：ワイナーらの理論（Weiner et al., 1972）では，将来におけるスポーツへの取り組みやそれによってもたらされる結果は，自身の行動の原因を，内的な，もしくは安定的な，もしくは統制可能なものとして帰属することによって決定づけられると提唱している。
期待－価値モデル（Expectancy-value model）：行動もしくは結果に関わる変数（例：意図）に及ぼ

す社会的認知的な構成概念の効果は，期待（例：行動ビリーフ）と，ビリーフに付随する個人にとっての価値（例：結果の評価）の積によって決定づけられるとするモデル。アイゼン（Ajzen, 1985）は，このモデルは計画的行動理論や合理的行為理論といった構成概念を支えるビリーフシステムの性質を反映していると提唱した。

規範ビリーフ（Normative Belief）：重要な他者が，目標行動に参加するように求めてくるであろうという個人のビリーフ。この構成概念は，追従への動機づけとともに，計画的行動理論における主観的規範成分を支える期待−価値モデル的なビリーフシステムを形成する。

気分（Mood）：情動よりも長期にわたって持続し，情動よりも強度の低い感情状態であり，しばしば，「プロフィール」という観点から捉えられる。

逆U字仮説（Inverted-U hypothesis）：アスリートには，パフォーマンスが最大となる「最適な」覚醒水準があるが，覚醒水準が低くなるもしくは高くなるほど，パフォーマンスは徐々に低下するという仮説。

群集の暴力（Crowd violence）：スポーツ観戦者の群衆間での，集合的な攻撃および暴力の形式。集合的攻撃を参照。

計画的行動理論（Theory of planned behaviour）：意図が，意思行動に最も近い予測因であり，個人的ビリーフ（態度を参照）・社会的なビリーフ（主観的規範を参照）・個人の主観的統制に関連するビリーフ（主観的行動統制感を参照）といった行動に関する一連のビリーフの影響を媒介していると仮定する，意図的な行動についての理論で，しばしば引用される。アイゼン（Ajzen, 1985）は，主観的行動統制感もまた，行動に直接的に影響を及ぼしていると仮定した。

形成的研究（Formative research）：社会的認知的な構成概念および行動の由来に焦点を当てる実証的研究。

継続意図（Continuation intention）：目に見える行動の結果が達成された後にも，エクササイズのような行動に取り組もうとする，一定の計画。

結果の評価（Outcome evaluation）：特定の行動の結果としてもたらされるものが，ポジティブもしくはネガティブなものであるかということに関する個人のビリーフ。この構成概念は，行動ビリーフとともに，計画的行動理論における態度成分を支える期待−価値モデル的なビリーフシステムを形成する。

健康信念モデル（Health belief model）：健康行動を行なおうとする個人のレディネスもしくは意図は，健康状態に対する主観的な脆弱性と，病気に罹患した状態に関して予期される病気の重症度の関数であると仮定する，健康行動に関する社会的認知的理論。

攻撃（Aggression）：他者に危害をもたらすと予測され，もしくはそのような可能性をもち，かつ，他者に危害を加えようという意図に基づいてなされる一連の行動。

行動ビリーフ（Behavioural belief）：目標行動への取り組みが，特定の目に見える結果をもたらすであろうとするビリーフ。このビリーフは，結果の評価とともに，計画的行動理論における態度成分を支えるビリーフの期待−価値モデルを形成する。

合理的行為理論（Theory of reasoned action）：計画的行動理論の先駆となる理論。意思行動は，態度や主観的規範から，意図を媒介とした間接的な影響を受けるという仮説である（Ajzen & Fishbein, 1980）。

個人の最適機能域（Individualized zones of optimal functioning (IZOF)）：ハニン（Hanin, 2000）の様々な要素を含んだ理論は主に，不安に関する理論として説明されてきており，アスリートごとに，最高のパフォーマンスを発揮する不安の水準が異なると仮定している。

自己決定理論（Self-determination theory）：人間の動機づけは，自律性（内発的動機づけを参照）・コンピテンス・関係性という，基本的な心理的欲求を満たそうとする目標によって決定づけられると仮定する，動機づけについての重要な理論。自己決定理論では，内発的に動機づけられた行動（認知的評価理論を参照）を生起させる環境的な条件や，外発的に動機づけられた行動（因果の所在の知覚を参照）が，心理的欲求の満足のための行動レパートリーに統合されていく過程（有機的統合理論を参照）についても触れられている。

自己効力感（Self-efficacy）：状況限定的な自信。

実行意図（Implementation intention）：一度は行なったことのある行動の自動的な実行を可能にする手がかり（例：いつ，どこで行動を実行するかということの合図・取り決め）を設定することによって，意図と行動のリンクを強めるという，意志的な方略。

社会学的社会心理学（Sociological social psychology）：行動に関する個人レベルの検討を用いた現象論的な説明による理論の検証よりも，理論の構築に焦点を当てる，社会心理学的なアプローチ。

社会的アイデンティティ理論（Social identity theory）：集団成員それぞれの行動は，自分自身を典型的な集団成員や，それらの成員と関連した属性をもつ者としてカテゴリー化することによる影響を受けると仮定する，タジフェルとターナー（Tajfel & Turner, 1986）の理論。

社会的学習理論（Social learning theory）：他者の行動を観察することが，どのようにして観察者自身の行動を強化するのかという点に焦点を当てた，バンデューラ（Bandura, 1986）の社会的認知理論から派生した理論。

社会的促進（Social facilitation）：個人のパフォーマンスに対する観衆の存在や共同作業の効果，特にスポーツパフォーマンスに対する観衆の存在や他の競争相手の存在の効果に関する研究。

社会的手抜き（Social loafing）：集団における個人が，自身の活動は集団全体の活動に対して貢献し得ないものであり，個々の集団全体に対する貢献は評価されない微々たるものであると知覚することにより，個人で活動する場合よりもパフォーマンスが低下することを示す現象。

社会的認知（Social cognition）：個人は，行動に関する意思の決定に先んじて，社会的環境からの情報や過去経験を処理する合理的な意思決定者であると仮定する，社会心理学的なアプローチ。

社会的認知理論（Social cognitive theory）：行動は，環境的な強化子（モデルの存在）と内的な要因（例えば，観察学習）の関数であると提唱する，バンデューラ（Bandura, 1977）の理論。

集合的攻撃（Collective aggression）：他の個人もしくは集団に対して，危害もしくは被害を加えようという意図をもった人々の集団による，攻撃的・暴力的な行動。

集合的効力感（Collective efficacy）：集団もしくはチームがもつ，得点を取ったり効果的な守備を行なったりするなどの特定の望ましい結果を生み出す能力に関するビリーフ。

集団規範（Group norm）：集団成員によって支持された行動に関する，集団成員に受容されるような役割および方法。

集団凝集性（Group cohesion）：集団成員間における誘引力と，破壊的な影響力に対する集団の抵抗力を維持するような社会的影響力。

集団力学，グループダイナミックス（Group dynamics）：集団成員の知覚および行動に対する集団成員性の効果に関する研究。

主観的影響力（Perceived power）：外的な要因が行動面への取り組みに影響を及ぼす程度。この勢力は，統制ビリーフとともに，計画的行動理論における主観的行動統制感成分の期待−価値モデルを形成する。

主観的規範（Subjective norm）：重要な他者が，エクササイズなどの目標行動に取り組むように求めているという主観的なビリーフを反映する，社会的認知の構成概念。計画的行動理論において，主観的規範は，意図の媒介を経て行動に影響を及ぼすと仮定されている。

主観的行動統制感（Perceived behavioural control）：計画的行動理論における，目標行動に対する個人の主観的統制の程度を反映する社会的認知的な構成概念。直接的に，および意図の媒介を経て間接的に行動に影響を及ぼすと仮定されている。

象徴アプローチ（Figurational approach）：スポーツのサポーター間における攻撃が生起するのは，暴力が労働階級の葛藤を解決する手段として受けいれられているからだと提唱する，群衆の暴力に関する理論。ただ，スポーツファンに見られる暴力は，儀式的で秩序があり，文明化していることを示すものである。

情動（Emotion）：多くの場合，生理学的（身体的）および認知的（解釈的）成分をもつと考えられている，特定の感情状態。

自律性支援の知覚（Perceived autonomy support）：環境が，どのくらい個人の内発的動機づけを促進しているかという程度に関する個人の評価。

身体活動（Physical activity）：あらゆるエネルギー拡張性の身体運動を包含する包括的用語。

身体的自尊心（Physical self-esteem）：身体的な文脈における自己（身体面から見た自己）に関する個人の評価。

心理学的社会心理学（Psychological social psychology）：反証主義および収束的証拠に基づいた実証的で仮説検証的な枠組みを用いる，社会心理学的な研究アプローチ。

スポーツ（Sport）：一般的に，支配的なルールによって構築されるシステムをもつ，競争的な活動。多くのスポーツは，エクササイズと同様の利益をもたらし得る身体的な要素をもつ。

対応性の法則（Correspondence rule）：態度や意図のような社会的認知的な予測因は，行動・対象・文脈・時間の点で一致しているはずであると定める，計画的行動理論における重要要件。

態度（Attitude）：態度対象に対する，ポジティブもしくはネガティブな方向性・価値性をもつ一般的な志向性。感情的態度，認知的態度を参照。

態度葛藤（Attitudinal ambivalence）：2つの，潜在的に葛藤する可能性のある態度に関するビリーフを同時に保持すること。

態度強度（Attitude strength）：態度対象に関する一連のビリーフと目標行動の連合の強度。

達成目標理論（Achievement goal theory）：動機づけは，自分自身の能力の知覚に関する個人の志向性によって方向づけられるという説。2つの志向性が動機づけに影響するとしている。すなわち，能力の知覚を自己参照的なものとして（これまでの自分の達成や自分が設定した目標と，現在の自己の達成を比較することによって）表す課題志向性と，能力が他者参照的なものとして（他者の達成と自己の達成を比較することによって）知覚される自我志向性である。

チョーク（Choke）：極度のプレッシャーを伴う試合における，スポーツパフォーマンスの壊滅的な低下を記述するために用いられる用語。

追従への動機づけ（Motivation to comply）：通常ならば，自分は，重要な他者からの要請に従うであろうという個人のビリーフ。この構成概念は，規範ビリーフとともに，計画的行動理論における主観的規範成分を支える期待－価値モデル的なビリーフシステムを形成する。

敵意的攻撃（Hostile aggression）：主要な目的が他者に被害を加えることであり，高度の情動的覚醒と結びついた攻撃。道具的攻撃と対比された。

動機づけ（Motivation）：行動を活性化，強化，動因するとともに，その行動の強度，方向性，持続性を方向づける社会的認知の構成概念。

動機づけ雰囲気（Motivational climate）：達成状況において機能する環境的な文脈。熟達目標に関する動機づけ雰囲気は課題志向的な動機づけ志向性を生起させる傾向にあるが，一方，遂行目標に関する動機づけ雰囲気は自我志向的な動機づけ志向性を促進する傾向にある。

動機づけ面接（Motivational interviewing）：クライアントの立場を中心として，現状からの移行，矛盾の低減，自己効力感の増大，移行に対する抵抗感の減少につながるような原因に焦点づけることにより，エクササイズ行動を変容させることを目的とする介入技法。

道具的攻撃（Instrumental aggression）：被害をもたらす可能性をもつ攻撃行動ではあるが，被害を加えようとする意図よりも，攻撃行動がもたらすアドバンテージの獲得が重視されている攻撃。

統制ビリーフ（Control belief）：外的な要因が，行動への取り組みを促進もしくは抑制するであろうというビリーフ。このビリーフは，主観的影響力とともに，計画的行動理論における主観的行動統制感成分の期待－価値モデルを形成する。

内発的動機づけ（Intrinsic motivation）：目に見える外的な強化子がなくても生じる，社会的行動に加わろうとする動機づけ。内発的動機づけは，しばしば，喜び，楽しみ，関心，選択感，個人の自律性によってなされる行動として特徴づけられる。

認知的態度（Cognitive attitudes）：態度対象の効用に関する道具的ビリーフに基づく態度。態度や感情的態度を参照。

認知的評価理論（Cognitive evaluation theory）：報酬などの環境的な随伴性が，内発的動機づけの水準に対して広汎な影響を及ぼすと仮定する，自己決定理論の下位理論。

パーソナリティ（Personality）：事実上，一般的で安定的な特性もしくは特性に近い構成概念であり，数多くの文脈間にわたって見られる様々な行動に影響を及ぼすと仮定されている。

反転理論（Reversal theory）：個人の行動は，一連のメタ動機的な状態によって決定されると主張する，動機づけと情動に関する理論。こうしたメタ動機的な状態は，その行動と関連するポジティブまたはネガティブな感情状態もしくは感情のトーンだとか覚醒水準だとかを，その個人が経験するかどうかを決定する。

評価懸念（Evaluation apprehension）：スポーツ選手が抱く，観衆や観戦者の群集が彼（彼女）の行動のパフォーマンスを批判的に評価しているとする，個人のビリーフ。

ビリーフ（belief）：人物，対象，もしくは行動に関する，学習された個人的な志向性。態度を参照。

不安（Anxiety）：環境的な要求によって課されたストレスに対処できるという可能性の無さによって特徴づけられる，ネガティブな感情状態。

フーリガニズム（Hooliganism）：スポーツの際の暴力といえば，普通はヨーロッパにおけるスポーツファンどうしの衝突に限られる。しかし，暴力を伴わない，外交的で常軌を逸した行動について言及するものであると主張する者もいる。

文脈横断モデル（Trans-contextual model）：体育に関する文脈における青年期の自律性支援の知覚は，体育や余暇の文脈における自律的動機の媒介を経て，計画的行動理論で言うところの態度・主観的行動統制感・意図，そしてエクササイズ行動に影響を及ぼすと仮定する，多元理論的モデル。

防護動機理論，予防動機づけ理論（Protection motivation theory）：健康行動への取り組みは，脅威

および対処行動への評価の関数である防護動機によって予測されると仮定する，社会的認知の理論。
ホームの有利性（Home advantage）：スポーツチームが，ホームのグラウンドや開催地でプレイした際に，勝利のチャンスを有意に多く得る現象。しかし，この現象を「アウェイの不利性」と示しても良いと主張する者もいる。
メタ分析（Meta-analysis）：同一の現象に対して，サンプリングを修正しながら独立に行なわれた数多くの実証的研究にわたって示された効果の検定によって得られたキーとなる変数（例えば，サンプルサイズ）と測定誤差（例えば，信頼性）による，平均的な効果量（関係性もしくは差異）の発見を目的とする統計的手法。
目標志向行動モデル（Model of goal-directed behavior）：欲求を，目標意図に最も近い予測因であると仮定する，意思行動に関する社会的認知の理論。このモデルにおいては，意図は，特定の目標を遂行するための目標行動を実行しようとする意図であるとともに，行動に最も近い予測因であるとみなされている。態度，主観的な規範，主観的行動統制感，予期されるポジティブもしくはネガティブな感情は全て，欲求の媒介を経て意図に影響を及ぼす。
役割あいまい性（Role ambiguity）：個人が，スポーツチームや集団内における自身の役割を意識しているかという明確性の程度。
役割葛藤（Role conflict）：個人が，スポーツチームや集団内において求められている役割，もしくは割り振られている役割に関する要求を満たすことができないと知覚する程度。
役割効力感（Role efficacy）：スポーツチームや集団内における自身の役割を，十分に果たすような行動を遂行する能力に関する個人の予測。
有機的統合理論（Organismic integration theory）：外的に調整された行動は，個人にとって目に見える目標の達成もしくは結果の獲得に貢献するような個人の行動レパートリーに統合されると仮定する，自己決定理論の下位理論。こうした統合により，因果律の所在の知覚は，外的なものから内的なものへと移行する。
予期後悔（Anticipated regret）：自分が取った行動とは別の代替行動を取ろうという決定を却下した結果，個人が体験するであろうと予測される感情や情動。
欲望（Desire）：態度における動機的内容の反映。目標志向行動モデルを参照のこと。

文　献

Abraham, C., Clift, S. and Grabowski, P. (1999) Cognitive predictors of adherence to malaria prophylaxis regimens on return from a malarious region: a prospective study. *Social Science and Medicine*, 48: 1641–54.

Abraham, C. and Sheeran, P. (2003) Acting on intentions: the role of anticipated regret. *British Journal of Social Psychology*, 42: 495–511.

Abraham, C. and Sheeran, P. (2004) Deciding to exercise: the role of anticipated regret. *British Journal of Health Psychology*, 9: 269–78.

Ackard, D.M., Croll, J.K. and Kearney-Cooke, A. (2002) Dieting frequency among college females: association with disordered eating, body image and related psychological problems. *Journal of Psychosomatic Research*, 52: 129–36.

Adams, J.M., Miller, T.W. and Kraus, R.F. (2003) Exercise dependence: diagnostic and therapeutic issues for patients in psychotherapy. *Journal of Contemporary Psychotherapy*, 33: 93–107.

Agnew, G.A. and Carron, A.V. (1994) Crowd effects and the home advantage. *International Journal of Sport Psychology*, 25: 53–62.

Aiello, J.R. and Douthitt, E.A. (2001) Social facilitation from Triplett to electronic performance monitoring. *Group Dynamics*, 5, 163–80.

Ajzen, I. (1985) From intentions to actions: a theory of planned behavior. In J. Kuhl and J. Beckmann (eds), *Action – control: From Cognition to Behavior* (pp. 11–39). Heidelberg: Springer.

Ajzen, I. (1991) The theory of planned behavior. *Organizational Behavior and Human Decision Processes*, 50: 179–211.

Ajzen, I. (2002a) Perceived behavioral control, self-efficacy, locus of control, and the theory of planned behavior. *Journal of Applied Social Psychology*, 32: 1–20.

Ajzen, I. (2002b) Residual effects of past on later behavior: habituation and reasoned action perspectives. *Personality and Social Psychology Review*, 6: 107–22.

Ajzen, I. and Fishbein, M. (1980) *Understanding Attitudes and Predicting Social Behavior*. Englewood Cliffs, NJ: Prentice Hall.

Allen, J.B. (2003) Social motivation in youth sport. *Journal of Sport and Exercise Psychology*, 25: 551–67.

Allport, F.H. (1920) The influence of the group upon association and thought. *Lancet*, 60: 159–82.

American College of Sports Medicine. (1998) ACSM Position stand: exercise and physical activity for older adults. *Medicine and Science in Sports and Exercise*, 30: 992–1008.

American Heart Association. (1999) AHA/ACC scientific statement: assessment of cardiovascular risk by use of multiple-risk-factor assessment equations. *Circulation*, 100: 1481–92.

American Psychiatric Association. (1994) *Diagnostic and Statistical Manual of Mental Disorders* (revised 4th edn). Washington, DC: American Psychiatric Association.

American Psychiatric Association Work Group on Eating Disorders. (2000) Practice guideline for the treatment of patients with eating disorders (revision) *American Journal of Psychiatry*, 157 (Suppl.): S1 – S39.

Ames, C. (1992) Classrooms: goals, structures, and student motivation. *Journal of Educational Psychology*, 84: 261–71.

Andersen, A.E. (1995) Eating disorders in males. In K.D. Brownell and C.G. Fairburn (eds), *Eating Disorders and Obesity: A Comprehensive Handbook* (pp. 177–87). New York: Guilford Press.

Apter, M. (1982) *The Experience of Motivation: The Theory of Psychological Reversals*. New York: Academic Press.

Armitage, C. and Arden, M.A. (2002) Exploring discontinuity patterns in the transtheoretical model: an application of the theory of planned behaviour. *British Journal of Health Psychology*, 7: 89–103.

Armitage, C.J. and Conner, M. (1999a) Predictive validity of the theory of planned behaviour: the role of questionnaire format and social desirability. *Journal of Community and Applied Social Psychology*, 9: 261–72.

Armitage, C.J. and Conner, M. (1999b) The theory of planned behavior: assessment of predictive validity and 'perceived control'. *British Journal of Social Psychology*, 38: 35–54.

Armitage, C.J. and Conner, M. (2000) Attitudinal ambivalence: a test of three key hypotheses. *Personality and Social Psychology Bulletin*, 26: 1421–32.

Armitage, C.J. and Conner, M. (2001) Efficacy of the theory of planned behaviour: a meta-analytic review. *British Journal of Social Psychology*, 40: 471–99.

Armitage, C.J., Povey, R. and Arden, M.A. (2003) Evidence for discontinuity patterns across the stages of change: a role for attitudinal ambivalence. *Psychology and Health*, 18: 373–86.

Asçi, F.H., Asçi, A. and Zorba, E. (1999) Cross-cultural validity and reliability of the physical self-perception profile. *International Journal of Sport Psychology*, 30,:399–406.

Ashford, B., Biddle, S. and Goudas, M. (1993) Participation in community sports centres: motives and predictors of enjoyment. *Journal of Sport Sciences*, 11: 249–56.

Bagozzi, R.P., Gürhan-Canli, Z. and Priester, J.R. (2002) *The Social Psychology of Consumer Behaviour*. Buckingham: Open University Press.

Bagozzi, R.P. and Yi, Y. (1989) The degree of intention formation as a moderator of the attitude-behavior relationship. *Social Psychology Quarterly*, 52: 266–79.

Baker, C.W., Little, T.D. and Brownell, K.D. (2003) Predicting adolescent eating and activity behaviors: the role of social norms and personal agency. *Health Psychology*, 22: 189–98.

Bandura, A. (1977) Self-efficacy: toward a unifying theory of behavioral change. *Psychological Review*, 84: 191–215.

Bandura, A. (1994) Self-efficacy. In V.S. Ramachaudran (ed.), *Encyclopedia of Human Behavior* (Vol. 4, pp. 71–81). New York: Academic Press.

Bandura, A. (1997) *Self-efficacy: The Exercise of Control*. New York: Freeman.

Bargh, J.A. (1994) The Four Horsemen of automaticity: awareness, efficiency, intention, and control in social cognition. In R.S. Wyer and T.K. Srull (eds), *Handbook of Social Cognition* (Vol. 2, pp. 1–40). Hillsdale, NJ: Erlbaum.

Baron, R.S. (1986) Distraction-conflict theory: progress and problems. *Advances in Experimental Social Psychology*, 19: 1–36.

Baumeister, R.F. (1984) Choking under pressure: self-consciousness and paradoxical effects of incentives on skillful performance. *Journal of Personality and Social Psychology*,

46: 610–20.

Baumeister, R.F. (1995) Disputing the effects of championship pressures and home audiences. *Journal of Personality and Social Psychology*, 68: 644–8.

Baumeister, R.F. and Leary, M.R. (1995) The need to belong: desire for interpersonal attachments as a fundamental human motivation. *Psychological Bulletin*, 117: 497–529.

Baumeister, R.F. and Steinhilber, A. (1984) Paradoxical effects of supportive audiences on performance under pressure: the home field disadvantage in sports championships. *Journal of Personality and Social Psychology*, 47: 85–93.

Beauchamp, M.R. and Bray, S.R. (2001) Role ambiguity and role conflict within interdependent teams. *Small Group Research*, 32: 133–57.

Beauchamp, M.R., Bray, S.R., Eys, M.A. and Carron, A.V. (2002) Role ambiguity, role efficacy, and role performance: multidimensional and mediational relationships within interdependent sport teams. *Group Dynamics: Theory, Research and Practice*, 6: 229–42.

Beauchamp, M.R., Bray, S.R., Eys, M.A. and Carron, A.V. (2003) Effect of role ambiguity on competitive state anxiety. *Journal of Sport and Exercise Psychology*, 25: 77–92.

Becker, A.E., Grinspoon, S.K., Klibanski, A. and Herzog, D.B. (1999) Eating disorders. *New England Journal of Medicine*, 340: 1092–8.

Beedie, C.J., Terry, P.C. and Lane, A.M. (2000) The profile of mood states and athletic performance: two meta – analyses. *Journal of Applied Sport Psychology*, 12: 49–68.

Bell, P.A. and Yee, LA. (1989) Skill level and audience effects on performance of a karate drill. *Journal of Social Psychology*, 129: 191–200.

Bellew, E. and Thatcher, J. (2002) Metamotivational state reversals in competitive sport. *Social Behavior and Personality*, 30: 613–23.

Bennett, J.C. (1991) The irrationality of catharsis theory of aggression as a justification for educators' support for interscholastic football. *Perceptual and Motor Skills*, 72: 415–18.

Berger, B.G. and Motl, R.W. (2000) Exercise and mood: a selective review and synthesis of research employing the profile of mood states. *Journal of Applied Sport Psychology*, 12: 69–92.

Berglund, B. and Safstrom, H. (1994) Psychological monitoring and modulation of training load of world-class canoeists. *Medicine and Science in Sports and Exercise*, 26: 1036–40.

Berkowitz, L. (1993) *Aggression: Its Causes, Consequences, and Control*. Philadelphia, PA: Temple University Press.

Biasi, V. (1999) Personological studies on dancers: motivations, conflicts and defense mechanisms. *Empirical Studies of the Arts*, 17: 171–86.

Biddle, S.J.H. (1997) Cognitive theories of motivation and the physical self. In K. R. Fox (ed.), *The Physical Self* (pp. 59–82). Champaign, IL: Human Kinetics.

Biddle, S.J.H. (1999) Motivation and perceptions of control: tracing its development and plotting its future in exercise and sport psychology. *Journal of Sport and Exercise Psychology*, 21: 1–23.

Biddle, S.J.H., Akande, D., Armstrong, N., Ashcroft, M., Brooke, R. and Goudas, M. (1996) The self-motivation inventory modified for children: evidence on psychometric properties and its use in physical exercise. *International Journal Sport Psychology*, 27: 237–50.

Biddle, S.J.H., Hanrahan, S.J. and Sellars, C.N. (2001) Attributions: past, present, and future. In R.N. Singer, H.A. Hausenblas and C.M. Janelle (eds), *Handbook of Sport Psychology* (pp. 444–71). New York: Wiley.

Bond, C.F. and Titus, L.J. (1983) Social facilitation: a meta-analysis of 241 studies. *Psychological Bulletin*, 94: 265–92.

Bond, K.A., Biddle, S.J.H. and Ntoumanis, N. (2001) Self-efficacy and causal attribution in female golfers. *International Journal of Sport Psychology*, 32: 243–56.

Bornstein, R.F. (2001) A meta-analysis of the dependency eating-disorders relationship: strength, specificity, and temporal stability. *Journal of Psychopathology and Behavioral Assessment*, 23: 151–62.

Boyd, M.P., Weinmann, C. and Yin, Z. (2002) The relationship of physical self-perceptions and goal orientations to intrinsic motivation for exercise. *Journal of Sport Behavior*, 25: 1–18.

Boyd, M.P., Yin, Z., Ellis, D. and French, K. (1995) Perceived motivational climate, socialization influences, and affective responses in Little League Baseball. *Journal of Sport and Exercise Psychology*, 17 (Suppl.): S30.

Bozionelos, G. and Bennett, P. (1999) The theory of planned behaviour as predictor of exercise: the moderating influence of beliefs and personality variables. *Journal of Health Psychology*, 4: 517–29.

Branca, F. (1999) Physical activity, diet and skeletal health. *Public Health Nutrition*, 2 (Suppl.): S391–S396.

Brawley, L.R. (1993) The practicality of using psychological theories for exercise and health research and intervention. *Journal of Applied Sport Psychology*, 5: 99–115.

Brawley, L.R., Carron, A.V. and Widmeyer, W.M. (1988) Exploring the relationship between cohesion and group resistance to disruption. *Journal of Sport and Exercise Psychology*, 10: 199–213.

Bray, C.D. and Whaley, D.E. (2001) Team cohesion, effort, and objective individual performance of high school basketball players. *The Sport Psychologist*, 15: 260–75.

Bray, R.M. and Sugarman, R. (1980) Social facilitation among interacting groups: Evidence for the evaluation-apprehension hypothesis. *Personality and Social Psychology Bulletin*, 6: 137–42.

Bray, S.R. (1999) The home advantage from an individual team perspective. *Journal of Applied Sport Psychology*, 11: 116–25.

Bray, S.R. (2004) Collective efficacy, group goals, and group performance of a muscular endurance task. *Small Group Research*, 35: 230–8.

Bray, S.R. and Brawley, L.R. (2002) Role efficacy, role clarity, and role performance effectiveness. *Small Group Research*, 33: 233–53.

Bray, S.R., Brawley, L.R. and Carron, A.V. (2002) Efficacy for interdependent role functions: evidence from the sport domain. *Small Group Research*, 33: 644–66.

Bray, S.R. and Martin, KA. (2003) The effect of competition location on individual athlete performance and psychological states. *Psychology of Sport and Exercise*, 4: 117–23.

Breaux, C.A. and Moreno, J.K. (1994) Comparing anorectics and bulimics on measures of depression, anxiety, and anger. *Eating Disorders: The Journal of Treatment and Prevention*, 2: 158–67.

Bredemeier, B.J.L. and Shields, D.L. (1986) Moral growth among athletes and non-athletes: a comparative analysis. *Journal of Genetic Psychology*, 147: 7–18.

Brown, T.D., van Raalte, J.L., Brewer, B.W., Winter, C.R., Cornelius, A.E. and Andersen, M.B. (2002) World cup soccer home advantage. *Journal of Sport Behavior*, 25: 134–44.

Bundred, P., Kitchiner, D. and Buchan, I. (2001) Prevalence of overweight and obese children between 1989 and 1998: population-based series of cross-sectional studies. *British Medical Journal*, 322: 326–8.

Burton, D. (1988) Do anxious swimmers swim slower? Reexamining the elusive anxiety-performance relationship. *Journal of Sport and Exercise Psychology*, 10: 45–61.
Burton, D. (1998) Measuring competitive state anxiety. In J.L. Duda (ed.), *Advances in Sport and Exercise Psychology Measurement* (pp. 129–48). Morgantown, WV: Fitness Information Technology.
Bushman, B.J., Baumeister, R.F. and Stack, A.D. (1999) Catharsis, aggression, and persuasive influence: self-fulfilling or self-defeating prophecies? *Journal of Personality and Social Psychology*, 76: 367–76.
Bushman, B.J. and Cooper, H.M. (1990) Effects of alcohol on human aggression: an integrative research review. *Psychological Bulletin*, 107: 341–54.
Butler, R. (1987) Task-involving and ego-involving properties of evaluation: effects of different feedback conditions on motivational perceptions, interest, and performance. *Journal of Educational Psychology*, 79: 474–82.
Byers, T., Nestle, M., McTiernan, A., Doyle, C., Currie-Williams, A., Gansler, T. and Thun, M. (2002) American Cancer Society Guidelines on Nutrition and Physical Activity for cancer prevention: reducing the risk of cancer with healthy food choices and physical activity. *CA – Cancer Journal of Clinicians*, 52: 92–119.
Cale, L. and Almond, L. (1992) Children's physical activity levels: a review of studies conducted on British children. *Physical Education Review*, 15: 111–18.
Cameron, J. and Pierce, W.D. (1994) Reinforcement, reward, and intrinsic motivation: a meta-analysis. *Review of Educational Research*, 64: 363–423.
Carnahan, B.J., Shea, J.B. and Davis, G.S. (1990) Motivational cue effects on bench-press performance and self-efficacy. *Journal of Sport Behavior*, 13: 240–54.
Carnes, M. and Sachs, M. (2002, October 9–12) Too much of a good thing. Paper presented at the Addiction Medicine Review Course 2002, Newport Beach, California.
Carron, A.V. (1982) Cohesiveness in sport groups: interpretations and considerations. *Journal of Sport Psychology*, 4: 123–38.
Carron, A.V. and Hausenblas, H.A. (1998) *Group Dynamics in Sport* (2nd edn). Morgantown, WV: Fitness Information Technology.
Carron, A.V., Widmeyer, W.M. and Brawley, L.R. (1985) The development of an instrument to assess cohesion in sport teams: the group environment questionnaire. *Journal of Sport Psychology*, 7: 244–6.
CDC/NCHS (2001) *National Health and Nutrition Examination Survey*. Atlanta, GA: National Center for Disease Control and Prevention and National Center for Health Statistics.
Centers for Disease Control and Prevention. (2002) *2002 BRFSS Summary Prevalence Report*. Atlanta, GA: US Department of Health and Human Services, Public Health Service, Centers for Disease Control and Prevention, National Center for Chronic Disease Prevention and Health Promotion.
Centers for Disease Control and Prevention. (2003) Physical activity levels among children aged 9–13 years: United States, 2002. *Mortality and Morbidity Weekly*, 52: 785–8.
Chaiken, S. (1980) Heuristic versus systematic information processing and the use of source versus message cues in persuasion. *Journal of Personality and Social Psychology*, 39: 752–66.
Chase, M.A., Lirgg, C.D. and Feltz, D.L. (1997) Do coaches' efficacy expectations for their teams predict team performance? *The Sport Psychologist*, 11: 8–23.
Chatzisarantis, N.L.D. and Biddle, S.J.H. (1998) Functional significance of psychological variables that are included in the theory of planned behaviour: a self-determination theory approach to the study of attitudes, subjective norms, perceptions of control

and intentions. *European Journal of Social Psychology*, 28: 303–22.

Chatzisarantis, N.L.D., Biddle, S.J H. and Meek, G.A. (1997) A self-determination theory approach to the study of intentions and the intention-behaviour relationship in children's physical activity. *British Journal of Health Psychology*, 2: 343–60.

Chatzisarantis, N.L.D., Hagger, M.S., Biddle, S.J.H. and Karageorghis, C. (2002) The cognitive processes by which perceived locus of causality predicts participation in physical activity. *Journal of Health Psychology*, 7: 685–99.

Chatzisarantis, N.L.D., Hagger, M.S., Biddle, S.J.H. and Smith, B. (in press a) The stability of the attitude-intention relationship in the context of physical activity. *Journal of Sport Sciences*.

Chatzisarantis, N.L.D., Hagger, M.S., Biddle, S.J.H., Smith, B.M. and Sage, L. (in press b) The influences of perceived autonomy support on physical activity within the theory of planned behaviour. *Journal of Sport and Exercise Psychology*.

Chatzisarantis, N.L.D., Hagger, M.S., Biddle, S.J.H., Smith, B. and Wang, J.C.K. (2003) A meta-analysis of perceived locus of causality in exercise, sport, and physical education contexts. *Journal of Sport and Exercise Psychology*, 25: 284–306.

Chatzisarantis, N.L.D., Hagger, M., Smith, B. and Phoenix, C. (in press c) The influences of continuation intentions on the execution of social behaviour within the theory of planned behaviour. *British Journal of Social Psychology*.

Chatzisarantis, N.L.D., Hagger, M.S., Smith, B. and Sage, L.D. (in press d) The influences of intrinsic motivation on execution of social behaviour within the theory of planned behaviour. *European Journal of Social Psychology*.

Clarke, J. (1978) Football and the working class fans: tradition and change. In R. Ingham (ed.), *Football Hooliganism: The Wider Context*. London: Interaction.

Coakley, J.J. (1981) The sociological perspective: alternate causations of violence in sport. *Arena*, 5: 44–56.

Cockerill, I.M., Neville, A.M. and Lyons, N. (1991) Modelling mood states in athletic performance. *Journal of Sports Sciences*, 9: 205–12.

Cockerill, I.M. and Riddington, M.E. (1996) Exercise dependence and associated disorders: a review. *Counselling Psychology Quarterly*, 9: 119–29.

Colman, M.M. and Carron, A.V. (2000) The group norm for productivity in individual sport teams. *Journal of Sport and Exercise Psychology*, 22 (Suppl.): S27 – S28.

Colman, M.M. and Carron, A.V. (2001) The nature of norms in individual sport teams. *Small Group Research*, 32: 206–22.

Connelly, D. (1988) Increasing intensity of play of nonassertive athletes. *The Sport Psychologist*, 2: 255–65.

Conner, M. and Abraham, C. (2001) Conscientiousness and the theory of planned behavior: toward a more complete model of the antecedents of intentions and behavior. *Personality and Social Psychology Bulletin*, 27: 1547–61.

Conner, M. and Armitage, C.J. (1998) Extending the Theory of Planned Behavior: a review and avenues for further research. *Journal of Applied Social Psychology*, 28: 1429–64.

Conner, M., Povey, R., Sparks, P., James, R. and Shepherd, R. (2003) Moderating role of attitudinal ambivalence within the theory of planned behaviour. *British Journal of Social Psychology*, 42: 75–94.

Conner, M., Sheeran, P., Norman, P. and Armitage, C. (2000) Temporal stability as a moderator of relationships in the theory of planned behaviour. *British Journal of Social Psychology*, 39: 469–93.

Conner, M., Sherlock, K. and Orbell, S. (1998) Psychosocial determinants of ecstasy use in young people in the UK. *British Journal of Social Psychology*, 3: 295–317.

Cottrell, N.B. (1972) Social facilitation. In C.G. McClintock (ed.), *Experimental Social Psychology* (pp. 185–236). New York: Holt, Rinehart and Winston.

Courneya, K.S. (1995) Understanding readiness for regular physical activity in older individuals: an application of the Theory of Planned Behavior. *Health Psychology*, 14: 80–7.

Courneya, K.S. and Carron, A.V. (1991) Effects of travel and length of home stand/road trip on the home advantage. *Journal of Sport and Exercise Psychology*, 13: 42–9.

Courneya, K.S. and Friedenreich, C.M. (1997) Relationship between exercise pattern across the cancer experience and current quality of life in colorectal cancer survivors. *Journal of Alternative and Complementary Medicine*, 3: 215–26.

Courneya, K.S., Friedenreich, C.M., Sela, R.A., Quinney, H.A. and Rhodes, R.E. (2002) Correlates of adherence and contamination in a randomized controlled trial of exercise in cancer survivors: an application of the theory of planned behavior and the five factor model of personality. *Annals of Behavioral Medicine*, 24: 257–68.

Courneya, K.S. and McAuley, E. (1994) Factors affecting the intention-physical activity relationship: intention versus expectation and scale correspondence. *Research Quarterly for Exercise and Sport*, 65: 280–5.

Courneya, K.S., Plotnikoff, R.C., Hotz, S.B. and Birkett, N.J. (2000) Social support and the theory of planned behavior in the exercise domain. *American Journal of Health Behavior*, 24: 300–8.

Cox, R.H., Martens, M.P. and Russell, W.D. (2003) Measuring anxiety in athletics: The Revised Competitive State Anxiety Inventory-2. *Journal of Sport and Exercise Psychology*, 25: 519–33.

Craft, L.L., Magyar, T.M., Becker, B.J. and Feltz, D.L. (2003) The relationship between the Competitive State Anxiety Inventory-2 and sport performance: a meta-analysis. *Journal of Sport and Exercise Psychology*, 25: 44–65.

Crocker, J. and Luhtanen, R.K. (2003) Level of self-esteem and contingencies of self-worth: unique effects on academic, social, and financial problems in college students. *Personality and Social Psychology Bulletin*, 29: 710–12.

Crocker, P.R.E., Alderman, R.B. and Smith, F.M.R. (1988) Cognitive-affective stress management training with high performance youth volleyball players: effects on affect, cognition, and performance. *Journal of Sport and Exercise Psychology*, 10: 448–60.

Dashiell, J.F. (1930) An experimental analysis of some group effects. *Journal of Abnormal and Social Psychology*, 25: 190–9.

Davidson, R. (1992) Prochaska and DiClemente's model of change: a case study? *British Journal of Addiction*, 87: 1–2.

Davis, C. (1999) Excessive exercise and anorexia nervosa: addictive and compulsive behaviors. *Psychiatric Annals*, 29: 221–4.

Deci, E.L., Betley, G., Kahle, J., Abrams, L. and Porac, J. (1981) When trying to win: competition and intrinsic motivation. *Personality and Social Psychology Bulletin*, 7: 79–83.

Deci, E.L., Eghrari, H., Patrick, B.C. and Leone, D.R. (1994) Facilitating internalization: the self-determination theory perspective. *Journal of Personality*, 62: 119–42.

Deci, E.L., Koestner, R. and Ryan, R.M. (1999a) A meta-analytic review of experiments examining the effects of extrinsic rewards on intrinsic motivation. *Psychological Bulletin*, 125: 627–68.

Deci, E.L., Koestner, R. and Ryan, R.M. (1999b) The undermining effect is a reality after all: extrinsic rewards, task interest, and self-determination: Reply to Eisenberger, Pierce and Cameron (1999) and Lepper, Henderlong and Gingras (1999). *Psychological Bulletin*, 125: 692–700.

Deci, E.L. and Ryan, R.M. (1985) *Intrinsic Motivation and Self-determination in Human Behavior*. New York: Plenum Press.

Deci, E.L. and Ryan, R.M. (2000) The 'what' and 'why' of goal pursuits: human needs and the self-determination of behavior. *Psychological Inquiry*, 11: 227–68.

Department of Health (1996) *Strategy Statement on Physical Activity*. London: Department of Health.

Devine, D.J. (1999) Effects of cognitive ability, task knowledge, information sharing, and conflict on group decision-making effectiveness. *Small Group Research*, 30: 608–34.

Diener, E. (1976) Effects of prior destructive behavior, anonymity, and group presence on deindividuation and aggression. *Journal of Personality and Social Psychology*, 33: 497–507.

Dollard, J., Doob, L., Miller, N., Mowrer, O.W. and Sears, R.R. (1939) *Frustration and Aggression*. New Haven, CT: Yale University Press.

Duda, J.L. (1993) Goals: a social cognitive approach to the study of achievement motivation in sport. In R.N. Singer, M. Murphey and L.K. Tennant (eds), *Handbook of Research on Sport Psychology* (pp. 421–36). New York: Macmillan.

Duda, J.L. (2001) Achievement goal research in sport: pushing the boundaries and clarifying some misunderstandings. In G.C. Roberts (ed.), *Advances in Motivation in Sport and Exercise* (pp. 129–82). Champaign, IL: Human Kinetics.

Duda, J.L., Chi, L., Newton, M.L., Walling, M.D. and Catley, D. (1995) Task and ego orientation and intrinsic motivation in sport. *International Journal of Sport Psychology*, 26: 40–63.

Duda, J.L. and Nicholls, J.G. (1992) Dimensions of achievement motivation in schoolwork and sport. *Journal of Educational Psychology*, 84: 290–9.

Duncan, T. and McAuley, E. (1987) Efficacy expectations and perceptions of causality in motor performance. *Journal of Sport Psychology*, 9: 385–93.

Dunning, E., Murphy, P. and Williams, J. (1988) *The Roots of Football Hooliganism*. London: Routledge.

Dweck, C.S. (1992) The study of goals in psychology. *Psychological Science*, 3: 165–7.

Eagly, A.H. and Chaiken, S. (1993) *The Psychology of Attitudes*. San Diego, CA: Harcourt, Brace and Jovanovich.

Edwards, T. and Hardy, L. (1996) The interactive effects of intensity and direction of cognitive and somatic anxiety and self-confidence upon performance. *Journal of Sport and Exercise Psychology*, 18: 296–312.

Edwards, T., Kingston, K., Hardy, L. and Gould, D. (2002) A qualitative analysis of catastrophic performances and the associated thoughts, feelings, and emotions. *The Sport Psychologist*, 16: 1–19.

Ekman, P. (1992) Facial expression of emotion: new findings, new questions. *Psychological Science*, 3: 34–8.

Elias, N. (1978) *The Civilising Process*. Oxford: Blackwell.

Escarti, A. and Gutierrez, M. (2001) Influence of motivational climate in physical education on the intention to practice physical activity or sport. *European Journal of Sport Science*, 1: 1–12.

Everett, J.J., Smith, R.E. and Williams, K.D. (1992) Effects of team cohesion and identifiability on social loafing in relay swimming performance. *International Journal of Sport Psychology*, 23: 311–24.

Eys, M.A., Carron, A.V., Bray, S.R. and Beauchamp, M.R. (2003) Role ambiguity and athlete satisfaction. *Journal of Sports Sciences*, 21: 391–401.

Eys, M.A., Hardy, J., Carron, A.V. and Beauchamp, M.R. (2003) The relationship between task cohesion and competitive state anxiety. *Journal of Sport and Exercise Psychology*, 25: 66–76.

Fazio, R.H. (1990) Multiple processes by which attitudes guide behavior: the MODE model as an integrative framework. In M.P. Zanna (ed.), *Advances in Experimental Social Psychology* (Vol. 23, pp. 75–109). San Diego, CA: Academic Press.

Feltz, D.L. and Chase, M.A. (1998) The measurement of self-efficacy and confidence in sport. In J.L. Duda (ed.), *Advances in Sport and Exercise Psychology Measurement* (pp. 65–80). Morgantown, WV: Fitness Information Technology.

Feltz, D.L. and Lirgg, C.D. (1998) Perceived team and player efficacy in hockey. *Journal of Applied Psychology*, 83: 557–64.

Fernquist, R.M. (2000) An aggregate analysis of professional sports, suicide, and homicide rates: 30 U.S. metropolitan areas, 1971–1990. *Aggression and Violent Behavior*, 5: 329–41.

Festinger, L. (1954) A theory of social comparison processes. *Human Relations*, 7: 117–40.

Festinger, L. and Carlsmith, J.M. (1958) Cognitive consequences of forced compliance. *Journal of Abnormal and Social Psychology*, 58: 203–10.

Findlay, L.C. and Ste-Marie, D.M. (2004) A reputation bias in figure skating judging. *Journal of Sport and Exercise Psychology*, 26: 154–66.

Finlay, K.A., Trafimow, D. and Villarreal, A. (2002) Predicting exercise and health behavioral intentions: attitudes, subjective norms, and other behavioral determinants. *Journal of Applied Social Psychology*, 32: 342–58.

Flegal, K.M. (1999) The obesity epidemic in children and adults: current evidence and research issues. *Medicine and Science in Sports and Exercise*, 31 (Suppl.): S509–S514.

Fonseca, A. and Balague, G. (1996) Measuring goal orientations in youth competitive soccer: a comparison of TEOSQ and POSQ measures. *Journal of Applied Sport Psychology*, 8 (Suppl.): S143.

Forgas, J.P., Brennan, G., Howe, S., Kane, J.F. and Sweet, S. (1980) Audience effects on squash players' performance. *Journal of Social Psychology*, 111: 41–7.

Fox, K.R. (1999) The influence of physical activity on mental well-being. *Public Health Nutrition*, 2 (Suppl.): 411–18.

Fox, K.R. (2000) The effects of exercise on self-perceptions and self-esteem. In S.J.H. Biddle, K.R. Fox and S.H. Boutcher (eds), *Physical Activity and Psychological Well-being* (Vol. 13, pp. 81–118). London: Routledge.

Fox, K.R. and Biddle, S. (1989) The child's perspective in P.E. Part IV: psychology and professional issues. *British Journal of Physical Education*, 20: 35–38.

Fox, K.R. and Corbin, C. (1989) Physical self-perception profile: development and preliminary validation. *Journal of Sport and Exercise Psychology*, 11: 408–30.

Frijda, N.H. (1994) Varieties of emotions: emotions and episodes, moods and sentiments. In P. Ekman and R.J. Davidson (eds), *The Nature of Emotion: Fundamental Questions* (pp. 59–67). New York: Oxford University Press.

Gabennesch, H. (1988) When promises fail: a theory of temporal fluctuations in suicide. *Social Forces*, 67: 129–45.

Gagné, M., Ryan, R.M. and Bargmann, K. (2003) Autonomy support and need satisfaction in the motivation and well-being of gymnasts. *Journal of Applied Sport Psychology*, 15: 372–90.

Gardner, D.E., Shields, D.L.L., Bredemeier, B.J.L. and Bostrom, A. (1996) The relationship between perceived coaching behaviors and team cohesion among baseball and softball players. *The Sport Psychologist*, 10: 367-81.

Gaudreau, P., Blondin, J.P. and Lapierre, A.M. (2002) Athletes' coping during a competition: relationship of coping strategies with positive affect, negative affect, and performance-goal discrepancy. *Psychology of Sport and Exercise*, 3: 125-50.

Gayton, W.F. and Langevin, G. (1992) Home advantage: does it exist in individual sports? *Perceptual and Motor Skills*, 74: 706.

George, T.R. (1994) Self-confidence and baseball performance: A causal examination of self-efficacy theory. *Journal of Sport and Exercise Psychology*, 16: 381-99.

Gernigon, C. and Delloye, J.B. (2003) Self-efficacy, causal attribution, and track athletic performance following unexpected success or failure among elite sprinters. *The Sport Psychologist*, 17: 55-76.

Gill, D.L. (1984) Individual and group performance in sport. In J.M. Silva and R.S. Weinberg (eds), *Psychological Foundations of Sport* (pp. 315-28). Champaign, IL: Human Kinetics.

Gill, D.L. and Deeter, T.E. (1988) Development of the sport orientation questionnaire. *Research Quarterly for Exercise and Sport*, 59: 191-202.

Godin, G., Valois, R., Jobin, J. and Ross, A. (1991) Prediction of intention to exercise of individuals who have suffered from coronary heart disease. *Journal of Clinical Psychology*, 47: 762-72.

Golden, N.H. (2002) A review of the female athlete triad (amenorrhea, osteoporosis and disordered eating). *International Journal of Adolescent Medicine and Health*, 14: 9-17.

Gollwitzer, P.M. (1999) Implementation intentions: strong effects of simple plans. *American Psychologist*, 54: 493-503.

Goudas, M., Biddle, S.J.H. and Fox, K.R. (1994) Perceived locus of causality, goal orientations, and perceived competence in school physical education classes. *British Journal of Educational Psychology*, 64: 453-563.

Gould, D., Greenleaf, C. and Krane, V. (2002) Arousal-anxiety and sport behavior. In T.S. Horn (ed.), *Advances in Sport Psychology* (pp. 207-41). Champaign, Il: Human Kinetics.

Gould, D., Petlichkoff, L., Hodge, K. and Simons, J. (1990) Evaluating the effectiveness of a psychological skills educational workshop. *The Sport Psychologist*, 4: 249-60.

Gould, D., Petlichkoff, L. and Weinberg, R.S. (1984) Antecedents of, temporal changes in, and relationships between CSAI-2 components. *Journal of Sport Psychology*, 6: 289-304.

Gould, D. and Tuffey, S. (1996) Zones of optimal functioning research: a review and critique. *Anxiety, Stress and Coping*, 9: 53-68.

Gould, D., Tuffey, S., Hardy, L. and Lockbaum, M. (1993) Multidimensional state anxiety and middle distance running performance: an exploratory analysis of Hanin's (1980) zones of optimal functioning hypothesis. *Journal of Applied Sport Psychology*, 5: 85-95.

Gould, D. and Weiss, M.R. (1981) The effects of model similarity and model talk on self-efficacy and muscular endurance. *Journal of Sport Psychology*, 3: 17-29.

Greenlees, I., Graydon, J. and Maynard, I.W. (2000) The impact of individual efficacy beliefs on group goal selection and group goal commitment. *Journal of Sport Sciences*, 18: 451-59.

Greer, D.L. (1983) Spectator booing and the home advantage: a study of social influence in the basketball arena. *Social Psychology Quarterly*, 46: 252-61.

Grieve, F.G., Whelan, J.P. and Meyers, A.W. (2000) An experimental examination of the cohesion-performance relationship in an interactive team sport. *Journal of Applied Sport Psychology*, 12: 219-35.

Griffin, J. and Harris, J. (1996) Coaches' attitudes, knowledge, experiences, and recommendations regarding weight control. *The Sport Psychologist*, 10: 180-94.

Griffiths, M. (1999) Exercise addiction: a case study. *Addiction Research*, 5 161–8.

Grove, J.R. and Pargman, D. (1986) Relationships among success/failure, attributions, and performance expectancies in competitive situations. In L.V. Velden and J.H. Humphrey (eds), *Psychology and Sociology of Sport: Current Selected Research* (Vol. 1, pp. 85–95). New York: AMS Press.

Guay, F., Boggiano, A.K. and Vallerand, R.J. (2001) Autonomy support, motivation, and perceived competence: conceptual and empirical linkages. *Personality and Social Psychology Bulletin*, 27: 643–50.

Guay, F., Mageau, G.A. and Vallerand, R.J. (2003) On the hierarchical structure of self-determined motivation: a test of top-down, bottom-up, reciprocal, and horizontal effects. *Personality and Social Psychology Bulletin*, 29: 992–1004.

Hagbloom, S.J., Warnick, R., Warnick, J.E., Jones, V.K., Yarbrough, G.L., Russell, T.M., Borecky, C.M., McGahhey, R., Powell, J.L., Beavers, J. and Monte, E. (2002) The 100 most eminent psychologists of the 20th century. *Review of General Psychology*, 6: 139–52.

Hagger, M.S., Ashford, B. and Stambulova, N. (1998) Russian and British children's physical self-perceptions and physical activity participation. *Pediatric Exercise Science*, 10: 137–52.

Hagger, M.S., Biddle, S.J.H., Chow, E.W., Stambulova, N. and Kavussanu, M. (2003a) Physical self-perceptions in adolescence: generalizability of a hierarchical multi-dimensional model across three cultures. *Journal of Cross-Cultural Psychology*, 34: 611–28.

Hagger, M.S., Biddle, S.J.H. and Wang, C.K.J. (in press a) Physical self-perceptions in adolescence: generalizability of a multidimensional, hierarchical model across gender and grade. *Educational and Psychological Measurement*.

Hagger, M.S. and Chatzisarantis, N.L.D. (in press) First- and higher-order models of attitudes, normative influence, and perceived behavioural control in the Theory of Planned Behaviour. *British Journal of Social Psychology*.

Hagger, M.S., Chatzisarantis, N.L.D., Barkoukis, V., Wang, C.K.J. and Baranowski, J. (in press b) Perceived autonomy support in physical education and leisure-time physical activity: a cross-cultural evaluation of the trans-contextual model. *Journal of Educational Psychology*.

Hagger, M.S., Chatzisarantis, N. and Biddle, S.J.H. (2002a) The influence of autonomous and controlling motives on physical activity intentions within the Theory of Planned Behaviour. *British Journal of Health Psychology*, 7: 283–97.

Hagger, M.S., Chatzisarantis, N. and Biddle, S.J.H. (2002b) A meta-analytic review of the theories of reasoned action and planned behavior in physical activity: predictive validity and the contribution of additional variables. *Journal of Sport and Exercise Psychology*, 24 3–32.

Hagger, M.S., Chatzisarantis, N., Biddle, S.J.H. and Orbell, S. (2001) Antecedents of children's physical activity intentions and behaviour: predictive validity and longitudinal effects. *Psychology and Health*, 16 391–407.

Hagger, M.S., Chatzisarantis, N., Culverhouse, T. and Biddle, S.J.H. (2003b) The processes by which perceived autonomy support in physical education promotes leisure-time physical activity intentions and behavior: a trans-contextual model. *Journal of Educational Psychology*, 95: 784–95.

Hagger, M.S., Lindwall, M. and Asçi, F.H. (2004) A cross-cultural evaluation of a multi-dimensional and hierarchical model of physical self-perceptions in three national samples. *Journal of Applied Social Psychology*, 34: 1075–1107.

Hagger, M.S. and Weed, M.E. (2000) Developing physical activity in children: The relationship between P.E. and sport. Paper presented at the Annual Congress of the European College of Sports Science, University of Jyaväskylä, Jyaväskylä, Finland, 19–24 July.

Hall, E.G. and Bunker, L.K. (1979) Locus of control as a mediator of social facilitation effects during motor skill learning. *Journal of Sport Psychology*, 1: 332–5.

Hall, H.K. and Kerr, A.W. (1998) Predicting achievement anxiety: a social-cognitive perspective. *Journal of Sport and Exercise Psychology*, 20: 98–111.

Halliburton, A.L. and Weiss, M.R. (2002) Sources of competence information and perceived motivational climate among adolescent female gymnasts varying in skill level. *Journal of Sport and Exercise Psychology*, 24: 396–418.

Hanin, Y.L. (1995) Individual zones of optimal functioning (IZOF) model: an idiographic approach to performance anxiety. In K. Henschen and W. Straub (eds), *Sport Psychology: An Analysis of Athlete Behavior* (pp. 103–99). Longmeadow, NY: Mouvement.

Hanin, Y.L. (2000) Successful and poor performance and emotions. In Y.L. Hanin (ed.), *Emotions in Sport* (pp. 157–88). Champaign, IL: Human Kinetics.

Hanton, S. and Jones, G. (1999a) The acquisition and development of cognitive skills and strategies: I. Making the butterflies fly in formation. *The Sport Psychologist*, 13: 1–21.

Hanton, S. and Jones, G. (1999b) The effects of a multimodal intervention program on performers: II. Training the butterflies to fly in formation. *The Sport Psychologist*, 13: 22–41.

Hardeman, W., Johnston, M., Johnston, D.W., Bonetti, D., Wareham, N.J. and Kinmonth, A.L. (2002) Application of the theory of planned behaviour change interventions: a systematic review. *Psychology and Health*, 17: 123–58.

Hardy, C.J. (1990) Social loafing: motivational losses in collective performance. *International Journal of Sport Psychology*, 21: 305–27.

Hardy, C.J. and Crace, R.K. (1991) The effects of task structure and teammate competence on social loafing. *Journal of Sport and Exercise Psychology*, 13: 372–81.

Hardy, C.J. and Latané, B. (1988) Social loafing in cheerleaders: effects of team membership and competition. *Journal of Sport and Exercise Psychology*, 1988, 10: 109–14.

Hardy, L. (1990) A catastrophe model of performance in sport. In J.G. Jones and L. Hardy (eds), *Stress and Performance in Sport* (pp. 81–106). New York: Wiley.

Hardy, L. (1996) Testing the predictions of the Cusp Catastrophe Model of anxiety and performance. *The Sport Psychologist*, 10: 140–56.

Hardy, L. and Parfitt, C.G. (1991) A catastrophe model of anxiety and performance. *British Journal of Psychology*, 82: 163–78.

Harland, J., White, M., Drinkwater, C., Chinn, D., Farr, L. and Howel, D. (1999) The Newcastle exercise project: a randomised controlled trial of methods to promote physical activity in primary care. *British Medical Journal*, 319: 828–32.

Harris, N.B. (1992) Sex, race, and experiences of aggression. *Aggressive Behavior*, 18: 201–17.

Harrison, J., Mullen, P. and Green, L. (1992) A meta analysis of studies of the health belief model with adults. *Health Education Research*, 7,:107–16.

Harter, S. (1988) *Manual for the Self-Perception Profile for Adolescents*. Denver, CO: University of Denver.

Harter, S. (1996) Historical roots and contemporary issues involving self-concept. In B.A. Bracken (ed.), *Handbook of Self-concept: Developmental, Social, and Clinical Considerations* (pp. 1–37). New York: Wiley.

Harwood, C.G. (2002) Assessing achievement goals in sport: caveats for consultants and a case for contextualization. *Journal of Applied Sport Psychology*, 14: 106–19.

Hausenblas, H.A., Carron, A.V. and Mack, D.E. (1997) Application of the Theories of Reasoned Action and Planned Behavior to exercise behavior: a meta analysis. *Journal of Sport and Exercise Psychology*, 19: 36–41.

Hausenblas, H.A. and Giacobbi, P.R., Jr. (2004) Relationship between exercise dependence symptoms and personality. *Personality and Individual Differences*, 36: 1265–73.

Hausenblas, H.A. and Symons-Downs, D. (2002a) Exercise dependence: a systematic review. *Psychology of Sport and Exercise*, 3: 89–123.

Hausenblas, H.A. and Symons-Downs, D. (2002b) How much is too much? The development and validation of the exercise dependence scale. *Psychology and Health*, 17: 387–404.

Heider, F. (1958) *The Psychology of Interpersonal Relations*. New York: John Wiley.

Heuze, J.P. and Brunel, P.C. (2003) Social loafing in a competitive context. *International Journal of Sport and Exercise Psychology*, 1: 246–63.

Hinrichsen, H., Wright, F., Waller, G. and Meyer, C. (2003) Social anxiety and coping strategies in the eating disorders. *Eating Behaviors*, 4: 117–26.

Hodge, K. and Petlichkoff, L. (2000) Goal profiles in sport motivation: a cluster analysis. *Journal of Sport and Exercise Psychology*, 22: 256–72.

Hodgkins, S. and Orbell, S. (1998) Can protection motivation theory predict behaviour? A longitudinal test exploring the role of previous behaviour. *Psychology and Health*, 13: 237–50.

Holt, N.L. and Sparkes, A.C. (2001) An ethnographic study of cohesiveness in a college soccer team over a season. *The Sport Psychologist*, 15: 237–59.

Huddleston, S., Doody, S.G. and Ruder, M.K. (1985) The effect of prior knowledge of the social loafing phenomenon on performance in a group. *International Journal of Sport Psychology*, 16: 176–82.

Hulley, A.J. and Hill, A.J. (2001) Eating disorders and health in elite women distance runners. *International Journal of Eating Disorders*, 30: 312–17.

Institute of European Food Studies (1999) *Pan EU Survey on Consumer Attitudes to Physical Activity, Body Weight and Health*. Brussels: European Commission Directorate V/F.3.

Institute of Psychiatry (2004) *Illness Prevalence in Society: Is There an Increase of Eating Disorder Cases in General Population?* London: Institute of Psychiatry.

Iso-Ahola, S. (1977) Immediate attributional effects of success and failure in the field: Testing some laboratory hypotheses. *European Journal of Social Psychology*, 7: 275–96.

Iyengar, S.S. and DeVoe, S.E. (2003) Rethinking the value of choice: considering cultural mediators of intrinsic motivation. In V. Murphy-Berman and J.J. Berman (eds), *Cross-cultural Differences in Perspectives on the Self* (Vol. 49, pp. 129–74). Lincoln, NE: University of Nebraska Press.

Jackson, J.M. and Williams, K.D. (1985) Social loafing on difficult tasks: working collectively can improve performance. *Journal of Personality and Social Psychology*, 49: 937–42.

Joint Surveys Unit (1999) *Health Survey for England, 1998*. London: The Stationery Office.

Jokela, M. and Hanin, Y.L. (1999) Does the individual zones of optimal functioning model discriminate between successful and less successful athletes? A meta-analysis. *Journal of Sports Sciences*, 17: 873–87.

Jones, G. (1995) More than just a game: research developments and issues in competitive anxiety in sport. *British Journal of Psychology*, 86: 449–78.

Jones, G., Hanton, S. and Swain, A. (1994) Intensity and interpretation of anxiety symptoms in elite and nonelite performers. *Personality and Individual Differences*, 17:

657–63.

Jones, G. and Swain, A. (1995) Predispositions to experience debilitative and facilitative anxiety in elite and nonelite performers. *The Sport Psychologist*, 9: 201–11.

Jones, G., Swain, A. and Hardy, L. (1993) Intensity and direction dimensions of competitive state anxiety and relationships with performance. *Journal of Sport Sciences*, 11: 525–32.

Jones, G., Swain, A. and Harwood, C. (1996) Positive and negative affect as predictors of competitive anxiety. *Personality and Individual Differences*, 20: 109–14.

Jones, J.G. (1990) A cognitive perspective on the processes underlying the relationship between stress and performance in sport. In J.G. Jones and L. Hardy (eds), *Stress and Performance in Sport* (pp. 17–42). New York: Wiley.

Jones, J.G. and Hanton, S. (1996) Interpretation of competitive anxiety symptoms and goal attainment expectancies. *Journal of Sport and Exercise Psychology*, 18: 144–57.

Jones, J.G. and Hardy, L. (1990) The academic study of stress in sport. In J.G. Jones and L. Hardy (eds), *Stress and Performance in Sport* (pp. 3–16). New York: Wiley.

Jones, M.V., Bray, S.R. and Bolton, L. (2001) Game location and officiating bias in English club cricket. *Perceptual and Motor Skills*, 93: 359–62.

Jones, M.V., Mace, R.D., Bray, S.R., MacRae, A.W. and Stockbridge, C. (2002) The impact of motivational imagery on the emotional state and self-efficacy levels of novice climbers. *Journal of Sport Behavior*, 25: 57–73.

Kalodner, C.R. and DeLucia-Waack, J.L. (2003) Theory and research on eating disorders and disturbances in women: suggestions for practice. In M. Kopala and M.A. Keitel (eds), *Handbook of Counseling Women* (pp. 506–34). Thousand Oaks, CA: Sage.

Kane, T.D., Marks, M.A., Zaccaro, S.J. and Blair, V. (1996) Self-efficacy, personal goals, and wrestlers' self-regulation. *Journal of Sport and Exercise Psychology*, 18: 36–48.

Kavussanu, M., Crews, D.J. and Gill, D.L. (1998) The effects of single versus multiple measures of biofeedback on basketball free throw shooting performance. *International Journal of Sport Psychology*, 29: 132–44.

Kavussanu, M. and Roberts, G.C. (1996) Motivation in physical activity contexts: The relationship of perceived motivational climate to intrinsic motivation and self-efficacy. *Journal of Sport and Exercise Psychology*, 18: 264–80.

Kavussanu, M. and Roberts, G.C. (2001) Moral functioning in sport: An achievement goal perspective. *Journal of Sport and Exercise Psychology*, 23: 37–54.

Kerr, J.H. (1997) *Motivation and Emotion in Sport: Reversal Theory*. Hove: Psychology Press.

Kerr, J.H., Fujiyama, H. and Campano, J. (2002) Emotion and stress in serious and hedonistic leisure sport activities. *Journal of Leisure Research*, 34: 272–89.

Kerr, J.H. and Tacon, P. (2000) Environmental events and induction of metamotivational reversals. *Perceptual and Motor Skills*, 91: 337–8.

Keski-Rahkonen, A. (2001) Exercise dependence: a myth or a real issue? *European Eating Disorders Review*, 9: 279–83.

Kliene, D. (1990) Anxiety and sport performance: a meta-analysis. *Anxiety Research*, 2: 113–31.

Koestner, R., Lekes, N., Powers, T.A. and Chicoine, E. (2002) Attaining personal goals: self-concordance plus implementation intentions equals success. *Journal of Personality and Social Psychology*, 83: 231–44.

Koestner, R., Ryan, R.M., Bernieri, F. and Holt, K. (1984) Setting limits on children's behavior: the differential effects of controlling versus informational styles on intrinsic motivation and creativity. *Journal of Personality*, 52: 233–48.

Koka, A. and Hein, V. (in press) The effect of perceived teacher's feedback on intrinsic motivation in physical education. *Psychology of Sport and Exercise.*

Kowalski, N.P., Crocker, P.R.E. and Kowalski, K.C. (2001) Physical self and physical anxiety relationships in college women: does social physique anxiety moderate effects? *Research Quarterly for Exercise and Sport,* 72: 55–62.

Kowalski, K.C., Crocker, P.R.E., Kowalski, N.P., Chad, K.E. and Humbert, M.L. (2003) Examining the physical self in adolescent girls over time: further evidence against the hierarchical model. *Journal of Sport and Exercise Psychology,* 25: 5–18.

Kozar, B. (1973) The effects of a supportive and nonsupportive audience upon learning a gross motor skill. *International Journal of Sport Psychology,* 3: 27–38.

Landers, D.M. (1980) The arousal-performance relationship revisited. *Research Quarterly for Exercise and Sport,* 51: 77–90.

Lane, A.M. and Lane, H.J. (2002) Predictive effectiveness of mood measures. *Perceptual and Motor Skills,* 94: 785–91.

Latané, B., Williams, K. and Harkins, S. (1979) Many hands make light the work: the causes and consequences of social loafing. *Journal of Personality and Social Psychology,* 37: 822–32.

Legrand, F.D. and LeScanff, C. (2003) Tension-stress, effort-stress and mood profiling with an elite javelin performer. *Psychology of Sport and Exercise,* 4: 429–36.

Lehman, D.R. and Reifman, A. (1987) Spectator influence on basketball officiating. *Journal of Social Psychology,* 127: 673–5.

Lehoux, P.M., Steiger, H. and Jabalpurlawa, S. (2000) State/trait distinctions in bulimic syndromes. *International Journal of Eating Disorders,* 27: 36–42.

Levine, P. and Vinten-Johansen, P. (1981) The historical perspective: violence and sport. *Arena Review, Journal of Sport and Social Issues,* 5: 583–95.

Lichacz, F.M. and Partington, J.T. (1996) Collective efficacy and true group performance, 27: 146–58.

Lindner, K.J. and Kerr, J.H. (2001) Predictability of sport participation motivation from metamotivational dominances and orientations. *Personality and Individual Differences,* 30: 759–73.

Liu, J.L.Y., Maniadakis, N., Gray, A. and Rayner, M. (2002) The economic burden of coronary heart disease in the UK. *Heart,* 88: 597–603.

Lohasz, P.G. and Leith, L.M. (1997) The effect of three mental preparation strategies on the performance of a complex response time task. *International Journal of Sport Psychology,* 28: 25–34.

Loomes, G. and Sugden, R. (1982) Regret theory: an alternative theory of rational choice under uncertainty. *Economic Journal,* 92: 805–24.

Loughead, T.M., Carron, A.V., Bray, S.R. and Kim, A.J. (2003) Facility familiarity and the home advantage in professional sports. *International Journal of Sport and Exercise Psychology,* 1: 264–74.

Lowe, R., Eves, F. and Carroll, D. (2002) The influence of affective and instrumental beliefs on exercise intentions and behavior: a longitudinal analysis. *Journal of Applied Social Psychology,* 32: 1241–52.

Madison, J.K. and Ruma, S.L. (2003) Exercise and athletic involvement as moderators of severity in adolescents with eating disorders. *Journal of Applied Sport Psychology,* 15: 213–22.

Magyar, T.M., Feltz, D.L. and Simpson, I.P. (2004) Individual and crew level determinants of collective efficacy in rowing. *Journal of Sport and Exercise Psychology,* 26: 136–53.

Mann, L. (1981) The baiting crowd in episodes of threatened suicide. *Journal of Personality and Social Psychology,* 41: 703–9.

Markland, D. (2004) Motivational interviewing and self-determination theory. Retrieved August 1, 2004, from University of Wales, Bangor, School of Sport, Health, and Exercise Sciences Exercise Psychology Web site: *http://www.bangor.ac.uk/ %7Epes004/exercise_psych/misdt.htm*: University of Wales, Bangor.

Markland, D. and Tobin, V. (2004) A modification to the Behavioural Regulation in Exercise Questionnaire to include an assessment of amotivation. *Journal of Sport and Exercise Psychology*, 26: 191–6.

Marsh, H.W. (1989) Age and sex effects in multiple dimensions of self-concept: Preadolescence to early adulthood. *Journal of Educational Psychology*, 81: 417–30.

Marsh, H.W. (1990) A multidimensional, hierarchical model of self-concept: theoretical and empirical justification. *Educational Psychology Review*, 2: 77–172.

Marsh, H.W., Marco, I.T. and Asçi, F.H. (2002) Cross-cultural validity of the physical self-description questionnaire: comparison of factor structures in Australia, Spain and Turkey. *Research Quarterly for Exercise and Sport*, 73: 257–70.

Marsh, H.W. and O'Niell, R. (1984) Self-description questionnaire III (SDQ III): the construct validity of multidimensional self-concept ratings by late-adolescents. *Journal of Educational Measurement*, 21: 153–74.

Marsh, H.W., Perry, C., Horsely, C. and Roche, L. (1995) Multidimensional self-concept of elite athletes: how do they differ from the general population? *Journal of Sport and Exercise Psychology*, 17: 70–83.

Marsh, H.W. and Redmayne, R.S. (1994) A multidimensional physical self-concept and its relations to multiple components of physical fitness. *Journal of Sport and Exercise Psychology*, 16: 43–55.

Marsh, H.W., Richards, G.E., Johnson, S., Roche, S. and Tremayne, P. (1994) Physical self description questionnaire: psychometric properties and a multitrait-multimethod analysis of relations to existing instruments. *Journal of Sport and Exercise Psychology*, 16: 270–305.

Marsh, H.W. and Shavelson, R. (1985) Self-concept: its multifaceted hierarchical structure. *Educational Psychologist*, 20: 107–23.

Marsh, H.W. and Yeung, A.S. (1998) Top-down, bottom-up, and horizontal models: the direction of causality in multidimensional, hierarchical self-concept models. *Journal of Personality and Social Psychology*, 75: 509–27.

Marsh, P. and Harré, R. (1978) The world of football hooliganism. *Human Nature*, 1: 62–9.

Marshall, S.J. and Biddle, S.J.H. (2001) The transtheoretical model of behavior change: a meta-analysis of applications to physical activity and exercise. *Annals of Behavioral Medicine*, 23: 229–46.

Martens, R., Vealey, R.S. and Burton, D. (1990) *Competitive Anxiety in Sport*. Champaign, IL: Human Kinetics.

Martin, J.J. and Gill, D.L. (1991) The relationship among competitive orientation, sport-confidence, self-efficacy, anxiety, and performance. *Journal of Sport and Exercise Psychology*, 13: 149–59.

Martin, J.J. and Gill, D.L. (1995) The relationships of competitive orientations and self-efficacy to goal importance, thoughts, and performance in high school distance runners. *Journal of Applied Sport Psychology*, 7: 50–62.

Martin, K.A. and Hausenblas, H.A. (1998) Psychological commitment to exercise and eating disorder symptomology among female aerobic instructors. *The Sport Psychologist*, 12: 180–90.

Maslow, A. (1943) A theory of human motivation. *Psychological Reports*, 50: 370–96.

Matheson, H., Mathes, S. and Murray, M. (1996) Group cohesion of female intercollegiate coacting and interacting team across a competitive season. *International Journal of Sport Psychology*, 27: 37–49.

Matheson, H., Mathes, S. and Murray, M. (1997) The effect of winning and losing on female interactive and coactive team cohesion. *Journal of Sport Behavior*, 20: 284–98.

Matthews, K.A., Krantz, D.S., Dembroski, T.M. and MacDougall, J.M. (1982) Unique and common variance in Structured Interview and Jenkins Activity Survey measures of Type A behavior pattern. *Journal of Personality and Social Psychology*, 42: 303–13.

McAuley, E. (1985) Modeling and self-efficacy: a test of Bandura's model. *Journal of Sport Psychology*, 7: 283–95.

McAuley, E. and Blissmer, B. (2002) Self-efficacy and attributional processes in physical activity. In T.S. Horn (ed.), *Advances in Sport Psychology* (pp. 185–206). Champaign, IL: Human Kinetics.

McAuley, E. and Tammen, V.V. (1989) The effects of subjective and objective competitive outcomes on intrinsic motivation. *Journal of Sport and Exercise Psychology*, 11: 84–93.

McAuliffe, B.J., Jetten, J., Hornsey, M.J. and Hogg, M.A. (2003) Individualist and collectivist norms: when it's ok to go your own way. *European Journal of Social Psychology*, 33: 57–70.

McCrae, R.R. and Costa, P.T. (1996) Toward a new generation of personality theories: theoretical contexts for the five-factor model. In J.S. Wiggins (ed.), *The Five-factor Model of Personality: Theoretical Perspectives* (pp. 51–87). New York: Guilford Press.

McCutcheon, L.E. (1984) The home advantage in high school athletics. *Journal of Sport Behavior*, 7: 135–8.

McGuire, E.J., Courneya, K.S., Widmeyer, W.N. and Carron, A.V. (1992) Aggression as a potential mediator of the home advantage in professional ice hockey. *Journal of Sport and Exercise Psychology*, 14: 148–58.

McNair, D., Lorr, M. and Droppleman, L. (1971) *Profile of Mood States*. San Diego: Education and Industrial Testing Service.

McNamara, J.J., Molot, M.A., Stremple, J.F. and Cutting, R.T. (1971) Coronary artery disease in combat casualties in Vietnam. *Journal of the American Medical Association*, 216(7): 1185–7.

Meiland, J. W. (1970) *The Nature of Intention*. London: Methuen.

Mellalieu, S.D., Hanton, S. and Jones, G. (2003) Emotional labeling and competitive anxiety in preparation and competition. *The Sport Psychologist*, 17: 157–74.

Meyers, A.W., Schleser, R. and Okwumabua, T.M. (1982) A cognitive behavioral intervention for improving basketball performance. *Research Quarterly for Exercise and Sport*, 53: 344–7.

Miller, C.T. and Downey, K.T. (1999) A meta-analysis of heavy weight and self-esteem. *Personality and Social Psychology Review*, 3: 68–84.

Miller, D.L. (2001) Reexamining teamwork KSAs and team performance. *Small Group Research*, 32: 745–66.

Miller, J.T. and McAuley, E. (1987) Effects of a goal-setting training program on basketball free-throw self-efficacy and performance. *The Sport Psychologist*, 1: 103–13.

Miller, W.R. (1999) Toward a theory of motivational interviewing. *Motivational Interviewing Newsletter: Updates, Education and Training*, 6: 2–4.

Milne, S., Sheeran, P. and Orbell, S. (2000) Prediction and intervention in health-related behavior: a meta-analytic review of protection motivation theory. *Journal of Applied Social Psychology*, 30: 106–43.

Milne, S.E., Orbell, S. and Sheeran, P. (2002) Combining motivational and volitional interventions to promote exercise participation: protection motivation theory and implementation intentions. *British Journal of Health Psychology*, 7: 163-84.

Morgan, W.P. (1980) Test of a champion: the iceberg profile. *Psychology Today*, 14: 92-108.

Morgan, W.P., O'Connor, P.J.O., Ellickson, K.A. and Bradley, P.W. (1988) Personality structure, mood states, and performance in elite male distance runners. *International Journal of Sport Psychology*, 19: 247-63.

Mullen, B. and Copper, C. (1994) The relation between group cohesiveness and performance: an integration. *Psychological Bulletin*, 115: 210-27.

Mullen, B. and Riordan, C. (1988) Self-serving attributions for performance in naturalistic settings: a meta-analytic review. *Journal of Applied Social Psychology*, 18: 3-22.

Murphy, P. (1990) Why there are no equivalents of soccer hooliganism in the United States. In P. Murphy, J. Williams and E. Dunning (eds), *Football on Trial: Spectator Violence and Development in the Football World* (pp. 194-212). London: Routledge.

National Centre for Social Research (1999) *Health Survey for England*. London: Department of Health.

National Health Service Health Development Agency (1996) *Active For Life*. London: Health Development Agency.

National Institute of Mental Health (1993) *Eating Disorders (NIH Publication No. 94-3477)* Bethesda, MD: Office of Communications and Public Liaison, National Institute of Mental Health (NIMH).

Neave, N. and Wolfson, S. (2003) Testosterone, territoriality, and the 'home advantage'. *Physiology and Behavior*, 78, 269-75.

Nederhof, A. (1989) Self-involvement, intention certainty and attitude-intention consistency. *British Journal of Social Psychology*, 28: 123-33.

Nevill, A.M., Balmer, N.J. and Williams, A.M. (2002) The influence of crowd noise and experience upon refereeing decisions in football. *Psychology of Sport and Exercise*, 3: 261-72.

Newton, M.L. and Duda, J.L. (1995) Relations of goal orientations and expectations on multidimensional state anxiety. *Perceptual and Motor Skills*, 81: 1107-12.

Newton, M.L. and Duda, J.L. (1999) The interaction of motivational climate, dispositional goal orientations, and perceived ability in predicting indices of motivation. *International Journal of Sport Psychology*, 30: 63-82.

Nicholls, J.G. (1989) *The Competitive Ethos and Democratic Education*. Cambridge, MA: Harvard University Press.

Notani, A.S. (1998) Moderators of perceived behavioral control's predictiveness in the theory of planned behavior: a meta-analysis. *Journal of Consumer Psychology*, 7: 247-71.

Ntoumanis, N. (2001) A self-determination approach to the understanding of motivation in physical education. *British Journal of Educational Psychology*, 71: 225-42.

Ntoumanis, N. and Biddle, S. (1998) The relationship between competitive anxiety, achievement goals and motivational climates. *Research Quarterly for Exercise and Sport*, 69: 176-87.

Ntoumanis, N. and Biddle, S.J.H. (1999) A review of motivational climate in physical activity. *Journal of Sports Sciences*, 17: 543-665.

Ntoumanis, N., Biddle, S.J.H. and Haddock, G. (1999) The mediating role of coping strategies on the relationship between achievement motivation and affect in sport. *Anxiety, Stress and Coping*, 12: 299-327.

Ntoumanis, N., Pensgaard, M., Martin, C. and Pipe, K. (in press) An idiographic analysis of amotivation in compulsory school physical education. *Journal of Sport and Exercise Psychology*.

Ogden, J., Veale, D. and Summers, Z. (1997) The development and validation of the

Exercise Dependence Questionnaire. *Addiction Research*, 5: 343–55.
Ommundsen, Y. and Pedersen, B.H. (1999) The role of achievement goal orientations and perceived ability upon somatic and cognitive indices of sport competition trait anxiety: a study of young athletes. *Scandinavian Journal of Medicine and Science in Sports*, 9: 333–43.
Orbell, S. (2003) Personality systems interactions theory and the theory of planned behaviour: evidence that self-regulatory volitional components enhance enactment of studying behaviour. *British Journal of Social Psychology*, 42: 95–112.
Orbell, S., Hodgkins, S. and Sheeran, P. (1997) Implementation intentions and the Theory of Planned Behavior. *Personality and Social Psychology Bulletin*, 23: 945–54.
Orbell, S. and Sheeran, P. (1998) 'Inclined abstainers': a problem for predicting health related behaviour. *British Journal of Social Psychology*, 37: 151–65.
Oxendine, J.B. (1970) Emotional arousal and motor performance. *Quest*, 13: 23–32.
Oyserman, D. (2004) Self-concept and identity. In M.B. Brewer and M. Hewstone (eds), *Self and Social Identity* (pp. 5–24). Oxford: Blackwell.
Pace, A. and Carron, A.V. (1992) Travel and the home advantage. *Canadian Journal of Sport Sciences*, 17: 60–4.
Paffenbarger, R.S. and Hale, W.E. (1975) Work activity and coronary heart mortality. *New England Journal of Medicine*, 292: 545–50.
Parker, D. and Bar-Or, O. (1991) Juvenile obesity: the importance of exercise. *The Physician and Sports Medicine*, 19: 113–16.
Parker, D., Manstead, A.S.R. and Stradling, S.G. (1995) Extending the theory of planned behaviour: the role of personal norm. *British Journal of Social Psychology*, 34: 127–37.
Pate, R.R., Pratt, M., Blair, S.N., Haskell, W.L., Macera, C.A., Bouchard, C., Buchner, D., Ettiger, W., Heath, G.W., King, A.C., Kriska, A., Leon, A.S., Marcus, B., Morris, J., Paffenbarger, R.S., Patrick, K., Pollock, M.L., Rippe, J.M., Sallis, J. and Wilmore, J.H. (1995) Physical activity and public health: a recommendation from the Centers for Disease Control and Prevention and the American College of Sports Medicine. *Journal of the American Medical Association*, 273: 402–7.
Paulus, P.B., Shannon, J.C., Wilson, D.L. and Boone, T.D. (1972) The effect of spectator presence on gymnastic performance in a field situation. *Psychonomic Science*, 29: 88–90.
Pelletier, L.G., Fortier, M.S., Vallerand, R.J., Tuson, K.M., Briere, N.M. and Blais, M.R. (1995) Toward a new measure of intrinsic motivation, extrinsic motivation and amotivation in sport: the sport motivation scale (SMS). *Journal of Sport and Exercise Psychology*, 17: 35–53.
Pensgaard, A.M. (1999) The dynamics of motivation and perceptions of control when competing in the Olympic Games. *Perceptual and Motor Skills*, 89: 116–25.
Pensgaard, A.M. and Roberts, G.C. (1995) Perceived motivational climate and sources of stress for winter Olympic athletes. *Journal of Applied Sport Psychology*, 7(Suppl.): S9.
Perugini, M. and Bagozzi, R.P. (2001) The role of desires and anticipated emotions in goal-directed behaviours: broadening and deepening the theory of planned behavior. *British Journal of Social Psychology*, 40: 79–98.
Perugini, M. and Conner, M. (2000) Predicting and understanding behavioral volitions: the interplay between goals and behaviors. *European Journal of Social Psychology*, 30: 705–31.
Petersen, S., Peto, V. and Rayner, M. (2004) *Coronary Heart Disease Statistics*. London: British Heart Foundation.
Petherick, C.M. and Weigand, D.A. (2002) The relationship of dispositional goal orientations and perceived motivational climates on indices of motivation in male and

female swimmers. *International Journal of Sport Psychology*, 33: 218–37.

Petty, R.E. and Cacioppo, J. (1986) *Communication and Persuasion: Central and Peripheral Routes to Attitude Change*. New York: Springer-Verlag.

Pierce, E.F., Eastman, N.W., Tripathi, H.L. and Olson, K.G. (1993) B-Endorphin response to endurance exercise: relationship to exercise dependence. *Perceptual and Motor Skills*, 77: 767–70.

Pope, H.G. and Katz, D.L. (1994) Psychiatric and medical effects of anabolic-androgenic steroid use: a controlled study of 160 athletes. *Archives of General Psychiatry*, 51: 375–82.

Povey, R., Conner, M., Sparks, P., James, R. and Shepherd, R. (2000) Application of the Theory of Planned Behaviour to two dietary behaviours: roles of perceived control and self-efficacy. *British Journal of Health Psychology*, 5: 121–39.

Prapavessis, H. (2000) The POMS and sports performance: a review. *Journal of Applied Sport Psychology*, 12: 34–48.

Prapavessis, H. and Carron, A.V. (1997) Sacrifice, cohesion, and conformity to norms in sport teams. *Group Dynamics*, 1: 231–40.

Prestwich, A., Lawton, R. and Conner, M. (2003) The use of implementation intentions and the decision balance sheet in promoting exercise behaviour. *Psychology and Health*, 10: 707–21.

Prichard, R.D., Campbell, K.M. and Campbell, D.J. (1977) Effects of extrinsic financial rewards on intrinsic motivation. *Journal of Applied Psychology*, 62: 9–15.

Prochaska, J.O. and DiClemente, C.C. (1982) Trans-theoretical theory: Towards a more integrated model of change. *Journal of Consultative Clinical Psychology*, 19: 276–88.

Prochaska, J.O., Velicer, W.F., Rossie, J.S., Goldstein, M.G., Marcus, B.H., Rakowski, W., Fiore, C., Harlow, L.L., Redding, C.A., Rosenbloom, D.A. and Rossi, S.R. (1994) Stages of change and decisional balance for 12 problem behaviors. *Health Psychology*, 13: 39–46.

Quine, L., Rutter, D.R. and Arnold, L. (1998) Predicting and understanding safety helmet use among schoolboy cyclists: a comparison of the theory of planned behaviour and the health belief model. *Psychology and Health*, 13: 251–69.

Quine, L., Rutter, D. and Arnold, L. (2001) Persuading school-age cyclists to use safety helmets: effectiveness of an intervention based on the Theory of Planned Behaviour. *British Journal of Health Psychology*, 6: 327–45.

Rainey, D.W. and Schweickert, G.J. (1988) An exploratory study of team cohesion before and after a spring trip. *The Sport Psychologist*, 2: 314–17.

Raitakari, O.T., Porkka, K.V., Taimela, S., Telama, R., Rasanen, L. and Viikari, J.S. (1994) Effects of persistent physical activity and inactivity on coronary risk factors in children and young adults. *American Journal of Epidemiology*, 140: 195–205.

Rajecki, D.W., Nerenz, D.R., Freedenberg, T.G. and McCarthy, P.J. (1979) Components of aggression in chickens and conceptualizations of aggression in general. *Journal of Personality and Social Psychology*, 37: 1902–14.

Raudsepp, L., Liblik, R. and Hannus, A. (2002) Children's and adolescents' physical self-perceptions as related to moderate to vigorous physical activity and fitness. *Pediatric Exercise Science*, 14: 97–106.

Reeve, J. (2002) Self-determination theory applied to educational settings. In E.L. Deci and R.M. Ryan (eds), *Handbook of Self-determination Research* (pp. 183–203). Rochester, NY: University of Rochester Press.

Reeve, J., Bolt, E. and Cai, Y. (1999) Autonomy-supportive teachers: how they teach and motivate students. *Journal of Educational Psychology*, 91: 537–48.

Reeve, J. and Deci, E.L. (1996) Elements of the competitive situation that affect intrinsic motivation. *Personality and Social Psychology Bulletin*, 22: 24–33.

Reeve, J., Olson, B.C. and Cole, S.G. (1985) Motivation and performance: two consequences of winning and losing a competition. *Motivation and Emotion*, 9: 291–8.

Reicher, S.D. (1987) Crowd behaviour and social action. In J.C. Turner, M.A. Hogg, P.J. Oakes, S.D. Reicher and M.S. Wetherell (eds), *Rediscovering the Social Group: A Self-categorisation Theory* (pp. 171–202). Oxford: Blackwell.

Reicher, S.D., Spears, R. and Postmes, T. (1995) A social identity model of deindividuation phenomena. In M. Hewstone and W. Stroebe (eds), *European Review of Social Psychology* (Vol. 6). Chichester: Wiley.

Rhodes, R.E., Courneya, K.S. and Jones, L.W. (2002a) Personality, the theory of planned behavior and exercise: a unique role for extroversion's activity facet. *Journal of Applied Social Psychology*, 32: 1721–36.

Rhodes, R.E., Jones, L.W. and Courneya, K.S. (2002b) Extending the theory of planned behavior in the exercise domain: a comparison of social support and subjective norm. *Research Quarterly for Exercise and Sport*, 73: 193–9.

Richards, G.E. (1988) *Physical Self-concept Scale*. Sydney: Australian Outward Bound Foundation.

Rivis, A. and Sheeran, P. (2003) Descriptive norms as an additional predictor in the theory of planned behaviour: a meta-analysis. *Current Psychology*, 22: 218–33.

Roberts, G.C. and Pascuzzi, D. (1979) Causal attributions in sport: some theoretical implications. *Journal of Sport Psychology*, 1: 203–11.

Roberts, G.C., Treasure, D.C. and Balague, G. (1998) Achievement goals in sport: the development and validation of the perception of success questionnaire. *Journal of Sports Sciences*, 16: 337–47.

Robinson, T.T. and Carron, A.V. (1982) Personal and situational factors associated with dropping out versus maintaining participation in competitive sport. *Journal of Sport Psychology*, 4: 364–78.

Rodgers, W.M. and Brawley, L.R. (1993) Using both self-efficacy theory and the theory of planned behavior to discriminate adherers and dropouts from structured programs. *Journal of Applied Sport Psychology*, 5: 195–206.

Rogers, R.W. (1975) A protection motivation theory of fear appeals and attitude change. *Journal of Psychology*, 91: 93–114.

Rogers, R.W. (1983) Cognitive and physiological processes in fear appraisals and attitude change: a revised theory of protection motivation. In J.T. Cacioppo and R.E. Petty (eds), *Social Psychology: A Source Book* (pp. 153–76). New York: Guilford Press.

Rollnick, S. and Miller, W.R. (1995) What is Motivational Interviewing? *Behavioural and Cognitive Psychotherapy*, 23: 325–34.

Rosenberg, M. (1979) *Conceiving the Self*. New York: Basic Books.

Rosenstock, I.M. (1974) Historical origins of the health belief model. *Health Education Monographs*, 2: 328–35.

Rowley, A.J., Landers, D.M., Kyllo, L.B. and Etnier, J.L. (1995) Does the Iceberg Profile discriminate between successful and less successful athletes? A meta-analysis. *Journal of Sport and Exercise Psychology*, 17: 185–99.

Rudisill, M. (1989) Influence of perceived competence and causal dimension orientations on expectations, persistence and performance during perceived failure. *Research Quarterly for Exercise and Sport*, 60: 166–75.

Russell, G.W. (1979) Hero selection by Canadian ice hockey players: Skill or aggression? *Canadian Journal of Applied Sport Sciences*, 4: 309–13.

Russell, G.W. (1983) Crowd size and density in relation to athletic aggression and performance. *Social Behavior and Personality*, 11: 9–15.

Russell, G.W. (1993) *The Social Psychology of Sport*. New York: Springer-Verlag.
Ryan, R. (1992) Management of eating problems in athletic settings. In K.D. Brownell, J. Rodin and J.H. Wilmore (eds), *Eating, Body Weight, and Performance in Athletes: Disorders of Modern Society* (pp. 344–62). Philadelphia, PA: Lea and Febiger.
Ryan, R.M. and Connell, J.P. (1989) Perceived locus of causality and internalization: examining reasons for acting in two domains. *Journal of Personality and Social Psychology*, 57: 749–61.
Ryan, R.M. and Deci, E.L. (1989) Bridging the research traditions of task/ego involvement and intrinsic/extrinsic motivation: comment on Butler (1987). *Journal of Educational Psychology*, 81: 265–8.
Ryan, R.M., Vallerand, R.J. and Deci, E.L. (1984) Intrinsic motivation in sport: a cognitive evaluation theory interpretation. In W.F. Straub and J.M. Williams (eds), *Cognitive Sport Psychology* (pp. 231–42). Lansing, NY: Sport Science Associates.
Sallis, J.F. and Patrick, K. (1994) Physical activity guidelines for adolescents: consensus statement. *Pediatric Exercise Science*, 6: 302–14.
Salminen, S. (1993) The effect of the audience on the home advantage. *Perceptual and Motor Skills*, 76: 1123–8.
Sanna, L.J. (1992) Self-efficacy theory: Implications for social facilitation and social loafing. *Journal of Personality and Social Psychology*, 62: 774–86.
Sarason, S.B., Davidson, K.S., Lighthall, F.F., Waite, R.R. and Ruebush, B.K. (1960) *Anxiety in Elementary School Children*. New York: Wiley.
Sarrazin, P., Biddle, S., Famose, J. P., Cury, F., Fox, K. and Durand, M. (1996) Goal orientations and conceptions of the nature of sport ability in children: a social cognitive approach. *British Journal of Psychological Society*, 35: 399–414.
Sarrazin, P., Vallerand, R.J., Guillet, E., Pelletier, L.G. and Cury, F. (2002) Motivation and dropout in female handballers: a 21-month prospective study. *European Journal of Social Psychology*, 32: 395–418.
Schacter, S. and Singer, J.E. (1962) Cognitive, social, and physiological determinants of emotional state. *Psychological Review*, 69: 379–399.
Scheer, J.K. and Ansorge, C.J. (1979) Influence due to expectations of judges. *Journal of Sport Psychology*, 1: 53–8.
Schlenker, B.R., Phillips, S.T., Boniecki, K.A. and Schlenker, D.R. (1995) Championship pressures: choking or triumphing in one's own territory? *Journal of Personality and Social Psychology*, 68: 632–43.
Schwartz, B. and Barsky, S.F. (1977) The home advantage. *Social Forces*, 55: 641–61.
Schwenkmezger, P. and Steffgen, G. (1989) Anxiety and motor performance. In B. Kirkcaldy (ed.), *Normalities and Abnormalities in Human Movement* (Vol. 29, pp. 78–99). Basle, Switzerland: S. Karger AG.
Sedikides, C. and Gregg, A.P. (2003) Portraits of the self. In M.A. Hogg and J. Cooper (eds), *Sage Handbook of Social Psychology* (pp. 110–38). London: Sage.
Seifriz, J.J., Duda, J.L. and Chi, L. (1992) The relationship of perceived motivational climate to intrinsic motivation and beliefs about success in basketball. *Journal of Sport and Exercise Psychology*, 14: 375–91.
Shavelson, R.J., Hubner, J.J. and Stanton, G.C. (1976) Self-concept: validation of construct interpretations. *Review of Educational Research*, 46: 407–41.
Sheeran, P. (2002) Intention-behavior relations: a conceptual and empirical review. In W. Stroebe and M. Hewstone (eds), *European Review of Social Psychology* (pp. 1–36). London: Wiley.

Sheeran, P., Norman, P. and Orbell, S. (1999a) Evidence that intentions based on attitudes better predict behaviour than intentions based on subjective norms. *European Journal of Social Psychology*, 29: 403–6.

Sheeran, P. and Orbell, S. (1999) Implementation intentions and repeated behaviour: augmenting the predictive validity of the theory of planned behaviour. *European Journal of Social Psychology*, 29: 349–69.

Sheeran, P. and Orbell, S. (2000) Self schemas and the theory of planned behaviour. *European Journal of Social Psychology*, 30: 533–50.

Sheeran, P., Orbell, S. and Trafimow, D. (1999b) Does the temporal stability of behavioral intentions moderate intention-behavior and past behavior-future behavior relations? *Personality and Social Psychology Bulletin*, 25: 721–30.

Sheeran, P. and Silverman, M. (2003) Evaluation of three interventions to promote workplace health and safety: evidence for the utility of implementation intentions. *Social Science and Medicine*, 56: 2153–63.

Sheldon, K.M., Elliot, A.J., Kim, Y. and Kasser, T. (2001) What is satisfying about satisfying events? Testing 10 candidate psychological needs. *Journal of Personality and Social Psychology*, 80: 325–39.

Sheppard, B.H., Hartwick, J. and Warshaw, P.R. (1988) The theory of reasoned action: a meta-analysis of past research with recommendation and future research. *Journal of Consumer Research*, 15: 325–43.

Sherman, S. and Fazio, R. (1983) Parallels between attitudes and traits as predictors of behavior. *Journal of Personality*, 51: 308–45.

Short, S.E., Bruggeman, J.M., Engel, S.G., Marback, T.L., Wang, L J., Willadsen, A. and Short, M.W. (2002) The effect of imagery function and imagery direction on self-efficacy and performance on a golf-putting task. *The Sport Psychologist*, 16: 48–67.

Silva, J.M. (1979) Behavioral and situational factors affecting concentration and skill performance. *Journal of Sport Psychology*, 1: 221–7.

Silva, J.M. (1980) Assertive and aggressive behavior in sport: a definitional clarification. In C.H. Nadeau, W R. Halliwell, K.M. Newell and G.C. Roberts (eds), *Psychology of Motor Behavior and Sport, 1979* (pp. 199–208). Champaign, IL: Human Kinetics.

Silva, J.M. and Andrew, A. (1987) An analysis of game location and basketball performance in the Atlantic Coast Conference. *International Journal of Sport Psychology*, 18: 188–204.

Singer, R.N. and McCaughan, L. (1978) Motivational effects of attributions expectancy, and achievement motivation during the learning of a novel motor task. *Journal of Motor Behavior*, 10: 245–53.

Slater, M.R. and Sewell, D.F. (1994) An examination of the cohesion-performance relationship in university hockey teams. *Journal of Sport Sciences*, 12: 423–31.

Smith, C.A., Kelly, N.H., Lazarus, R.S. and Pope, L.K. (1993) In search of the 'Hot' cognitions: attributes, appraisals, and their relation to emotion. *Journal of Personality and Social Psychology*, 65: 916–29.

Smith, L.E. and Crabbe, J. (1976) Experimenter role relative to social facilitation and motor learning. *International Journal of Sport Psychology*, 7: 158–68.

Smith, R.A. and Biddle, S.J.H. (1999) Attitudes and exercise adherence: test of the Theories of Reasoned Action and Planned Behaviour. *Journal of Sports Sciences*, 17: 269–81.

Sonstroem, R.J., Harlow, L.L., Gemma, L.M. and Osborne, S. (1991) Test of structural relationships within a proposed exercise and self-esteem model. *Journal of Personality Assessment*, 56: 348–64.

Sonstroem, R.J., Harlow, L.L. and Josephs, L. (1994) Exercise and self-esteem: validity of model expansion and exercise associations. *Journal of Sport and Exercise Psychology*, 16: 29–42.

Sonstroem, R.J., Harlow, L.L. and Salisbury, K.S. (1993) Path analysis of a self-esteem model across a competitive swim season. *Research Quarterly for Exercise and Sport*, 64(3): 335–42.

Sonstroem, R.J. and Morgan, W.P. (1989) Exercise and self-esteem: rationale and model. *Medicine and Science in Sports and Exercise*, 21: 329–37.

Spano, L. (2001) The relationship between exercise and anxiety, obsessive-compulsiveness, and narcissism. *Personality and Individual Differences*, 30: 87–93.

Spielberger, C.D., Gorusch, R.L. and Lushene, R.E. (1970) *Manual for the State Trait Anxiety Inventory*. Palo Alto, CA: Consulting Psychologists Press.

Spink, K.S. (1990) Collective efficacy in the sport setting. *International Journal of Sport Psychology*, 21: 380–95.

Stajkovic, A.D. and Luthans, F. (1998) Self-efficacy and work-related performance: a meta-analysis. *Psychological Bulletin*, 124: 240–61.

Standage, M., Duda, J.L. and Ntoumanis, N. (2003) A model of contextual motivation in physical education: using constructs from self-determination and achievement goal theories to predict physical activity intentions. *Journal of Educational Psychology*, 95: 97–110.

Starek, J. and McCullagh, P. (1999) The effect of self-modeling on the performance of beginning swimmers. *The Sport Psychologist*, 13: 269–87.

Steenland, K. and Deddens, J.A. (1997) Effect of travel and rest on performance of professional basketball players. *Sleep: Journal of Sleep Research and Sleep Medicine*, 20: 366–9.

Stephens, D.E. and Bredemeier, B.J.L. (1996) Moral atmosphere and judgments about aggression in girls' soccer: relationships among moral and motivational variables. *Journal of Sport and Exercise Psychology*, 18: 158–73.

Stott, C. (2001) 'Hooligans' abroad? Inter-group dynamics, social identity and participation in collective 'disorder' at the 1998 World Cup finals. *British Journal of Social Psychology*, 40: 359–84.

Strauss, B. (2002) Social facilitation in motor tasks: a review of research and theory. *Psychology of Sport and Exercise*, 3: 237–56.

Sullivan, P. and Feltz, D.L. (2003) The preliminary development of the Scale for Effective Communication in Team Sports (SECTS). *Journal of Applied Social Psychology*, 33: 1693–715.

Sundgot-Borgen, J. (2000) Eating disorders in athletes. In R.J. Maughan (ed.), *Nutrition in Sport* (pp. 510–22). Oxford: Blackwell.

Sutton, S. (2000) Interpreting cross-sectional data on stages of change. *Psychology and Health*, 15: 163–71.

Swain, A. and Jones, G. (1992) Relationships between sport achievement orientation and competitive state anxiety. *The Sport Psychologist*, 6: 42–54.

Swain, A.B.J. and Harwood, C.G. (1996) Antecedents of state goals in age-group swimmers: an interactionist perspective. *Journal of Sport Sciences*, 14: 111–24.

Tajfel, H. and Turner, J.C. (1986) The social identity theory of intergroup behaviour. In S.G. Worchel and W. Austin (eds), *Psychology of Intergroup Relations* (2nd edn, pp. 7–24). Chicago, IL: Nelson-Hall.

Taylor, I. (1971) Football mad: a speculative sociology of soccer hooliganism. In E. Dunning (ed.), *The Sociology of Sport*. London: Routledge.

Taylor, S.P. and Gammon, C.B. (1976) Aggressive behavior of intoxicated subjects: the effects of third-party intervention. *Journal of Studies on Alcohol*, 37: 917–30.

Taylor, S.P. and Sears, J.D. (1988) The effects of alcohol and persuasive social pressure on human physical aggression. *Aggressive Behavior*, 14: 237–43.

Terry, D.J. and O'Leary, J.E. (1995) The Theory of Planned Behaviour: the effects of perceived behavioural control and self-efficacy. *British Journal of Social Psychology*, 34: 199–220.

Terry, P.C., Lane, A.M. and Fogarty, G.J. (2003) Construct validity of the Profile of Mood States: adolescents for use with adults. *Psychology of Sport and Exercise*, 4: 125–39.

Terry, P.C. and Slade, A. (1995) Discriminant effectiveness of psychological state measures in predicting performance outcome in karate competition. *Perceptual and Motor Skills*, 81: 275–86.

Terry, P.C. and Youngs, E.L. (1996) Discriminant effectiveness of psychological state measures in predicting selection during field hockey trials. *Perceptual and Motor Skills*, 82: 371–7.

Theodorakis, Y. (1994) Planned behavior, attitude strength, role identity, and the prediction of exercise behavior. *The Sport Psychologist*, 8: 149–65.

Theodorakis, Y. (1995) Effects of self-efficacy, satisfaction, and personal goals on swimming performance. *The Sport Psychologist*, 9: 245–53.

Theodorakis, Y., Doganis, G., Bagiatis, K. and Gouthas, M. (1991a) Preliminary study of the ability of Reasoned Action Model in predicting exercise behavior in young children. *Perceptual and Motor Skills*, 72: 51–8.

Theodorakis, Y., Goudas, M., Bagiatis, K. and Doganis, G. (1991b) Reasoned action theory and the prediction of training participation in young swimmers. *British Journal of Physical Education*, 10: 10–13.

Thompson, R.A. and Sherman, R.T. (1999) 'Good athlete' traits and characteristics of anorexia nervosa: are they similar? *Eating Disorders: The Journal of Treatment and Prevention*, 7: 181–90.

Toro, J., Salamero, M. and Martinez, E. (1994) Assessment of sociocultural influences on the aesthetic body shape model in anorexia nervosa. *Acta Psychiatrica Scandinavica*, 89: 147–51.

Trafimow, D. and Finlay, K.A. (1996) The importance of subjective norms for a minority of people: between-subjects and within-subjects effects. *Personality and Social Psychology Bulletin*, 22: 820–8.

Trafimow, D. and Sheeran, P. (1998) Some tests of the distinction between cognitive and affective beliefs. *Journal of Experimental Social Psychology*, 34: 378–97.

Trafimow, D., Sheeran, P., Conner, M. and Finlay, K.A. (2002) Evidence that perceived behavioral control is a multidimensional construct: perceived control and perceived difficulty. *Journal of Applied Social Psychology*, 41: 101–21.

Trafimow, D., Triandis, H.C. and Goto, S.G. (1991) Some tests of the distinction between the private self and the collective self. *Personality and Social Psychology Bulletin*, 60: 649–55.

Treasure, D.C. and Roberts, G.C. (1998) Relationship between female adolescents' achievement goal orientations, perceptions of the motivational climate, belief about success and sources of satisfaction in basketball. *International Journal of Sport Psychology*, 29: 211–30.

Triandis, H.C. (1995) *Individualism and Collectivism*. Boulder, CO: Westview Press.

Triplett, N. (1898) The dynamogenic factors in pacemaking and competition. *American Journal of Psychology*, 9: 507–33.

Tucker, L.W. and Parks, J.B. (2001) Effects of gender and sport type on intercollegiate athletes' perceptions of the legitimacy of aggressive behaviors in sport. *Sociology of Sport Journal*, 18: 403–13.

Turman, P.D. (2003) Coaches and cohesion: The impact of coaching techniques on team cohesion in the small group sport setting. *Journal of Sport Behavior*, 26: 86–103.

UK Health Education Authority and Sports Council. (1992) *Allied Dunbar National Fitness Survey*. London: UK Sports Council.

Vallerand, R.J. (1997) Towards a hierarchical model of intrinsic and extrinsic motivation. In M.P. Zanna (ed.), *Advances in Experimental Social Psychology* (pp. 271–359). New York: Academic Press.

Vallerand, R.J., Gauvin, L.I. and Halliwell, W.R. (1986) Effects of zero-sum competition on children's perceived competence and intrinsic motivation. *Journal of Social Psychology*, 126: 465–72.

Vallerand, R. J. and Reid, G. (1984) On the causal effects of perceived competence on intrinsic motivation: a test of cognitive evaluation theory. *Journal of Sport Psychology*, 6: 94–102.

van Goozen, S., Frijda, N. and Van de Poll, N. (1994) Anger and aggression in women: influence of sports choice and testosterone administration. *Aggressive Behavior*, 20: 213–22.

Vansteenkiste, M. and Deci, E.L. (2003) Competitively contingent rewards and intrinsic motivation: can losers remain motivated? *Motivation and Emotion*, 27: 273–99.

Varca, P. (1980) An analysis of home and away game performance of male college basketball teams. *Journal of Sport Psychology*, 2: 245–57.

Veale, D. (1995) Does primary exercise dependence really exist? In J. Annett, B. Cripps and H. Steinberg (eds), *Exercise Addiction: Motivation for Participation in Sport and Exercise* (pp. 1–5). Leicester: British Psychological Society.

Vealey, R.S. (1986) Conceptualization of sport-confidence and competitive orientation: preliminary investigation and instrument validation. *Journal of Sport Psychology*, 8: 221–46.

Verplanken, B. and Faes, S. (1999) Good intentions, bad habits, and effects of forming implementation intentions on healthy eating. *European Journal of Social Psychology*, 29: 591–604.

Verplanken, B. and Orbell, S. (2003) Reflections on past behavior: a self-report index of habit strength. *Journal of Applied Social Psychology*, 33: 1313–30.

Vlachopoulos, S. and Biddle, S.J.H. (1997) Modeling the relation of goal orientations to achievement-related affect in physical activity: does perceived ability matter? *Journal of Sport and Exercise Psychology*, 19: 169–87.

Vlachopoulos, S., Biddle, S.J.H. and Fox, K.R. (1997) Determinants of emotion in children's physical activity: a test of goal perspectives and attribution theories. *Pediatric Exercise Science*, 9: 65–79.

Voight, M. and Callaghan, J. (2001) A team building intervention program: application and evaluation with two university soccer teams. *Journal of Sport Behavior*, 24: 420–31.

Walters, E.E. and Kendler, K.S. (1995) Anorexia nervosa and anorexic-like syndromes in a population-based female twin sample. *American Journal of Psychiatry*, 152: 64–71.

Wann, D.L., Carlson, J.D., Holland, L.C., Jacob, B.E., Owens, D.A. and Wells, D.D. (1999) Beliefs in symbolic catharsis: the important of involvement in aggressive sports. *Social Behavior and Personality*, 27: 155–64.

Wannamethee, S.G. and Shaper, A.G. (2001) Physical activity and the prevention of cardiovascular disease. *Sports Medicine*, 31: 101–14.

Ward, R.E. (2002) Fan violence: social problem or moral panic. *Aggression and Violent Behavior*, 7: 453–75.

Webber, L.S., Baugh, J.G., Cresanta, J.L. and Berenson, G.S. (1983) Transition of cardiovascular disease risk factors from adolescence to young adulthood: the Bogalusa post-high school study. *Circulation*, 68(Suppl.)(3): 160.

Weed, M. (2000) The social dynamics of sports groups: arguments for a meso-level analysis. In J. Avela, P.V. Komi and J. Komulainen (eds), *Proceedings of the 5th Annual Congress of the European College of Sport Science*. Javaskyla, Finland: LIKES Research Centre.

Weed, M. (2001) Ing-ger-land at Euro 2000: how 'handbags at 20 paces' was portrayed as a full-scale riot. *International Review for the Sociology of Sport*, 36: 407–24.

Weinberg, R.S. (1986) Relationship between self-efficacy and cognitive strategies in enhancing endurance performance. *International Journal of Sport Psychology*, 17: 280–92.

Weinberg, R.S., Yukelson, D. and Jackson, A. (1980) Effect of public and private efficacy expectations on competitive performance. *Journal of Sport Psychology*, 2: 340–9.

Weiner, B., Heckhausen, H., Meyer, W.U. and Cook, R.E. (1972) Causal ascriptions and achievement motivation: a conceptual analysis and reanalysis of locus of control. *Journal of Personality and Social Psychology*, 21: 239–48.

Weiss, M.R., Wiese, D.M. and Klint, K.A. (1989) Head over heels with success: the relationship between self-efficacy and performance in competitive youth gymnastics. *Journal of Sport and Exercise Psychology*, 11: 444–51.

White, R.W. (1959) Motivation reconsidered: the concept of competence. *Psychological Review*, 66: 297–333.

White, S.A. (1998) Adolescent goal profiles, perceptions of the parent-initiated motivational climate, and competitive trait anxiety. *The Sport Psychologist*, 12: 16–28.

Whitehead, J.R. (1995) A study of children's physical self-perceptions using an adapted physical self-perception profile questionnaire. *Pediatric Exercise Science*, 7: 132–51.

Whitehead, J.R. and Corbin, C.B. (1991) Youth fitness testing: the effect of percentile-based evaluative feedback on intrinsic motivation. *Research Quarterly for Exercise and Sport*, 62: 225–31.

Whitehead, J.R. and Corbin, C.B. (1997) Self-esteem in children and youth: the role of sport and physical education. In K.R. Fox (ed.), *The Physical Self*. Champaign, IL: Human Kinetics.

Widmeyer, W.N. (1990) Group composition in sport. *International Journal of Sport Psychology*, 21: 264–85.

Widmeyer, W.N., Brawley, L.R. and Carron, A.V. (1990) The effects of group size in sport. *Journal of Sport and Exercise Psychology*, 12: 177–90.

Widmeyer, W.N. and Ducharme, K. (1997) Team building through team goal setting. *Journal of Applied Sport Psychology*, 9: 97–113.

Wild, T.C. and Enzle, M.E. (2002) Social contagion of motivational orientations. In E.L. Deci and R.M. Ryan (eds), *Handbook of Self-determination Research* (pp. 141–57). Rochester, NY: University of Rochester Press.

Williams, G.C., Gagne, M., Ryan, R.M. and Deci, E.L. (2002) Facilitating autonomous motivation for smoking cessation. *Health Psychology*, 21: 40–50.

Williams, G.C., Rodin, G.C., Ryan, R.M., Grolnick, W.S. and Deci, E.L. (1998) Autonomous regulation and long-term medication adherence in adult outpatients. *Health Psychology*, 17: 269–76.

Williams, J.M. and Widmeyer, W.N. (1991) The cohesion-performance outcome relationship in a coaching sport. *Journal of Sport and Exercise Psychology*, 13: 364–71.

Williams, K.E. and Bond, M.J. (2002) The roles of self-efficacy, outcome expectancies and social support in the self-care behaviours of diabetics. *Psychology, Health and Medicine*, 7: 127–41.

Williams, L. (1994) Goal orientations and athlete's preference for competence information sources. *Journal of Sport and Exercise Psychology*, 16: 416–30.

Williams, L. and Gill, D.L. (1995) The role of perceived competence in the motivation of physical activity. *Journal of Sport and Exercise Psychology*, 17: 363–78.

Wise, J.B. and Trunnell, E.P. (2001) The influence of sources of self-efficacy upon efficacy strength. *Journal of Sport and Exercise Psychology*, 23: 268–80.

Wrangham, R. and Peterson, D. (1996) *Demonic Males*. New York: Houghton Mifflin.

Yan Lan, L. and Gill, D.L. (1984) The relationship among self-efficacy, stress responses, and a cognitive feedback manipulation. *Journal of Sport Psychology*, 6: 227–38.

Yates, A.B. (1991) *Compulsive Exercise and the Eating Disorders*. New York: Brunner/Mazel.

Yates, W.R. (1999) Medical problems of the athlete with an eating disorder. In P.S. Mehler and A.E. Andersen (eds), *Eating Disorders: A Guide to Medical Care and Complications* (pp. 153–66). Baltimore, MD: Johns Hopkins University Press.

Yerkes, R.M. and Dodson, J.D. (1908) The relation of strength of stimulus to rapidity of habit formation. *Journal of Comparative Neurology and Psychology*, 18: 459–82.

Yoo, J. (2003) Motivational climate and perceived competence in anxiety and tennis performance. *Perceptual and Motor Skills*, 96: 403–13.

Zaccaro, S.J., Blair, V., Peterson, C. and Zazanis, M. (1995) Collective efficacy. In J.E. Maddux (ed.), *Self-efficacy, Adaptation, and Adjustment: Theory, Research, and Application* (pp. 305–28). New York: Plenum Press.

Zajonc, R.B. (1965) Social facilitation. *Science*, 149: 269–74.

Zeeman, E.C. (1976) Catastrophe theory. *Scientific American*, 234: 65–82.

Zillman, D., Johnson, R.C. and Day, K.D. (1974) Attribution of apparent arousal and proficiency of recovery from sympathetic activation affecting excitation transfer to aggressive behavior. *Journal of Experimental Social Psychology*, 10: 503–15.

Zimbardo, P. (1970) The human choice: individuation, reason, and order versus individuation, impulse, and chaos. In W.J. Arnold and D. Levine (eds), *Nebraska Symposium on Motivation* (Vol. 17, pp. 237–307). Lincoln, NE: University of Nebraska Press.

Zuckerman, M., Kuhlman, D.M., Joireman, J., Teta, P. and Kraft, M. (1993) A comparison of three structural models for personality: the Big Three, the Big Five, and the Alternative Five. *Journal of Personality and Social Psychology*, 65: 757–68.

索 引

人名索引

●A
Aiello, J.R. 196
Ajzen, I. 48
Ames, C. 121, 124
Ansorge, C.J. 206
Asci, F.H. 90

●B
Bagozzi, R.P. 49
Bandura, A. 111, 179, 216
Barsky, S.F. 200
Baumeister, R.F. 207
Beauchamp, M.R. 189, 190
Berkowitz, L. 212
Bray, C.D. 184
Bray, S.R. 189, 190
Bunker, L.K. 194

●C
Cacioppo, J. 28
Carlsmith, J.M. 178
Carron, A.V. 175, 178, 182, 183, 186, 187, 202
Chatzisarantis, N.L.D. 50, 52
Colman, M.M. 178
Connell, J.P. 63
Copper, C. 185
Corbin, C.B. 59, 82
Costa, P.T. 31
Cottrell, N.B. 193
Courneya, K.S. 10
Crace, R.K. 196

●D
Deci, E.L. 54, 126, 174
DeLucia-Waack, J.L. 93
Devine, D.J. 176
Dollard, J. 215
Douthitt, E.A. 196
Ducharme, K. 180
Duda, J.L. 121

Dunning, E. 230

●E
Eys, M.A. 190

●F
Feltz, D.L. 180, 187
Festinger, L. 178
Fishbein, M. 48
Forgas, J.P. 194
Fox, K.R. 82
Friedenreich, C.M. 10

●G
Gardner, D.E. 187
Greer, D.L. 202, 205
Grieve, F.G. 184
Griffin, J. 94

●H
Hagger, M.S. 90
Hall, E.G. 194
Hanin, Y.L. 162
Hardy, C.J. 196
Harland, L. 69
Harris, J. 94
Hausenblas, H.A. 175, 182
Heider, F. 107
Holt, N.L. 184
Hubner, J.J. 79

●J
Jones, G. 156

●K
Kalodner, C.R 93
Kerr, J.H. 169
Kowalski, K.C. N.P. 85
Kozar, B. 194

●L
Lindwall, M.　90
Lirgg, C.D.　180
Liu, J.L.Y.　9

●M
Magyar, T.M.　181
Markland, D.　63
Marsh, H.W.　79, 83, 85
Mathes, S.　186
Matheson, H.　186
McCrae, R.R.　31
McGuire, E.J.　187
Meyers, A.W.　184
Morgan, W.P.　88
Mullen, B.　185
Murray, M.　186

●N
Nicholls, J.G.　121, 122

●O
Oyserman, D.　75

●P
Pate, R.R.　7
Petty, R.E.　28

●R
Redmayne, R.S.　83
Ringelman　195
Rogers, R.W.　19
Rosenberg, M.　78
Russell, G.W.　201
Ryan, R.M.　54, 63, 126, 174

●S
Salminen, S.　202
Scheer, J.K.　206
Schwartz, B.　200
Shavelson, R.　79
Silva, J.M.　202
Sonstroem, R.J.　88
Sparkes, A.C.　184
Spielberger, C.D.　143
Stanton, G.C.　79
Strauss, B.　193
Sullivan, P.　187

●T
Tajfel, H.　225
Triandis, H.C.　90
Triplett, N.　191
Turner, J.C.　225

●V
Vallerand, R.J.　134
Varca, P.　203

●W
Weiner, B.　107
Whaley, D.E.　184
Whelan, J.P.　184
Whitehead, J.R.　59
Widmeyer, W.N.　177, 180, 187

●Y
Yates, A.B.　97
Yeung, A.S.　85
Yi, Y.　49

●Z
Zajonc, R.B.　192

事項索引

●あ
アウェイチームの不利性　202
アルコール乱用　233

●い
意図的行動理論　48

●う
運動不足　9

●え
エクササイズ依存　96

エクササイズ嗜癖　96

●お
横断理論モデル　40

●か
ガイドライン　12
外発的動機づけ　55
覚醒　143, 192, 221
カタストロフィ理論　159
カタルシス仮説　218
葛藤理論　230

観客の抗議(ブーイング) 202
感情 141
感情のトーン 168, 169

●き
記述疫学的研究 12
帰属理論 107
気分 141
逆U字仮説 149
競合随伴性報酬 58
恐怖喚起コミュニケーション 20

●く
グループ・ダイナミクス 178
群集のサイズ 201

●け
計画的行動理論 24
継続意図 53
結果期待 117
決勝戦の重圧 207
健康信念モデル 18

●こ
攻撃 211
合理的行為理論 21
個人の最適機能域モデル 162
コンピテンス 174

●さ
サーカディアン・リズム(概日リズム) 205
最適覚醒理論 150

●し
ジェンダー 219
自己 75
自己概念 76
自己記述 77
自己決定理論 126
自己効力感 111
自己スキーマ 49
自尊心 76
実行意図 51
社会学的社会心理学 2
社会心理学 13
社会的アイデンティティ 225
社会的影響 191
社会的学習理論 113, 216
社会的促進 191, 192
社会的手抜き 195
社会的認知理論 47, 113
集合の攻撃 224
集合的効力感 175, 179

集団規範 178, 220
集団凝集性 181
集団成員性 174
主観的脆弱性 19
象徴アプローチ 229
情動 141
神経性過食症 91
神経性無食欲症 91
身体的自尊心 82
心理学的社会心理学 2

●す
ステロイド 221

●せ
生活習慣病 8
精神障害の診断と統計のためのマニュアル
 (DSM-Ⅳ) 91
精緻化見込みモデル 28
摂食障害 91

●た
多次元的自尊心モデル 79
達成目標理論 121

●ち
チーム・ビルディング 187
チョーキング 139

●て
敵意 201

●と
動機づけ 105, 106, 121
動機づけの階層モデル 134
動機づけ雰囲気 124
道徳性 220
動物行動学 200
特性と状態 143

●な
内発的動機づけ 55
なわばり 200

●に
認知行動療法 100
認知的不協和 178
認知的評価理論 57

●は
パフォーマンス 184
反転理論 168, 228

●ひ
評価懸念　193

●ふ
不安　140, 142
不安－パフォーマンス仮説　146
フーリガニズム　224
文脈横断モデル　64

●ほ
包括的自尊心　78
ホームアドバンテージ　198
ボディ・マス・インデックス（BMI）　9

●み
3つ組モデル　189
密度　201

●め
メディア　232

●も
目標志向行動モデル　39

●や
役割効力感　188
役割パフォーマンスモデル　190

●ゆ
優位反応　192
有機的統合理論　60

●よ
欲求不満－攻撃仮説　215
予防動機づけ理論　19

●り
リーダーシップ　187
リンゲルマン効果　195

●れ
レフェリーのバイアス　205

●ろ
ローカス・オブ・コントロール（統制の所在）　194

監訳者あとがき

　本書は，マーティン・ハガーとニコス・ハヅィザランティスの共著『Social Psychology of Exercise and Sport』の日本語訳である。原著者の2人はともに，健康心理学・社会心理学の分野で活躍する研究者であり，当該領域での論文も多数執筆している。今回，翻訳を手がけたきっかけは，監訳者である湯川と泊がここ数年，「臨床社会心理学」（＝社会心理学の知見やアプローチなどを臨床的テーマへの探究や介入に応用する分野）という領域で研究を進めており，この領域の1つのテーマ・トピックとして，近年ますます盛り上がりを見せる「スポーツ」に興味を持ったのがそもそもの始まりである。湯川は空手修行者であり，泊もかつて国立競技場を目指したサッカー少年であったことから，スポーツや運動が生活あるいはアイデンティティの一部となっている。また，湯川の専門テーマである「攻撃」についての章（第8章：攻撃と群衆の暴力）があることも，大きな魅力の1つであった。ここに，勤務校が体育の専門大学である大石が加わったことで，翻訳が具体化した。なお，この3人は，筑波大学大学院心理学研究科（現在は人間総合科学研究科心理学専攻）の吉田富二雄先生のもとで社会心理学を学んだ同期でもあり，共通するテーマで1つの仕事をやってみたい，また，そのことで吉田先生に恩返しをしたいという思いも背景にあった。また，本書には，社会的認知に関する知見や理論が頻出するが，我が国における社会的認知研究の先駆者・第一人者であった故山本真理子先生（筑波大学）には，大学院在籍中に多くの助言と激励をいただいた。本書は，山本先生への感謝と哀悼の意も込めている。

　原著のタイトルをそのまま直訳すれば，「エクササイズとスポーツの社会心理学」だが，それをあえて「スポーツ社会心理学」としたのにはいくつか理由がある。第1に，一般読者や初学者が本書を手に取ったとき，「エクササイズ」という言葉からどのようなイメージを抱くかを若干懸念した。おそらく，何かの学習場面やリハビリ場面で特定の課題や運動などを反復練習したりだとか，あるいは，

エアロビクスのような有酸素運動のみを連想したりしないだろうか。しかしそれでは，本書でいうエクササイズの範囲としては狭すぎる。本書のエクササイズとは，スポーツクラブのマシントレーニングから，ジョギングやスイミングやサイクリング，草野球や草サッカーまで，私たち一般人が健康や体型の維持だとか余暇に行なう趣味・娯楽だとかのために行なう運動を広く指している。そして，私たちは通常，そうした運動行為全般を「スポーツ」とよんでいる（スポーツマン，スポーツクラブ，スポーツ用品店，スポーツグッズなど）。一方で，トップアスリートやプロ選手の行なう競技や試合なども同じく「スポーツ」と呼んでいる。本書では大きく，一般大衆の運動行為を「エクササイズ」と，エリートやプロの運動行為を「スポーツ」として区別しているが，我が国では，よび方として両者を厳密に分けていない（あるいは，エクササイズという言葉をあまり用いない）のが現状だろう。こうした現状に併せて，言葉のイメージによる誤解を避けるために，本書の日本語訳タイトルを「スポーツ社会心理学」とした。このタイトルなら，本書が，日本語でいう「スポーツ」全般に関わる事象や問題を社会心理学的にアプローチする学問領域の本だということが，読者にストレートに伝わるに違いないと考えた。

　第2の理由は，この「スポーツ社会心理学」という研究領域そのものが新しいこともあり，あえて領域名として世に提出するために，このタイトルとした。我が国にも既に，スポーツ心理学の分野でこの「スポーツ社会心理学」という領域は存在し，そこでの研究も（主にスポーツ心理学者の手によって）盛んに行なわれている。しかし，心理学界での知名度や認識度としては，まだまだこれからの領域である。今回，本書を翻訳したメンバーは全て社会心理学者であり，スポーツ心理学の専門家は含まれていない。本書の最大の特徴は，エクササイズやスポーツに関わる事象へ「社会心理学的に」アプローチするところにある。つまり，社会心理学の専門家が本書を翻訳することによって，社会心理学的な知見をより正確にスポーツの分野に応用したい，というささやかな思いもあった。したがって，スポーツ心理学の専門家から見れば逆に，訳出のニュアンスや専門用語の正確さに疑問をもつ部分もあるだろう。社会心理学に関わる専門用語はもとより，スポーツ心理学関連の専門用語も，可能な限り専門書等を参考にしつつ訳すよう努力したが，不勉強もしくは翻訳力不足のために，日本語訳が適当でない箇所があるかもしれない。そうした点については，読者諸先生からの忌憚のないご意見をいただければ幸いである。ご批判を真摯に受け止め，今後のこの領域の発展につなげていきたい。

　監訳者としては，「スポーツ心理学」と「社会心理学」が今後，発展的に融合

していくことを心から望む。そもそも社会心理学という分野自体，テーマやトピックに限定はなく，ある意味でこれまで「何でもあり」の分野であった。そこには，基礎的な理論研究から応用的な臨床研究まで広く含まれる。スポーツも，そうした社会心理学が展開しうる1つのテーマとして捉えることが可能であり，また，将来的にも非常に有望であろう。一方，スポーツ心理学の目から見れば，社会心理学で培われてきた知見や理論は「使える」アプローチであり，スポーツに関わる現象の解明から具体的な介入の方針まで，広く応用が可能なはずである。本書がそのことを如実に語っている。このように，お互いの分野にとって融合が有益であることは間違いない。さらに，近年のスポーツイベントブーム（ワールドカップやオリンピックなど）や健康ブームを考慮すれば，社会的なニーズもますます高まっていくだろう。今後は，「スポーツ心理学」「社会心理学」といった学界内の枠組みを超えて学際的に展開していくこと，さらには，研究という枠も超えて地域やコミュニティと有機的に連携していくことも大いに期待される。そうした意味で本書は，関連分野の学部生・大学院生や研究者，あるいは現役の選手やコーチをはじめ，スポーツに関わるあらゆる方々（小中高の教員，福祉や教育の関係者，各種スポーツの指導員・インストラクター，地域のクラブやサークルの監督・コーチ・支援者など）まで，幅広い人々に読んでもらいたい。

　最後に，本書の翻訳作業にあたって，北大路書房の関一明さんと木村健さんには，たいへんお世話になった。特に，翻訳内容や誤字脱字などの細かいチェックを丁寧に行なっていただき，また，本書出版の意義やこの分野の将来を考える上で多くの知恵をいただいた。この場を借りてお礼申し上げたい。お2人の力がなければ，公刊に至る道筋はもっと険しかっただろう。

監訳者　湯川進太郎・泊真児・大石千歳

著者・訳者紹介

著者

◇ **マーティン・ハガー** エセックス大学講師（社会健康心理学）。英国心理学会（BPS）認定健康心理士。英国スポーツ・エクササイズ科学協会公認スポーツサイエンティスト（心理学）。研究上の関心は，健康社会心理学領域の中で多岐に渡る。

◇ **ニコス・ハヅィザランティス** エグゼター大学スポーツ健康科学部講師。研究上の関心は，哲学，社会心理学，質的研究の方法論といった領域に及ぶ。

訳者　（※は監訳者）

◇ **湯川　進太郎　（ゆかわ　しんたろう）　　序文，第5章，第6章，第8章　　※**
1994年　早稲田大学第一文学部哲学科心理学専修卒業
1999年　筑波大学大学院博士課程心理学研究科修了
現在：　筑波大学大学院人間総合科学研究科助教授　博士（心理学）
専門領域：　臨床社会心理学，感情心理学，犯罪心理学
主著：
『攻撃の心理学』　北大路書房（共編訳）　2004年
『筆記療法』　北大路書房（共監訳）　2004年
『バイオレンス：怒りと攻撃の臨床社会心理学』　北大路書房　2005年
『Focus on Aggression Research』　New York: Nova Science Publishers（分担執筆）　2004年

◇ **泊　真児　（とまり　しんじ）　　第1章，第4章　　※**
1995年　琉球大学法文学部社会学科教育学・心理学専攻卒業
2000年　筑波大学大学院博士課程心理学研究科修了
現在：　大妻女子大学人間関係学部専任講師　博士（心理学）
専門領域：　臨床社会心理学，環境心理学
主著：
『心理測定尺度集Ⅰ』　サイエンス社（分担執筆）　2001年
『心理測定尺度集Ⅱ』　サイエンス社（分担執筆）　2001年
『対人心理学の視点』　ブレーン出版（分担執筆）　2002年
『発達臨床教育相談マニュアル』　川島書店（項目執筆）　2006年

◇ **大石　千歳　（おおいし　ちとせ）　　第7章，第9章　　※**
1995年　東京学芸大学教育学部人間科学課程心理臨床専攻卒業
2001年　筑波大学大学院博士課程心理学研究科修了
現在：　東京女子体育大学体育学部・同短期大学講師　博士（心理学）
専門領域：　社会心理学，集団心理学
主著：
『社会的アイデンティティ理論による黒い羊効果の研究』　風間書房　2003年

『対人心理学の視点』 ブレーン出版（分担執筆） 2002年
『心理測定尺度集Ⅱ』 サイエンス社（分担執筆） 2001年
『社会的認知ハンドブック』 北大路書房（項目執筆） 2001年

◇ 太幡　直也　（たばた　なおや）　第2章
2001年　　一橋大学社会学部卒業
現在：　　筑波大学大学院博士課程人間総合科学研究科在学中
専門領域：　社会心理学
主論文：『被透視感の強さを規定する要因：自己への注意と他者の視点取得についての検討』　社会心理学研究　2006年

◇ 堀　洋元　（ほり　ひろもと）　第3章
1994年　　日本大学文理学部心理学科卒業
2001年　　日本大学大学院文学研究科博士後期課程心理学専攻満期退学
（独）科学技術振興機構 社会技術研究開発センター 社会心理学研究グループ研究員を経て
現在：　　日本大学文理学部非常勤講師
専門領域：　災害心理学，社会心理学
主著：
『社会心理学へのアプローチ』 北樹出版（分担執筆） 2000年
『心理測定尺度集Ⅲ』 サイエンス社（分担執筆） 2001年
『職業的使命感のマネジメント』 新曜社（共著） 2006年

◇ 藤　桂　（ふじ　けい）　用語解説
2003年　　筑波大学第二学群人間学類卒業
現在：　　筑波大学大学院博士課程人間総合科学研究科在学中
専門領域：　社会心理学
主論文：『満たされない自己が敵意的認知と怒り感情に及ぼす影響』　カウンセリング研究　2005年

スポーツ社会心理学
エクササイズとスポーツへの社会心理学的アプローチ

2007年3月10日　初版第1刷印刷	＊定価はカバーに表示し
2007年3月20日　初版第1刷発行	てあります。

著　者　マーティン・ハガー
　　　　ニコス・ハヅィザランティス
監訳者　湯　川　進太郎
　　　　泊　　　真　児
　　　　大　石　千　歳
発行所　　㈱北大路書房

〒603-8303 京都市北区紫野十二坊町12-8
　　　　電　話　(075) 431-0361 (代)
　　　　Ｆ Ａ Ｘ　(075) 431-9393
　　　　振　替　01050-4-2083

Ⓒ2006　　　　　　　　　　印刷・製本／㈱シナノ
　　　検印省略　落丁・乱丁本はお取り替えいたします
　　　　ISBN 978-4-7628-2547-7　Printed in Japan